Spirituell leben

Spirituell leben

111 Inspirationen von Achtsamkeit bis Zufall

Herausgegeben von
Gabriele Hartlieb, Christoph Quarch, Bernardin Schellenberger

HERDER

FREIBURG · BASEL · WIEN

Vorwort

In spiritueller Hinsicht mutet die Gegenwart paradox an: Während die Kirchen in den meisten westeuropäischen Ländern ständig weniger Zulauf finden, nimmt außerhalb ihrer das Interesse an Spiritualität und Religion kontinuierlich zu. Immer mehr Menschen treibt ein Hunger nach religiöser Orientierung um, dessen Befriedigung immer weniger von den etablierten Sachwaltern des Göttlichen und Heiligen und immer öfter von Meditations- oder Yogakursen, in Familien- und Gestalttherapien oder von den Esoterik-Ratgebern der Bahnhofsbuchhandlungen erwartet wird. Religionssoziologen sprechen daher von einer vagabundierenden Religiosität oder vom Auswandern des Religiösen in die säkulare Welt.

Was diese religiösen Vagabunden eint, ist die oft diffuse Sehnsucht nach einer wie auch immer gearteten spirituellen Heimat. Diese Sehnsucht hat ihren Grund in dem Umstand, dass das Leben zunehmend als sinnlos, flach oder hohl wahrgenommen wird. Es scheint, als kreisten wir geschäftig und dynamisch auf der Oberfläche, während uns der Sinn dafür verloren geht, was dem Leben Tiefe gibt. Schon 1958 hatte der Theologe und Religionsphilosoph Paul Tillich das Abhandenkommen der Sinndimension als einen Verlust der „Dimension der Tiefe" gedeutet. Den Menschen, so Tillich, „… drängen die treibenden Kräfte der industriellen Gesellschaft, von der er selbst ein Teil ist, in horizontaler Richtung voran. Sein Leben vollzieht sich nicht mehr in der Dimension der Tiefe, sondern in der horizontalen Dimension …". Es ist dies ein Leben, so Tillich weiter, „das vergeht, indem es jeden einzelnen Augenblick mit etwas ausfüllt, das getan, gesagt, gesehen oder geplant werden muss. Aber der Mensch kann nicht erfahren, was Tiefe ist, ohne stille zu stehen und sich auf sich selbst zu besinnen. Nur wenn er sich nicht mehr um das Nächste sorgt, kann er die Fülle des Augenblicks hier und jetzt erleben, des Augenblicks, in dem die Frage nach dem Sinn seines Lebens in ihm erwacht. Solange die Sorge um das Vorläufige und Vergängliche (wie wichtig und interessant es im Einzelnen auch sein mag) nicht zurücktritt, kann die Sorge um das Ewige nicht Besitz von ihm ergreifen. Hier liegt der tiefste Grund für den Verlust der Tiefendimension in unserer Zeit."[1]

Dem Verlust der Religion zu begegnen, indem der Sinn für die Tiefendimension des Lebens zu neuem Leben erweckt wird: Dies ist die Hoffnung, die sich mit dem Stichwort Spiritualität verbindet. Die spirituellen Praktiken unterschiedlicher Religionen und Traditionen zeigen dazu bewährte Wege auf. Wer sich auf sie einlässt, gelangt oft dahin, sich und sein Leben in einem veränderten Licht wahrzunehmen: im Licht einer Sinnfülle und Tiefe, einer Präsenz und Gottesnähe, in denen er zuletzt seine ersehnte spirituelle Heimat erkennt. Entscheidend dabei ist die gewiss die Erfahrungsdimension spiritueller Wege. Diese ist es auch, die Karl Rahner in seinem berühmte Diktum im Auge hatte: „Der Fromme von morgen wird ein ‚Mystiker‘ sein, einer, der etwas ‚erfahren‘ hat, oder er wird nicht mehr sein."[2]

Nun gibt es viele Wege, auf denen der Mensch etwas erfahren kann. Es können dies die klassischen spirituellen Übungswege wie Zen, Kontemplation oder Yoga sein – ebenso aber auch alltägliche Praktiken und Vollzüge des Lebens, so sie denn unter anderem Vorzeichen, bewusster und wacher, vollzogen werden. Tatsächlich erweisen sich bei näherem Hinsehen viele Haltungen und Einstellungen als Türen oder Tore, die Wege in die Tiefendimension freigeben. Von solchen Wegen, Praktiken und Haltungen handeln die Beiträge dieses Buches. Jeder einzelne von ihnen versucht, bestimmte Aspekte des menschlichen Lebens auf ihre spirituelle Dimension hin zu deuten. In diesem Sinne verstehen sich die Artikel als „Inspirationen" – Inspirationen, die dazu einladen, das eigene Leben in einem neuen Licht zu sehen und den Sinn für die Dimension der Tiefe zu schärfen: nicht vorwärts und zum Nächsten zu hasten, son-

---

[1] Paul Tillich: Die verlorene Dimension, in: Tillich-Auswahl Bd. 2. Die Zweideutigkeit des Lebens, hrsg. von Manfred Baumotte, Gütersloh 1980, S. 7–14, S. 8–9 und 9–10.

[2] Karl Rahner: Frömmigkeit früher und heute, in: Ders., Schriften zur Theologie, Bd. 7, Einsiedeln 1966, S. 11–31.

dern innezuhalten, wahrzunehmen und den Geschmack dessen, was da ist, auszukosten.

Auch wenn die alphabetische Ordnung der Stichworte einen anderen Eindruck erweckt, sei unterstrichen, dass es nicht in der Absicht der Herausgeber lag, ein Lexikon oder gar eine Enzyklopädie der Spiritualität vorzulegen. Auch insofern unterscheidet sich das vorliegende Buch wesentlich von dem bei Herder in mehreren Auflagen (zuletzt 1992) erschienenen *„Praktischen Lexikon der Spiritualität"*. Die Herausgeber sind überzeugt: Wir können heute von Spiritualität nicht mehr reden ohne eine mehrfach bestimmte Öffnung: Diese schließt eine innerchristliche Ökumene ebenso ein wie die Wahrnehmung anderer Religionen; sie meint aber auch die Verbindung zur Psychologie im Blick auf konkrete Fragen der Lebensorientierung und die Offenheit für den Beitrag, den vor allem die Naturwissenschaften zur Erweiterung unseres Weltverständnisses leisten. Das vorliegende Werk reagiert darüber hinaus auf eine spätestens seit dem 11. September 2001 grundsätzlich gewandelte religiöse Grundstimmung der westlichen Welt.

Weder die einzelnen Beiträge noch das Buch im Ganzen erheben Anspruch auf Vollständigkeit. Wir haben die Autorinnen und Autoren gebeten, die im Stichwort genannten Phänomene vor dem Hintergrund ihrer jeweiligen Lebenswirklichkeit und religiösen Tradition auf ihre spirituelle Potenz hin zu befragen. Wenn dies im einen Falle zu einem deutlich persönlichen und im anderen zu einem eher abstrakten Ton geführt hat, so sind diese sich ergänzenden Herangehensweisen im Sinne der Herausgeber. Das bedeutet freilich nicht, dass diese sich mit allen Beiträgen identifizieren. Wichtiger als eine einheitliche „Linie" erschien es uns, die spirituelle Landschaft – so sie denn seriös ist – in ihrem Reichtum und ihrer Vielfalt abzubilden.

So erklärt sich auch die Auswahl der behandelten Stichworte. Sie bilden keine vollständige Sammlung, sondern gleichen einem Blumenstrauß aus dem weiten Feld der Spiritualität. Auch wenn wir nicht jede Blüte gepflückt haben, heißt das nicht, dass unser Strauß beliebig zusammengestellt wurde. Im Gegenteil: Dass etwa das Stichwort „Gott" nicht auftaucht, ist unserer Überzeugung geschuldet, dass jeder einzelne der versammelten Beiträge von Gott handelt – so dass es unsinnig erschien, ihm neben diesen einen eigenen Artikel zu widmen. Teilweise erklärt sich das Fehlen eines Beitrags aber auch daraus, dass es uns nicht gelungen ist, einen Autor oder eine Autorin für das entsprechende Stichwort zu begeistern. So fand sich unter zehn angefragten Politikern niemand, der einen Artikel über das „Gewissen" zu schreiben bereit gewesen wäre – wie übrigens auch niemand der fünf angefragten Bischöfe den Beitrag über „Demut" übernehmen wollte ...

Um so mehr gilt unser Dank all denen, die an diesem Buch mitgewirkt haben. Sie haben je auf ihre Weise dazu beigetragen, dass wir Ihnen einen üppigen Blumenstrauß überreichen können, von dem wir meinen, dass er Ihnen Freude und Inspiration sein wird. Neben den Artikeln umfasst er im Anhang auch eine Aufstellung weiterführender Literatur, die teils von den Autorinnen und Autoren, teils von den Herausgebern zusammengestellt wurde. Ferner finden Sie dort biographische Hinweise zu all denen, die einen Beitrag zu diesem Buch geleistet haben.

Von Joseph Beuys stammt das viel zitierte Wort „Das Mysterium findet auf dem Hauptbahnhof statt". Es muss nicht immer der Bahnhof sein. Vielleicht tut es ja auch ein Buch. Wir wünschen Ihnen eine inspirierende Lektüre.

Gabriele Hartlieb, Christoph Quarch, Bernardin Schellenberger
Freiburg i. Br., Fulda, Stuttgart im Juli 2002

Achtsamkeit

Bernardin Schellenberger

In einer immer komplizierteren Welt, die von einer unendlichen Fülle an Informationen überschwemmt wird, werden die einfachsten Dinge und Lebensäußerungen immer weniger selbstverständlich. Man muss sie methodisch einüben. Das gilt namentlich von der „Achtsamkeit": der Fähigkeit, mit vollem, ungeteiltem Bewusstsein bei einem Eindruck oder einer Begegnung gegenwärtig, statt, kaum da, schon wieder mit dem Kopf woanders zu sein. Das Gegenteil von Achtsamkeit ist die „Zerstreuung", das Verwirrtsein von zu vielen Impressionen auf einmal und die Geistes-Abwesenheit.

Gehirnforscher schätzen, dass das Gehirn des Menschen rund 100 Milliarden Neuronen enthält. Jedes dieser Neuronen verfügt demnach über etwa 1000 Anschlüsse, von denen jeder durchschnittlich 200mal pro Sekunde zündet, was also zu 20 Billionen Rechenvorgängen pro Sekunde führe. Außerdem – so die Annahme – könne sich unser Geist mit mindestens sieben Themen auf einmal abgeben – also mit Geräuschen, Gerüchen, Bildern, Gefühlen und so weiter –, brauche jedoch nur 1/18 Sekunde für die Abhandlung eines Themas. Das heißt, jede Sekunde kann unser Gehirn 126 Informationsbrocken registrieren; das sind 7 560 pro Minute, eine halbe Million pro Stunde. Zum Glück spielt sich das alles weithin in unserem Un- und Unterbewussten ab. Aber immerhin kommt dem unachtsamen Menschen im Schnitt pro Sekunde ein Gedanke in den Kopf: Das sind also 3 600 Gedanken pro wacher Stunde oder 60 000 pro Tag. Allerdings sind diese Gedanken nicht besonders originell: 19 von 20 Gedanken, die einem heute kommen, gingen einem auch schon gestern durch den Kopf und werden einen morgen wieder beschäftigen. Sie kreisen wie ein Hamster in seinem Rad.

Die wichtigste Leistung unseres Gehirns besteht darin, aus dieser ungeheuren Flut die wenigen Gedanken herauszufiltern, die wir im jeweiligen Augenblick für die Bewältigung unserer Aufgabe oder Absicht brauchen, und alle anderen abzublenden. Bei immer mehr Menschen scheint dieser Filter jedoch schwächer zu werden. Namentlich bei Kindern wird in zunehmendem Maß das so genannte ADS-Syndrom beobachtet: eine ständige Überreizung durch zu viele Eindrücke und als Folge mangelnde Konzentrations- und Lernfähigkeit sowie ständige aggressive Abwehrreaktionen. Was sich hier als neue Form psychischer Erkrankung äußert, plagt jedoch auch die meisten anderen Menschen: Ein höchst kompliziert gewordenes Leben und ständige Reizüberflutung führen zu Dauerstress, entfremden von den einfachen, heilsamen Lebenserfahrungen und machen wiederum süchtig nach neuen Reizen. Hinzu kommt die Dynamik einer das Leben immer mehr prägenden Ökonomie, deren raffinierte, allgegenwärtige Werbestrategie ganz darauf angelegt ist, die Konzentration zu verwirren und zu besinnungslosem Kauf und Konsum zu verführen.

Kleine Kinder verfügen zunächst noch über die Fähigkeit zur Achtsamkeit. Sie können der Mama oder dem Opa wieder beibringen, geschlagene zehn Minuten lang den Startversuchen eines Marienkäfers zuzuschauen, an dem diese achtlos vorbeigerannt wären. Die Zeit bleibt dann geradezu stehen. Sie lernen wieder staunen. Viele einfache Menschen können das noch heute, ohne den Begriff „Achtsamkeit" zu brauchen. Auch Künstler verfügen über diese Fähigkeit. In John Steinbecks *Jenseits von Eden* finden sich die Sätze: „Ein Mensch mag sein ganzes Leben in grauer Trübnis verbracht, Land und Bäume um ihn mögen in Dunkel und Düster gelegen haben. Die Ereignisse, selbst die bedeutsamen, mögen gesichts- und farblos vorübergezogen sein. Und dann auf einmal der Strahlenschein – und das Gezirp einer Grille klingt wie süßer Sang in seinen Ohren, der Geruch der Erde hebt sich lobpreisend an seine Nase, und die Lichtflecken unter einem Baum beseligen seine Augen. Dann ergießt es sich aus dem Menschen, wie ein Wildbach entlädt sich sein Wesen und wird darum doch nicht ärmer. Wert und Gewicht eines Menschen in der Welt lassen sich wohl daran abmessen, welcherart und wie häufig diese Beseligungen bei ihm sind. Es ist ein einsames Erlebnis, doch es setzt uns in Beziehung zur Welt. Es ist die Mutter aller schöpferischen Kraft."

Achtsamkeit ist nicht das Privileg von Kindern, Künstlern oder Leuten, die viel Zeit haben. Wenn Unachtsamkeit der Mangel an aufmerksamer Beziehung zu Menschen und anderen Geschöpfen, sowie zu Gesetzmäßigkeiten und Naturvorgängen, die das Leben bestimmen, ist, dann hängt die Zukunft unserer Erde und der Menschen auf ihr von der Achtsamkeit ab. Sie äußert sich im Alltag ganz konkret und praktisch. Wenn nach einem warmen Sommerwochenende die Menschen Parkflächen voller Müll zurücklassen, spricht schon das Bände für ihr Verhältnis zur Welt und Wirklichkeit.

Für das Erlernen der Achtsamkeit haben sich vor allem Elemente der Zen-Meditation als recht hilfreich erwiesen, wird doch dabei methodisch darin eingeführt, achtsam „nur eines zu tun" und sich ins reine Da-sein im gegenwärtigen Augenblick einzuüben.

Als praktische Anleitungen für die Einübung eines achtsameren Verhaltens im Alltag lassen sich in aller Kürze nennen:

1. Sooft du kannst, tu bewusst etwas langsamer und achte auf deinen Atem: Atme tief und ruhig durch und versuche, innerlich deinen Atemrhythmus mit zu vollziehen. Ruhiges Atmen beruhigt auch den Geist. 2. Lass sinnloses Wollen bleiben (etwa, dass endlich die Bahn komme, auf die du wartest, oder der Stau sich auflöse, in dem du stehst). Beachte, wie oft du unnötigerweise in Reaktionen des Beurteilens, Begehrens oder Befürchtens verfällst, die dich in Stress versetzen. 3. Versuche darum, alles um dich nicht-reaktiv zu registrieren und auch dir selbst und dem, was in dir vorgeht, nicht-reaktiv zuzuschauen. Indem du dich in die Haltung des Zuschauers deiner selbst versetzt, löst du dich aus der Verstrickung in deine Gedanken. 4. Konzentriere dich darauf, für einige Minuten mit einem einzelnen Sinnesorgan (dem Hören, Riechen, Sehen und so weiter) intensiv alltägliche Dinge in deiner Umgebung wahrzunehmen. Wenn du es fertig bringst, ganz in einer elementaren sinnlichen Wahrnehmung zu verweilen, entkrampft sich dein Geist, der sich festgefahren und abgekapselt hatte. Verblüffend oft kommen dann unerwartet kreative, inspirierende Einfälle zu Problemen, an die du gerade gar nicht gedacht hattest. Hier gilt: „Wer nicht sucht, der findet." Es ist einfach – und darum heute so schwierig.

Alltag

Margrit Irgang

Die Alltagsarbeit in Haus und Garten hat in den Klöstern aller Religionen einen hohen Stellenwert. Buddhistische Mönche schwingen die Besen, und christliche Nonnen betreuen mustergültige Kräutergärten. In Sufi-Zentren rangiert der Koch in der Hierarchie gleich hinter dem Sheik, und nicht wenige westliche Schüler haben das Aufwischen eines Bodens von einem japanischen Zenmeister gelernt: Einmal mit dem Wischmop längs durch den Raum und in akkurater Reihe daneben wieder zurück; in einer zweiten Runde wird getrocknet. Hundert Quadratmeter in zehn Minuten, und alles funkelt vor Sauberkeit.

Ich möchte im Folgenden über die spirituelle Praxis des Toilettenputzens sprechen. Es ist eine wunderbare Übung. Sie stellt uns ein paar Fallen, in die wir garantiert hineingeraten werden, und deshalb bietet uns das Toilettenputzen die kostbare Gelegenheit, spirituell zu erwachen.

In der Zen-Schule, in der ich früher praktizierte, gehörte eine Stunde Arbeit zum Tagesprogramm, und die Arbeit wurde am Anfang des Sesshin, des Meditations-Seminars, zur Wahl gestellt. Am beliebtesten war Gemüseschneiden, gefolgt von Gartenarbeit (falls gerade die Sonne schien) oder dem Fensterputz (falls es regnete). Für den Toilettenputz meldete sich grundsätzlich niemand, deshalb wurden dafür zwei Personen eingeteilt. Ich hatte keine Lust, eine Woche lang Toiletten zu putzen, am Ende noch die der Männer. Ich überlegte, wie ich mir möglichst rasch einen der begehrten Plätze beim Gemüseschneiden sichern könnte. Ein kleines Gespräch nebenbei mit der zuständigen Person? Eine plötzlich aufgetretene Allergie gegen Toilettenreiniger?

Auf diese Weise mogeln wir uns alle durch unser Leben. Wir möchten, dass es unseren Wünschen entspricht, und wählen aus: Ganz viel von diesem hier und ein wenig von dem dort, aber jenes auf gar keinen Fall. Und wenn das Leben uns gerade jenes präsentiert, greifen wir durchaus zu kleinen oder großen Betrügereien, um uns in unserer Bequemlichkeit nicht stören zu lassen. Das hat aber eine fatale Folge: Unser pflegeleichter Alltag fühlt sich seltsam unlebendig an. Sinnlosigkeit macht sich breit; es fehlt uns die Gewissheit einer tieferen Bedeutung. Und sehnsüchtig und neidisch blicken wir auf Menschen, die ein erfülltes Leben führen. Wie konnte uns das Leben so abhanden kommen? Seng-t'san, der dritte Patriarch des Zen, sagte: „Der höchste Weg ist nicht schwer, wenn du nur aufhörst zu wählen." Zum Leben gehören das Licht *und* der Schatten, die Freude *und* der Schmerz. Im Buddhismus gibt es den Ausdruck *dukkha;* er bezeichnet unser alltägliches Unbehagen, das wie ein Grundton in unserem Leben mitläuft und ihm den Glanz nimmt. *Dukkha* sind nicht die Toiletten, die geputzt werden müssen, sondern unsere Unlust, sie zu putzen, wenn sie geputzt werden müssen. *Dukkha* entsteht in unserem Geist, und deshalb kann es dort auch wieder aufgelöst werden.

Eines Tages ging mir auf, wie unfrei ich geworden war. Während einer sechsstündigen Fahrt zum Sesshin verbrachte ich drei Stunden mit dem Entwerfen einer Strategie, das Toilettenputzen zu vermeiden. Praktizierte ich nicht Zen, um vollkommen befreit zu werden, zu „erwachen"? Und ich verwickelte mich bereits in Abneigung in der alltäglichsten aller Fragen! Im Seminarhaus angekommen, meldete ich mich zum Putzen der Männertoiletten. Ich erhielt Eimer, Lappen und Bürsten, krempelte die Hosenbeine hoch und schrubbte. Mit der Bürste wienerte ich jede Ecke und jede Kachel, polierte mit meinen Lappen die Brillen und Fenster. Warmes Seifenwasser lief über meine nackten Füße, im Garten trillerte eine Amsel. Die Toilettenanlagen waren von Sonnenlicht und tiefem Frieden erfüllt. Ein Meditationsraum, der nach Vim duftete.

Anfangs werden wir die Alltagsarbeit als Mittel zum Zweck betrachten: Wir arbeiten, um gelassener und konzentrierter zu werden. Mit ganzer Achtsamkeit und voller Hingabe widmen wir uns dem, was gerade von uns verlangt wird. Wir putzen, waschen, nageln, kämmen, gießen und spüren, wie wir allmählich in unsere Mitte kommen. Die in unserem Kopf wirbelnden Gedanken beruhigen sich, unser Gefühlsaufruhr legt sich. Die Wachheit, mit der wir präsent sind in dem, was wir tun, kommt uns selbst und den Dingen zugute. Ordnung und Ruhe kehren ein in unserem inneren und äußeren Haus. Keine Gläser gehen mehr zu Bruch, kein Brief wird mehr verlegt. Da wir aufgehört haben, mit den Umständen einen Kampf zu führen, kommen wir mit den Menschen um uns herum besser aus – und sie mit uns. Wir haben Abneigung in Bejahung verwandelt, und Bejahung hat magische Kraft. Körper und Geist sind nicht voneinander getrennt, und so ist all unser Tun ein Spiegel für den Zustand unseres Geistes. Die Hingabe und Genauigkeit aber, mit der wir etwas tun, wirkt wiederum auf den Geist zurück und formt ihn.

Irgendwann begreifen wir, dass Arbeit nicht ein Mittel ist, das zu einem fernen Ziel führt („ich putze, um erleuchtet zu werden"), sondern Ausdruck des vollen, reichen Lebens selbst (denn wir sind bereits erleuchtet – wir wissen es nur nicht). Wenn der Abwasch eine Meditation ist und die Zimmerlinde so wichtig wie der Ölzweig, den die Taube brachte – dann, so sagt der vietnamesische Zenmeister Thich Nhat Hanh, befinden wir uns inmitten des Alltags im Königreich Gottes, im Reinen Land des Buddha. Diesem Königreich müssen wir nichts hinzufügen, wir brauchen aus ihm aber auch nichts auszuschließen. Wir tun, was gerade zu tun ist, in Achtsamkeit und Respekt für das Sein der Dinge und Wesen, die uns anvertraut sind. Dann ist das Gewöhnliche auf einmal das Heilige, und das Wort heilig kommt von „heil", was wiederum „ganz" bedeutet. Wenn wir den Mut haben, das Leben mit all seinem Dreck und Lärm, seiner Kälte und den unliebsamen Überraschungen, die es so parat hat, anzunehmen und zu bejahen, dann leben wir es voll und ganz. Dann erfahren wir seine Heiligkeit – die manchmal darin besteht, dass warmes Seifenwasser über unsere nackten Füße läuft in einer Toilettenanlage für Männer, während draußen die Amsel singt und das Scheuerpulver duftet.

Alter

Heinz Zahrnt

„Dein Blick spurt im Nebel:
die auf Widerruf gestundete Zeit
wird sichtbar am Horizont."
(Ingeborg Bachmann)

Das Alter bringt vom Ende her die „Zeitlichkeit" in das Leben des Menschen hinein: „dass seine Tage gezählt sind und seinem Leben ein Ziel gesetzt ist, das er nicht überschreiten kann" (Hiob 14, 5).

Gewiss, sobald ein Mensch geboren wird, ist er alt genug, um zu sterben. Und niemand vermag vorherzusagen, wie er reagieren wird, wenn es jetzt ihn trifft: einfach am Wegrand zusammensinken, während die anderen, mit sich selbst beschäftigt, weiterwandern, als wäre nichts geschehen, und auch die Welt nimmt weiter ihren Lauf, ohne ihn – das steht im äußersten Gegensatz zu unserem Verlangen nach Identität und Bleiben. Nicht nur die Angst vor dem Ende spricht daraus, sondern auch die Sehnsucht nach Vollendung. Ob Angst oder Sehnsucht – wir sind keine Eintagsfliegen.

Der Welt und den Menschen zuschauen und ihnen das „Weiterleben" gönnen, ohne selbst noch dabei zu sein – wer das vermag, hat die wahre Lebensweisheit und Sterbekunst ineins begriffen.

Die Probe aufs Exempel bildet das Alter: ob es nur ein Kehraus des gelebten Lebens ist oder die letzte Lebensstufe, der Feierabend nach vollbrachtem Tagwerk – ich kann hier nur meine eigenen, noch vorläufigen Erfahrungen mit dem Alter mitteilen.

An mich ist die allgemeine Wahrheit, dass der Mensch ein sterbliches Wesen ist, bis zu diesem Augenblick noch nicht als persönliche Nachricht ergangen. Aber die Vorzeichen sind da, und sie mehren sich. Nicht, dass ich in jedem Augenblick an meinen Tod dächte – aber er ist aus dem Unbewussten aufgestiegen und wohnt jetzt nicht mehr nur in meinen Gedanken.

Einen Schutz gegen das Selbstmitleid oder gar den Neid angesichts der „Zurückbleibenden" bietet die Dankbarkeit im Bunde mit der Vernunft: Wer die Nazi-Diktatur und den Zweiten Weltkrieg heil überstanden hat, mehr als einmal aus Todesgefahr errettet wurde, in einer glücklichen Ehe und einer heilen Familie lebt, dazu im gewählten Beruf Erfüllung gefunden hat und so weiter und so fort – der hat wahrlich allen Grund, sich mit dem, was ihm beschieden war, dankbar zu begnügen. Wer mehr vom Leben verlangte, wäre ein Nimmersatt.

Zudem sollte seine Vernunft ihn die gnädige Rückseite des Todes erkennen lassen: Bedeutet es etwa keine Gnade, wenn Gott das Verlangen des Menschen nach biologischer „Unsterblichkeit" nicht erfüllt, sondern durch den Tod verhindert, dass er auf immer leben muss? Denn allein durch die Abschaffung des Todes entstünde noch kein „ewiges Leben" – dadurch ergäbe sich nur eine Fortsetzung des hiesigen Lebens in unaufhörlicher Dauer. Und wer vermöchte dies zu ertragen? Sehr bald schon würden wir zum Augenblick nicht mehr sprechen: „Verweile doch, du bist so schön!", sondern uns den Tod mit allen Kräften unserer Seele herbeiwünschen. Für immer leben, das wäre nicht das ewige Leben – es wäre eine ewige Hölle.

Die Krone aller Alterserfahrung dünkt mich die *Gelassenheit*. Sie bedeutet keine moralische Leistung, sondern ist die Frucht spiritueller Erfahrung. Hineingespannt zwischen Lebensgewährung und Lebensgefährdung erfährt der Mensch sich von seinem Ursprung her als ein Angewiesener. Zum vollen Menschsein gehören daher stets auch Bedürftigkeit, Schwachheit, Sehnsucht, Hoffen, Wünschen und Verlangen. In diesem „Kreaturgefühl" des Menschen reflektiert sich das schaffende JA Gottes als das Geheimnis der Welt: dass das Leben auf seinem Grund nicht Tat, Leistung und Werk, sondern Empfangen, Widerfahrnis, kurzum Gnade ist. Wir sind „Hörige" unserer Herkunft und nicht Knechte unserer und anderer Leute „Machenschaften".

Dies aller Schöpfung vorausgehende und mit ihr einhergehende JA Gottes hat nach dem Glauben der Christen Jesus aus Nazaret erneuert und ein für allemal festgemacht, indem er alle Menschen zu Gott einlädt, weil sie seine Geschöpfe sind. Darum bildet die Dankbarkeit das Grundgefühl des christlichen Glaubens und den Anlass zur Gelassenheit im Alter.

Wer sich von Gott bejaht weiß, kann sich dann auch selbst annehmen und mit Zinzendorf, dem Begründer der Herrnhuter Brüdergemeine, sprechen: „Um mich habe ich mich ausbekümmert."

Sich selbst annehmen heißt: sich über sich selbst klar werden; ja zu sich sagen, obwohl man so ist, wie man ist und wie man selbst vielleicht gar nicht sein möchte; morgens vor dem Spiegel sich leiden können, trotz des alten Gesichts, das einem entgegenschaut; sich selbst ertragen und von dem Bild Abschied nehmen, das man einst von sich selbst entworfen hat; die Grenzen der eigenen Kraft erkennen und nichts Unmögliches von sich verlangen; alles in allem: in das Altern einstimmen und sich damit auf den Auszug aus dem Kreis der Lebenden vorbereiten.

Wenn ich die von mir mehr erwartete als schon gewonnene Lebenserfahrung im Alter auf eine knappe Formel bringen soll, so kann ich sagen: *Konzentration durch Distanz.* Das Alter ist nicht die Zeit der Ausweitung, sondern der Einkehr und Sammlung, nicht der Aktion, sondern der Meditation und Kontemplation, nicht der Planung, sondern der Erinnerung und Vertiefung, alles in allem der Sichtung, Vorbereitung und Weitergabe von Erfahrung. Man kommt zwar aus den Teilen nicht heraus, aber dem Ganzen doch näher. Und das ist es wohl, was man seit alters im Unterschied zum Wissen „Weisheit" nennt. Ich lese kein theologisches Buch mehr mit dem „feuchten" Finger – aber „Gott und die Welt zu erkennen", begehre ich nach wie vor.

Mit zunehmendem Alter sind Christentum und Stoizismus für mich einander näher gerückt. Ich vermag christliche „Erlösung" und stoische „Ergebung" nicht so grundsätzlich gegeneinander zu stellen, wie etwa Paul Tillich es getan hat. Das Vertrauen, das mir aus dem Glauben an Gott kommt, kann mir bisweilen eine – soll ich nun sagen – „mystische" oder „stoische" Gelassenheit vermitteln, wobei mir das letzte Loslassen freilich noch bevorsteht.

Ich möchte in meinem Glauben noch gern so weit kommen, dass ich alle Spekulationen über das Wann, Wo und Wie des Lebens nach dem Tod Gott anheim stelle und so dem Tod „Adieu" sage: Gott befohlen – Er wird's wohlmachen. Die alte Grabinschrift „Hier ruht in Gott …" fasst für mich die ganze Ewigkeit in sich.

Vor einigen Jahren schon habe ich im Fragebogen der FAZ auf die Frage nach meiner derzeitigen Befindlichkeit geantwortet: „Herr, wie Du willst. Ich eile nicht. Aber bitte, nicht noch einmal."

Altern

Klara Obermüller

Der große Schweizer Theologe Herbert Haag war 70 Jahre alt, als er seine Stiftung „Für Freiheit in der Kirche" gründete. Mit dem Preis dieser Stiftung zeichnete er in regelmäßigen Abständen Menschen aus, die sich durch eigenständiges Denken und aufrechten Gang mehr als durch Gehorsam gegenüber den Dogmen und Zwängen der Institution hervorgetan hatten. Leonardo Boff, Eugen Drewermann und Jacques Gaillot fanden sich ebenso unter den Preisträgern wie die Vertreter des „KirchenVolksBegehrens" oder die Initiantinnen des „Vereins vom Zölibat betroffener Frauen".

Herbert Haag war zeit seines Lebens ein kritischer Geist gewesen; aufs Alter hin aber wurde er im wahrsten Sinne des Wortes radikal. Er war 74, als er ein Buch über die Liebe schrieb, und bereits weit über 80, als er sich mit seiner Kritik an der Zwei-Stände-Kirche einen schweren Verweis der Schweizer Bischöfe einhandelte. Wie kein Zweiter nutzte Herbert Haag seine geistige und materielle Unabhängigkeit, um eigenständiges Denken innerhalb der katholischen Kirche zu fördern und Fehlentwicklungen anzuprangern, die ihrer Glaubwürdigkeit Abbruch tun.

Gewiss, nicht jeder von uns verfügt über die Souveränität und den Weitblick eines Herbert Haag und auch nicht über die Mittel, sie in die Tat umzusetzen. Aber an seinem Beispiel lässt sich ablesen, was auch zum Älterwerden gehören könnte: nicht nur das Abnehmen der Kräfte, nicht nur der Verlust an körperlicher und geistiger Beweglichkeit, sondern auch diese neue, innere Unabhängigkeit, die keine Rücksicht mehr nimmt auf Ansehen und Erfolg und niemandem mehr Respekt zollt, der diesen Respekt nicht verdient. Einem emeritierten Professor kann man keine Lehrerlaubnis mehr entziehen, einen pensionierten Arbeitnehmer nicht mehr auf die Strasse stellen – die Chance ist einmalig, wir bräuchten sie bloß zu ergreifen, und wir wären frei: frei, Grenzen zu überschreiten, Denkverbote zu missachten, in geistige Bereiche vorzustoßen, die uns bis dahin verschlossen waren. Wenn wir einmal begriffen haben, dass Sanktionen im Alter nicht mehr greifen, können wir vieles hinter uns lassen, was uns ein Leben lang belastet und eingeengt hat: sowohl den eigenen Ehrgeiz wie das eigene Leistungsdenken, die Sucht nach Anerkennung ebenso wie die Abhängigkeit von Lehrmeinungen und Autoritäten.

Jetzt, da die Kinder auf eigenen Beinen stehen, die Ehe in ruhigere Fahrwasser geraten ist und die Karriere wohl oder übel ihr Ende findet, bin ich endlich frei von all jenen Bindungen und Rücksichten, die mich so oft daran gehindert hatten, kritisch zu sein, unbequeme Fragen zu stellen, mich aufzulehnen gegen all die Ver- und Gebote, die geistliche und weltliche Autoritäten sich zu ihrer eigenen Absicherung ausgedacht haben. Ich kann die Angst über Bord werfen, mit der man ein Leben lang versucht hat, mich bei der Stange zu halten. Ich kann offen werden für den Pluralismus der Meinungen und die Wahrheit, die in anderen Kulturen und Religionen enthalten ist. Das macht mich frei, auch im Eigenen zu unterscheiden zwischen dem, was erhaltenswert ist, und anderem, von dem wir uns getrost verabschieden könnten.

Dieser Zugewinn an Unabhängigkeit und innerer Freiheit ist im Grunde wohl nichts anderes als die Kehrseite jener anderen Erfahrung, die das Altern auch mit sich bringt: der Erfahrung von Verlust und der Einschränkung von Möglichkeiten und des Wissens um die Begrenztheit der Existenz. Er ist eine Art Kompensation für jene äußeren Abhängigkeiten, in die ich als alternder Mensch unweigerlich gerate. Ob ich es will oder nicht, auf einmal wird mir bewusst, wie endlich und begrenzt alles ist. Mit jedem Herbst, der ins Land geht, erlebe ich deutlicher, wie etwas zu Ende geht in mir; mit jedem neuen Frühling empfinde ich dankbarer, dass ich noch da bin. Jahr für Jahr erfahre ich mich stärker als ein Teil dieser Schöpfung, die wird und vergeht, vergeht und wieder wird. Ich fühle mich eingebunden in sie, getragen von jener Kraft, die mich und alles Lebendige um mich herum hervorgebracht hat. Ich weiß aber auch, dass ich dieses schöne Gefühl des Aufgehobenseins mit dem Preis aller Kreatur bezahle: mit dem Tod.

Dies zu wissen, macht mir Angst, gewiss; es gibt mir aber auch eine große innere Gelassenheit. Was kann mir schon passieren, außer dass ich eines Tages nicht mehr bin? Was kann man mir schon nehmen außer dem Leben, das ohnehin einmal zu Ende geht? Wann das sein wird, liegt nicht in meiner Hand. Zum ersten Mal seit langem ist da wieder die Erfahrung von etwas, das meinem Zugriff entzogen ist. Jahrzehntelang habe ich mich abgestrampelt, habe gekämpft, gemanagt und mich verantwortlich gefühlt für alles und jedes. Ich verfügte über mich und meine Zeit, ich stand gerade für mein Tun, ich war meines Glückes Schmied und hielt den Kopf hin, wenn ich Schaden angerichtet hatte.

Nun, da ich älter werde, kann auch dieses dauernde Streben langsam zur Ruhe kommen. Ich muss und darf Verantwortung abgeben. Ich darf und muss Bindungen auflösen und Rücksichten ablegen, die mir auf dem Weg zu mir selbst hinderlich waren. Ich darf und muss mir eingestehen, dass mein Leben ist, wie es ist. Nichts kann ich mehr hinzufügen, was ich versäumt habe, nichts ungeschehen machen, was mir falsch erscheint. Diese Einsicht kann quälend sein; sie hat aber auch etwas unendlich Befreiendes, wenn es mir gelingt, zum Unabänderlichen und Unwiederbringlichen meines Lebens Ja zu sagen und mich anzunehmen, wie ich nun einmal bin.

Die Ruhe, die aus dieser Einsicht kommt, gibt dem Alter seine ganz eigene Würde und dem alternden Menschen jene innere Freiheit, die der Psalmist meint, wenn er sagt: „Unsere Seele ist wie ein Vogel dem Netz des Jägers entkommen; das Netz ist zerrissen, und wir sind frei" (Ps 124, 7).

Angst

Eugen Drewermann

Jeder von uns kennt Situationen wie diese: Jemand versucht, die Straße zu überqueren, als unvermutet ein Auto auf ihn zurast; laut aufschreiend springt er zurück auf den Gehsteig – Sekunden später erst merkt er, was passiert ist. Mit wackligen Knien, kaltem Schweiß auf der Haut, grüngelb im Gesicht, mit rasendem Puls und mühsam um Luft ringend, wird er erst nach und nach inne, dass er soeben einer Todesgefahr entkommen ist. Im Moment der Bedrohung hatte er nicht Angst, da war er Angst; es gab kein bewusstes Überlegen und durfte es nicht geben; das Überleben hing ab von einer sofortigen, reflexartigen Antwort auf die Gefahr.

Natürlich ist ein solches Verhalten in der „Schrecksekunde" beim Herannahen eines Autos kein Zufall. Das Wegspringen vor einer tödlich anspringenden Gefahr ist in der Geschichte des Lebens millionenfach von möglichen Beutetieren angesichts eines möglichen Beutegreifers geübt worden: Archaische Grundform aller Angst, die im Erleben von „Beutetieren" als elementare Form der Daseinssicherung niemals zur Ruhe kommen darf und sich verfestigt hat im Prinzip der Feindgewärtigung, des ständigen Auf-der-Hut-Seins.

Das Gefühl einer solchen Ungesichertheit in allem ist kennzeichnend speziell für das paranoische Angsterleben. Wer ist Freund, wer ist Feind? Alles ist möglich. Jeder kann alles sein. Niemandem darf man über den Weg trauen. Die Geborgenheit, welche das kulturelle Zusammenleben schenken sollte, sinkt im paranoischen Erleben zurück in die Wildheit der Natur. Nur ist es jetzt der Mensch, der des Menschen Wolf wird. Fortan gibt es scheinbar keinen anderen Schutz, als tödlicher zu werden als jede Todesgefahr. Die mörderische Rüstung moderner Staaten ist ein aktuelles Beispiel für ein solches paranoisches „Sicherheitsdenken".

Eine andere Form des Angsterlebens, die ebenfalls tief in der Evolution angelegt ist, besteht bei sozial lebenden Tieren in der Strafgewärtigung für den Fall einer Normübertretung. Der öffentlichen Ächtung der Gruppenmitglieder ausgesetzt zu werden, von ihnen ausgestoßen oder ausgemerzt zu werden, bedeutet Einsamkeit und Ausgeliefertsein in der schlimmsten Form. Die Angehörigen des eigenen Verbandes erscheinen als Verkörperungen beauftragter Verneinung und Verweigerung, und die Verbundenheit mit anderen Menschen, die unter anderen Umständen Schutz und Sicherheit böte, bedeutet jetzt Ablehnung und Verneinung. Doch nicht minder groß als die Angst, einem Beutegreifer zum Opfer zu fallen, von der Gruppe verstoßen oder allein gelassen zu werden, ist die Angst vor drohendem Nahrungsmangel. Der größte Teil aller tierischen wie menschlichen Aktivitäten dient der Beschaffung von „Lebensmitteln" im weitesten Sinne.

In all diesen Spielformen der Angst tritt deutlich zu Tage, dass es ein und dasselbe ist, der Ungesichertheit des Daseins bewusst zu werden und das Dasein als Ganzes in Angst zu tauchen. Je bewusster ein Lebewesen fühlt, desto ausgedehnter wird seine Angst sein. Für das tierische Erleben ist es kennzeichnend, Angst an die akuten Gefahrenmomente zu binden. Das menschliches Bewusstsein ist darüber hinaus imstande, die fundamentale Ungesichertheit, ja, die prinzipielle Unentrinnbarkeit unserer Lage in dieser Welt zu begreifen. Wir Menschen sind die einzigen Lebewesen, die nicht nur auf den Tod hin leben, sondern die mit der ständigen Gegenwart des Todes leben müssen.

Was im tierischen Erleben als eine situative Gefahr erscheint, stellt sich im menschlichen Bewusstsein als eine fundamentale Gefährdung dar, und diese Verunendlichung des Angsterlebens im menschlichen Bewusstsein führt zu der Neigung, die biologisch vorgegebenen Angst-Antworten aus dem Tierreich ins Unendliche zu verlängern: Um uns vor Feinden zu schützen, produzieren wir immer zerstörerischere Waffen; um der Schuldangst zu entkommen, fliehen wir in ein Gehabe perfekter Anpassung an die gesellschaftlichen Standards; der Angst vor Vereinsamung suchen wir durch die Flucht in die Masse zu begegnen; und im Kampf gegen die Verhungerns- (oder Verarmungs-)Angst können wir zur „Altersvorsorge" anscheinend gar nicht genug „Rücklagen" bilden. Freilich wird zugleich klar, dass wir uns mit einer solchen Verunendlichung der biologisch vorgegebenen Lösungswege zur Bewältigung einer im Bewusstsein unendlich gewordenen Angst buchstäblich um den Verstand bringen. Kollektiv wie individuell vermeiden wir auf diese Weise die bestehenden Gefahren nicht, wir werden am Ende die größte Gefahr für uns selber.

Das menschliche Dasein steht offensichtlich vor einer Wahl: Entweder wir versuchen, eine „endgültige" Lösung für eine verunendlichte Angst zu erzwingen – dann laufen wir Gefahr, das Ende der menschlichen Spezies einzuleiten; oder wir akzeptieren die Ungesichertheit unserer Existenz, indem wir es lernen, auf Angst zu antworten. Das ist der Weg der Religion. Sie versucht, die verunendlichte Angst aus dem Unendlichen selbst zu beantworten, indem sie an die Stelle der Todesangst den Glauben an Unsterblichkeit setzt, an die Stelle der Schuldangst den Glauben an Vergebung, an die Stelle der Verlorenheitsangst den Glauben an gütige Begleitung und Gnade und an die Stelle der Verhungerungsangst und des Prinzips der Feindgewärtigung die Bereitschaft zu einer Solidarität gerade und besonders gegenüber dem Ohnmächtigen und Schwachen. An die Stelle der unendlich gewordenen Angst tritt der Glaube an eine unendliche Liebe. Nur sie löst die Angst unseres Daseins.

Freilich, woher soll inmitten eines angstgepeinigten Daseins ein solches Vertrauen in eine mögliche unendliche Liebe kommen? Es kann nur vermittelt werden durch die Begegnung mit anderen Menschen, die wir als liebevoll genug erleben, um an ihrer Seite unsere uralten Ängste zu überwinden. Gerade in der Begegnung mit anderen Menschen aber drohen neue Formen des Angsterlebens, die jenseits der biologisch vorgebildeten Themen der Realangst einzig im Innenraum der Seele spielen und dort eine neurotische Qualität erlangen können.

Um ein Vertrauen zu ermöglichen, das imstande ist, nicht nur die Angst gegenüber der Welt, sondern auch verinnerlichte Angst der Seele zu heilen, muss die Religion sich therapeutisch verstehen. Die gesamte Botschaft Jesu stellt angesichts dieses Problems den Versuch dar, die menschliche Angst im Vertrauen zu einer absoluten väterlichen (beziehungsweise mütterlichen) Macht im Hintergrund unserer Existenz bis zu dem Punkt zu beruhigen, dass darunter das krankhafte Leid der Seele sich aufzulösen vermag und das menschliche Handeln zu einer Menschlichkeit frei wird, die es im Getto der Angst mit den absurden Teufelskreisen von Gewalt und Gegengewalt niemals besaß noch besitzen kann.

Die Dringlichkeit dieser Aufgabe einer Vermenschlichung des Menschen gegen die Angst wird deutlich, wenn wir betrachten, wie das Bewusstsein des Menschen schließlich selbst zu einer unentrinnbaren Quelle der Angst wird. Es war der dänische Religionsphilosoph Sören Kierkegaard, der das Erleben der Angst mit dem Geist des Menschen verknüpfte. Nicht erst in Bezug zu der umgebenden Welt und nicht erst in Bezug zu anderen Menschen, wesentlich in Bezug zu sich selbst entdeckt sich das Bewusstsein des Menschen als Angst, und zwar in doppelter Hinsicht.

Zum einen tritt die radikale Nicht-Notwendigkeit unserer Existenz in die Helle der Wahrnehmung; im Raum der Natur gibt es Ursachen, die erklären, warum es uns gibt, doch gibt es keinerlei Grund, warum es uns geben sollte, – und so steigert sich die Angst der Kontingenz unseres Daseins zu dem Verlangen, sich selbst als notwendig, als unentbehrlich, als gottgleich zu entwerfen. Die biblische Geschichte vom „Sündenfall" ist eine symbolische Darstellung dieses stets zum Scheitern verurteilten Bemühens einer Angstbewältigung, die immer von neuem nur zu der um so schmerzlicheren Entdeckung der eigenen „Nacktheit" und Erbärmlichkeit führen muss. Die Lösung dieser Angst der existentiellen Nicht-Notwendigkeit kann nicht in dem Nachweis liegen, dass es uns geben muss oder geben soll; sie kann nur darin liegen, dass wir im Absoluten eine persönliche Freiheit glauben, die möchte, dass wir sind.

Zum anderen erweist sich, verbunden mit der Angst der Kontingenz, vor allem die Freiheit des Menschen als ein eigenes Problem der Angst. Frei zu sein bedeutet, dass es keine Festlegung mehr gibt, die das menschliche Handeln und Verhalten vorwegbestimmt, und diese Angst vor der puren Möglichkeit, diese Angst vor der persönlichen Verantwortung, diese Angst, ein Individuum zu sein, dem es nicht vergönnt ist, sich in der Menge der Allgemeinheit aufzulösen, macht die Freiheit des Menschen zu einer unerträglichen Last und führt zu den ständigen Versuchen, in Freiheit die Freiheit abzuschaffen. Wenn es zum Beispiel möglich wäre, sich in zwangsneurotischer

Weise auf das nur Notwendige, auf das Vorgeschriebene zu reduzieren, brauchte man keine Angst mehr zu haben; oder wenn es möglich wäre, nach Art des hysterischen Gebarens die Wirklichkeit in ein Spiel unentschiedener Möglichkeiten aufzulösen, so ließe sich jede Festlegbarkeit auf einen bestimmbaren Standpunkt der eigenen Person vermeiden – man könnte alles sein und brauchte nichts zu werden. Gerade diese Angst der Freiheit um sich selbst und vor sich selbst vermag sich nur im Gegenüber zur geduldigen Güte einer anderen individuellen Person zu beruhigen, die uns in allem Suchen und Irren, in allem Reifen und Verfehlen begleitet und meint. Freiheit ist nur erträglich im Gegenüber des Wohlwollens einer fremden, letztlich absoluten Freiheit.

Die Problematik der Angst zeigt uns Menschen als denkende Tiere, die, gelagert über dem Abgrund des Nichts, ihre Identität und ihren Frieden nur finden können durch ein Vertrauen, das die irdische Existenz ins Unendliche übersteigt. Das Erleben der Angst ist wie ein Fahrstuhl durch die verschiedenen Schichten des menschlichen Daseins. In allen Formen und auf allen Ebenen der Angst aber zeigt sich ein und dasselbe: Nur zum Schein lässt die Angst sich nach tierischem Vorbild überwinden durch Mut, Entschlossenheit, Rücksichtslosigkeit und im Streben, der Mächtigste und Stärkste zu sein; auf menschenwürdige Weise besiegen kann die menschliche Angst nur ein Vertrauen, das es erlaubt, zu sich selber zu stehen – inklusive aller Unvollkommenheiten und Schwächen. Ein solches Vertrauen notfalls gegen alle Welt und jenseits aller Welt ist identisch mit dem Standpunkt der Religion.

Arbeit

Angelika Daiker

Arbeit ist zum Problem geworden. Die einen arbeiten zu viel, weil sie „arbeitssüchtig" oder dem Druck einer gnadenlosen Arbeitssituation ausgeliefert sind. Die andern haben keine Arbeit, weil sie zu alt, zu krank, zu unflexibel sind, den falschen Beruf oder einfach keine Lust haben, jede Arbeit zu tun. Und es gibt die „Glücklichen Arbeitslosen". Das Manifest der „Glücklichen Arbeitslosen" – im Internet nachzulesen – bringt es auf den Punkt. Ihr Problem ist es nicht, arbeitslos zu sein – schließlich gibt es genügend sinnvolle und lustvolle Beschäftigungen: Schreiben, Reisen, Lesen, Leben. Ihr Problem ist es, geldlos zu sein. Dass wir an Arbeitssucht leiden und mit Arbeitskrankheiten kämpfen, ist für sie die Auswirkung einer protestantischen Arbeitsmoral, die uns immer noch in den Knochen steckt. Die Glücklichen Arbeitslosen sind froh, endlich das tun zu können, worauf sie Lust haben. Das wünschen sich viele. Ohne Termindruck, ohne Verpflichtung, ohne Stress am Arbeitsplatz, ohne Ärger mit dem Chef endlich Zeit zu haben, Träume zu verwirklichen und etwas Verrücktes zu tun – oder gar nichts.

Die Antike war den modernen Sehnsüchten nach Muße sehr nahe. Der lateinische Begriff für Arbeit, *neg-otium*, definiert sie sogar als „Nicht-Muße" und folglich die „Muße" als das „Normale". Körperliche Arbeit – im Gegensatz zur geistigen Beschäftigung – wurde von Sklaven ausgeführt. Der Mensch der Antike, jedenfalls derjenige der elitären Oberschicht, sah seine letzte Erfüllung in der philosophischen Selbstfindung. Laut Aristoteles ist das kontemplative Leben, die *vita contemplativa*, dem aktiven, der *vita activa*, eindeutig vorzuziehen.

Die Bibel dagegen kennt keinen Vorrang der intellektuellen Fähigkeiten vor den „niedrigen" körperlichen Arbeiten. Für Jesus, selbst ein Handwerkerkind, gehören die verschiedenen Berufe zum Leben, sie bieten ihm anschauliche Bilder für das Reich Gottes. Die ersten Jünger sind Fischer. Das Tun des Menschen an dem Platz, an den er gestellt ist, ist wertvoll. Paulus schreibt gegen „weltfremde", spiritualisierende Tendenzen seiner Zeit: „Wer nicht arbeiten will, soll auch nicht essen" (2 Thess 3, 10). Doch bei allem menschlichen Tun und Wirken darf es nur eine wirkliche Sorge geben: die um das Reich Gottes. „Sorgt euch nicht um euer Leben und darum, dass ihr etwas zu essen habt, noch um euren Leib und darum, dass ihr etwas anzuziehen habt ... Lernt von den Lilien, die auf dem Feld wachsen: Sie arbeiten nicht und spinnen nicht. Doch ich sage euch: Selbst Salomo war in all seiner Pracht nicht gekleidet wie eine von ihnen" (Mt 6, 25ff). Eine wichtige Korrektur – aber auch eine Entlastung.

Die Haltung des sorglosen Daseins vor Gott und die Mühen zum Erwerb des Lebensunterhalts in ein gutes Verhältnis zu bringen, ist nicht leicht. Der Vater des abendländischen Mönchtums, Bendedikt von Nursia hat es auf die treffliche Formel *ora et labora* gebracht: Gebet und Arbeit geben in seinen Klöstern gemeinsam den Tagesrhythmus vor.

Das spirituelle Ideal des Ineinanders von Gebet und Arbeit wurde im letzten Jahrhundert faszinierend umgesetzt von der Ordensgründerin der „Kleinen Schwestern Jesu". Die Schwestern verdienen als Ordensfrauen ihren Lebensunterhalt durch einfache Arbeiten und teilen die Lebensbedingungen der Arbeiter. Sie werden nicht aus der Welt herausgerufen, sondern tragen ihr Gebet in die Arbeit. Als Kontemplative zu leben, heißt für sie: überall, bei der Arbeit, unterwegs, mitten unter den Menschen, auch in den kleinen Dingen des Alltags das Vorübergehen Gottes entdecken. Sie verzichten auf karitative Einrichtungen, unterrichten und missionieren nicht, sondern leben als Arbeiterinnen unter Arbeitern, absichtslos.

Viele Menschen können schwer verstehen, warum die Schwestern ihr Leben mit den Menschen einfach nur teilen, ohne deren Lebensbedingungen verbessern zu wollen. Ihr Ziel ist es vielmehr, mit den Menschen aller Schichten und Nationalitäten in Freundschaft zu leben, am Glauben und Leben der Menschen Anteil zu nehmen und vom eigenen Glauben zu sprechen, wenn sie danach gefragt werden. Interessiert wollen sie wissen: Wer bist du, was macht dein Leben aus? Die ansonsten übliche Statusfrage „Was machst du?", die sich für Beruf und soziale Zugehörigkeit interessiert, wird unwichtig. Die Schwestern sprechen sogar von einem „Apostolat der Freundschaft". In einer Zeit, in der Beruf und Arbeit für viele die wichtigsten Orte der Selbstverwirklichung sind, macht es nachdenklich, dass sich Akademikerinnen, Frauen mit angesehenen Berufen, um der Freundschaft willen in Putzkolonnen, als Verkäuferinnen und beim Zirkus einfachen Arbeiten widmen. Dass jemand sich nicht über seinen Beruf definiert, sondern aus den Freundschaften lebt, die er auch bei der Arbeit schließt, ist ein aufregendes Gegenmodell zum sonst verbreiteten Leistungs- und Konkurrenzkampf am Arbeitsplatz!

Auch in paradiesischen Zeiten wurde gearbeitet. Das Paradies war nicht einfach Ort der Muße, Zeit der Philosophie und des Genießens. Paradiesisch war ein Arbeiten, das im Bebauen und im Bewahren des menschlichen Lebensraumes einen gesunden Rhythmus einhielt. Im eingeengten Blick auf uns selbst und auf die Verwirklichung ehrgeiziger Projekte haben wir das achtsame Bewahren verloren, das auch einen Blick für das Ganze und für Gott hat.

Arbeit wird seit der Vertreibung aus dem Paradies als Fluch empfunden, nicht weil Arbeit selbst ein Fluch wäre, sondern weil der Mensch sich gegen Gott und gegen seinen Nächsten gestellt hat. Wo die wache Verbindung mit dem Schöpfer verloren gegangen ist und der Mensch keine Balance mehr hat, wo Arbeit zum lästigen Mittel für den maximalen Gelderwerb verkommt und der Arbeitsplatz konkurrierender Kampfplatz ist, muss Arbeit zum Fluch werden. Das ist nicht zwangsläufig so. Denn es gehört zum Menschen, dass er seine Fähigkeiten kreativ einsetzt und darin seinen Auftrag, seine Berufung, in der Welt findet. Darauf wollte Martin Luther hinweisen, als er die Begriffe Beruf und Berufung auch auf weltliche Tätigkeiten ausdehnte. So wertete er die menschliche Arbeit insgesamt auf, verlieh ihr sozusagen die Würde eines göttlichen Auftrags, eines Gottesdienstes. Dass sie zu einer knechtenden Arbeits- und Leistungsethik führte, ist eine verhängnisvolle Entwicklung dieses genialen Gedankens, im Beruf die persönliche Berufung durch Gott zu sehen.

Es adelt den Menschen, dass Gott ihn dafür vorgesehen hat, den „Ackerboden" des Lebens zu bestellen und am göttlichen Schöpfungsauftrag teilzuhaben. Der Mensch kann sich an dem freuen, was er mit seiner Hände Arbeit erworben hat – oder was er mit seinen Fähigkeiten zustande bringt (vgl. Ps 128, 2). Sechs Tage lang soll und darf er arbeiten, unter Mühen oder auch beflügelt von seiner Lust und Kreativität. Doch der siebte Tag gehört Gott. Er gehört auch dem Menschen, gewährleistet ihm einen gesunden Lebensrhythmus. Vor allem aber erinnert er ihn daran, dass er sich ohne den regelmäßigen Dialog mit Gott verrennt – nicht zuletzt in den Stress hektischer Arbeit und gleichermaßen hektischer Freizeit.

Armut

Ruth Pfau

Damals – ach, damals, 1960 – als „eine, die auszog die Armut zu lernen": da dachte ich noch, Armut sei, eine Handvoll Reis zu teilen, nachts auf dem Boden zu schlafen, mit einem öffentlichen Bus zu reisen.

Ich habe es alles gehabt, alles, was ich wollte. Ich habe, in eine Decke gewickelt, an rauchenden Holzfeuern, mit den Hirten in den Almen im Himalaya und in den Zelten der Wüste Belutschistans die Nacht verbracht – ich bin hungrig gewesen und habe gefroren – ich war krank und konnte keinen Arzt erreichen und wusste nicht, wie es ausgehen würde – und ich habe es genossen, dass ich einmal, einmal nicht Armut, aber *Solidarität* leben konnte – aber was Armut ist, das habe ich nicht erfahren.

Was sie nicht ist, das wusste ich bald: Sobald ein Moment der Freiheit darin liegt, ist es Salon-Armut, aber keine wirkliche Armut. Wer auf der Sonnenseite der Welt geboren ist, kann den Schatten nicht erreichen. Ich hatte ein erfolgreiches Leben.

Was Armut ist, was Armut vielleicht ist, das beginne ich erst zu ahnen, seit ich alt werde. Abnehmen –.

Um es klarzustellen: ich bin nicht willens, etwas abzugeben, ohne etwas Größeres zu erhalten. Warum soll ich am Ende eines erfüllten Lebens vor Trümmern stehen? So ist das Leben nicht, das auf Liebe aufgebaut ist – und da ich nun einmal Christin bin, gehört dazu, dass ich das Unmögliche, das Ver-rückte und Paradoxe trotzdem und trotzig glaube: dass nämlich das Prinzip des Lebens Liebe sei. Und Liebe ist immer Fülle. Und wenn wir das nicht entdecken können, liegt es daran, dass unsere Augen nicht richtig sehen, und wir müssen uns erneut auf Wanderschaft begeben, um jenen Ausblickpunkt zu erreichen, von dem aus sich der neue Horizont öffnet.

Armut – was also ist Armut wirklich?

Es gibt wohl mehrere Arten von Armut.

Da ist die fremdverschuldete Armut, die, mit der wir Tag für Tag konfrontiert sind – afghanische Flüchtlinge, die alles in der Heimat verloren haben und damit ihren Anspruch auf Würde: „Daheim bekam ich als Vorgesetzter des Wachpersonals mein Gehalt am Ende des Monats – hier sitze ich einen ganzen Tag an der Straßenkreuzung und warte auf Gelegenheitsarbeit, und am Abend habe ich kaum genug, um der Familie trockenes Brot nach Hause zu bringen."

Diese fremdverschuldete Armut, die dem Betroffenen die Würde nimmt, eine Armut, die gegen die Liebe verstößt und gegen die wir mit allen Mitteln angehen müssen, damit wir sie wenigstens mildern. Das bedeutet konkret: Soforthilfe, die transparent ist für die Würde, die wir dem anderen zusprechen, und strukturelle Hilfe, und sei es auch nur in Form von Protest oder Anwaltschaft. Und dass wir dann dem Betroffenen helfen, seine Würde zu entdecken und selbst gegen die Armut aufzustehen.

Es gibt eine zweite Armut, freiwillige Armut, die uns Freiheit ermöglicht – dieses leichtherzige Fahrenlassen von Ballast und Bürde, diese unbekümmert-beschwingte Freude, wenn Prioritäten richtig liegen – aber das sollte man vielleicht gar nicht *Armut* nennen, das ist wohl Freiheit.

Und dann gibt es wohl auch fremdverschuldete Armut von der zweiten Art, oder durch Umstände verordnete, die aber dem Menschen die Möglichkeit lässt, sie „einzuholen", sich in einem zweiten Schritt, aber immerhin freiwillig für sie zu entscheiden. Die als Anruf verstanden werden kann, Kostbarkeiten zu entdecken, von denen man vorher nichts wusste. Die Antwort auf einen Anruf, der neue *Freiheit* ermöglicht.

Und das Alter scheint mir eine Fundgrube solcher Armut zu sein.

„Ihr solltet mir wirklich endlich ermöglichen, mich in Karatschi zur Ruhe zu setzen", sage ich zu den Mitarbeitern des Hilfsprojektes gegen Lepra, das ich vor vierzig Jahren mitbegründet habe. „Warum?", fragt Ilyas überrascht. „Ich bin nur eine Bürde für euch", sage ich, „ich weiß schon wieder nicht, wo ich das Protokoll der gestrigen Sitzung abgelegt habe, und an die Namen kann ich mich prinzipiell nicht mehr erinnern, ich bin 73 und würde gern irgend etwas Überschaubares tun, nicht diese sieben Dinge auf einmal –"

„Die Namen kann ich Ihnen sagen", sagt Ilyas, „und das Protokoll finde ich auch, Sie können sich da auf uns verlassen."

„Und warum muss ich dann noch dabei sein?"

Ilyas schaut mich nachdenklich an. „Weil Sie Gedanken haben, die uns nicht kommen," sagt er, „und weil Menschen auf Sie reagieren, wie sie auf uns nicht reagieren, und weil Sie", Ilyas sucht nach Worten, „weil Sie uns das Geschenk Ihrer letzten 40 Jahre doch irgendwie schulden – und es nicht zurücknehmen wollen?"

Wenn das Samenkorn nicht in die Erde fällt und stirbt …

Zu meinem 70. Geburtstag hatten die Patienten unseres Behindertenheims einen Adventskalender gebastelt, hinter jedem geschlossenen Türchen wartete das Photo eines Patienten darauf, begrüßt zu werden, und sie hatten auf den postergroßen Kalender geschrieben: Danke für die 70 Jahre.

Ich möchte es auch sagen können. Dem, dem ich mein Leben verdanke: Danke für die 70 Jahre, und dass Du mir behutsam alles aus den Händen nimmst, was nicht „das Eigentliche" ist, das Eigentliche, das mich schon als Teenager fasziniert hat. Dass Du mir all den Ballast (den ich gar nicht als solchen erkenne) behutsam aus den Händen nimmst und darauf hoffst, dass ich es freiwillig als Geschenk anbiete.

Armut – die paradoxe Negation dessen, was uns unser Verstand als Wert vorschreibt. Eine Provokation zum Protest. Oder:

Armut – das Angebot einer Freiheit, das ich nur annehmen kann, wenn Du mich das Ja zur Armut durch Deine Liebe bestehen lässt.

Askese

John Rodden

Im Leben unserer Zeitgenossen spielt Askese eine eigenartige, ja paradoxe Rolle. Da allgemein grenzenlose Konsum- und Genussfreiheit beansprucht wird, scheint Askese völlig überholt zu sein. Doch nicht nur im Berufsleben wird den Menschen eine immer extremere „Askese" und Selbstverleugnung abverlangt, sondern auch im privaten Leben ist „working out", „Arbeiten an sich selbst", angesagt: Man muss sein Gewicht reduzieren, den eigenen Körper in Form bringen, Langlauf üben oder strenge Diäten einhalten.

Bei der Askese im traditionellen Sinn geht es darum, sich zu disziplinieren und auf unmittelbare sinnliche Befriedigungen zu verzichten, um dadurch ein höheres spirituelles Ziel zu erreichen. Als wichtigste asketische Praktiken gelten das Fasten, die sexuelle Enthaltsamkeit, ein Leben in Abgeschiedenheit, freiwillige Armut und Kasteiungen. Als Ziele gelten – je nach Eigenart der jeweiligen spirituellen Tradition – das Sich-Lösen von weltlichen Dingen, das

Einswerden mit der Gottheit, die Sühne von Sünden oder das Wecken des Bewusstseins für das eigene „höhere" Selbst.

Der abendländische Begriff der „Askese" ist vom griechischen *askesis* abgeleitet, das „Übung, Praxis, Training" bedeutet; der Asket ist also der „Übende", ursprünglich für den athletischen Wettkampf oder den Krieg. Bald wurde „Askese" auch auf die Bereiche der Kultur und Ethik ausgeweitet und als „Training" der Seele und des moralischen Verhaltens verstanden. Schließlich wurde der Begriff „Askese" mit ganz unterschiedlichen religiösen und moralischen Disziplinen in Zusammenhang gebracht und erhielt einen engeren und negativeren Sinn. In den Vordergrund traten zum Beispiel die Beobachtung von Reinheitsvorschriften, langes Fasten und strikte sexuelle Enthaltsamkeit.

Hatte man im Judentum eher zu der Auffassung geneigt, Enthaltung stelle eine Sünde gegen Gott dar, da er wolle, dass der Mensch sich der Gaben des Lebens erfreue, so neigte das frühe Christentum stärker dazu, zeitgenössische asketische Praktiken zu übernehmen. Paulus schildert in seinen Briefen das Leben des Christen als das eines disziplinierten spirituellen Athleten, der sich bemüht, den Siegeskranz zu erringen.

Welche Stellung nimmt im heutigen Leben die Askese ein? Lässt sie sich von Menschen mit einem anstrengenden Beruf und einem ausgefüllten Familienleben überhaupt noch regelmäßig „üben"? Kann man die überkommenen spirituellen „Übungen" noch in einen heutigen Lebensstil integrieren?

Ich will diese Fragen aus meiner persönlichen Erfahrung heraus beantworten und kann sagen, dass die überlieferten asketischen Praktiken für mitten in der Welt lebende Menschen wie auch für Mönche immer noch eine angemessene spirituelle Möglichkeit darstellen. Meine Versuche mit regelmäßigem Fasten, freiwilliger Armut und einem (vor meinem spirituellen Begleiter abgelegten) Gelübde des Zölibats haben mein spirituelles Leben vertieft. Diese Verzichte setzen meinem Kreisen um mich selbst wertvolle Grenzen, schützen mich gegen meine Nachlässigkeiten und bündeln meine Energien für höhere Aspirationen. Sie sind also kein Selbstzweck, sondern verschaffen mir mehr Zeit und Energien für die Kontemplation und den Dienst für andere. Mein inneres Leben wird dadurch intensiver, mein moralisches Verhalten geläuterter und flexibler.

Für mich sind der Zölibat und meine anderen Versuche keine mittelalterlichen „Abtötungs"-Übungen, sondern sie bescheren mir ein höheres Maß an Freude. Der freiwillige Zölibat hilft mir, Frauen als Menschen und Schwestern wahrzunehmen, statt in erster Linie in sexueller Hinsicht oder durch den Filter des Geschlechterunterschieds. Ihre Weiblichkeit empfinde ich durchaus als Geschenk, aber die Betonung liegt stärker auf unserem gemeinsamen Menschsein und nicht so sehr auf dem erotischen Spannungsverhältnis.

Das ist nur eines von vielen Beispielen dafür, wie meine Empfindungen eine merkliche Umwandlung erfahren haben. Dabei geht es nicht darum, das „Fleisch" zu ertöten, sondern das Ego zu zügeln. Mir wird immer deutlicher bewusst, dass ich am ehesten nicht durch Entsagung spirituell reife, sondern durch das Annehmen alles zutiefst Menschlichen. So lege ich jetzt besonderen Wert auf die Wahrnehmung oder Kultivierung der wechselseitigen Abhängigkeit von Körper und Geist, die auf organische Weise eine Einheit bilden. Meine Askese bedeutet mir eine Art „Willenstraining", das freudvolle Weisheit als Ziel hat.

Mir ist durchaus klar, dass die Gegner der Askese diese als eine Art von pathologischem Verhalten ansehen und dahinter selbstzerstörerische Zwänge vermuten, Abneigung, Hass oder Schuldgefühle, und sie warnen vor dem Masochismus, also der Perversion, in Schmerz und Leiden sexuelle Lusterfüllung zu suchen.

Aber eine gesunde Askese entstammt nicht dem Misstrauen gegen den Körper und seine Gefühle oder deren Verachtung. Ihr Hauptproblem ist nicht die Trägheit des Körpers, sondern der Stolz des Geistes. Darum unterdrückt der gesunde Asket nicht seine Triebe. Er ist vielmehr ein reifer Erwachsener, die aus spirituellen Motiven seine persönlichen Impulse zügelt und diesen Verzicht in ein Leben des Dienstes für andere integriert.

Asketische Praktiken als solche sind noch keine Garantie für moralisches Gutsein. Eine gesunde Askese wird nicht von eitler Ruhmsucht motiviert, und man übt sie nicht auf Kosten des Dienstes für Gott und den Nächsten. Ihr Ziel ist nicht eine egoistisch verstandene Selbstentfaltung, sondern die treue Erfüllung der Berufung zu Höherem, das bewusste Dienen in Liebe. Sie fixiert sich nicht auf vorgeschriebene Praktiken oder extravagante Leistungen, sondern zielt auf mündige Disziplin und will zu Demut und Gehorsam erziehen, also den falschen Stolz in Schach halten.

In ganz persönlichem Ringen sein klares und zugleich flexibles Maß an Selbstbeherrschung und Disziplin zu entwickeln ist Aufgabe in jedem Leben. Dazu ist es notwendig, sich selbst einige Grenzen aufzuerlegen und um eines großen „Ja" willen etliche kleine „Nein" zu sprechen.

Selbst wenn das Wort „Askese" zunächst „Übung" bedeutet, erfordert ein diszipliniertes Leben zuweilen doch auch einigen „Zwang", ja sogar „Kampf" und „Enthaltung", denn dem fruchtbaren Üben stellen sich beträchtliche Hindernisse in den Weg. Doch in einer gesunden Askese wird die Betonung nie vorwiegend auf Opfer und Schmerzen liegen, sondern auf der Freude und dem Genießen angenehmer Empfindungen, seien sie spiritueller, psychischer oder körperlicher Art.

Gesunde asketische Übungen sind ein gutes Beispiel für den paradoxen Umstand, dass man die höchste Freude zuweilen *durch* Leiden gewinnt – eine Erfahrung, die viele Mütter von ihrer Erfahrung der Geburt her bestätigen können. Oder, wie der Hebräerbrief vom Weg Jesu nach Golgotha sagt: „Angesichts der vor ihm liegenden Freude nahm er das Kreuz auf sich" (Hebr 12, 2).

Atmen

Michael Frickel

Der Mensch lebt wie alle Lebewesen vom Atem, jenem Vorgang, der im Atmen die Luft aufnimmt und wieder hergibt. In einem komplexen Geschehen erfolgt ein fortwährender Austausch von Energien, die das Leben ermöglichen und sichern. Der subtile Vorgang ereignet sich ganz von selbst im einfachen Rhythmus von Ein und Aus,

Auf und Ab. Wir atmen – und auch nicht: Es atmet in uns. Dabei ist dieses Geschehen in seiner Ganzheit nicht nur für unser leibhaftes Leben unentbehrlich – Atem und Atmen sind auch für unser geistiges und geistliches Leben von elementarer Bedeutung. In der spirituellen Tradition heißt es, der Atem sei unser Lehr- und Lebemeister, auf den wir hören und dem wir vertrauen sollen. Diese hintergründige Bedeutung der natürlichen Gegebenheiten erschließt sich am ehesten, wenn wir in Stille und Achtsamkeit das Atemgeschehen nicht nur beschreiben, sondern auch mit dem persönlichen Erleben verbinden. In einem solchen bewusst erlebten Atmen lassen sich vier Dimensionen unterscheiden.

Die geschöpfliche Dimension: Wir erfahren im Atmen-Müssen die totale Abhängigkeit – oder ist es die Erfahrung eines Verdanktseins, der Geschenkcharakter unserer Existenz. Am eindringlichsten erleben wir dies in der Notwendigkeit, immer neu Atem zu holen. Deswegen gibt es die doppelte Möglichkeit, die nötige Luft einzuatmen: Fällt die Nase aus, springt der Mund ein. Das eigentliche Aufnahmeorgan, die Lunge, stellt, wenn man die Lungenbläschen auseinander faltet, die Fläche eines Tennisplatzes bereit, um den lebenswichtigen Austausch zu sichern. Das alles bestätigt von Atemzug zu Atemzug unsere geschöpfliche Abhängigkeit. Und so erfährt jeder Mensch unmittelbar und zwingend, dass er von der Luft lebt. Ob uns das nicht bescheiden machen sollte – und dankbar?

Die existenzielle Dimension: Jeder Atemzug geschieht in der Polarität von Ein-Atmen und Aus-Atmen. Der eine Vorgang ereignet sich in diesem lebendigen Rhythmus von Spannung und Entspannung, von Fülle und Leere, und gelangt so zu einer Ganzheit. Darin drückt sich die Urerfahrung des Lebens aus: die Polarität, die die Chinesen Yin und Yang nennen. Wir erfahren das Ganze nie in seiner Ganzheit – am wenigsten das Ur-Eine und Ur-Ganze: Gott. Für uns ist das Ganze nur in seinen Gegensätzen richtig und wahr. So kann man auch nicht nur einatmen oder nur ausatmen. Nur im Gegen- und Miteinander gibt es den einen Atem, der das Leben gibt und erhält. Das kann und sollte Mut, Zuversicht und nicht zuletzt Gelassenheit geben. Ein Gefäß, das dauernd voll ist, kann nichts mehr aufnehmen, ein Glas Wasser, von dem niemand trinkt, wird schal. Gewiss, das lebendige Gefäß des Leibes sorgt gleichsam von selbst für die Erneuerung der Atemluft. Aber es ist die Leere nach dem Ausatmen, die den neuen Zustrom fordert und möglich macht. Dieses Grundprinzip gilt auch im existenziellen Bereich unseres Daseins: „Wer sein Leben festhält", wer alles nur sichern und schützen will, „der verliert es", sagt Jesus (vgl. Joh 12, 24f.). Das Atemgeschehen kann helfen, dieses Paradox zu begreifen, vielleicht auch zu leben.

Die kosmische Dimension: In den *Sonetten an Orpheus* (II, 1) nennt Rilke den Atem ein „unsichtbares Gedicht", einen „immerfort um das eigne / Sein rein eingetauschten Weltenraum", darin „ich mich rhythmisch ereigne". Der Atem ist für Rilke die „einzige Welle, deren / allmähliches Meer ich bin". Und bin ich auch nur „sparsamstes … von allen möglichen Meeren", so ist es doch ein gewaltiger „Raumgewinn", an kosmischen Räumen Anteil zu haben, durchströmt von den geheimnisvollen Wellen aus den Licht- und Energiemeeren des Alls. Sicher können wir nur schwer der Schau dieser Gedanken und Bilder folgen, sie erschließen uns aber doch eine kosmische Dimension des Atems, die bei aller Fremdheit bedenkenswert ist: Auch wenn wir die Luft in der Atmosphäre unseres Planeten vergiften, so ist doch unsere Erde selbst das Ergebnis gewaltiger Prozesse innerhalb unserer Galaxie – ein kosmisches Produkt, das allererst ein Leben unserer Art ermöglicht. Das ganze Universum atmet im Auf und Ab von Werden und Vergehen. Mit meinem „kleinen" Atem stimme ich in diesen großen Atem der Welten ein. In ihm gewinne ich, selbst aus dem Stoff der Welt geworden, dynamischen Anteil am unfassbaren Geschehen in der Weite des Universums. Und dieses ist durchwirkt von der allschaffenden Kraft des Weltgeistes, den wir Gott nennen.

Die göttliche Dimension: Eine bekannte und doch bedenkenswerte Tatsache ist, dass viele alte Sprachen für Atem, Hauch, Wind, den Geist im Menschen und den Gottesgeist je gleiche Worte verwenden: *ru'ach, pneuma, spiritus* und im Sanskrit das zentrale Wort *atman*. Das ist kein Zufall, sondern es zeigt sich darin eine Grundbedeutung: Immer ist etwas Bewegendes mit-gemeint – etwas, das zwar unsichtbar, doch voller Kraft und Wirkung ist. Und immer ist eine Urkraft angesprochen, die wir „göttlich" nennen, auch wenn sich die Vorstellungen dahinter unterscheiden. Da jede Sprache sich langsam aus Erfahrungen entfaltet, ist anzunehmen, dass die gleiche oder doch ähnliche Bedeutungsfülle dieses Grundwortes eine gemeinsame Wurzel hat.

Nach dem biblischen Schöpfungsbericht hat Gott in die Nase des Körpers, den er aus Ackerboden geformt hatte, den „Lebensatem eingeblasen" (Gen 2, 7): „So wurde der Mensch zu einem lebendigen Wesen." Das Bildgeschehen vom Einhauch des Atems gibt dem menschlichen Atem das, was ich die „göttliche Dimension" nenne. Von ihm her empfängt jeder Atemzug des Menschen eine bleibende Seinstiefe: Der Mensch lebt immer aus dem Anhauch Gottes. Jeder Atemzug ist so gesehen eine Neugeburt, die das Leben und die Lebendigkeit erhält. Entsprechend ist jedes Ausatmen die vorgezogene Rückgabe des Lebens – bis es einmal endgültig heißt: Er gab seinen Geist auf. Der Atem wird so in seinem Ein und Aus zur Gabe – zur Hingabe von Du zu Du.

Diese Deutung des Atems vor dem Hintergrund der Schöpfungsgeschichte hat für viele Menschen ein Übungsfeld der meditativen Praxis geschaffen. Dabei wird der Atem, besonders zu Beginn, von einer Gebetsformel begleitet, etwa: „Ganz aus Dir – weg von mir – hin zu Dir – eins mit Dir". Sie wird bei jedem Atemzug wiederholt, bis sie langsam verklingt und nur noch der Atem wortlos betet. In der Stille und Treue dieser Übung kann das Einswerden mit dem Ursprung und Ziel unseres Dasein leibhaftig und geistig gesucht und vielleicht auch gefunden werden. Dabei wird die Pause zwischen den Atemzügen bald am kostbarsten sein, weil sie in der Stille die große Ruhe in Gott ahnen lässt.

Wenn ich mich im und durch das Atmen auf diesen gewaltigen Rhythmus einlasse, der das All durchwogt und sein Geschehen bestimmt, dann kann sich daraus ein Atemgebet gestalten, das die Dynamik des Weltalls und die des Herzens zusammenschließt in das Urgeheimnis von Gabe und Hingabe, das in einer anderen Kurzform lautet: „Von dir zu mir – von mir zu dir, schon hier und heute ein getrenntes Ineins".

Im Zulassen und Loslassen des Atems und damit im Überlassen der eigenen Existenz in den schenkenden Urgrund wächst mehr und mehr die Gelassenheit des Seins. Denn Gott ist jenseits von allem Anfang und allem Ende Liebe. Diese aber ist eingehaucht, ausgegossen als sein Geist in uns (vgl. Röm 5, 5).

Begehren

Regina Ammicht-Quinn

„Du bist eine Lust meiner Gottheit, ein Durst meiner Menschheit, ein Bach meiner Hitze." Es ist Gott, der hier spricht. Gott, der die Seele der Frau „liebkost" und sich in Begehren und Sehnsucht verzehrt. Mechthild von Magdeburg, Begine des 13. Jahrhunderts, schildert in ihrem Werk *Das fließende Licht der Gottheit* (hier: FL I, 19) die Gottesbeziehung als eine das ganze Sein umfassende wechselseitige Beziehung. Der Gott, dem sie in ihren Visionen begegnet und dem sie sprachlich Gestalt verleiht, ist ein leidenschaftlich dem Menschen zugewandter Gott, ein begehrender Gott, ein Gott, der die Lust der Liebe zu den Menschen kennt und will. Und auch die Menschen, nach dem Bild Gottes gestaltet, begehren die Lust der Gottesbeziehung.

Sowohl die Sprache als auch die Bilderwelt einer Mechthild von Magdeburg sind uns heute fremd geworden. Denn was am ehesten in die kollektive Identität von Christinnen und Christen eingeschrieben zu sein scheint, ist ein Verbot: *Du sollst nicht begehren.* Dieses Verbot bezeichnet im Kontext der Bücher Exodus und Deuteronomium des Ersten Testaments ein rechtswidriges Aneignen dessen, was einem anderen gehört. In seiner Wirkungsgeschichte aber hat es eine starke Verinnerlichung erfahren: Es bezeichnet dann einen sündhaften Seelenzustand, der eng mit dem Gebrauch der Sinne und dem menschlichen Streben nach Lust verbunden ist.

Seit Origenes ist in der christlichen Theologie immer wieder von der Gefährlichkeit der Sinne die Rede. Die Sinne sind für ihn Einfallstore des Bösen; durch das Sehen und Hören, das Schmecken, Riechen und Fühlen dringt die Sünde in die Seele ein. Die Sinne erwecken das Begehren des Menschen und unter den vielfältigen Formen des Begehrens die gefährlichste: die Lust.

Und ganz Unrecht hat Origenes hier nicht: Es gibt Menschen und Situationen, in denen die Konzentration auf Begehren und Lust – als Begehren eines anderen Menschen, aber auch als Begehren von Dingen, von Ansehen, von Geltung – den Menschen einschränkt und begrenzt. Es ist möglich, dass das Begehren Menschen undurchlässig macht für das, was jenseits des durch das Begehren abgesteckten Bereichs liegen kann: die Freude und das Leid anderer, das eigene Gespür für das Absolute.

Gleichzeitig muss Begehren nicht so sein – und insofern hat Origenes auch nicht Recht. Neben Formen des Begehrens, die den Menschen undurchlässig machen, gibt es Formen des Begehrens, die ihn gerade durchlässig machen, empfindsam für die Freude und das Leid anderer, empfindsam für das Absolute.

Heute nun scheint das Begehren erneut in einer Krise zu sein, und zwar in einer der traditionellen christlichen Moral entgegengesetzten Krise. *Du sollst begehren, du musst begehren* – das scheint uns die Medien- und Werbe-Welt zu sagen – *und wenn du nicht begehrst, bist du krank.* Damit wird auf neue Weise innerhalb der Überflussgesellschaft das Begehren zum Problem: „Nicht um das tägliche Brot werden wir beten, sondern um den täglichen Hunger" – so formuliert Günther Anders schon in den 50er Jahren die Zukunftsperspektive der westlichen Industrienationen. In einer übersättigten Gesellschaft werden Bedürfnisse zu etwas, das beharrlich aufgespürt werden muss; ist trotz aller Suche nichts zu finden, dann müssen Bedürfnisse *geweckt*, also erfunden werden, damit der Imperativ des Begehrens weiterhin durchgesetzt werden kann.

Das Begehren-Müssen als gesellschaftlicher und das Nicht-begehren-Dürfen als traditionell christlicher Imperativ stoßen in einzelnen Lebensläufen immer wieder krisenhaft aufeinander und verursachen Leid.

Hier könnte die Erinnerung an eine Gestalt wie Mechthild von

Magdeburg und an ihre religiöse Sprache Impulse geben für eine neue spirituelle Sicht des Begehrens: Das Begehren muss nicht, auch nicht im religiösen Kontext, negiert und allein mit Sünde verbunden werden. Die Sinne sind nicht nur Einfallstore des Bösen, sondern in ihnen, in dem durch sie vermittelten Begehren und in der durch sie erzeugten Lust liegt selbst die Möglichkeit von Spiritualität und Transzendenz. Sinne, Begehren und Lust weisen den Menschen über sich hinaus und auf sich selbst zurück, und gerade im intensivsten Sinnesgebrauch wird die Sehnsucht nach dem „dritten Auge", nach der Fähigkeit, ganz anders und das ganz Andere wahrzunehmen, lebendig. All dies verweist auf den Reichtum einer Tradition, die davon spricht, dass die Gläubigen für Gott „Christi Wohlgeruch" sind (2 Kor 2, 15), einer Tradition, die nicht nur zum Verstehen der Güte Gottes auffordert, sondern auch dazu, sie zu kosten und zu sehen.

Gleichzeitig könnte eine solche Verankerung des Begehrens im religiösen Kontext helfen, einer neuen gesellschaftlichen Situation zu widersprechen, in der das Begehren innerhalb der Werbe- und Warenwelt zum neuen kategorischen Imperativ wird: *Du musst begehren.* Denn immer dort, wo das Begehren mit einem Imperativ verbunden ist – sei es der Imperativ von *du sollst nicht begehren* oder der Imperativ *du sollst, du musst begehren* – bekommt das Begehren einen lebensfeindlichen Unterton. Der neue Imperativ des Begehren-Müssens kommt möglicherweise in seiner Konsequenz dem alten Imperativ des Nicht-Begehren-Dürfens sehr nahe. Beide tendieren dazu, das zu verhindern, was unsere Aufgabe ist: die Schulung, Entwicklung, Kultivierung unseres Begehrens. Denn einerseits gehört das Begehren – im Bereich von Leben, Sexualität, Beziehung ebenso wie im Bereich materieller Güter oder im Bereich von Erfolg und Anerkennung – genuin zum Menschen. Andererseits bedarf es eines lebenslangen Lernprozesses, um unser Begehren zu kultivieren. Es muss kultiviert werden, damit es nicht auf dem Stand eines zweijährigen Kindes bleibt, das – wie meine Tochter in dem Alter – von den Bonbons im Regal und dem Mond am Himmel gleichermaßen befehlend sagen konnte: *Haben!* Es muss kultiviert werden, damit Wünsche nicht durch Sofort-Befriedigung zerstört werden. Geschultes, kultiviertes Begehren hat weniger mit *haben* zu tun als mit *teilhaben,* weniger mit *nehmen* als mit *Anteil nehmen.*

Ein solches auf Teilhabe und Anteil-Nehmen gerichtetes Begehren wird den Menschen nicht in sich selbst und den eigenen Interessen einkapseln, sondern eine bestimmte Lust produzieren: die Lust des Aufbrechens von Grenzen, die sich auch beschreiben lässt als Lust der Erfahrung von Transzendenz.

Margarete von Oingt, eine Nonne des 14. Jahrhunderts, beschreibt eine Vision:

Sie sieht sich selbst als vertrockneten Baum, der plötzlich zu blühen beginnt, als er von einem breiten Fluss – der Christus repräsentiert – bewässert wird. Da erkennt Margarete, dass auf die blühenden Zweige ihres Selbst die Namen der fünf Sinne geschrieben sind: Sehen, Hören, Schmecken, Riechen und Berühren.

Begleitung

Johannes Pausch

Es gibt drei wesentliche Erfahrungsebenen des Menschen: Er erfährt sich in seiner physisch-psychischen Wirklichkeit, mit all seinen Leiden und Schmerzen, aller Traurigkeit und Fröhlichkeit; er erfährt sich in seinen Beziehungen in seiner konkreten Lebensumwelt; und er erfährt sich in seiner religiösen Praxis und seiner Beziehung zu Gott. Erst wenn die Erfahrungen auf allen diesen drei Ebenen miteinander in Beziehung sind, werden sie geistlich. Geistliche Begleitung ist eine Form der persönlichen Seelsorge, die den Menschen zu Erfahrungen auf allen drei Ebenen anleitet und ihm hilft, diese miteinander in Beziehung zu setzen. So kann er sein gesamtes Leben in der Beziehung zur Gotteswirklichkeit betrachten, Schwierigkeiten verstehen und lösen und in den Höhen und Tiefen des Alltags durch die Erfahrungen von Tod und Auferstehung gehen, um dadurch zu einer bewussteren Lebensgestaltung, zu einer intensiveren Selbstbeziehung, zu einer echten Beziehung zu den Menschen und zu einer lebendigen Gottesbeziehung zu kommen. Auf diesem Lebens- und Wandlungsweg sollen Heilungs- und Heilserfahrungen gemacht werden.

Geistliche Begleitung auf der Grundlage der Spiritualität der Regel des heiligen Benedikt, auf die ich mich im Folgenden im Wesentlichen beziehe, entwickelt sich als Prozess. Dessen erster Schritt besteht in der Intensivierung der Wahrnehmung. Alles Leben beginnt mit der Wahrnehmung der gesamten Wirklichkeit des Menschen und der Welt. Darum beginnt die Regel Benedikts mit der Aufforderung: „Höre, nimm wahr!" Gemeint ist die Selbstwahrnehmung und die Wahrnehmung des Anderen, der Schöpfung und der vielen Veränderungen und Prozesse des Lebens. Schwierigkeiten in der Geistlichen Begleitung entstehen meistens aus einem Defizit an Wahrnehmung.

Beim zweiten Schritt geht es darum, die Fähigkeit zu schulen, das Wahrgenommene ins Wort zu bringen. Der Begleiter oder die Begleiterin und der oder die Begleitete lernen gemeinsam, innere und äußere Empfindungen, Gefühle, Verstandeseinsichten, Schönes und Schweres auszudrücken. Je offener dieses Wort, das Thema oder Anliegen formuliert ist, desto intensiver ist eine geistliche Erfahrung möglich.

Wenn Wahrnehmung und Thematisierung gelingen, folgt als dritter Schritt die Notwendigkeit, Wahrnehmung und Thema zu strukturieren. Geistliche Erfahrung braucht immer einen vernünftigen Rhythmus und eine hilfreiche Struktur. Diese Struktur macht Möglichkeiten und Grenzen bewusst und vertieft die ersten Wahrnehmungserfahrungen. In der Geistlichen Begleitung hilft ein regelmäßiger Rhythmus der Begleitungsgespräche ebenso wie eine adäquate und einfühlsame Ordnung im alltäglichen Leben.

Recht anschaulich zeigt die Emmaus-Geschichte aus dem Neuen Testament, wie Begleitung geschehen kann. Sie kann geradezu als Grundmuster für jede geistliche Begleitungserfahrung gelten. Wichtig ist dabei, dass Begleiter/in und Begleitete/r wissen, dass sie nicht nur in einem dialogischen Prozess sind, sondern dass sie die Zusage haben: Wenn zwei oder drei im Namen Jesu Christi versammelt sind, dann ist er mitten unter ihnen und geht diesen Weg mit.

Geistliche Begleitung wird so eine Beziehung zwischen zwei Menschen, die diese freiwillig eingehen, um gemeinsam geistliche Wege zu suchen. Zu den wesentlichen Voraussetzungen gehören Offenheit und Verschwiegenheit, die Fähigkeit, zu kommunizieren und sich berühren zu lassen, der Wille, Selbstständigkeit des Begleiteten zu fördern, und das lebendige Interesse an der Lebensgeschichte eines Menschen. Für den Begleiter ist es wichtig, die Unterscheidung der Geister zu lernen, um zu erkennen, in welchem Bereich die Frage, die Störung oder das Anliegen liegt und auf welcher Ebene der konkrete Mensch kompetente Hilfe braucht.

Die Themen der Geistlichen Begleitung sind vielfältig wie das Leben. Immer aber steht im Mittelpunkt das Ziel, sich im eigenen Leben zu orientieren und seine vielfältigen Beziehungen, vor allem seine Gottesbeziehung, zu klären. Es gehört ein hohes Maß an Demut und Liebe dazu, jemanden auf dem Weg zu begleiten und sich selbst überflüssig zu machen, damit der Begleitete wieder neu eine Beziehung zu sich, zu den Menschen, zur Welt und vor allem zu Gott findet. Dazu kommt ein hohes Maß an Wissen und große Geduld, um Lebensprozesse zu erkennen und zu klären. Diese Kommunikation geht bei aller Unterschiedlichkeit der Begabung und der Voraussetzungen davon aus, dass alle am Prozess Beteiligten auf der gleichen Ebene stehen. Der Begleiter verfügt natürlich über Kompetenzen, die dem Begleiteten fehlen können, aber er darf sie in keinem Fall in einer autoritären Weise ausspielen. Am Ende der Begleitung sollte der Begleitete über selbständige Urteilskraft verfügen und eigene Wege zu sich selbst, zu den Menschen und zu Gott finden.

Geistliche Begleitung bedeutet, sich gegenseitig auf dem Weg der Menschwerdung beizustehen. Der Begleitete steuert seine eigene Geschichte, seine Offenheit, sein Mitteilungsbedürfnis, seinen Schmerz, seine Freude und Trauer, seine Fähigkeit zur Auseinandersetzung bei. Der geistliche Begleiter bringt durch sein Zuhören und durch seine Erfahrung neue Aspekte in diesen Prozess ein. Beide vereinigt der Glaube, dass es möglich sei, Lebensprozesse in der Beziehung zu Gott bewusster zu klären und zu erleben.

So wie nach christlicher Überzeugung Jesus Christus Mensch geworden ist und den Menschen in seiner Leib-Seele-Einheit und in seinen vielfältigen Beziehungen angenommen, geheilt und erlöst hat, so will auch ein geistlicher Begleiter handeln. Diese Erfahrung und diese Tatsache gibt Hoffnung nicht nur für die enge Beziehung der Geistlichen Begleitung, sondern ist auch ein Modell für das Zusammenleben der Menschen insgesamt, für die Beziehung von Völkern, unterschiedlichen Rassen und Religionen untereinander.

Den Beteiligten ist bewusst: Die Gnade des Gelingens der Geistlichen Begleitung gibt Gott selbst. Er hat durch seine Menschwerdung eine neue Beziehung zwischen sich und den Menschen gestiftet. Diese Menschwerdung Gottes in Jesus Christus hat sich in vielen Lebenssituationen von Menschen ereignet und wird sich mir ereignen. Sie ist eine Realität, deren Erfahrung auch für Menschen möglich wird, die nicht in einer christlichen Kirche beheimatet sind, aber ehrlich und mit ganzem Herzen Gott in ihrem Alltag suchen.

Beziehung

Doris von Neuenstein

„Ich bin ein liebenswerter Mensch in einer liebenswerten Umgebung!" Diesen Satz habe ich vor vielen Jahren von Margarete Jellouschek, einer wunderbaren Familientherapeutin, mit auf den Weg bekommen. Der Satz meint, dass jeder Mensch sich selbst als liebenswert empfinden sollte, um mit seiner ihm wohl meinenden Umgebung in gute Beziehung treten zu können.

Was aber ist Beziehung? Ich verstehe darunter das gesamte soziale Leben in all seinen Abstufungen: das Leben als Paar, in der Familie, das Leben in meiner unmittelbaren Umgebung, aber auch das Leben in der Natur. Mich erfüllt dies bei einigem Nachdenken mit Dankbarkeit und Respekt vor den Menschen, denen ich privat und in meiner familientherapeutischen Praxis begegnete und mit denen ich auch heute noch vielfältig in Beziehung bin.

So freue ich mich zum Beispiel über „meine" Verkäuferin beim Bäcker, wo ich seit 20 Jahren das Brot für meine Familie einkaufe.

Sie nennt mich beim Namen, wir grüßen freundlich und sprechen einige Worte miteinander. Bin ich eine Zeit lang nicht da gewesen, gibt es besorgte Nachfragen, was denn mit mir sei. Es tut mir gut zu wissen, dass da jemand an mich denkt.

Beziehung entsteht da, wo sich Menschen begegnen, die sich achten und wertschätzen. Wir brauchen das Leben in Beziehungen wie eine Blume, die Erde, Luft, Wasser und Sonne benötigt. Wir gedeihen in Beziehungen, fühlen uns wertvoll und erfüllt. Das nährende Zusammenleben mit anderen Menschen will gepflegt werden. Vertrauen, Achtung, Würdigung, Respekt und die liebevolle innere Bewegung sind Grundvoraussetzungen, damit wir uns annähern können.

Beziehungsfähigkeit ist die Basis für ein gesundes und erfülltes Leben in all seinen Ausdrucksformen. Beziehung gelingt, wo unsere Kraft fließt und wo wir Kraft tanken können. Das klingt einfach, ist es aber nicht immer. Denn wie alles Lebendige entwickeln sich Beziehungen immer weiter und verändern sich dabei. Was gestern noch passte, ist heute nicht mehr stimmig. Wir können nicht am Alten festhalten, sondern sollten eher lernen, Veränderung und Wechsel als positive Zeichen neuer Entwicklung zu begreifen. Das Festhalten bindet nur negativ und verschließt vor neuen Möglichkeiten der Beziehungsgestaltung.

Voraussetzungen für gute Beziehungen sind Offenheit, Toleranz und Neugierde, gepaart mit dem Mut, auf andere zuzugehen. Dies wird nicht nur im Gespräch deutlich. Auch in der Körperhaltung signalisieren wir Bereitschaft und Zuwendung zu anderen Menschen. Ganz gleich, ob es sich um einen familiären und verwandtschaftlichen Kontext handelt, ob es sich auf Freundschaften und Bekanntschaften bezieht oder im weiteren Sinn unser Lebensfeld meint: Der Blickkontakt ist aller Beziehung Anfang, und ein freundliches Wort ist wie ein Türöffner.

In einer guten Beziehung fühlt sich der Mensch liebenswert, wichtig und wertvoll. Er bekommt auf allen Ebenen der Kommunikation Austausch und kann daraus Kraft schöpfen. Das Gelingen von guten Beziehungen ist abhängig von der eigenen Fähigkeit zu geben und zu nehmen, positive Wertschätzung mitzuteilen, konfliktfähig zu sein und sich einfühlsam einem anderen zuzuwenden. Liebevolle Zuwendung braucht aber auch Pflege. Dazu gehört, dass die Verbindung zu einem Menschen im Kontakt lebendig gehalten wird. Immer wieder erlebe ich, dass Ehepaare und Familien wenig miteinander sprechen. Sie leben im Alltag von Festschreibungen und der vermeintlichen Sicherheit, den anderen gut zu kennen. Darüber wird das Gespräch vergessen. Dabei ist es für Beziehungen überlebenswichtig, sich nahen Menschen in vertrauender und zugewandter Weise mitzuteilen. Voraussetzung dafür ist das wechselseitige Zuhören.

In Beziehungen gibt es ganz normale Konflikte und Störungen. Sie sind wie das Salz in der Suppe; und die Suppe mag bekanntlich nicht versalzen werden. Ist sie es dennoch einmal, braucht es Mut, sie wieder essbar zu machen: Was stört, sollte direkt, ohne zu kränken, klar und freundlich ausgesprochen werden. Das ist eine konstruktive Konfliktlösung, die es ermöglicht, zu verzeihen und weiterzugehen.

Ein Ehepaar mittleren Alters, fünfzehn Jahre verheiratet, kommt zum Gespräch in meine Praxis. Die Frau sagt schon an der Tür: „Sagen Sie mal meinem Mann, dass er sich mehr um mich kümmern soll!" Sie schimpft darüber, was er alles unterlässt, und der Mann schaut betreten. Ich bitte erst den Mann, dann die Frau, mir von den Anfängen ihrer Liebe zu erzählen. Da strahlt sie und kommt zum Ergebnis: „Ja, ich habe eigentlich einen guten Mann."

Ich frage den Mann, ob er denn wisse, was seine Frau von ihm genau möchte. Er verneint. Im Folgenden kommt es zu einem intensiven Austausch darüber: Ich wünsche mir von dir ... – inklusive klarer Zeitvorstellungen. Die Frau wünscht sich zweimal in der Woche einen halbstündigen Abendspaziergang und zwei Kurzurlaube ohne Kinder. Der Mann möchte einmal in der Woche zum Volleyball und alle zwei Wochen zum Stammtisch. Sie sind sich einig geworden in ihrer Absprache und gehen strahlend weg.

Wenig hilfreich ist es, einen anderen geschätzten und erwachsenen Menschen erziehen zu wollen, ihn zu belehren und es besser zu wissen. Keiner mag es, wenn ein anderer sich über ihn erhebt. Günstiger ist es, die positiven Seiten eines Menschen zu schätzen

und das, was an Veränderung gewünscht wird, auch als Wunsch auszudrücken. Das kränkt nicht und bietet einen guten Platz für neue
Möglichkeiten zur Veränderung im Gespräch. Auch braucht es eine
Balance zwischen Geben und Nehmen. Harmonische Beziehungen
gleichen einer Waage. Das Zünglein an der Waage kann mal in diese, mal in die andere Richtung pendeln, sollte aber im Wesentlichen
ausgeglichen sein. So entsteht in vertieften Beziehungen Gleichwer-
tigkeit, verbunden mit der Chance auf Zuwachs an Zuneigung und
Liebe.

Beziehungen haben einen Anfang und ein Ende. Das Ende von
Lebenswegen, die einmal zusammengeführt haben, sollte in dem
gleichen Respekt und in der gleichen Achtung vollzogen werden
wie der Anfang. Leider haben wir wenig Abschiedsrituale, und es
wäre an der Zeit, würdige Rituale für all die kleinen und großen Abschiede aus Beziehungen zu finden.

Ein großes Vorbild für die liebevolle Gestaltung von herzenswar-
mem Miteinander ist meine über neunzigjährige Freundin Charlotte. Sie hat in ihrem Leben schwierige Zeiten erlebt und durchlitten, hat immer wieder Fuß gefasst und an das Gute im Menschen
geglaubt. Jetzt, im hohen Alter, erlebt sie wieder einmal Erntezeit:
Viele Menschen, junge und alte, besuchen sie und sorgen für sie,
wo sie nicht mehr kann. Sie ist voll Dankbarkeit, gepaart mit einem guten Schuss Humor hinsichtlich ihrer Gebrechen. Diese gelebte Herzlichkeit und das Engagement für Menschen zeichnen sie
aus, denn Beziehungen gelingen da, wo ich mich einlasse und mich
zeige.

Böses

Gotthard Fuchs

Erst im Licht zeigen sich Schatten und Dunkel, erst im Horizont des Guten und im Raum der Güte zeigt sich das Ausmaß des Bösen und Widrigen. Erst im Kontext erfahrener Vergebung wird die abgründige Tiefe dessen deutlich, was Religionen „Sünde" nennen. Böse ist das, was schadet und zerstört, es ist immer ein Angriff auf Dasein und Leben. Niemand will deshalb „wirklich" das Böse, selbst wenn er es tut: „Es gibt keine (noch) so minderwertige Kreatur, die irgendwie das zu lieben vermöchte, was böse ist; denn was man liebt, das muss entweder gut scheinen oder gut sein" (Meister Eckhart, DW I, 675). Dies freilich macht das Böse in uns und um uns faktisch erst recht zu einer abgründigen, ja tragischen oder dämonischen Gegen-Macht: „Denn ich tue nicht das Gute, das ich will, sondern das Böse, das ich nicht will. Wenn ich aber das tue, was ich nicht will, dann bin nicht mehr ich es, der so handelt, sondern die in mir wohnende Sünde" (Röm 7, 9–11).

Bei dem dunklen Phänomen des Bösen gilt es zu unterscheiden, schon begrifflich, um es besser bewältigen zu können. Im umgangssprachlichen Sinne ist alles Schlechte damit gemeint: zuerst neben dem faktisch eintretenden „physischen" Übel (etwa Krankheit, Naturkatastrophen) die Signatur des Endlichen überhaupt. Im Zentrum der Irritation aber steht das „moralische" Übel, also das Böse im strengen Sinne eines ethisch zu bewertenden Phänomens: Menschen tun „willentlich" das, was sie zutiefst nicht wollen – etwa sich und andere stören und zerstören. Dies gilt im Umgang mit sich und anderen, und es gilt gesellschaftlich – so dass man auch vom „sozialen Übel", vom „strukturellen Bösen", von „dämonischen Strukturen" sprechen kann.

Je wacher und selbstbewusster die Menschen und die Menschheit werden, desto mehr rückt die Auseinandersetzung mit dem Bösen aus dem Schatten bloß tragisch numinoser Unentrinnbarkeit (unter dem sie in archaischen Gesellschaften steht). Das Entstehen der „Hochreligionen" in der so genannten Achsenzeit um 600 v.

Chr. führt zu einem ersten Differenzierungsschub: Buddha und Zarathustra, die griechischen Tragödien und Sokrates, nicht zuletzt die Propheten Israels – sie alle verschärfen, auf freilich sehr unterschiedliche Weise, die bisherige Auseinandersetzung mit dem Bösen durch (selbst-)kritische Fragen und durch den Entwurf religiöser wie ethischer „Antworten" auf das Böse. Immer deutlicher wird, dass eine bloß moralische „Lösung" unzureichend ist; und um so mehr rücken religiöse Haltungen und Wege zur Bewältigung des Bösen in den Mittelpunkt.

Alle Religionen können, in unterschiedlicher Weise, als Bemühen gewertet werden, dem Widrigen, dem Falschen, dem Zerstörerischen in uns und um uns heilend zu widerstehen. Gott und die Götter sind Gegenmächte gegen die Chaosmächte in Natur, Geschichte und Mensch. Unterschiedlich ist dabei die jeweilige Bestimmung der „Wurzel" des Bösen: als Begierde, als Angst vor dem Nichts, als stolzer Aufstand gegen die Endlichkeit, als Teufelskreis der Gegen-Gewalt ... Je entschiedener die Wirklichkeit des Göttlichen auch in Kategorien des (Über-)Personalen erfahren und bezeugt wird, desto mehr wird die abgründige Freiheit des endlichen Menschen und seine Verantwortung betont. Wo, wie in den biblischen Monotheismen, entschieden an die Einzigkeit eines (wesentlich auch!) personalen Gottes geglaubt wird, der die Menschen zu einem authentisch eigenen Leben beruft und ermutigt, kommt es im engeren Sinne zur „Theodizee": Der Mensch fragt angesichts des Bösen Gott selbst, wie er das Unheil „rechtfertigen" könne; umgekehrt sieht sich der glaubende Mensch – gerade angesichts des Bösen – von diesem Gott her gefragt, warum er sich so verhält, wie er sich verhält: Adam, Eva, „wo bist du?" (Gen 3, 9).

In den abrahamitischen Religionen wird dieser Aspekt einer Beziehung zwischen Gott und Mensch besonders herausgearbeitet. Nach der hebräischen Bibel steht die faktische Geschichte der Menschheit insgesamt im Zeichen des Brudermords, der gebrochenen Beziehung: Die Söhne Kains sind es, die den Städtebau erfinden, das Zitherspiel und die Schmiedekunst (Gen 4, 19f). Die gesamte Zivilisation der Menschheit ist demnach ein gigantisches Bemühen, die untergründig überall wirksame Gegenmacht des Zerstörerischen zu bändigen. Dieser biblische Realismus angesichts der Wucht des Bösen – vor allem in Gestalt von Lüge und Dummheit, Gewalt und Unrecht – resultiert aus dem in Erfahrung bewährten Vertrauen in einen wohlwollenden und wohltuenden Schöpfergott, ohne dessen Bündnistreue nichts wäre.

Je tiefer und verlässlicher aber dieser „neue und (schließlich) ewige Bund" zwischen Gott und Mensch erfahren wird, desto erschreckender ist die Erfahrung des Bösen. Christlich wird dies nirgends so deutlich wie in der Gestalt und im Geschick Jesu, der „in allem versucht wurde wie wir, aber doch ohne Sünde blieb" (Hebr 4, 15). Im daraus resultierenden Glauben an Gottes zuvorkommende Vergebung und schließlich allumfassende Versöhnung (auch im Bilde des Gerichts als der Aufrichtung und Wiederherstellung) wird allererst deutlich, wie sehr alle Verhältnisse jenseits von Eden vom Bösen infiziert sind und der Erlösung bedürfen. Mystiker und Mystikerinnen wie Teresa von Avila erkennen sich deshalb gerade inmitten der tiefsten Gottesgewissheit, ja in der geistlichen Vermählung, als schlechterdings sündhaft und erlösungsbedürftig.

Religiös gesehen, ist die tiefste Wurzel des Bösen also der Mangel an Vertrauen auf Gottes vergebende Liebe und auf die daraus resultierende Kraft zur Konfrontation und Versöhnungsarbeit, mit dem Mut zum stets ersten Schritt und zum Abschied von einer bloß moralischen Weltbetrachtung. Nur im Raum bedingungslos zuvorkommender Güte kann der faktische Mensch sich als der erkennen und bekennen, der er ist. Daraus ergibt sich die (selbst-)kritische Maxime: „Lass dich nicht vom Bösen besiegen, sondern besiege das Böse durch das Gute" (Röm 12, 21). Abgründiger noch: „Widerstehe dem Bösen nicht" (Mt 5, 39) – laut Nietzsche „das tiefste Wort der Evangelien, ihr Schlüssel im gewissen Sinn" (Der Antichrist, Nr. 29). Das freilich meint nicht resignative Ruhigstellung oder gar Kapitulation, ganz im Gegenteil: Der Umgang selbst mit dem Bösen wird dann zur Gotteserfahrung (Panikkar). Das nötigt umso dramatischer zu Rückfragen an Gott in Gestalt von Bitte, (An-)Klage, ja Fluch und Bestreitung: Die Psalmen und Propheten Israels, Hiob und nicht zuletzt Jesus von Nazaret stehen in dieser Tradition, und entsprechend auch Christentum und Religionskritik.

Wenn Gott gut ist und das Gute schafft und will, warum dann das Böse? Umgekehrt aber: Wenn Gott dem Menschen wirklich Freiheit und Verantwortung zutraut und ihn als seinen mitschöpferischen Partner schafft, wird aus der Theodizee stets auch die Anthropodizee, aus der Rechtfertigung Gottes die Frage nach der Rechtfertigung des Menschen in seiner (Un-)Menschlichkeit. „Wie kannst du nach Auschwitz noch an Gott glauben?", fragt ein frommer Jude in New York. Nach langem Schweigen als Antwort die Gegenfrage: „Wie kannst du nach Auschwitz nicht an Gott glauben?" Im biblischen Gottesglauben und seinem Beziehungsdenken lautet die zentrale spirituelle Maxime: „Alles mit Gott oder alles gegen Gott, nichts ohne Gott." Nur so kann es zur Wiedervereinigung des Getrennten kommen, zur „(Selbst-)Rechtfertigung" Gottes und zur Versöhnung im All-Eins.

Charismen

Peter Zimmerling

Das Bewusstsein für Charismen als besondere Gnadengaben Gottes erwachte im Christentum erst im 20. Jahrhundert wieder, und zwar zunächst durch die 1906 in den USA entstandene Pfingstbewegung. Sie verstand darunter die spektakulären Charismen der Glossolalie (Zungenrede), Heilung und Prophetie. Von den Großkirchen wurde die charismatische Dimension des Christseins erst nach dem Zweiten Weltkrieg wiederentdeckt. Ernst Käsemann wies 1949 in seinem Vortrag „Amt und Gemeinde im Neuen Testament" nach, dass Paulus in 1 Kor 12–14 eine Gemeindeordnung vom Charisma her konzipiert. Im Katholizismus betrachtete man die Charismen bis zum Zweiten Vatikanischen Konzil vorwiegend als Zeichen von außergewöhnlicher Heiligkeit. Eine Demokratisierung des Charismas wird in *Lumen Gentium* sichtbar. Hier wird betont, dass der Geist *jedem* Gläubigen besondere Charismen verleiht.

Der Blick in das Neue Testament lässt wichtige Einsichten in das

Wesen des Charismas gewinnen. An mehreren Stellen enthält es Auflistungen von Gnadengaben (vgl. vor allem 1 Kor 12, 8–10.28–30; Röm 12, 7–8). Ihre Unterschiedlichkeit macht deutlich, dass es sich um Beispielsammlungen handelt. Charismen sind dem kulturellen Wandel unterworfen, wodurch sich ein schablonenhaftes Wiederbeleben der urchristlichen Charismen verbietet. Auch konstituieren sie das Christsein nicht, sondern sind Folge der Christuszugehörigkeit, ihr also nachgeordnet. Schließlich äußert sich das Wirken des Geistes nicht primär in ekstatischen Phänomenen. Auch Gastfreundschaft ist ein Charisma! Trotzdem schätzt Paulus die spektakulären Gaben. Die Glossolalie ist für ihn Gabe des Geistes (1 Kor 12, 10). Gleichzeitig ist nicht zu übersehen, dass er eine Überschätzung der Zungenrede korrigieren will. Entscheidendes Kriterium für den Gebrauch der Zungenrede im Gottesdienst ist ihre Verständlichkeit. Darum ist sie von allen Charismen am meisten auf Ergänzung angewiesen; sie ist untrennbar verknüpft mit dem Charisma der Auslegung.

Das Charisma der Krankenheilung unterliegt nach Paulus denselben Kriterien wie die übrigen Charismen: Es ist also zum allgemeinen Nutzen (1 Kor 12, 7), zur Auferbauung der Gemeinde gegeben (1 Kor 14, 26), und nicht zur Profilierung der Gabenträger (1 Kor 12, besonders 21–26). Schließlich nennt Paulus als spektakuläres Charisma das der Prophetie. Ihr Bezugspunkt ist im Urchristentum die Botschaft von Jesus Christus. Sie umfasst die aktuelle Deutung des Willens Gottes (1 Kor 14, 24f), die Ankündigung zukünftiger Ereignisse (Apg 11, 27f) und die Ermahnung und Stärkung der Gemeinde (Apg 15, 32).

Der moderne Sprachgebrauch von „Charisma" ist ganz von seiner Verwendung in der Religionssoziologie Max Webers geprägt. Dieser umschreibt damit sämtliche Formen außerordentlicher Begabungen. Ein den christlichen Vorstellungen angemessenes Charismenverständnis muss demgegenüber Raum lassen für die Verleihung unspektakulärer und spektakulärer Geistesgaben an begabte und unbegabte Menschen durch den Geist Gottes. Wie könnte nun in der Gegenwart die Wiederentdeckung der charismatischen Dimension des Christseins konkret umgesetzt werden? Vergleicht man die Situation in Korinth mit vielen traditionell geprägten Gemeinden der Groß- und Freikirchen, so fällt auf, dass die spektakulären Charismen heute nicht oder kaum mehr lebendig sind. Wie deutlich könnte zum Beispiel die Gabe der Krankenheilung die therapeutische Dimension des Christentums vor Augen führen! Das käme der berechtigten Sehnsucht vieler Zeitgenossen entgegen, die vom Glauben primär Hilfe im Diesseits, in ihrer konkreten Existenz und in ihren Lebensproblemen erwarten. Weil der Geist Gottes Jesus auch in Passion und Sterben geführt hat, darf dabei allerdings die positive Bedeutung von Leiden und Krankheit nicht vergessen werden.

Charismen sind grundsätzlich ein unverfügbares Geschenk Gottes. Aber ohne Planung, ohne Interesse bleiben die Charismen unentdeckt, unentwickelt und ungenutzt. Da ihr Nährboden die christliche Gemeinde ist, ist zu überlegen: Wo bilden herkömmliche Kirchengemeinden einen Erfahrungsraum für die Charismen? Wo wird im Leben der Gemeinde das Zusammenspiel der unterschiedlichen Charismen sichtbar? Wo werden Gemeindeglieder gelehrt, dass der Geist durch Charismen wirksam ist und in ihnen erfahren werden kann? Die eigenen charismatischen Möglichkeiten werden dort wach, wo der Glaube Lebens- und Todesängste überwindet. Nur jemand, der sich nicht länger durch Hemmungen und Ängste selbst begrenzt, hat Zugang zu seiner charismatischen Wirklichkeit. Umgekehrt gilt, dass die Erfahrung von Charismen Menschen über eigene und fremde Festlegungen hinausführt.

Ein herausragendes Kennzeichen der Charismen besteht in ihrer Vielfalt und Unterschiedlichkeit. Die Charismen sind so zahlreich und verschieden wie die Menschen selbst. Indem die Charismen über den Kontext von Kirche und Gemeinde hinaus auch für das Engagement im Alltag der Welt gegeben sind, kann grundsätzlich jede Begabung zum Charisma werden. Gerade die Verschiedenheit der Charismen stellt paradoxerweise ein gemeinschaftsstiftendes Potential dar. Weil kein Christ alle Gaben besitzt, ist er auf die Gemeinschaft mit den anderen Gemeindegliedern angewiesen. Die Angst vieler Zeitgenossen vor dem Anderen und Fremden ist in einer pluralistischer und unüberschaubarer werdenden Gesellschaft verständlich. Die durch die Vielfalt ihrer Gnadengaben zur Einheit befreite charismatische Gemeinde hat angesichts dieser Situation die Chance, deutlich zu machen, dass enorme Verschiedenartigkeit und liebevolle Einheit sich nicht ausschließen müssen, sondern sich gegenseitig bedingen können. Die charismatische Gemeinde ist ein Raum, in dem die Andersartigkeit des anderen nicht als Bedrohung, sondern als Ergänzung und Bereicherung erfahren werden kann.

Paulus hat für die weitere Geschichte der Christenheit deutlich gemacht, dass die Charismen dem Aufbau der Gemeinde dienen sollen. Sie sind „zum Nutzen aller" gegeben. In dem Moment, wo Menschen sich der ihnen von Gott verliehenen Geistesgaben bewusst werden, wird es sie automatisch dazu drängen, diese in das Leben der Gemeinde einzubringen. Indem sie ihre Gaben ausüben, werden sie sich ihrer Würde als Mitarbeiter und Mitarbeiterinnen der Gemeinde gewiss. Dieser Zielhorizont bildet einerseits das unverzichtbare Korrektiv gegenüber Vereinzelung und Überforderung der Hauptamtlichen und andererseits die Voraussetzung, auf dem Weg zur mündigen Gemeinde die falsche Scheidung zwischen „Geistlichen" und „Laien" zu überwinden.

Die Charismen zielen auf die Erneuerung der Menschheit, ja der Schöpfung als Ganzes hin. In ihnen ist das Zukünftige schon gegenwärtig, aber erst im „Modus des Heilens" (Ernst Käsemann). Dabei sind gerade die Charismen Zeichen für die Vorläufigkeit dieses Äons. Sie werden mit der Vollendung der neuen Schöpfung aufhören (1 Kor 12, 8). Nicht die Charismen, sondern die Früchte des Geistes haben ewigen Wert. Charismen haben deshalb ihren Sinn verfehlt, wenn sie nicht zu mehr Glaube, Liebe, Hoffnung hinführen.

Dankbarkeit

Lukas Niederberger

„Die Dankbarkeit erkennt jeden Augenblick mit allem, was er enthält, als Geschenk. In Ehrfurcht anerkennt sie in (und zugleich jenseits von) allen Gaben die Geberin oder den Geber. Preisend bekennt die Dankbarkeit, dass alles Gnade ist." (David Steindl-Rast OSB)

Das Wesentliche im Leben erwerben wir uns nicht durch eigene Leistung. Immer wieder dürfen wir die *gratuité de la vie* erfahren: dass alles Geschenk ist und wir im guten Sinne stets von anderen Menschen abhängig sind. Das zu akzeptieren fällt manchen nicht leicht in einer Zeit, wo Unabhängigkeit, Autonomie und Selbstständigkeit zu den höchsten gesellschaftlichen Idealen zählen. Es ist für uns oft leichter, andere Menschen zu beschenken und ihnen einen Dienst zu erweisen, als uns beschenken zu lassen oder einen Dienst in Anspruch zu nehmen. Das alte Sprichwort „Geben ist seliger als Nehmen" zeigt nicht nur, dass Schenken und Helfen etwas Schönes und Edles ist, sondern auch, dass das Annehmen von guten Diensten und Geschenken nicht nur einfach ist und glücklich stimmt – vor allem dann nicht, wenn dadurch eine ungute Abhängigkeit entsteht.

Dankbare Menschen stimmen innerlich zu, dass sie alles, was sie haben und sind, von anderen empfangen haben: die Sprache, die sie sprechen, das Zimmer, in dem sie wohnen, die Freiheit, die sie genießen, ihr Denken und Fühlen, ja das Leben überhaupt. Sie halten sich nicht für den alleinigen Grund ihres Wissens und ihrer Erfolge, nicht für ihres Glücks alleinigen Schmied.

Worin sich der dankbare Mensch vom undankbaren unterscheidet, möchte ich an einer biblischen Geschichte erläutern. Einmal kamen zehn aussätzige Männer zu Jesus und baten ihn um Hilfe. Jesus empfahl ihnen, zu den Priestern zu gehen und sich ihnen zu zeigen. Auf dem Weg dorthin wurden alle zehn gesund. Aber nur einer von ihnen kehrte zurück. Von ihm heißt es: „Er lobte Gott mit lauter

Stimme. Er warf sich vor den Füßen Jesu zu Boden und dankte ihm."
Und Jesus sagte zu ihm: „Steh auf und geh" (Lukas 17, 11–19).

Für den dankbaren Menschen sind das Beschenktwerden und die Hilfe von anderen keine Selbstverständlichkeit. Nur einer von zehn Geheilten empfand das spontan so. Er wird auch am besten gewusst haben, was es heißt, anderen Menschen Dienste zu erweisen, und wie schön es ist, wenn man von diesen gelegentlich ein Echo oder Feed-back bekommt und spüren darf, dass auch die kleinen, oft unscheinbaren Dienste in der so lauten und schnelllebigen Welt wahr genommen werden.

Der tief dankbare Mensch kann sich einem anderen Menschen vor die Füße werfen, ohne dass ihm ein Stein aus der Krone fällt und er um den Verlust seiner Ehre bangen muss. Im Gegenteil. Das lateinische Wort für „danken" heißt *gratias agere* – „Ehr' und Grazie erweisen". Ehre erweisen kann nur, wer sie zunächst in sich selbst erfährt. Wenn ich anderen Ehre erweise und danke, verneige ich mich gleichzeitig vor mir selbst, dem reich Beschenkten.

Auf meinem Nachttisch liegt neben anderen Büchern ein spezielles Dank-Buch. Vor dem Einschlafen notiere ich darin jeweils drei Dinge, für die ich dankbar bin. Normalerweise lese ich frühere Eintragungen nicht durch. Aber an Tagen, an deren Ende es mir schwer fällt, das Schöne und Leichte, das Helle und Freudvolle im Leben zu erkennen, blättere ich in diesem Dank-Buch. Meistens hellt sich meine Stimmung schon nach wenigen Seiten auf. Ich erfahre dabei, dass ein dankbarer Mensch nicht gleichzeitig unglücklich sein kann.

Das englische Wort für „Geschenk", *present*, wie auch das veraltete deutsche „Präsent" bringt zum Ausdruck, dass in einem Geschenk der/die Schenkende präsent, anwesend ist: er/sie hat etwas von sich selbst mit hineingelegt. Wenn ich die Kerze anzünde, die mir meine Freundin geschenkt hat, so ist sie im Schein der Flamme anwesend, präsent. Ich erkenne sie im Kerzenschein wieder und fühle mich dankbar. Darum freuen wir uns über selbst gebastelte oder selbst gebackene Geschenke mehr als über gekaufte. Sie lassen mehr Präsenz spüren als gekaufte Massenartikel.

Das französische Wort für „Dankbarkeit", *reconnaissance*, bedeutet wörtlich „Wiedererkennen": Im Danken erkenne und anerkenne ich den Menschen, der mich beschenkt hat, oder sogar – wie der geheilte Aussätzige – die göttliche Energie und Wirklichkeit. Dankbarkeit ist die Gabe, das Größere in und hinter den Dingen zu sehen, über das Materielle und Sichtbare hinaus. Der geheilte Aussätzige dankte Jesus als dem einzigartigen Heiler, und zugleich erkannte er durch ihn hindurch die göttliche Heilkraft und erwies ihr die Ehre. Der von Herzen dankbare Mensch ist darum in meinen Augen ein religiöser Mensch, weil er den Blick für das Dahinter hat. Es überrascht mich deshalb nicht, dass viele Menschen ihre tiefsten religiösen Erfahrungen in Momenten tiefster Dankbarkeit machen: beim Anblick einer frisch verschneiten Winterlandschaft oder beim Bad in einem kühlen See, beim verträumten Betrachten des Sonnenuntergangs oder beim Trinken eines feinen Burgunders, in einem vertieften Gespräch oder bei einem unverhofften Besuch, beim Hören eines Konzerts von Bach oder beim Betrachten eines Bildes von Miró.

Die Fähigkeit zur Dankbarkeit ist uns zwar angeboren; dennoch will und muss die Haltung des Blicks in die Dinge hinein und über das Sichtbare hinaus regelmäßig geübt werden. Im Alltag sind darum bestimmte Zeiten und Orte, Gelegenheiten und Rituale wichtig, in denen die Dankbarkeit einen besonderen Platz erhält.

Ein Schüler fragte auf dem Heimweg seinen Freund: „Sag, betet ihr auch vor dem Essen?" „Nein", entgegnete ihm dieser, „meine Eltern können kochen." – Das Beten vor dem Essen lässt mich mit dem Leben, mit der Erde, mit der Welt und letztlich mit Gott verbunden erfahren. Und dies stimmt mich dankbar gegenüber den Menschen, die an der Herstellung der Nahrung beteiligt waren.

Ich bin froh, dass ich täglich in der Eucharistiefeier ein einzigartiges Dankesritual feiern darf. *Eucharistia* heisst Danksagung. Ich kann mich darin je neu ausrichten auf die Kraft, von der alles Gute, die Liebe und alles Leben ausgeht. Der eucharistische Mensch ist laut dem griechischen Wörterbuch der dankbare, angenehme, glückliche und witzige Mensch. Das ist es, was ich sein und immer mehr werden möchte. Einer, der alles Leben als Geschenk und Gnade erfährt.

Demut

Assumpta Schenkl

„Demut" ist für viele moderne Menschen ein Fremdwort. Sie haben keine oder eine falsche Vorstellung von diesem Begriff, belächeln ihn oder weisen ihn von sich. Demütig sein – nein, das möchten sie keinesfalls; denn sie denken dabei an Unterwürfigkeit oder Kriecherei, an Menschen ohne Selbstachtung und Selbstbewusstsein. Das aber hat mit echter Demut nichts zu tun.

Was also ist Demut? „Demut ist Wahrheit." Diese Deutung des Demutsbegriffes halte ich für die zutreffendste. Demut im Sinne Benedikts – in seiner Regel spielt sie eine beherrschende Rolle – heißt: leben in der Wahrheit und aus der Wahrheit – und zwar der Wahrheit in Bezug auf die eigene Person, in Bezug auf Gott und in Bezug auf unsere menschliche Bestimmung und den Weg zur Erfüllung dieser Bestimmung. Demut heißt also zunächst, dass ich mich selbst erkenne: mich erkenne in meiner Schwäche, meiner Neigung zu Fehlhaltungen verschiedener Art, wie Neid, Bosheit, Überheblichkeit, Ehrsucht und, und, und – und auch in meiner Angewiesenheit auf andere, auf *den* Anderen: Ich habe mich weder selbst erschaffen noch mir selbst meine guten Eigenschaften, meine körperliche Beschaffenheit, meine Talente und Fähigkeiten gegeben und kann auch nicht existieren ohne die Hilfe anderer.

Wenn ich mir dies alles klar mache, bin ich in der Wahrheit, und ich halte es für etwas sehr, sehr Kostbares, in der Wahrheit zu leben und nicht in Trug und Selbsttäuschung, in Wahn und törichter Überheblichkeit. Solches Stehen in der Wahrheit gibt dem Leben einen klaren Blick für die Realität und eine gute und gerade Richtung – und es gibt uns auch den rechten Blick für den Mitmenschen, für seine Würde und seinen hohen Wert. Dieses ist eine der kostbarsten Auswirkungen echter Demut.

Neben dieser Wahrheit bezüglich unserer eigenen menschlichen Existenz schließt echte Demut auch die Wahrheit in Bezug auf Gott in sich. Ich erkenne ihn als den Schöpfer – meinen Schöpfer und den Schöpfer alles Existierenden, als den souveränen Herrscher, den Allmächtigen, Gewaltigen, für uns Menschen in vieler Hinsicht Unfassbaren, Unbegreiflichen, ganz Anderen und Geheimnisvollen, den wir weder mit unserem Intellekt noch sonst einer Fähigkeit je „in den Griff" bekommen. Würde die Wahrheit von Gott nur dieses eben Genannte umfassen, so würde sie uns wohl erdrücken und niederdrücken. Aber sie umgreift nicht nur Gottes *mysterium tremendum* – das Geheimnis, das uns zittern macht –, sondern auch das *mysterium fascinosum* – das uns faszinierende, verlockende und anziehende Geheimnis der unfassbaren Liebe, Güte und Erbarmung Gottes. Beides zu sehen, ist Voraussetzung für die angemessene Haltung vor Gott: Tiefste Ehrfurcht vor dem uns übersteigenden Geheimnis seiner ewigen Existenz, Machtfülle und Herrlichkeit und tiefstes, ja absolutes Vertrauen auf seine unendliche, unfassbare Liebe. Dies wiederum weckt in uns den Wunsch, ihm zu gehorchen und zu dienen, ihn anzubeten, zu loben und zu lieben – und so in der Wahrheit echter Demut zu sein.

Soviel zur „Theorie" der Demut. Wie aber wird sie konkret – in der Lebenspraxis unseres Alltags? Benedikt, der viele Einzelanweisungen zur Übung der Demut im alltäglichen Leben gibt, die gewiss nicht nur für den Mönch, sondern für den Christen ganz allgemein gelten, führt sie letzten Endes auf *einen* Begriff zurück: Nachfolge Christi. Wir sollen dem demütigen Jesus ständig auf der Spur bleiben, Schritt für Schritt folgen in den tausend kleinen Entscheidungen und Vollzügen unseres Alltags. Das wird uns nur gelingen, wenn wir sein Verhalten immer und immer wieder meditieren, uns von ihm durchdringen lassen und – wie Johannes vom Kreuz es empfiehlt – häufig die Frage stellen: Wie würde Jesus, wenn er mein Alter, meine Gesundheit hätte, wenn er in meiner Situation stünde, jetzt handeln? In den meisten Fällen wissen wir das ziemlich genau. Und wenn wir dann immer und immer wieder das eigene Wünschen und Wollen, eigene Absichten und Pläne loslassen und uns ganz einlassen auf ihn, dann sind wir auf einem guten Weg, uns dem anzunähern, was unsere Bestimmung, unsere unfassbar große Bestimmung ist: Gott ähnlich zu werden, vereinigt zu werden mit ihm.

Auch Benedikt sieht Demut als Weg des Reifens, indem der Mensch Gott in seinem Leben mehr und mehr Raum gibt, im ständigen Blick auf Gott lebt und ihn zum Maßstab aller Dinge macht. Er ist offen für die Stimme Gottes in seinem Alltag, sucht, wie Christus, einzig und allein aus der Liebe zum Vater heraus zu handeln, ihm so immer ähnlicher zu werden und durch solche Nachfolge Schritt um Schritt zur Vollreife der Gottes- und Nächstenliebe zu gelangen.

Demut heißt hier also wohl immer wieder Verzicht auf mehr oder weniger ichbezogenes, selbstherrliches Planen und Sich-Durchsetzen, heißt immer wieder lassen, loslassen, sich überlassen – aber nicht um seiner selbst willen, sondern um so durchzustoßen zu unserer wahren Bestimmung, die nichts Geringeres ist als Teilhabe am Leben Gottes.

Solches Leben in der Wahrheit der Demut hat nichts zu tun mit Erniedrigung, künstlichem Sich-selbst-klein-machen, unwürdiger Unterwürfigkeit. Es beschneidet uns nur dort, wo wir uns selbst im Wege stehen und hindern, unser wahres, unfassbar hohes Ziel zu erreichen: befreit zu werden zur herrlichen Freiheit der Kinder Gottes, zum Einssein mit ihm. Mag Demut manchmal aussehen wie Absteigen, Niedrigwerden: In Wahrheit ist sie Aufstieg und Befreiung zur unfassbaren Größe der Gottähnlichkeit, des Einsseins mit ihm.

Ehrfurcht

Ludwig Frambach

Ehrfurcht als spirituelle Haltung ist Staunen, Dankbarkeit und Achtsamkeit gegenüber dem Geheimnis des Göttlichen, des Numinosen, das als unergründlicher Grund aller Wirklichkeit erfahren wird; ein religiöses Grundgefühl, ein Reflex des menschlichen Geistes auf die Größe und Weite und die Potenz des göttlichen Geistes, der alles übersteigt, was wir uns vorstellen können.

Der Begriff der Ehrfurcht begegnet im 20. Jahrhundert vor allem als „Ehrfurcht vor dem Leben", von der Albert Schweitzer (1875–1965) gesprochen hat. Seine Ausführung soll daher im Folgenden exemplarisch im Zentrum stehen.

Albert Schweitzer verstand seine „Ehrfurcht vor dem Leben" als „ethische Mystik" oder „mystische Ethik". Mystik ist für ihn kein peripheres Phänomen, sondern der „Sammelbegriff all seines Denkens und Tuns", denn, so schreibt er in seiner erst unlängst veröffentlichten *Kulturphilosophie III*: „Jede Weltanschauung, insoweit sie das Verhalten des Menschen durch sein geistiges Verhältnis zum unendlichen Sein bestimmt sein lässt, hat mystischen Charakter ... Alle letzte Antwort auf die letzten Daseinsfragen ist mystischer Art."

Schweitzers „Ehrfurcht vor dem Leben" wurzelt in einem mystischen Erleben, das ihm im Jahr 1915, seinem zweiten Jahr in Afrika, zuteil wurde. Er befand sich damals in einer tief greifenden geistigen Krise. Auf der Fahrt zu einem Krankenbesuch „krochen wir den Strom hinauf, uns mühsam zwischen den Sandbänken – es war trockene Jahreszeit – hindurchtastend. Geistesabwesend saß ich auf dem Deck des Schleppkahnes, um den elementaren und universellen Begriff des Ethischen ringend, den ich in keiner Philosophie gefunden hatte. Blatt um Blatt beschrieb ich mit unzusammenhängenden Sätzen, nur um auf das Problem konzentriert zu bleiben. Am Abend des dritten Tages, als wir bei Sonnenuntergang gerade durch eine Herde Nilpferde hindurchfuhren, stand urplötzlich, von mir nicht geahnt und nicht gesucht, das Wort ‚Ehrfurcht vor dem Leben' vor mir. Das eiserne Tor hatte nachgegeben; der Pfad im Dickicht war sichtbar geworden."

Diese plötzlich befreiende Einsichtserfahrung nach einer schmerzlich krisenhaften Phase inneren Ringens ist charakteristisch für mystische Spiritualität, und zwar in allen Religionen: Nach der Phase einer *Diffusion* – „ich irrte wie im Dickicht umher" – die auch das typische Merkmal einer Sackgasse – „eiserne Tür" – aufweist, erfährt Schweitzer einen befreienden Durchbruch. Die Befreiungserfahrung besteht in einer tief greifenden *Integration,* in der bisher unvereinbare geistige Aspekte in einer übergreifenden Einheit verbunden werden. Was Schweitzer da erfahren hat auf dem Fluss inmitten der Nilpferde, was er selbst auch als „lichtvolle Erscheinung" bezeichnet hat, ist eine mystische Grunderfahrung, die Erfahrung des innigsten Verbundenseins mit allem, was existiert. Er sagt, es gehe um die „unmittelbarste Tatsache des Bewusstseins des Menschen": „Ich bin Leben, das leben will, inmitten von Leben, das leben will." An einer anderen Stelle drückt er es so aus: „ … der tiefste Begriff des Lebens ist erreicht, das Leben, das zugleich Miterleben ist, wo in einer Existenz der Wellenschlag der ganzen Welt gefühlt wird, in einer Existenz das Leben als solches zum Bewusstsein seiner selbst kommt … das Einzeldasein aufhört, das Dasein außer uns in das unsrige hereinflutet."

Das ist nun Schweitzers eigentliches Grundthema: das Verhältnis von Ethik und Mystik. Denn bei aller Wertschätzung der Mystik hat er auch grundsätzliche kritische Einwände anzubringen, eben aus ethischer Perspektive: „Von aller bisherigen Mystik gilt, dass ihr ethischer Gehalt zu gering ist. Sie bringt den Menschen auf den Weg der Innerlichkeit, aber nicht auch auf den der lebendigen Ethik." Und noch schärfer formuliert: „Die Mystik ist nicht der Freund, sondern der Feind der Ethik. Sie zehrt sie auf." Aber er fährt in einem spannungsvollen Gedankenbogen im nächsten Satz fort: „Und doch muss die das Denken befriedigende Ethik aus der Mystik geboren werden."

Schweitzers Kritik ist gerade in ihrer polemischen Schärfe ernst zu nehmen, denn hier legt ein leidenschaftlicher Verteidiger der Mystik, nicht etwa ihr Feind oder Verächter, den Finger auf eine alles entscheidende Schwachstelle. Nach Schweitzers kritischer Analyse bringt es die Mystik meist nur zu einer „Resignationsethik des innerlichen Freiwerdens von der Welt, nie zugleich auch zur Ethik des Wirkens in der Welt und auf die Welt". Die mystische Spiritualität laufe Gefahr, eine meditative Innerlichkeit zu kultivieren, die zweifelsohne gerade heute notwendig sei, aber die aktive Umsetzung des innerlich Erfahrenen zu sehr vernachlässige und sich als „überethisch" missverstehe. Schweitzers Ehrfurcht vor dem Leben zeigt klar und konkret die Konsequenzen der Erfahrung des mystischen Verbundenseins auf. So wird die ethische Anthropozentrik, die Fixierung auf den Menschen, überwunden und eine grundlegende Achtung *allem* Leben gegenüber herausgestellt. Auch und gerade Tiere und Pflanzen werden von dieser mystisch-ethischen Bewusstheit der Mitgeschöpflichkeit umfasst. Darin, in der Ausweitung der

Perspektive auf das ganze Spektrum des Lebens, sieht Schweitzer seinen spezifischen Beitrag zur Weiterentwicklung der Ethik.

Schweitzer legt großen Wert darauf, dass prinzipiell keine Form des Lebens aus dieser mystisch gegründeten Ehrfurcht vor dem Leben, dieser „Biophilie" im Sinne Erich Fromms, der Schweitzer außerordentlich schätzte, ausgeschlossen werden dürfe. Sein Ansatz, den er als „denknotwendig erkannte Ethik Jesu" versteht, ist gleichsam eine alles umfassende und durchdringende mystisch-ethische Ökologie. Das ungeheuere Ausmaß an Leid, das in der industrialisierten Massentierhaltung Milliarden von sogenannten Nutztieren zugefügt wird, wird in dieser ethischen Mystik scharf ins Bewusstsein gehoben. Schweitzers Engagement für den Tierschutz ist nicht eine sentimentale Nebenerscheinung seiner gütigen Persönlichkeit, sondern die direkte, unumgängliche Konsequenz seiner mystisch-ethischen Grundeinsicht: „Mitleid gegen die Tiere muss auf dem Boden einer allgemeinen Ehrfurcht vor allem, was Leben ist, erscheinen, sonst ist es unvollständig und unbeständig."

„Alles, was er sagt, ist im Grunde revolutionär!" – Eugen Drewermanns Einschätzung Schweitzers lässt die wirklichen Konturen seines geistigen Profils hervortreten. Schweitzer ist radikal in dem Sinn, dass er die Grundfragen menschlicher Existenz in außergewöhnlicher Konsequenz und geistiger Unabhängigkeit bis zu ihrer Wurzel zurückverfolgt. Das führt ihn zur Mystik. Seine ethische Denk- und Tatmystik der Ehrfurcht vor dem Leben in der Nachfolge Jesu setzt Akzente, die heute besonders wichtig sind. Für die Entwicklung einer tiefer gehenden ökologischen Bewusstheit, einer Schöpfungsspiritualität, ist die ethische Mystik der Ehrfurcht vor dem Leben dieses „heiligen Franziskus unserer Zeit" (Nikos Katzanzakis) von grundlegender Bedeutung.

Einfachheit

John Rodden

Einfacher leben – das klingt einfach! Aber es fällt uns komplizierten Menschen alles andere als leicht! Es ist eine eigene Kunst, nämlich die Kunst der klugen Auswahl, was man für wichtig hält und pflegen möchte und was nicht. Beim Vereinfachen geht es ja nicht darum, *alles* loszuwerden; es geht auch nicht darum, sich selbst rigoros zu beschränken, sich nichts zu gönnen oder eine übersteigerte Askese zu üben, womöglich, um sich selbst zu bestrafen. Nein, das Ziel ist, *besser* zu leben. Das setzt die Einsicht voraus, dass man sich selbst (und den Dingen und Ereignissen) *Grenzen* setzen muss, weil es einen hoffnungslos überfordert, *alles* haben und *alles* tun zu wollen.

Konkret heißt das zunächst einmal: Man muss aus seinem Leben etlichen Müll und Ballast entsorgen. Das ist, wie gesagt, nicht „leicht". Wenn man aber erst einmal anfängt, etwas langsamer zu tun und genauer auf das zu achten, was man tut, *wird* es mit zunehmender Praxis leichter. Man kann sein Leben nicht auf einen Schlag vereinfachen, sondern muss das Schritt für Schritt tun. Dabei wird man entdecken, dass man für jeden Akt der Vereinfachung – und vor allem der *Selbst*-Vereinfachung – belohnt wird, nämlich mit dem erlösenden Gefühl, wieder ein Stück freier geworden zu sein. Dabei entspannt sich sogar der Körper, denn Kompliziertes lässt uns angespannt und verkrampft sein und belastet uns mit Belanglosem, Einfachheit dagegen entkrampft.

Wichtig ist für das Vereinfachen die Überlegung: Auf welchem Gebiet muss ich das Problem zuallererst anpacken? Muss ich mich vor allem von etlichem Ramsch lösen, den ich angehäuft habe, oder eher von verwickelten Beziehungen oder belastenden Tätigkeiten?

Wer sich in materieller Hinsicht vereinfacht, entwickelt eine einfachere Beziehung zu den *Dingen*. Nichts stresst mehr als eine Überfülle an „Zeug". Natürlich hat jeder Mensch etwas andere Bedürfnisse. Ich als Single brauche viel weniger als jemand, der eine Familie hat. Mir reicht ein kleines Zimmer in der Nähe der Universität. Es liegt zentral in der Stadt, und so ist es ganz einfach für mich, Freunde zu besuchen. Als Langstreckenläufer komme ich fast überall zu Fuß hin. Muss ich weiter fort, kann ich einen Bus nehmen, oder jemand nimmt mich im Auto mit.

Ich experimentiere ständig damit, wie ich mein Leben auf materiellem Gebiet weiter vereinfachen kann. Das verhilft mir zu immer mehr Raum für das Nachdenken und die Selbsterkundung, was mir sehr wichtig ist. Allerdings wird mir bei diesem Bemühen deutlich bewusst, wie viele ererbte Vorurteile und nicht überprüfte Vorstellungen darüber, wie man am besten leben könnte, ich mit mir herumschleppe. So stelle ich mir immer wieder Fragen wie: Hast du das denn schon ausprobiert? Was machst du eigentlich wirklich gern? Weißt du das überhaupt?

In den letzten zehn Jahren habe ich mich vor allem auf die Einfachheit auf materiellem Gebiet konzentriert, obwohl ich da schon immer anspruchslos war. Ich habe nie über äußere Besitztümer verfügt, um deren Verlust ich mir hätte Sorgen machen müssen, wie etwa ein Auto oder eine Stereoanlage; die einzige Ausnahme ist ein gebraucht erstandener Computer.

Im Lauf der Zeit wurde mir deutlich bewusst, dass die freiwillige Einfachheit auf materiellem Gebiet eine großartige Chance für unglaubliche Freiheiten eröffnet, die viel zu wenig genutzt wird: Ich kann inzwischen derart leicht auf etwas verzichten, dass ich mir dadurch ganz neue Freiräume und erfüllende Möglichkeiten erschließe.

Wer materiell einfach leben kann, kann im Leben mehr riskieren und sich intensiver auf die Pflege seiner spirituellen Interessen verlegen. Als bei mir vor zehn Jahren ein intensiverer Sinn für die spirituellen Dimensionen des Lebens erwachte, stieg ich aus meiner Vollzeit-Professur aus und wurde freiberuflicher Schriftsteller. Das „Wagnis" des Verzichts auf diese Stelle stellte dann gar nicht einen Riesensprung ins beängstigend Unbekannte dar, sondern war eigentlich bloß ein kleiner, ungemein vernünftiger Schritt, der an der Zeit war.

Meine Experimente mit der materiellen Einfachheit führten mich zur Entdeckung einer weiteren Dimension: der „emotionalen Einfachheit".

Geht es bei der materiellen Einfachheit um Besitztümer, so handelt es sich bei der emotionalen Einfachheit um Beziehungen zu anderen Menschen; gesellschaftlicher Rang und Gruppenzugehörigkeit spielen immer weniger eine Rolle. Ein emotional einfacher Mensch ist von spontaner Offenheit und Transparenz für andere, was ihm eine tiefe Freude und große Gelassenheit schenkt.

Für die emotionale Einfachheit ist die materielle recht hilfreich. Wenn man nämlich nur über wenig Habe verfügt, verlegt man seine Energie stärker auf die Vertiefung seiner persönlichen Beziehungen. Zu meiner Zeit als Professor hatte ich mich in einem größeren Ausmaß, als ich geahnt hatte, in Oberflächlichkeiten und Zerstreuungen verloren. Mein Ausstieg führte zu einer drastischen Auslese. Zahlreiche oberflächliche, lediglich berufliche Beziehungen brachen ab. Dafür vertieften sich alte Freundschaften und entstand Raum für neue. In unseren Gesprächen geht es jetzt um viel persönlichere, sozialere und spirituellere Themen als früher. So kann ich mich jetzt viel intensiver dem widmen, was ich in meinem Leben wirklich brauche: diesen Freundschaften, der spirituellen Bereicherung (durch Lesen, Schreiben und Musik) und dem sozialen Engagement. So lerne ich die schlichte, aber revolutionäre Wahrheit schätzen: „Weniger ist mehr."

Meine veränderte Beziehung zu den Dingen und Menschen hat mich etwas Weiteres entdecken lassen: die Spiritualität der Einfachheit. Es handelt sich dabei um eine neue Art von Beziehung auch zu sich selbst – und zu Gott.

Die Wahrheit ist ganz einfach: Wenn ich meinen Tag mit Menschen und Tätigkeiten ausfülle, die mir Freude machen, dann wird das ein froher Tag. Eine solche Übung weist die Spannungen und Konflikte schlicht vor die Tür: Für sie gibt es überhaupt keinen Platz! Wenn ich mich eine ganze Woche lang daran gehalten habe, war das für mich eine frohe Woche. Ich entdecke zusehends, dass sich solche Wochen zu Monaten und Jahren auswachsen können.

Natürlich ist die Auswahl, welche Dinge, Beziehungen und Spannungen man im Einzelnen aus seinem Leben aussortieren sollte, eine höchst persönliche Angelegenheit.

Für mich sind immer wieder einige ganz einfache Fragen hilfreich:

Habe ich mich etwas Wichtigem gewidmet, das mit Gott zu tun hatte? Oder ging es mir darum, von anderen gelobt zu werden?

67

Wie weiß ich, ob meine Tätigkeiten für mich das Richtige sind? Verhelfen sie mir zu größerer Gelassenheit? Oder verschleißen sie meine Energie? Kommt mir mein Leben überlastet vor? Tue ich mehr, als ich tun sollte – mehr, als ich nach Gottes Absicht derzeit zu tun berufen bin?

Wichtig ist, dass es bei diesen Fragen nicht darum geht, so effizient wie nur irgend möglich zu werden und seine Zeit möglichst wirtschaftlich zu nutzen. Das Ziel ist vielmehr, seinen jeweiligen Tag dem zu widmen, dem man am meisten Wert beimisst.

Einfach leben bedeutet, nutzlose Verstrickungen abstreifen und entbehrliche Ziele aufgeben. Es bedeutet, das zu wählen, was einem am wichtigsten ist. Henry David Thoreau sagt es in seinem Buch *Walden* so: „Unser aller Leben verzettelt sich in tausend Einzelheiten. Werdet einfach, werdet einfach!"

Einsamkeit

Bernardin Schellenberger

Mehrmals hatte ich die Gelegenheit, einige Wochen lang das Alltagsleben von Familien tief im afrikanischen Busch zu teilen, ein Leben, das geradezu steinzeitlich anmutete. Hitze, Wassermangel, unzureichende Kost, Ungeziefer, das Fehlen jeglicher Möbel in den niedrigen Lehmhütten stellten – unter anderem – gewisse Herausforderungen dar. Aber als das Mühsamste empfand ich immer nach einiger Zeit den Umstand, rund um die Uhr nie allein sein zu können. Immer hält man sich im Familienverband auf, ständig kommen Besucher zum Palavern vorbei, unablässig – selbst wenn man dringend ins Maisfeld hocken muss – wird man von neugierigen Kindern begleitet und beobachtet. Ich versuchte gelegentlich, mich heimlich wenigstens ein, zwei Stunden in die Landschaft abzusetzen, wurde aber immer wieder bald aufgespürt und besorgt gefragt, ob ich beleidigt oder krank sei.

Angesichts dieser Lebensart ging mir erst richtig auf, welche Errungenschaft die Mönchszelle ist und ihre weltliche Spielform, das eigene Zimmer mit einer Tür, die man schließen kann, um ganz allein zu sein.

Mehrere Millionen Jahre lang lebte der Mensch notwendigerweise im Kollektiv. In alten Stammesgemeinschaften kam es bis vor kurzem einem Todesurteil gleich, wenn jemand aus der Gruppe ausgestoßen wurde; dieser soziale, psychische Entzug führte meist zum physischen Tod. „Ein Afrikaner in der Nacht ganz allein – der stirbt", erläuterte mir vor wenigen Jahren mein einheimischer Dolmetscher-Freund.

Der Prediger Kohelet im Alten Testament empfand das Gleiche, als er schrieb: „Wehe dem, der allein ist, wenn er hinfällt, ohne dass einer bei ihm ist, der ihn aufrichtet. Außerdem: Wenn zwei zusammen schlafen, wärmt einer den andern; einer allein – wie soll er warm werden? Und wenn jemand einen Einzelnen auch überwältigt, zwei sind ihm gewachsen, und eine dreifache Schnur reißt nicht so schnell" (Koh 4, 10–12).

Eine völlig entgegengesetzte Vorstellung formulierten die Kartäusermönche in ihrem Motto: „O beata solitudo, o sola beatitudo!" – „O selige Einsamkeit, o einzige Seligkeit!" Man muss jedoch gleich hinzufügen, dass auch sie diese Seligkeit nicht ohne Kompromisse aushalten, sondern in fürsorglichen Gemeinschaften organisiert sind.

Im Englischen gibt es für diese beiden konträren Erlebnisweisen zwei verschiedene Begriffe: Loneliness ist das mühsame, gefährliche Alleinsein, solitude das fruchtbare Bei-sich- oder Bei-Gott-Sein in der Meditation und Kontemplation. Im Deutschen gibt es dafür nur das eine Wort „Einsamkeit", und das etymologische Wörterbuch erläutert ausdrücklich, „einsam" könne „allein, verlassen, öde" bedeuten oder auch „einig, einträchtig, einzeln".

Diese Doppelbedeutung des einen Wortes finde ich spannend – spannend wie das Leben, die Welt und die Wirklichkeit selbst. Denn es könnte ja die Erfahrung andeuten, dass beides nie ganz voneinander zu trennen sei: dass der „einige", in sich selbst „ganze" Mensch immer zugleich auch ein Stück „allein" sei oder sogar bleiben wolle, oder auch umgekehrt: dass, wer mit anderen „einträchtig" leben wolle, auch über die Fähigkeit verfügen müsse, in sich selbst „allein" zu sein. Das würde auch die Absage an das Symbiotische und alle Verschmelzungsphantasien bedeuten, in der einer sich im andern verliert.

Die frühen christlichen Theologen entdeckten diese Dialektik von Alleinsein und Gemeinsamsein im Urgrund der Wirklichkeit selbst, in Gott – oder schrieben sie ihm jedenfalls zu: Er sei kein Einsamer, sondern ein Gemeinsamer, kein Kollektiv, sondern ein Einer, kein zur Einheit Verschmolzener, sondern ein Gemeinschaftlicher (*ungetrennt und unvermischt*, wie sie eine andere Glaubensformel mit der gleichen Dialektik formulierten). Sie buchstabierten stammelnd, was nicht zu fassen ist, fanden das missverständliche Bild von der „Dreifaltigkeit" und blieben doch überzeugte Monotheisten, definierten von ihrer Gottes-Ahnung her den Begriff der Person: Person sei jemand, der oder die ganz in sich stehe, jedoch zugleich wesensnotwendig in Beziehung. Der jüdische Religionsphilosoph Martin Buber fasste dieses Komplizierte in die wunderbar schlichte Formulierung: „Nur Du-sagend werde ich Ich."

In die Praxis übersetzt heißt das: Wo jemand in keiner Beziehung stünde, würde seine Einsamkeit trostlos und steril. Und wo jemand unablässig aktuell auf andere bezogen sein wollte, würde er/sie sich selbst verlieren. Dem Menschen, der beziehungslos im Kollektiv lebt (in der modernen *lonely crowd*, die David Riesman schon vor einem halben Jahrhundert beschrieb), steht der Einsiedler gegenüber, der schrieb: „Nie bin ich weniger allein, als wenn ich allein bin." Er fühlte sich deshalb nicht allein, weil ihm dank seiner religiösen Überzeugung die Beziehung zu Gott lebendige Wirklichkeit war. Gregor der Große brachte das in seiner Lebensbeschreibung des Einsiedlers Benedikt, des späteren Klostergründers von Nursia, auf die prägnante Formel: *In superni spectatoris oculis habitavit secum* – „unter den Augen des göttlichen Zuschauers wohnte er bei sich selbst". Da sind beide Pole miteinander verknüpft: das „Wohnen bei sich selbst" und „die Augen des (göttlichen) Zuschauers", die für den lebendigen Blick-Kontakt stehen, die dialogische Beziehung, also unendlich mehr und anderes sind als die Augen des anonymen Fernsehzuschauers, der dank Camcorder einsam einem/einer anderen Einsamen ins Wohn- oder Schlafzimmer schaut.

Seit sich die Menschen aus der vollkommenen Einbindung ins Kollektiv immer weiter gelöst haben, sind sie in die Dialektik von Einsamkeit und Gemeinschaft eingespannt, die sich nie auflösen, nie in eine endgültige, stabile Form bringen lässt. Immer gilt es in stetem Hin und Her jeden der beiden Pole zu ertragen, zu bewältigen, zu gestalten, zu genießen. Wo der eine Pol kultiviert wird, erstarkt auch der andere; wo der eine vernachlässigt wird, enttäuscht auch der andere. Das gilt für ausnahmslos jede Beziehung, für die Ehe und für jede Form der Gemeinschaft.

Nun ist den Menschen unserer Zeit weithin die Beziehung zu einem „göttlichen Zuschauer" verloren gegangen; sie sind in eine geradezu metaphysische Einsamkeit geraten, die ihnen Angst macht oder die sie verdrängen. Kein Wunder, dass deshalb das Zauberwort „Kommunikation" fasziniert, als Surrogat für die immer weniger ansprechende religiöse „Kommunion", als Verheißung einer neuen Möglichkeit, der Einsamkeit zu entkommen.

Tatsächlich können die modernen Kommunikationsmittel viel dazu beitragen, die Einsamkeit der Menschen zu überbrücken, etwa der Älteren, die, auch wenn physisch ihr Bewegungsradius immer enger wird, über Hunderte von Kilometern im Gespräch mit den Kindern und Freunden zu bleiben vermögen. Aber sie verführen auch zur Besinnungslosigkeit, liefern die Möglichkeit leichter Flucht vor dem Anspruch, „bei sich selbst wohnen" zu können, das mühsam, aber so fruchtbar wäre. Wie viel Alleinsein, wie viel Einsamkeit erträgt der Mensch noch in einer „Zeit, die dem Gott der universellen Kommunikation und Kopulation huldigt" (Wilhelm Schmid)? Wird sie ihm immer mehr abgewöhnt? Wer wird in zehn Jahren noch ohne Handy leben und sich dabei trotzdem geborgen fühlen können? Können wir nur leben in der Illusion des ständigen In-Kontakt-Seins – und sterben wir wieder an Einsamkeit, sobald unsere technischen Kommunikationsmittel ausfallen? Oder werden wir nach der Begeisterung für die grenzenlose Kommunikation wieder neu entdecken, wie wertvoll, ja unerlässlich es ist, zeitweise auch ganz bei sich selbst zu wohnen?

Ekstase

Theo Steiner

24. Januar 1985, in Esalen, Kalifornien, auf einem Massagetisch in den Bädern des Seminarzentrums an der amerikanischen Westküste: Im Rahmen eines Wochenkurses geben sich immer zwei Gruppenmitglieder eine Massage. Wie mein amerikanischer Partner John meinen Bauch massiert, durchzuckt es mich plötzlich wie ein Blitz, und die Energie ist so stark, dass ich nur noch aus voller Kehle schreien kann, um die Intensität dieses Augenblicks überhaupt aushalten zu können. Mich aufrichtend erblicke ich den vor mir liegenden Ozean in gleissendem Licht. Es ist ein einziges Vibrieren, als ob Luft, Wasser und Licht durchzittert würden von feinsten, silbernen Schwingungen. Überwältigt von der Schönheit dieses Erlebens sprudelt ein intimster Dialog mit meinem Umfeld aus mir hervor: „Du, *Ozean* in der Sonne, bist mein herzensguter Freund in deiner vollendeten Schönheit!"

9. April 1981, in einem Zentralschweizer Bildungshaus: Während eines Selbsterfahrungskurses ist an diesem Nachmittag eine nonverbale Vertrauensübung angesagt. Zur Musik von Mozarts Flöten- und Harfenkonzert führt der eine Teilnehmer seinen „blinden" Partner durch den weiträumigen Gruppenraum. Wie ich mich voll Vertrauen von der Partnerin und der erhabenen Musik leiten lasse, durchfährt „Es" mich völlig überraschend, und ich stürze – wie vom Blitz getroffen – zu Boden. Es ist, als ob ich mit dem Herzen die Welt berührte. Nach einer geraumen Zeit schleppe ich mich zum nahen Fenster und versinke für die nächste Stunde – sitzend – in tiefste Meditation. (Ich, der ich damals nicht die leiseste Ahnung oder Praxis von Meditation hatte!)

21. November 1984, erste Holotrope Atemsitzung in Esalen, Kalifornien: Nachdem ich in vergangenen Jahren viele Kurse in Persönlichkeitsentfaltung besucht habe, möchte ich in dieser Woche eine neue Methode kennen lernen: Stanislav Grofs „holotropes Atmen". Nachdem ich im Atemprozess einige schwierige Phasen meiner Biographie wiedererlebt habe, öffnen sich Schleusen: Ich gerate

in einen fassungslosen Taumel. Gefühle kosmischer Glückseligkeit durchfluten mich, begleitet von einem endlos scheinenden Tränenstrom. Ich liege völlig entrückt in den Armen meiner Begleiterin.

Dies sind drei ganz persönliche *Erfahrungen* ekstatischer Augenblicke, welche mein Leben in der Folge nachhaltig verändert haben. Auch jetzt noch, nach all diesen Jahren, ist ihre Wirkkraft spürbar und präsent. Aus großer zeitlicher Distanz vermag ich jene überwältigenden Erlebnisse zu betrachten, ihren Sinngehalt umfassender auszuloten und sie in einen größeren Verstehenshorizont einzubetten.

Ekstase ist ein Erleben des „Außer-sich-Geratens", oder stärker noch des „Außer-sich-katapultiert-Werdens". Sie ist ein plötzliches „Ergriffen-Werden", ein „Überschwemmt-Werden" von einer Bewusstseins-Dimension, welche alles bisher Erfahrene und Erlebte an Intensität, Weite und Fülle um ein Vielfaches übersteigt. Das alltägliche Ich-Bewusstsein wird plötzlich eingetaucht in den *großen Lebensstrom*, erlebt die Fülle des *Seins*, die Grenzenlosigkeit des *Bewusstseins*, die *Göttlichkeit* allen Lebens.

Verschiedene spirituelle Traditionen deuten mit unterschiedlichen Begriffen auf dieses überwältigende Geschehen hin: Im Christentum spricht man vom Wirken des *Heiligen Geistes*, im Buddhismus vom Aufleuchten des *nature mind*. In der Yoga–Tradition spricht man vom *Kundalini*-Erwachen. Graf Dürckheim sprach vom „Durchbruch zur *Transzendenz*", und Stanislav Grof weist darauf hin, dass bei einem solchen Geschehen das holotrope Bewusstsein, welches in der sogenannten „Konsensus-Realität" lebt, zutiefst erschüttert wird durch diese aktuelle Berührung mit der allumfassenden *underlying unity*.

Persönlich hat mich immer wieder eine Aussage in Gitta Mallasz' Buch *Die Antwort der Engel* sehr verwundert und berührt: *„Der Rausch ist das Heiligste."* Diese transpersonale Botschaft spricht von der überragenden Bedeutung der Ekstase auf dem spirituellen Weg, was in unsrer heutigen westlichen Zivilisation, wo rauschhafte Zustände eine so bedeutende Rolle spielen, Missverständnissen aller Art Tür und Tor weit öffnen kann.

Ken Wilber weist mit größter Dringlichkeit auf die Notwendigkeit hin, ganz klar zu unterscheiden zwischen präpersonalen und transpersonalen Seinszuständen. Handelt es sich bei einem Rausch im umgangssprachlichen Sinne oft um einen Abstieg in die undifferenzierte Ego-Losigkeit des Präpersonalen, so ist der ekstatische *Rausch* ein Aufblitzen des ego-freien Raums des Grenzenlosen oder, wie C. G. Jung es nennt, des Numinosen. Welche Welten zwischen diesen beiden Seinszuständen liegen, lässt sich oft schon aus den sehr sichtbaren und spürbaren Erscheinungsformen ablesen. Beispielsweise erwache ich aus einem präpersonalen Rauschzustand mit brummendem Schädel, während ich aus einem ekstatischen Zustand mit brennendem Herzen auftauche.

Das heilende Potential einer transpersonalen Ekstase-Erfahrung ist ganz beträchtlich und für mich als holotropen Atemtherapeuten höchst erstaunlich. In meiner praktischen Arbeit erlebe ich immer wieder, welch überraschende Potentialität verbunden mit einer enormen vitalen Dynamik sich in einer Ekstase manifestiert. Die wichtigste Voraussetzung, dass so etwas überhaupt geschehen kann, ist die Bereitschaft zu völligem Loslassen auf der physischen, emotionalen und mentalen Ebene; und dazu wiederum braucht es ein vertrauensvolles Umfeld, das in vollem Umfang Schutz und Sicherheit gewährt.

Vielleicht ist es angesichts einer solchen Erfahrung angemessen, von einer inneren Kernexplosion zu sprechen. Für Augenblicke ereignet sich eine unmittelbare Berührung und Freisetzung des tiefsten Wesenkerns. Der Mensch kommt in Kontakt mit seiner Tiefenseele, und wo dies geschieht, vollzieht sich eine radikale Veränderung der gesamten Lebensperspektive, da die eigene Identifikation, das „Wer – bin – ich?" sich fundamental zu wandeln beginnt.

In diesem Kontext verstehe und erlebe ich das holotrope Atmen nach jahrelanger Erfahrung immer ausgeprägter gerade auch als einen spirituellen Weg, welcher über das Durcharbeiten und Auflösen sowohl von Körperblockaden als auch von emotional-mentalen Blockierungen letztlich zu transzendenten Ebenen vorstößt. Und dabei sind authentische Ekstase-Erfahrungen nachgerade ein Königsweg ins Reich der Freiheit.

Dass solche Erlebnisse einen langwierigen Prozess der Umwandlung der Persönlichkeit in Gang setzen können, ist wohl ihr kostbarstes Geschenk. Erfüllen wird sich dieses „aufblitzende Versprechen" in einer langsam wachsenden, immer stabileren Alltagserfahrung jener Wahrheit, wie sie der indische Philosoph und Mystiker Sri Aurobindo so trefflich formulierte: „Die Seele ist frei – und Gebundenheit ist ihr Spiel."

Engel

Anselm Grün

Alle Religionen kennen Engel, Boten Gottes, die Gottes heilende Nähe den Menschen künden. Bei den Griechen gibt es den geflügelten Götterboten Hermes. Engel sind in den meisten Religionen helfende und heilende Mächte, die Gott den Menschen sendet. Die christliche Theologie hat seit den Kirchenvätern eine Lehre von den Engeln entfaltet – in der modernen Theologie allerdings wurden die Engel jahrelang vernachlässigt. Engel waren für sie nur zeitbedingte Bilder für Gottes Nähe zu den Menschen. Doch inzwischen ist das Gespür wieder gewachsen für das, was sie zu sagen haben – auch die Esoterik hat die Engel neu entdeckt. Die Offenheit des heutigen Menschen für die Engel hat ihren Grund vermutlich darin, dass er ein Gespür für Transzendenz hat. Er sehnt sich danach, dass in seine oft gnadenlose Welt des Geschäfts eine andere Dimension einbricht. Er sehnt sich nach einer Welt der Geborgenheit und Leichtigkeit, der Schönheit und Hoffnung. Engel stehen für gelingendes Leben, für eine Liebe und Zärtlichkeit, die nicht die Brüchigkeit menschlicher Liebe aufweist. Engel öffnen den Himmel über den Menschen. Gott ist für viele Menschen eher fern und unverständlich. Engel sind ein konkreter Widerschein Gottes in unserer Welt. Durch die Engel kommt der Mensch in Berührung mit seiner Seele und mit ihren kreativen und heilenden Kräften.

„Engel", das kommt vom griechischen Wort *angelos* („Bote"). Wir sollten uns, sagt Augustinus, weniger über das Wesen der Engel Gedanken machen als vielmehr über ihre Aufgabe: Engel sind Boten

Gottes. Gott schickt sie uns, um uns eine Botschaft zu verkünden, uns zu schützen, uns in konkreten Situationen zu helfen oder uns in Haltungen einzuführen, die wir brauchen, damit unser Leben gelingt. Natürlich hat sich die Theologie trotz Augustinus auch über das Wesen der Engel Gedanken gemacht. Sie sagt, dass Engel geschaffene Wesen seien und personale Mächte. Wenn wir diese abstrakten Begriffe in unser Leben übersetzen, so bedeutet es: Engel sind als geschaffene Wesen erfahrbar. Sie sind sichtbar, spürbar. Engel, das können Menschen sein, die im rechten Augenblick in unser Leben treten, die uns auf etwas hinweisen, das für uns zum Segen wird, die rettend und helfend eingreifen, wenn wir nicht mehr weiterwissen. Auch die Traumboten sind in der Tradition immer Engel. In den Träumen spricht ein Engel zu uns – und Träume können wir sehen, aufschreiben, uns vor Augen halten. Engel sind Impulse in unserer Seele. Wir wissen nicht, woher der spontane Einfall kommt, einen anderen Weg zu nehmen. Und nachher erfahren wir, dass der andere Weg unser Leben gerettet hat. Solche spontanen Einfälle sind Engel, die Gott uns schickt. Auch Verstorbene können für uns zu Engeln werden, die uns begleiten.

Engel sind personale Mächte: das heißt, sie sind keine Personen in unserem Sinn, keine individuellen Wesen, die wir klar abgrenzen und beschreiben können. Aber sie sind Mächte und Kräfte, ihr Erscheinen ist keine Einbildung. Sie wirken und sie betreffen unsere Person. Das heißt, sie können uns begegnen und sie helfen uns auf unserem Weg der Selbstwerdung, der Personwerdung. Engel schützen unsere Person und Engel bringen uns mit wesentlichen Bereichen unserer Person in Kontakt. Engel bringen uns in Berührung mit unserer Seele, mit dem inneren Raum der Liebe und Freiheit. Das kann im Traum geschehen, in einem Wort, das uns ein Mensch im rechten Augenblick sagt. Das kann der inspirierende innere Einfall sein, in dem ein Engel zu uns spricht.

Die Kirche hat seit jeher das Wort Jesu „Ihre Engel im Himmel sehen stets das Angesicht meines himmlischen Vaters" (Mt 18, 10) so verstanden, dass jeder Mensch einen Schutzengel hat. Die Kirchenväter stellen es sich so vor, dass jeder Mensch bei seiner Geburt einen persönlichen Schutzengel bekommt, der ihn durch sein Leben begleitet, bis er ihn über die Schwelle des Todes in die ewige Herrlichkeit Gottes hineinführt. Viele Menschen erfahren diesen Schutzengel konkret, wenn er sie vor einem Unfall bewahrt, wenn er ihnen in einer schwierigen Situation beisteht. Auch Menschen, die nicht an Gott glauben, glauben an den Schutzengel – zumindest sprechen sie davon, einen Schutzengel gehabt zu haben, wenn sie etwa bei einem Sturz unverletzt geblieben sind.

Wir dürfen die Lehre vom Schutzengel allerdings nicht zu naiv verstehen. Viele fragen: Wo blieb der Schutzengel bei dem Kind, das sexuell missbraucht worden ist? Wo war der Schutzengel bei der Mutter, die an Krebs starb? Wo war der Schutzengel bei dem tödlichen Unfall eines jungen Mannes? Der Schutzengel beschützt uns nicht vor jedem Unfall oder vor dem Verbrechen oder vor dem Tod. Aber er schützt uns ganz gewiß *im* Unfall, *im* Verbrechen und *im* Tod. Er schützt unsere Person. Er breitet schützend seine Flügel aus über dem innersten Kern unserer Person. Diesem innersten Kern kann nichts Schlimmes widerfahren. Über diesen Kern hat kein Mensch Macht; da hat kein Mensch Zutritt. Und dieser innerste Kern wird auch im Tod nicht zerstört.

Die Bibel erzählt uns von Engeln, die dem Menschen in konkreten Nöten zu Hilfe kommen. Da ist der Engel, der das Schreien des Kindes hört (Gen 16), der Engel, der den resignierten Elija wieder aufweckt und aufrichtet (1 Kön 19), der Engel, der die Jünglinge im Feuerofen mit einem schützenden Hauch umgibt (Dan 3). Da gibt es Rafael, den Engel, der die Beziehungen zwischen Mann und Frau und zwischen Vater und Sohn heilt (Tob 5–12). Der Erzengel Michael, dessen Name bedeutet „Wer ist wie Gott?", kämpft für uns, damit keine irdische Macht uns bestimmt, sondern Gott uns zu uns selbst befreit. Gabriel ist der Verkündigungsengel, der uns die Geburt eines Kindes verheißt, der uns hinweist auf das Neue, das in uns aufbricht. Im Neuen Testament treten die Engel vor allem bei der Geburt und bei der Auferstehung Jesu in Erscheinung. Ein Engel verkündet die Geburt Jesu und bringt damit Freude in das Leben der Hirten. Die Engel, die Gott loben, vermitteln uns die Leichtigkeit des Seins. So hat sie vor allem die Barockkunst verstanden, die die Wände der Kirchen mit Engeln verzierte, die uns auf das Spielerische unseres Seins hinweisen. Engel kommen zu Jesus in seiner Versuchung (Mt 4, 11). Und ein Engel steht ihm bei in seiner Ohnmacht und Angst am Ölberg (Lk 22, 43). Engel verkünden den Frauen, dass Jesus von den Toten auferstanden ist. Und Engel sind es, die den toten Lazarus in den Schoß Abrahams tragen. Engel werden auch uns in die liebenden Arme Gottes tragen.

Wir müssen an Engel nicht glauben. Engel lassen sich erfahren. Engel geben unserer Beziehung zu Gott etwas Menschliches. Gott schickt seine Engel in die konkreten Situationen unseres Alltags. Es gibt keine Situation, die ohne Engel ist, in der wir allein gelassen werden. Das ist die tröstliche Botschaft an uns Menschen – die die Dichter und Maler heute auf neue Weise verkünden: „Besser keine Welt als eine Welt ohne Engel" (Ilse Aichinger).

Erinnern

Christa Thomassen

„Das Geheimnis der Erinnerung heißt Erlösung": Dieses häufig zitierte Diktum aus dem Talmud hat viele Dimensionen. Die Auseinandersetzung mit unserem Erinnern – mit den Inhalten, aber auch mit dem Erinnerungsprozess selbst – ist für uns lebenswichtig. Indem wir uns erinnern, gewinnen wir einen neuen und oft überraschend veränderten Blick auf unser Leben, individuell wie auch kollektiv. Wir können dabei Erkenntnisse gewinnen, durch die wir uns verändern und entwickeln. „Aus der Erinnerung erwächst, was wir die Erfahrung unseres Lebens nennen" (Gert Otto).

Die Erfahrung des Befreitwerdens und Geführtwerdens durch seinen Gott war für das Volk Israel vor langer Zeit das, was seine Geschichte begründete. „Wir waren Sklaven des Pharao in Ägypten.

Aber der Herr hat uns mit starker Hand aus Ägypten herausgeführt ..." (Dtn 6, 21): Israel erinnert hier seine Vergangenheit, weil sie für seine Gegenwart, für seine Identität von Bedeutung ist. In diesem Satz, viele Jahrhunderte vor der Zeitenwende im Vorderen Orient niedergeschrieben, zeigt sich eine Grundregel menschlichen Lebens – Leben heißt: eine Geschichte haben. Für Israel hieß das damals: eine Geschichte mit seinem Gott. Eine gemeinsame Geschichte, die in einer gemeinsamen Erinnerung gründete. Indem dieser Erfahrung Ausdruck verliehen wird durch das regelmäßige gemeinsame Gedenken, bleiben sowohl geschichtliche Ereignisse wie auch die Schicksale einzelner Menschen lebendig.

Christen ist die Erinnerung an Jesus aus Nazaret kostbar. Seine Einladung, beim Teilen von Brot und Wein seiner zu gedenken – „Tut dies zur Erinnerung an mich" –, bezieht sich nicht isoliert auf seinen Tod, seinen Hinrichtungstod (wie ich als Kind lernen musste „Vergegenwärtigung des Kreuzesopfers Christi"), sondern meint sein ganzes Leben, die Summe dieses provokativen Lebens, dessen innere Konsequenz der Märtyrertod war. „Lebt aus der Erinnerung an mich" – diesen Auftrag vergegenwärtigen Christen sich bei der Feier der Eucharistie und des Abendmahls. Und diesem gemeinschaftlichen Gedächtnis hat er seine lebendige Gegenwart versprochen.

Unsere Erinnerungen sind ein Teil von uns. Doch gerade das Erinnern unserer individuellen Lebensgeschichte macht uns bewusst, wie fragwürdig unsere Erinnerungen sind. Die Psychologie stellt fest, was wir auch selbst wissen: Wir erinnern Vorgänge nicht objektiv, sondern so, wie wir sie erlebt haben; und noch weiter: wie wir sie interpretieren. „Die Farbe der Erinnerung trügt" (Christa Wolf). Wir erinnern nicht die reinen Fakten; sondern wie die Erlebnisse der Vergangenheit schon damals durch manche Gefühle umwoben waren, so haben sie auch danach in uns weitergewirkt. Sie sind in unserer Erinnerung sowohl durch das vorausgegangene Leben wie auch die später hinzugekommenen Erfahrungen verändert worden. All das ist eingegangen in die Verarbeitung, so dass sich unsere Erinnerungen weiterentwickeln, weil *wir* uns weiterentwickeln.

Psychologen weisen uns auch auf die Tendenz in unserer Psyche hin, Schmerzliches und andere unangenehme Gefühle – wie etwa Schuld – zu vermeiden, sie abzuwehren und abzuspalten und damit auch unser Erinnern zu verfälschen. Gerade weil die Vergangenheit unwiederbringlich ist, sind wir versucht, dem Dunklen und dem Bösen in unserem Leben auszuweichen, es zu vergessen und zu verdrängen. Uns auch dem Dunklen und Bösen in unserem Leben zu stellen und es anzunehmen, was nicht nur Einsicht in die eigenen Grenzen, sondern auch Anerkennung unseres Versagens verlangt, ist eine Herausforderung für uns. Wenn es unser Ziel ist, verantwortungsbewusste Menschen zu werden, deren Leben gelingt und die sich selbst kennen, ist die Auseinandersetzung mit unseren Erinnerungen, die auch die eigenen Widerstände überwinden muss, unausweichlich. Aufrichtigkeit und der ehrliche Umgang mit unserer Geschichte gehören dazu. Indem wir bereit sind, uns ihr zuzuwenden, ohne uns von ihr gefangen nehmen zu lassen, können wir sie besser begreifen und uns von dem Einfluss, den schmerzliches Geschehen auf unser Leben ausübt, ein Stück weit befreien.

Wir haben die Chance, uns durch Erinnern die Vergangenheit zunutze zu machen, und sogar: sie zu verändern. In psychischen Störungen kann sich Vergangenes melden, das noch nicht wirklich vergangen, noch nicht abgegolten ist. Kraft des die Verdrängung aufhebenden Erinnerns und Durcharbeitens wird es lebendig gemacht und kann wirklich „vergehen". Geschehenes kann zwar nicht ungeschehen gemacht werden, doch durch Erinnern können wir nicht nur aus der Vergangenheit lernen, sondern sie uns auch in dem Sinn aneignen, dass wir uns von ihren Fesseln befreien und fähig werden zu befreiten neuen Entscheidungen, die der heutigen Situation entsprechen und nicht in „unabänderlichen Fakten" oder unbewussten Bindungen und Abhängigkeiten von gestern wurzeln.

Auf solche Weise kann auch Schuld integriert werden. Und dies gilt wieder nicht nur für den individuellen, sondern auch für den kollektiven Bereich. Die neuen Diskussionen um antisemitische Ressentiments in Deutschland etwa sollten auch die Fragen zur Sprache bringen, welches Erinnern angesichts von geschichtlichem Versagen der Eltern- oder Großelterngeneration angemessen ist. Die Schuld, die Deutsche im Nationalsozialismus auf sich geladen haben, darf uns Nachgeborene nicht ohnmächtig und sprachlos lassen. Das Erinnern, durch das *wir* uns mit dieser Vergangenheit auseinandersetzen müssen, sollte nicht nur im Sich-Informieren und im Vergegenwärtigen der Ungeheuerlichkeit des Geschehens bestehen, sondern es müsste sich in unserem konkreten Verhalten zeigen. Im Erinnern an eine gemeinsame Geschichte bekennen wir uns auch zu uns selbst, indem wir auch in der Gegenwart den Finger auf die Wunden legen: es sind die Orte, wo wir konkret versäumen, den Untaten, die in unserer Welt geschehen, Widerstand entgegenzusetzen. Erinnern der Vergangenheit bedeutet auch: Aufmerksamkeit für die Menschenrechtsverletzungen heute und die Übernahme von Verantwortung für das, was jetzt geschieht – und entsprechendes Handeln.

Durch Erinnern haben wir aber nicht nur die Chance zum Annehmen und Loslassen von Schmerzlichem oder Versäumten, sondern auch die Chance zur Freude über geschenktes, zur Dankbarkeit für gelebtes Leben. Das Erinnern wird dabei etwas Sinnstiftendes, etwas, das, verwandelt in Vertrauen, produktiv in die Zukunft hinein wirkt. Dann kann das Erinnern Vergangenheit und Zukunft verwandeln und den Boden bereiten für die grundlegende Erfahrung: „Aus der Welt können wir nicht fallen. Wir sind nun einmal drin" (Christian Dietrich Grabbe).

Erleuchtung

Michael von Brück

Die Rede von der Erleuchtung oder der Schau (Gottes oder der Wahren Wirklichkeit) ist dem visuellen Sinn zugeordnet, wobei in den Zeugnissen der Mystiker des Judentums, des Christentums, des Islam, aber auch des Hinduismus die „Schau" mehr oder weniger metaphorisch beschrieben wird: der Schauende kann eine Vision haben, die dem normalen sinnlichen Sehen ganz ähnlich ist, es kann aber auch eine „Erleuchtung" sein, bei der der Begriff im übertragenen Sinne gebraucht wird, weil das „Sehen" übersinnlich und nicht mit dem gewöhnlichen Sehen vergleichbar ist.

Schon in der hebräischen Bibel ist Gott mit Licht und die Gottesschau mit Erleuchtungsmetaphorik verbunden, so wenn Moses Gott beziehungsweise dem Gesandten Gottes im lichterloh brennenden Dornbusch begegnet (Ex 3, 2; 24, 17); und obschon Moses Gottes Angesicht nicht schauen kann, so glänzt doch, nachdem er mit Gott geredet hat, seine Haut von Licht (Ex 34, 29). Die „Schau Gottes" (*visio Dei* oder *visio beatifica*) ist die letzte Sehnsucht der christlichen Tradition; sie geht auf biblische Aussagen und Erfahrungen der Mystiker zurück. Nach Paulus (1 Kor 13) ist die Schau Gottes in diesem Leben noch nicht möglich, sie wird aber dem verwandelten Auferstehungsleib des Menschen einst zuteil werden. Und im 1. Johannesbrief gibt es eine enge Verknüpfung der Metaphorik des Wandelns im Licht (1 Joh 1, 7) mit der Schau Gottes (1 Joh 3, 2); es heißt dort, dass es die Bestimmung des Menschen sei, Gott zu sehen, wie er ist – und das bedeutet, dass die Menschen in dieser Schau Gott fast gleich werden.

Im irdischen Leben kann allerdings keiner Gott vollkommen schauen. „Erleuchtung" steht im Christentum immer unter dem Vorbehalt der noch ausstehenden Vollendung, aber diese Vollendung wird schon erfahrbar in der Liebe (1 Joh 4, 12). Damit wird die Wirklichkeit der Liebe zum Inbegriff der Schau Gottes beziehungsweise der Erleuchtung durch Gott. Die Schau Gottes ist die Realisierung der göttlichen Vollkommenheit des Menschen, die als Geschenk durch Christus jedem zuteil wird, der sich mit ihm identifiziert – in christlicher Sprache: der ihm vollkommen vertraut (glaubt).

Daneben steht aber die Metapher vom Erwachen im Christentum der Lichtmetaphorik an Bedeutung und Häufigkeit nicht nach. Der Ruf zu wachen (*gregoreite*) durchzieht die griechische Bibel, so in der Getsemani-Geschichte: „Wachet und betet, dass ihr nicht in Anfechtung fallet" (Mt 26, 41). „Wachet, stehet im Glauben" (1 Kor 16, 13). Der Name Gregor ist in der christlichen Tradition bis heute ein Taufname und Programm für das christliche Leben. Beide Metaphern, die des Erwachens und die des Erleuchtet-Werdens, beziehen sich auf das noch Verborgene, das jetzt, in dem besonderen Augenblick (*kairos*), der die linear ablaufende Zeit durchbricht, hörbar oder sichtbar werden soll.

Auch die buddhistische Tradition kennt beide Metaphern: die des Erwachens (*buddha*, der Erwachte) und die des Schauens (japanisch *ken-sho*, Wesens-Schau). Der im japanischen Zen-Buddhismus gebrauchte Begriff *satori* (chinesisch *go*) besteht aus zwei Schriftzeichen: dem Zeichen für Geist/Herz, allumfassendes, tiefes Bewusstsein und dem Zeichen für Ich (das aber, als phonetischer Bestandteil, nicht unbedingt eine zusätzliche Bedeutung tragen muss). Wenn man beide Zeichen aufeinander bezieht, können sie interpretiert werden als die erwachte Wahrnehmung der eigenen Geist/Herz-Tiefe. Dies kann sowohl auf auditive als auch auf visuelle Metaphorik deuten, beschreibt aber in jedem Fall eine alle Bewusstseinsfunktionen vereinende und transformierende Selbst-Erfahrung.

Zentral aber ist im Buddhismus, erkennbar schon aufgrund des Ehrentitels „Buddha", die Metaphorik des Erwachens. Sie besagt, dass die Bewusstseinsveränderung, um die es geht, dem Erwachen aus dem Traumschlaf vergleichbar ist: So wie ein Mensch aus dem Traumschlaf erwacht, damit in einen völlig anderen Bewusstseinszustand eintritt und die Welt ganz anders wahrnimmt als zuvor, obwohl sich äußerlich nichts verändert hat, so tritt der Mensch, der zu einem gesammelten transpersonalen Bewusstseinszustand erwacht, in eine andere Wahrnehmungsdichte ein, er erlebt und interpretiert die Welt ganz anders, obwohl sich äußerlich nichts verändert hat.

Die gesamte buddhistische Philosophie ist eine Interpretation der mit dieser Aussage verbundenen Probleme: Was ist das Bewusstsein, was ist die Wirklichkeit, die erlebt wird, was ist Interpretation, was ist wirklich? Die Antwort lautet, knapp gesagt: Der Mensch, der erwacht, erfährt, dass die Wirklichkeit leer ist, das heißt: Sie besteht nicht aus individuellen Dingen oder Ereignissen, die nebeneinander existieren, sondern alles ist, was es ist, indem es durch anderes und abhängig von anderem existiert. Alle Dinge wie auch Raum und Zeit sind zutiefst miteinander verwoben, nichts ist unabhängig. Jeder Mensch hat die Fähigkeit zum Erwachen (die Buddha-Natur): zu dieser klaren Sicht der Dinge, die, wenn sie vollkommen erreicht ist, von allem Leiden befreit.

Wie ist das möglich? Dadurch, dass das Erwachen von der Ich-Perspektive befreit und damit den Egozentrismus überwindet, der die letzte Ursache für das Leiden ist. Das Ego, so der Buddhismus, schafft sich eine eigene Illusionswelt, um sich selbst zu stabilisieren. Das Ego als eigenständig-unabhängige Instanz existiert aber gar nicht, und so muss es sich zur eigenen Selbstvergewisserung durch Begierde alles einverleiben, dessen es habhaft werden kann. Dadurch schafft es sich das Gefühl von Eigengewicht. Misslingt dies, reagiert der Mensch mit Hass, schafft Abgrenzung und Widerspruch. Erwachen bedeutet, diesen Mechanismus zu durchschauen, er fällt dann wie ein Kartenhaus in sich zusammen, und der Mensch wird sich der ursprünglichen Verbundenheit aller Erscheinungen bewusst. Diese Erkenntnis geht mit dem Gefühl von Befreiung, Freude und letztgültiger Wahrheit einher.

Gewöhnlich werden Erwachen oder Erleuchtung als Resultat eines Prozesses beschrieben, der durch Meditation ein allmähliches Reifen und Freiwerden des Bewusstseins von seinen eigenen Verstrickungen und Projektionen bezeichnet. Aber gerade im Zen-Buddhismus wird dem widersprochen: Erleuchtung ist eine Realisierung dessen, was immer schon ist, nicht ein Werden. Denn wäre es ein Werden, wäre es vergänglich, zufällig, just von dem Ich erzeugt, das es ja gerade loszulassen und zu überwinden gilt. Christlich gesprochen: Erleuchtung ist reine Gnade, nicht eigene Fabrikation. Alles, was man tun kann und muss, ist, die selbstgemachten Hindernisse wegzuräumen, dann erscheint der wahre Grund des Lebens, aus dem jeder Mensch immer schon lebt, plötzlich vor dem geistigen Auge und transformiert den Menschen in seiner physisch-psychischen Selbstwahrnehmung.

Im Zen-Buddhismus hat es eine lange Debatte über diesen Unterschied von „allmählich und plötzlich" gegeben. Man kann daran gut erkennen, worum es bei der „Erleuchtung" geht. Danach ereignet sich aus der Perspektive des Absoluten, also von einem erleuchteten Bewusstsein her gesehen, das Erwachen in einem Augenblick.

Mit diesem Erwachen werden alle Verunreinigungen und Projektionen des Bewusstseins, alle relativen Wertungen und Unterscheidungen ausgelöscht. Aber tatsächlich und in der Praxis ist die Auslöschung nicht plötzlich, und man erlangt den Weg stufenweise. Während in Indien meist das Bild von der spiegelgleichen Wasseroberfläche gebraucht wurde, die beruhigt werden müsse, damit das Bewusstsein zu seinem eigenen Grund durchblicken kann und somit „erleuchtet" würde, war in China für denselben Vorgang das Bild des Spiegels beliebt, der rein ist oder auch nicht, der gereinigt werden soll oder auch nicht.

Hier liegt freilich ein Dilemma, das in der buddhistischen Tradition ausführlich diskutiert wurde: Wenn die Erleuchtung Resultat einer Anstrengung wäre, dann wäre sie bedingt, abhängig vom Willen und gerade nicht die Wirklichkeit, die jenseits der Dualität von Gut und Böse, jenseits auch von Aktivität und Passivität, von Willen und Nicht-Willen, von Letzter Wirklichkeit (*nirvāṇā*) und diesseitiger Welterfahrung (*saṃsāra*) ist. Ist sie aber immer und überall gegeben, also identisch mit der Wirklichkeit, wie sie ist, warum soll man dann nach Erleuchtung streben? So versuchte der Zen-Meister Shen-hui (670–762) die Erleuchtung im Paradox zu formulieren. Er zitiert dafür das Nirvāṇā-Sūtra, wo es heißt: „Alle Lebewesen besitzen von Anfang an und in sich selbst das *nirvāṇā*, sie haben eine unverstellte Weisheitsnatur. Es ist wie Holz und Feuer, welche beide zusammen erscheinen in einem Paar Feuerhölzer. Wenn dann ein Kundiger Feuer aus den Hölzern reibt, werden Holz und Feuer getrennt."

Im japanischen Zen wurde das Problem von Zen-Meister Dōgen (1200–1253) noch einmal zugespitzt, indem er den alten Satz „Alle Wesen *haben* die Buddha-Natur" veränderte und sagte: „Alle Wesen *sind* die Buddha-Natur." Denn wenn man etwas hat, kann man es auch nicht haben, dann ist es etwas Hinzukommendes. Nur wenn alle Wesen Buddha-Natur *sind*, ist kein Unterschied zwischen Wesen und Buddha-Natur, kein Graben, nichts historisch Zufälliges in der Erleuchtung. Nur dann ist die Erleuchtung das *Wesen* der Wirklichkeit, wie sie ist.

Shen-hui jedenfalls lässt keinen Zweifel, dass das Problem logisch nicht auflösbar ist, und so stellt er fest, es tauche ja nur dann auf, wenn man so unterscheidend frage. In der Praxis der Übung gebe es das Problem nicht. Die Rede von der Plötzlichkeit und die Behauptung, es gebe gar keinen Spiegel, der verschmutzt sei und gereinigt werden müsse (eine These, die Shen-hui seinem Meister Hui Neng zugeschrieben hatte) habe Sinn nur für Menschen, die bereits die Erleuchtungserfahrung kennen. Alle anderen würden die Sprache des „graduellen Weges" brauchen, denn für sie gebe es Grade der Verblendung und Unwissenheit sowie Stufen des Fortschreitens auf dem Weg. Und dieser Weg besteht im Sitzen, der Konzentration, der völligen Absorption des Bewusstseins, das seine eigenen Bewegungen und Projektionen zur Ruhe bringt, und dann in der Einsicht in die Einheit der Wirklichkeit und vollkommene Ruhe des Bewusstseins, das Leerheit erkennt, das heißt alles Bewerten, Unterscheiden und jede Angst überwunden hat.

Eine gewisse Synthese der gegensätzlichen Positionen hat der Zen-Meister Tsung-mi (780–841) vorgeschlagen, der von *graduellem Weg und plötzlicher Erleuchtung* spricht. Die Einmaligkeit und Plötzlichkeit sei der Eintritt in einen Weg der weiteren Vervollkommnung oder Erleuchtung. Die Erleuchtung selbst ist kein Ergebnis von eigener Aktivität, sondern sie ist das spontane Erwachen zu der Wirklichkeit, die jedem menschlichen Bemühen und Erfahren vorausliegt, denn sie ist die Wurzel jeder Aktivität, auch jeder Bemühung und Erfahrung. Aus diesem Grunde warnt Shen-hui in seinen Schriften immer wieder, dass man die Erleuchtung nicht erzwingen und nicht durch eigene Willenanstrengung erwarten kann.

Dies ist der christlichen Erfahrung und Debatte um die Gnade gar nicht so fremd, wie es zunächst scheinen könnte. Das Problem taucht im Streit um den Pelagianismus auf und dann vor allem im Luthertum in der Debatte um die „Antinomer". Dort ging es um die Frage: Wenn alles Gnade ist und die Gnade Gottes den Menschen ein für allemal erlöst hat – wozu ist es dann nötig, eine bestimmte Praxis zu befolgen, also die Gesetze einzuhalten, den Glauben zu kultivieren, Frömmigkeit zu pflegen? Die Erfahrung der Gnade, des Gerettetseins, ist ja auch im Christentum ein Durchbruch, eine Erleuchtung, die gar nicht so selten als spontanes Durchbruchserlebnis beschrieben wird. Die Antworten sind, wenn auch sprachlich und in der Bildhaftigkeit verschieden, den chinesischen strukturell nicht unähnlich: Gott hat den Menschen ein für allemal gerettet, der Mensch ist im Zustand des Heils. Er muss es nur anzunehmen lernen, und diese neue Wirklichkeit (Paulus spricht von der Neuen Kreatur, die wir in Christus sind) verändert das Leben, bald plötzlich, bald allmählich.

Erleuchtung ist ein Sich-Öffnen. Sie ist der Inbegriff der Hingabe – an Gott, an den Großen Zusammenhang, an das Wesen der Wahren Wirklichkeit, wie man im Zen sagt. Erleuchtung ist lichtvolle Freude und Einssein, wie der evangelische Mystiker Gerhard Tersteegen in einem seiner bekannten Lieder dichtet („Gott ist gegenwärtig", EKG 165, 6): „Wie die zarten Blumen willig sich entfalten / Und der Sonne stillehalten. / Lass mich so, still und froh, / Deine Strahlen fassen und Dich wirken lassen."

Erlösung

Gotthard Fuchs

Schon das Wort „Erlösung" setzt einen Richtungssinn frei: Es gilt, eine Haltung oder einen Zustand loszuwerden und von einer (leidvoll oder schuldbewusst gespürten) Enge loszukommen. Das Gegenwort wäre (Selbst-)Zufriedenheit im Status quo und wunschloses (Un-)Glück. Wer also derart sich lösen (lassen) will, sucht eine Alternative zum Bestehenden; was bloß „der Fall" ist, kann da nicht genügen. Gesucht ist die (bessere, wahre) Alternative zum Bestehenden. Alle Religionen können, in freilich unterschiedlicher Weise, als Erlösungswege verstanden werden: weg aus einem (falschen) Zustand im Hier und Jetzt und hin zu der (ganz anderen) Lebensform im Dort und Dann, im „Jenseits". Alle Religionen entwerfen in diesem Sinne Gegen-Bilder der Hoffnung und Sehnsucht, sie artikulieren und vermitteln eine verheißungsvolle und vielversprechende Überschreitungsenergie, sie bieten und bahnen Wege zum wahren, zum heilen, zum ganzen Leben.

Wovon, woraufhin also erlösen? Wird der Ist-Zustand primär als „Schein", als „Blindheit" und „Verblendung" erfahren und gedeutet, dann artikulieren sich die Wege und Bilder der Erlösung etwa in der Metaphorik des Erwachens und der Erweckung, der Auf-Klärung und der Er-Leuchtung. Steht „der brennende Schmerz der Endlichkeit" (Karl Rahner) und die tödliche Erfahrung der Vergänglichkeit im Mittelpunkt, so ist von „ewigem Leben" und „Auferstehung der Toten" die Rede. Wird das Grundproblem primär in der Gefährdung oder gar Zerstörung des schöpferischen Zusammenlebens der Menschen untereinander und mit ihrer Umwelt gesehen, dann steht im Zielbild der Erlösung die Hoffnung auf Gemeinschaft und Solidarität mit aller Kreatur. Steht im Mittelpunkt der Erlösungsbedürftigkeit das Leiden an der Begierdestruktur des Lebens (bis hin zur Sucht), so richtet sich die erlösende Transformation auf eine Welt wirklicher Freiheit, eine Umschichtung aller Energie vom Haben zum Sein. Wird als Grundübel der faktischen Welt die strukturelle Gewalt(-tätigkeit) in uns und um uns gesehen, so realisieren sich Ziel und Weg der Erlösung als Spiritualität schöpferischer Gewaltlosigkeit und konfliktfähiger Friedfertigkeit.

Diese Vorstellungen – wie die vom Nirvana, vom Paradies, von Himmel und Hölle, von der klassenlosen Gesellschaft, vom Frieden zwischen Mensch und Natur, vom ewigen Leben – sind bewegende, also auf den Weg der Veränderung und Wandlung lockende, vielversprechende Bilder der Verheißung und Hoffnung. Immer ist dabei die Überzeugung im Spiel, dass es mitten in der faktischen Wirklichkeit eine andere, eine erste und letzte gibt – eine göttliche also, in deren Licht das Hier und Jetzt als vorletzte, also noch nicht erlöste und damit der Erlösung bedürftige erscheint.

Das Leitbild des biblischen Gottesglaubens ist „Beziehung", universale Verbundenheit und Solidarität von Gottes Gnaden, „neuer und ewiger Bund". In der Erfahrung der Befreiung aus Ägypten und der Bewahrung in Exil und Diaspora findet Israel zur Gewissheit, dass der Schöpfer der Welt und aller Menschen unbedingt wohlwollend, einseitig entgegenkommend und absolut verlässlich ist. In der Erfahrung seiner Bundestreue erfährt sich der Mensch einmalig gewürdigt, zu größter Autonomie befreit und zur Gnade einer unverwechselbar eigenen Biographie berufen. Entscheidend dabei ist, dass Gottes Gerechtigkeit und Liebe nicht an Bedingungen geknüpft sind: Sie sind schlechterdings zuvorkommend und nicht abhängig von des Menschen Taten und Untaten, Leistungen und Fehlleistungen („Rechtfertigung allein aus Gnade").

Dieser „kategorische Indikativ" ermöglicht die realistische Wahrnehmung des Ist-Zustandes „jenseits von Eden". Im biblischen Lichte dieser Gottesbeziehung erscheint die Welt, wie sie ist, als schlechterdings erlösungsbedürftig (wie die biblische Erzählung vom Sündenfall es mythisch beschreibt). Der Mensch in dieser Situation ist unfähig, von sich her Erlösung zu schaffen oder sich selbst zu erlösen. Die selbstheilenden Kräfte in Natur und Geschichte werden vielmehr erst freigesetzt und zur eigenen Befreiungsinitiative aktiviert, insofern der Mensch sich diesem Gott anvertraut, von seinem Geist verwandeln lässt und alles in seinem messianischen Licht sehen lernt.

In christlicher Perspektive ist es Jesus, der Christus, in dem Gott und Mensch, Gott und Welt endgültig und für immer einig geworden sind – „unvermischt und ungetrennt", weder symbiotisch noch dualistisch. Der neue und ewige Bund ist definitiv geglückt. Freilich ist, was derart im „Einzelfall" verlässlich grundgelegt ist, welt- und naturgeschichtlich universal erst noch zu realisieren und einzuholen. Dieser Glaube gibt zu denken und zu tun. Wer derart der Inspiration Jesu folgt, gerät auf den Wandlungsweg der Erlösung und Befreiung, wie ihn radikal etwa Mystiker und Mystikerinnen erfahren und bezeugen: als Weg der Einigwerdung mit Gott (wie Meister Eckhart), als Weg der *reformación* und *transformación* (wie Johannes vom Kreuz). Diese biblisch fundierte Christus-Mystik der Befreiung ist nie bloß innerlich, sondern strahlt vielfältig aus – bis hin zu aktiv befreienden Initiativen. Wer derart sich vom falschen Leben erlösen und mit sich selbst (und allem) versöhnen lässt, kann umso leidenschaftlicher und selbstloser erlösend für andere da sein.

Die Gegenmächte von Lüge, Dummheit, Verblendung und Gewalt sind „jenseits von Eden" freilich (sozial wie individuell) derart wirksam, dass jedenfalls Christen und Christinnen nur im österlichen Wort vom Kreuz Erlösung realistisch begründet glauben können. In Verhalten, Geschichte und Geschick Jesu Christi wird demnach grundlegend deutlich, wie die Welt jenseits von Eden aussieht und wie Erlösung geschieht: angesichts universal vorherrschender Gewalt- und Unrechtsverhältnisse hat sie ihren Preis. Im Kreuz Jesu, dem Mandala der Christen, wird beides offenbar: das Ausmaß faktischer Erlösungsbedürftigkeit und die Versöhnungskraft göttlicher Bundestreue. Der biblische Gottesglaube hat eine besondere „Enthüllungskapazität" (Girard), die gerade im neo- und interreligiösen Kontext fruchtbar zu machen ist. Die Erlösungsmetaphern des Neuen Testamentes (Stellvertretung, Lebenshingabe „für euch und für alle", Befreiung von bösen Mächten und Gewalten, Loskauf von Sünden, Versöhnung) umkreisen diese christliche Erfahrung vom neuen und ewigen Bund zwischen Gott und den Menschen samt den daraus sich ergebenden Verhaltensänderungen und Handlungsimpulsen. Entscheidend ist dann etwa die Praxis einseitig zuvorkommender Vergebung, wirklicher Fremden- und Feindesliebe, stellvertretender Solidarität und unermüdlicher Arbeit für „Gerechtigkeit, Frieden und Bewahrung der Schöpfung". Der mystische Glutkern in alldem ist freilich die erfahrene und übende eigene Wandlungsarbeit im Einschwingen in Gottes schöpferisches Wirken, bis schließlich Gott „alles in allem" ist. Bis dahin gilt die Maxime eines Johannes vom Kreuz: „Wenn Sie keine Liebe finden, bringen Sie Liebe, und Sie werden Liebe finden."

Erotik

Gabriele Hartlieb

Sex ist nicht immer schön. Liebe schon.

Eros: das ist die Kraft der Liebe, die den Geist bewegt, Gedanken befreit, Kreativität eröffnet, die Seele begeistert, den Körper beschwingt. Als Verliebte kenne ich sie, erfahre sie in dem Blick über eine Raumlänge hinweg, und die Menschen, die ihn erfüllen, im sekundenlangen Abblenden des Gesprächs, das ich gerade mit einem anderen führe, in dem Eintauchen, für einen Augenblick, und Versinken in den Augen des anderen, dem Dortsein, unerreichbar für irgendetwas sonst. Und mein Atem geht, als sei ich eine Treppe hochgerannt. Ich erfahre sie in der scheinbar zufälligen Berührung der Hände, die ich am ganzen Körper spüre und die die Kopfhaut kitzelt.

Wie Verliebte kennen alle Begeisterten die erotische Kraft, die den Unterschied macht zwischen Sehen und Wahrnehmen, die Begehren und Erkennen zugleich ist und die zu ungemein kreativem Denken und Handeln bewegt: die Wissenschaftlerin beim Gelingen eines Experiments; der Maler, der geschaffen hat, was er sich vorstellte; der Sammler, der gefunden hat; der Koch, die Schriftstellerin, die Programmiererin, der Schreiner, der Bergsteiger, die Tänzerin. Sie kennen die Kraft, die sie beflügelt und trägt zugleich. Genauso ist sie zu spüren etwa beim Anblick des aufgehenden Mondes, der Erfahrung völliger Stille in den Bergen, beim überraschend leichten Gelingen einer alltäglichen Arbeit – als Ergriffensein von dem einen, das alles und alle andere gleichgültig sein lässt. Für einen Augenblick ist da keine Trennung mehr zwischen mir und dem, was mich umgibt. Es ist Eros, der Götterjüngling, dessen Macht plötzlich und ganz überwältigt, Kopf, Herz und Bauch – der Traumgott der Liebe, der bei Platon selbst den Himmel erst noch mit Glanz erfüllt und der die Wirklichkeit des Menschen ergreift und verzaubert.

Dass diese Lebenskraft ihren Grund nicht allein im Hier und Jetzt hat, dass sie hinüberreicht in die Transzendenz, ist eine Erkenntnis, die die Mystikerinnen und Mystiker des Mittelalters zu ihrer religiös-erotischen Sprache inspirierte. Sie setzen mit ihren Worten ein Gottesverhältnis ins Bild, dessen Schönheit und Bedeutung gerade wieder entdeckt werden. Ihr Angerührtsein vom ganz Anderen, ihr Ergriffensein vom Absoluten erkunden Menschen des 21. Jahrhunderts, die nach einer authentischen Sprache für religiöse Erfahrungen suchen. Mystiker wie Mystikerinnen reden von der verliebten Seele und ihrer Bewegung. Und sie reden von Gott, der „nur einzig an der Berührung der Seele ... nie genug [findet]" (Mechthild von

Magdeburg). Sie erzählen von der „zart eindringlichen Berührung der Seele durch den Geliebten … Damit setzt er ihr Herz in Liebesflammen, so als wäre seine Berührung ein überspringender, zündender Funken. Und dann, wie in einem jähen Erwachen, beginnt der entbrannte Wille, Gott zu lieben" (Johannes vom Kreuz).

Doch die Sprache der Mystik war lange vergessen; lange war es die Wand der Sexualmoral zwischen Religion und Sexualität, die die beiden Bereiche trennend miteinander verband, eine Mauer zwischen Kopf und Bauch – Geist und Fleisch – von Paulus und Augustinus, unter anderen, errichtet, über Jahrhunderte auferbaut und trotz romantischer Erschütterungen noch einmal befestigt im ausgehenden 18. und im 19. Jahrhundert durch Rationalismus und Aufklärung. Diese Mauer hat dem Druck der Sexwelle in der zweiten Hälfte des letzten Jahrhunderts nicht standgehalten; doch der Genuss sexueller Befreiung, ekstatisch begrüßt und fröhlich ausgelebt, hat durch das Leiden an der Freiheit eingebüßt. Das unbehindert zu Kopf steigende Gefühl sorgte zwar dafür, dass Unterleib und Oberleib langsam wieder zusammengewachsen sind. Doch mit dem Ausgang des Körpers aus seiner Umschließung, aus Hüllen und Zwängen, wurde er auch schutzlos, ausgesetzt den kritischen Blicken, unterworfen den Schönheitsidealen, dem gnadenlosen Körperkult, dem Anspruch permanenter – auch sexueller – Leistungsfähigkeit. Die sexuelle Revolution war eine Befreiung der Lust aus mancherlei Verklemmungen, aber keine Revolution der Liebe. Die zärtliche Kraft der Erotik konnte sich nur zaghaft entwickeln, während sich das Leistungsprinzip auch des Körpers bemächtigte. Der unsichtbar, aber beherrschend im Kopf sitzende Geist verlor seine Vorrangstellung, die Jahrhunderte lang durch die religiös motivierte Identifizierung von Körperlichkeit – Sexualität – mit Sünde gefestigt war.

Jetzt, da die Sünde abgeschafft und die Sexualmoral bedeutungslos geworden ist, ist der Körper zum Kult geworden: Alles ist zu sehen, innen ist nun nichts anderes mehr als außen, und außen ist nah, aber kalt; doch wer friert, spürt nichts mehr. Erotik aber, die nicht alleine den Augen traut, die genauso verhüllt wie aufdeckt, ebenso andeutet wie zeigt, öffnet sich erst dem zweiten Blick. Und da sie ohne die Spannung nicht auskommt, ohne das Versprechen und das Noch-Nicht, verliert sie angesichts transzendenter Erwartungslosigkeit an Bedeutung: Wo der Glaube an die Kraft der Sehnsucht nach dem, was hinter dem Offensichtlichen liegt, verloren geht, kann sich die Hoffnung auf Erfüllung nicht entfalten. Weil es kein Später gibt, muss alles jetzt sein. Eine solche Haltung kann das Warten nicht aushalten – sie will alles, und zwar sofort. Und wenn nicht von dir, dann von dem Nächsten. Die Werbung, ursprünglich liebeserfüllte und sehnsuchtsvolle Zuwendung des einen zur anderen, ist zu einem berechneten Begriff in der Ökonomisierung der Erotik geworden, bei der Emotionen gekitzelt und Begehrlichkeiten zum schnellen Verbrauch erzeugt werden sollen.

Doch gerade angesichts der Fragmentarisierung von Lebensbereichen, der Vereinzelung von Menschen in einer individualisierten Gesellschaft und der Aufteilung des Körpers in Problemzonen ist die Kraft des Erotischen neu zu entdecken: als eine Kraft, die Zusammenhang herstellt, Gemeinsamkeit ermöglicht und Verbindung schafft – eine Aufgabe, die sich gerade auch der Religion stellt. Beiden, Religion und Erotik, ist gemeinsam, dass sie (wieder) verzaubern können, wo Pragmatismus erstarren lässt – und dass sich ihre Magie nicht inszenieren lässt. Die von der Erotik Verzauberten sind sich der inneren und äußeren Zersplitterung bewusst, der Entfernung vom anderen – und finden in ihr gleichzeitig die Bewegung, die sie zu überbrücken in der Lage ist. Eros empfindet das Zittern „vor Begierde nach einem Zusammenhange" (Grillparzer); und Eros überwindet die Trennung. Bei mir sein und außer mir sein, ganz sein, ganz bei mir und ganz beim anderen: erotische Erfahrung. Sie macht glücklich. Und sie kann spirituelle Qualität haben – die in einem Blick liegt, einer Berührung, einem Lächeln.

Erotik kann in der Sehnsucht nach dem anderen und der Wahrnehmung seiner Sehnsucht nach mir, in der Erfahrung, beim anderen bei sich zu sein, von dem Zwang befreien, die eigene Identität immer nur aus eigener Leistung und Anstrengung schaffen zu wollen und ihre Stabilität unter Beweis stellen zu müssen, wie es der Begriff der Wahlbiographie nahe legt – der postmoderne Anspruch, sich selbst einen glückenden Lebensentwurf machen zu müssen. Fulbert Steffensky findet für diese Befreiung den alten christlichen

Begriff Gnade, und zu seiner Illustration ein Liebesgedicht der chilenischen Dichterin Gabriela Mistral, das mit den Worten beginnt: „Wenn du mich anblickst, werd' ich schön. / Schön wie das Riedgras unterm Tau." Es ist der Blick der Liebe, in dem die Geliebte ruht, es ist die erotische Erfahrung, nicht selbst „Garanten unserer Ganzheit" (Steffensky) sein zu müssen, in der Begegnung mit dem anderen zu sich selbst zu kommen. Und es ist Glück.

Ohne das schmerzliche Empfinden von Bedrohtheit und Trennung entsteht nicht die Sehnsucht nach Einheit; ohne den starken Wunsch nach Zusammensein gibt es keine Verbindung mit dem anderen, Gott oder Mensch; ohne Begehren keine spirituelle Lebendigkeit, ohne Eros keine lebendige Spiritualität. Das Heilige und das Erotische sind nah beieinander liegende Lebensbereiche. Ähnlich sind sich erotische und religiöse Erfahrungen darin: Sie machen Kontinuität und Verbindung angesichts von Kontingenz spürbar. Leibhaftig spürt der Mensch die Vergänglichkeit ebenso wie die Möglichkeit zum Leben. Eine Spiritualität, die mit der Gegenwart der Transzendenz im Augenblick rechnet, die um die Verbundenheit mit allem Lebendigen weiß, kommt ohne dies innere Feuer nicht aus, das den Leib bewegt, wird ohne diese erregende Kraft zur bloßen Übung der Frömmigkeit. Erotik ist die Kraft, die über Ahnung und Erwartung hinweg trägt, die hinter das Offensichtliche blickt.

Ohne Erotik wird das Leben zur vorhersagbaren Routine – und die Religion zum Pflichtenkatalog. „Ein wildes, doch unzertrennliches Paar" nennt Kurt Marti die beiden. „Wie heftig sie miteinander streiten, sich gegenseitig beschimpfen, verwünschen, verfluchen mögen, keine hält es lang ohne die andere aus. Stirbt die Religion, so magert Erotik zum Skelett, d. h. zum bloßen Sex ab. Stirbt die Erotik, so verdorrt die Religion zur abstrakten Metaphysik (wie früher) oder zur trockenen Ethik (wie heute)."

Weil Erotik Körper, Geist und Seele bewegt, ist es schwer, theoretisch über sie zu reden. „Liebeskunst verstehen heißt Liebeserfahrung durchstehen. Vernunft wächst dem, der aufnimmt, was seine Sinne vernehmen", stellt Platon im Symposion fest. Deshalb wäre ein Reden mit und von Gott und der Wirklichkeit für die Gegenwart neu zu erfinden, das an die Mystikerinnen und Mystiker erin-

nert: ein poetisches Spiel mit der Sprache, dessen Worte Vergänglichkeit mit der Ewigkeit verbinden – ein Lied von der Liebe, die
stärker ist als der Tod, Musik, die den verkörperten Rhythmus des
Lebens zum Klingen bringt und Menschen sich und was sie umgibt
spüren lässt. Eine Sprache, die den Menschen sich selbst eröffnet, in
der Leib, Geist und Seele Ausdruck finden. In der Gott vorkommt,
vielleicht ohne dass von ihm die Rede ist.

Wo Menschen entdecken, dass Spiritualität und Eros zusammengehören, wo sie eine lustvolle und lustmachende Sprache erfinden,
die weder auf den Körper reduziert ist noch ihn zu vergeistigen
sucht, werden sie auch erfahren, wie schwer es ist, Religion und
Erotik (wieder) zusammenzuführen – und religiöse und erotische
Sehnsucht nicht zu verwechseln. Es wird Berührung geben und Be-
rührungsängste, Übereinstimmung und Widersprüche, Lust und
Leid: die nicht aufzulösende Ambivalenz, die nicht nur im Verhältnis zwischen den beiden Bereichen begründet ist, sondern auch
quer dazu verläuft.

Erotik muss – und sollte – nicht ausschließlich das Praeludium
zum Sex sein, sondern ein Instrument der Liebe, dessen Spiel den
Geist beflügelt, den Leib begeistert und die Seele durchglüht – und
das kaum beherrschbar ist. Auch an heiligen Orten werden schöne
Klänge und wirre Töne weiter zu hören sein.

Ewigkeit

Anselm Grün

Im Verhältnis von Zeit und Ewigkeit drückt sich die Spannung zwischen Gott und Mensch, zwischen Himmel und Erde, Geist und
Materie aus. Als Menschen zwischen Himmel und Erde erfahren
und berühren wir diese Grundspannung. Wir leben in der Zeit und
hoffen auf das ewige Leben, auf die Erfüllung unserer Sehnsüchte in
der Ewigkeit. Die Bibel verheißt uns, dass unsere Hoffnungen und
Sehnsüchte nicht ins Leere gehen, sondern dass Gott uns nach

dem Tod seine ewige Herrlichkeit schenken wird, die noch kein Auge gesehen und kein Ohr gehört hat (vgl. 1 Kor 2, 9).

Ewigkeit meint nicht eine lange Dauer der Zeit; sie ist eine eigene Qualität. Ewigkeit meint immer die Zeit Gottes, der ganz gegenwärtig ist: Bei Gott gibt es keine Vergangenheit und Zukunft, sondern nur reine Gegenwart. Für die Bibel ist Ewigkeit eine Eigenschaft Gottes selbst – die der Mensch manchmal mitten in der Zeit schon erfahren darf. Wenn der Mensch sich ganz auf den Augenblick einlässt, kann es sein, dass die Ewigkeit einbricht in seine Zeit. Die Zeit steht dann still. Solche Augenblicke geben einen Geschmack von Ewigkeit. Mystiker und Mystikerinnen haben immer wieder von solchen Erfahrungen von Ewigkeit gesprochen, und jede wirkliche Gotteserfahrung ist auch schon Erfahrung von Ewigkeit – denn wenn ich mit Gott eins bin, bin ich ganz eins, mit allem, was ist, dann fallen Zeit und Ewigkeit zusammen. In einem Augenblick solchen Einsseins sind alle Gegensätze aufgehoben: Es geschieht die *coincidentia oppositorum*, von der Nikolaus von Kues spricht und in der er das Wesen Gottes sieht. Wenn ich in der Kontemplation mit Gott eins werde, mit Gott verschmelze, dann hört in diesem Augenblick die Zeit auf. Es ist ein Augenblick reiner Gegenwart. Gegenwart und Zukunft fallen zusammen. Ich denke nicht über Vergangenes nach, ich plane nichts Zukünftiges. Von einem solchen Augenblick können wir oft nicht sagen, wie lange er dauert. Die Zeit steht still, weil Gott selbst uns berührt hat. Kontemplation ist Gotteserfahrung. Und Gott ist jenseits der Zeit. Indem ich mit Gott eins werde, habe ich teil an seiner Zeitlosigkeit, an seiner Ewigkeit.

Wohl kaum ein christlicher Theologe hat sich so sehr mit dem Phänomen der Zeit und Ewigkeit auseinandergesetzt wie Augustinus. Der Mensch – so sagt Augustinus – ist in der Zeit und die Zeit ist in ihm. Er leidet an ihr. Denn die Zeit ist für ihn Ausdruck ständiger Veränderung, und es gibt in ihr nichts Beständiges, nichts, das stehen bleibt; angesichts ständiger Veränderung richtet sich seine Sehnsucht auf die Ewigkeit – Augustinus bringt sie so zum Ausdruck: „Du bist mir Trost, Herr, du mein Vater, ewig bist du! Ich aber stecke in der Zeit und weiß nicht, wie sie laufen wird, und wirren Wechsels zersplittert sich mein Denken und all das tiefste Leben meiner Seele, bis ich in dich zerfließe, gereinigt und geläutert in den Gluten deiner Liebe." Für Augustinus ist es Jesus Christus, der uns von der Zeit befreit, da in ihm Zeit und Ewigkeit miteinander eins geworden sind: „Als die Fülle der Zeit kam, erschien auch er, der uns von der Zeit befreien wollte. Denn befreit von der Zeit, sollen wir zu jener Ewigkeit gelangen, wo keine Zeit ist." Die Sehnsucht nach Ewigkeit ist die Sehnsucht nach bleibendem Glück, dauernder Liebe, ewiger Ruhe.

Im Johannesevangelium verheißt Jesus ewiges Leben: Wer an Jesus glaubt, der hat jetzt schon ewiges Leben – es ist also nicht in erster Linie das Leben nach dem Tod, sondern eine eigene Qualität von Leben, die wir hier und jetzt schon genießen dürfen. Ewiges Leben ist göttliches Leben – es verbindet den Menschen, der an seinem Getrenntsein von der göttlichen Quelle leidet, wieder mit ihr. Ewiges Leben ist das Leben, in dem Zeit und Ewigkeit, Gott und Mensch, Himmel und Erde zusammenfallen. Es ist die Fähigkeit des Menschen, mitten in der Zeit Anteil zu haben an der Ewigkeit. Für Johannes ist darum nur das ewige Leben wirkliches Leben, und er sagt: Wer an Jesus glaubt, ist jetzt schon „aus dem Tod ins Leben hinübergegangen" (Joh 5, 24). Wie ist das zu verstehen? Jesus ist der Schlüssel zum wirklichen Leben; das wirkliche Leben ist jetzt schon da. Wenn ich ganz im Augenblick bin, wenn ich ganz eins bin mit mir, dann bin ich auch eins mit Gott und mit der ganzen Welt. Dann schaue ich hinter den Schleier der Welt, auch hinter den Schleier der Zeit, dann habe ich jetzt schon teil am ewigen Geschmack Gottes, an der Ewigkeit. Ewigkeit ist also eine tiefe spirituelle Erfahrung. Wenn ich im Gebet, in der Kontemplation, Gott erfahre, dann hört die Zeit auf. Gebet ist Ausdruck der Liebe, die sich nach dem ausstreckt, der uns mit ewiger Liebe liebt. Wenn wir mit Gott eins werden in der Liebe, dann wird die Zeit aufgehoben, dann ist Ewigkeit mitten in der Zeit, dann bekommt unser Leben mitten in dieser Zeit ewigen Bestand.

Die Mystik hat immer schon um diese Gotteserfahrungen gewusst, die Erfahrungen von Ewigkeit sind. Papst Gregor der Große erzählt vom heiligen Benedikt, dass er in einem einzigen Sonnenstrahl die ganze Welt erblickte. Die Buddhisten sprechen von Erleuchtung: Wer in der Erleuchtung das Eigentliche sieht, der sieht hinter die Zeit, für den ist alles eins. In der Gotteserfahrung, die immer auch Erfahrung des Urgrunds aller Welt ist, komme ich in Berührung mit dem zeitlosen Zeugen in mir selbst, mit dem spirituellen Selbst, das der Zeit enthoben ist. Auch in mir ist etwas, das der Zeit nicht unterworfen ist – es ist das ursprüngliche Bild, das Gott sich von mir gemacht hat. Jede tiefe Erfahrung ist Erfahrung des reinen Seins. Ich schmecke den Geschmack dessen, was ist. Da ist einfach nur reines Sein, jenseits von Zeit. Da ist keine Trennung mehr zwischen Subjekt und Objekt. In solchen Augenblicken wird wirklich, was der christliche Philosoph Boethius von der Ewigkeit gesagt hat: „Ewigkeit ist der vollkommene, in einem einzigen, alles umfassenden Jetzt gegebene Besitz grenzenlosen Lebens" (*interminabilis vitae tota simul et perfecta possessio*).

Es ist ein Paradox menschlicher Ewigkeitserfahrung, dass ich gerade dann ganz präsent bin, wenn ich mich vergesse; wenn ich ganz in dem bin, was ich tue, was ich fühle, was ich bin, erlebe ich Ewigkeit im Augenblick. Und ich bin gerade dann ganz im Augenblick, wenn ich mich auf eine sinnliche Erfahrung einlasse, wenn ich zum Beispiel ganz Auge bin oder ganz Ohr, wenn ich nur das eine wahrnehme. Indem ich mich ganz einlasse auf einen Sonnenuntergang oder auf das Hören einer Symphonie, schreite ich über das Geschaffene hinaus und gehe – nach einem Wort von Meister Eckhart – ein „in den Grund, der grundlos ist". In der Sinnlichkeit, in der Erfahrung der Lust mit allen Sinnen, steckt die Sehnsucht nach Ewigkeit – und auch hier meint Ewigkeit nicht lange Dauer; Lust kann gar nicht eine lange Zeit hindurch erfahren werden. Ewigkeit meint den Augenblick, der ganz tief erlebt wird. Lust ist Aufheben der Zeit und Erahnen der Ewigkeit. Gerade in der sinnlichen Erfahrung dieser Welt in Raum und Zeit ist die Erfahrung der Ewigkeit anwesend. Ewigkeitserleben ist nicht etwas rein Geistiges im Gegensatz zur Materie. In der Materie wird der Geist erfahren, im Raum das Raumlose, in der Zeit das Zeitlose. Ganz im Augenblick zu sein heißt für mich, ganz in meinen Sinnen zu sein.

Ewigkeit ist eine Qualität Gottes, und immer wenn ich Gott erfahre, habe ich teil an der Ewigkeit. In Gott hört die Zeit auf. In Gott bin ich eins mit allem, gibt es kein Vorher und Nachher, ist alles reine Gegenwart, reines Sein. Ewigkeit zu erfahren, ist nicht durch eine bestimmte Technik machbar. Es ist immer reines Geschenk, wenn wir uns so vergessen können, dass wir diese reine Präsenz spüren, dass die Zeit aufhört. Wir können uns nur in Achtsamkeit und Gegenwärtigsein einüben und darauf vertrauen, dass Gott selbst einbricht in unser Üben. Wenn das geschieht, dann steht die Zeit still, dann schmecken wir die Ewigkeit.

Exerzitien

Christa Baich

Mit dem Glaubensleben ist es wie mit dem Sport, dem Beruf oder der Partnerschaft: Ohne besondere Zeiten des Trainings, der Weiterbildung oder der zweckfreien Zweisamkeit sind wir Menschen in Gefahr, abzubauen, abzustumpfen. Daher kennen alle Religionen spirituelle Intensivzeiten, um im Rückzug vom Vordergründigen dem Geheimnis des Lebens und dem Göttlichen näher zu kommen. In der jüdisch-christlichen Tradition gibt es dafür vor allem das Motiv der Wüste: Wenn Gott in die Geschichte eingreifen will, führt er Menschen in die Wüste, umwirbt und erprobt sie und bereitet sie darauf vor, geeignete Werkzeuge für seine Pläne zum Heil seines Volkes zu sein. Von zahlreichen Gestalten des Alten und Neuen Testaments, von den Wüstenvätern und -müttern der ersten christlichen Jahrhunderte, von vielen Heiligen und nicht zuletzt von Jesus selbst wissen wir, dass sie, ähnlich wie das Volk Israel, an Schlüsselstellen ihres Lebens durch die Schule der Wüste gingen, um im Umgang mit Gott erfahren zu werden.

Von der Sache her gehören Exerzitien (von lateinisch *exercere* = üben) also von jeher zum Christsein, sofern jede Einführung ins christliche Leben (Katechumenat) oder in eine bestimmte christliche Lebensform (zum Beispiel das Ordensleben) auch mit einer Einübung verbunden ist. Bezeichnete der Begriff *exercitia* in den ersten Jahrhunderten und bis ins Hochmittelalter hinein das ganzheitliche Sich-Einüben in Aktion und Kontemplation, Mystik und Askese, wie es namentlich die großen Ordensregeln vorgaben, so wurde er später auf bestimmte Frömmigkeitsübungen eingeengt, um schließlich im Zug der Reformbewegung der Devotio moderna jene präzisere Bedeutung zu gewinnen, die er auch heute noch hat: „Unter der Bezeichnung ‚Exercitia spiritualia‘ fasst schon die asketische Sprache des Mittelalters ‚Übungen‘ des geistlichen Lebens zusammen, die in äußerer Einsamkeit und nach bestimmten gebetspädagogischen Gesetzen eine Einfügung in die geglaubten Mysterien besonders durch betrachtendes Gebet anstreben" (Hugo Rahner).

Es ist das unübertroffene Verdienst von Ignatius von Loyola (1491–1556), dem Gründer des Jesuitenordens, seine eigene geistliche Erfahrung sowie seinen Erfahrungsschatz in der spirituellen Führung anderer in seinen „Geistlichen Übungen", einem Werkbuch für Exerzitienbegleiter, zusammengefasst zu haben. Wegen ihrer ungebrochenen Bedeutung soll die Form der Ignatianischen Exerzitien hier näher vorgestellt werden. Es handelt sich um eine längere Zeit des Rückzugs aus dem Beziehungs- und Arbeitsalltag in die Stille, wo in mehreren Stunden täglichen Gebetes und mithilfe einer Begleiterin oder eines Begleiters die Begegnung mit Gott und seinem Wort gesucht wird. Die Exerzitien dauern in ihrer Vollform dreißig, sonst meist zwischen fünf und zehn Tagen und wollen helfen, im Blick auf Jesus Christus das eigene „Leben zu ordnen" (Ignatius von Loyola), auf den persönlichen Anruf Gottes eine persönliche Antwort zu geben und das Leben in der Nachfolge Jesu Christi zu vertiefen. Der Exerzitienprozess folgt einer in vier Phasen oder „Wochen" angelegten inneren Dynamik.

Ignatius nennt drei wichtige Gründe, sich auf solche Übungen einzulassen: Erstens schenke man Gott Zeit zurück, als Antwort auf die von ihm geschenkte Lebenszeit. Selbst wenn gar nicht besonderes „passiere", sei eine solche zweckfrei verschenkte Zeit schon in sich sinnvoll. Zweitens sei es eine Zeit, in der man die natürlichen Kräfte im Menschen besser wachsen und fließen lassen könne. Und drittens sei es eine Zeit Gottes für den Menschen, eine Gnadenzeit, in der er sich dem Menschen sozusagen leichter zu zeigen und zu schenken vermöge.

Bei den Ignatianischen Exerzitien wird das Inhaltliche der christlichen Offenbarung mit der persönlichen Lebenssituation des Exerzitanten verknüpft, und dieser übt sich in der „lauteren Absicht", seine Person und sein Leben ganz auf Gott auszurichten. Es geht also nicht ausschließlich um die kognitive Vermittlung von Inhalten (wie etwa in einer Predigt, Katechese oder theologischen Vorlesung), nicht ausschließlich um die Konzentration auf den inneren Prozess (wie in der Psychotherapie) und auch nicht ausschließlich darum, leer zu werden von allen eigenen Gedanken, Gefühlen und Vorstellungen (wie in manchen östlichen gegenstandslosen Meditationsformen), sondern um einen „Dreiklang in der Gebetsdynamik der Exerzitien" (Alex Lefrank), in dem Elemente von allen drei Ebenen mitschwingen.

Durch den Verzicht auf Gespräch, Lektüre, Radio, Fernsehen, Telefon und Arbeit entsteht eine Atmosphäre des Schweigens, die zur inneren Sammlung hilft. Außenreize werden reduziert, damit auch einmal innere, vielleicht sehr leise Stimmen die Chance erhalten, gehört zu werden.

Die eigentlichen täglichen Übungszeiten bestehen aus vier bis fünf einstündigen Betrachtungen. Dafür können je nach dem inneren Weg des Betreffenden ganz unterschiedliche Gebetsweisen vorgeschlagen werden. Als Betrachtungsstoff werden entsprechend dem Exerzitienbuch zumeist Stellen aus der Heiligen Schrift verwendet.

Eine ausgebildete und erfahrene Begleitperson steht zur Verfügung, um in einem täglichen Einzelgespräch die jeweiligen Erfahrungen zu besprechen und Hilfen für die weiteren Schritte anzubieten. Sie soll jedoch „unmittelbar den Schöpfer mit seinem Geschöpf wirken lassen" (Ignatius von Loyola).

Wenn, wie es häufig der Fall ist, die Exerzitien gleichzeitig von mehreren Person gemacht werden, ist gewöhnlich ein Rahmen mit einigen wenigen gemeinschaftlichen Elementen eine Hilfe: die Feier von Gottesdiensten, gemeinsame Mahlzeiten im Schweigen, Körperübungen, um das Leibbewusstsein zu üben und/oder einen körperlichen Ausgleich für das lange Sitzen zu schaffen.

Die Ignatianischen Exerzitien in ihrer ursprünglichen und eben beschriebenen Form erfuhren ab der Mitte des 20. Jahrhunderts eine ungeheure Renaissance und Aktualisierung und lösten weithin die bis dahin üblichen so genannten „Vortragsexerzitien" ab, bei denen der Betrachtungsstoff nicht auf den inneren Weg der Einzelnen abgestimmt war und die Einzelbegleitung keine oder nur eine untergeordnete Rolle spielte.

Der gegenseitigen Integration von Exerzitien und alltäglichem Leben trägt die Form der so genannten „Exerzitien im Alltag" auf besondere Weise Rechnung. Dass Exerzitien grundsätzlich kein Selbstzweck sind, sondern auf ein christliches Leben im konkreten Alltag zielen, kommt dabei besonders deutlich zum Ausdruck: Die Teilnehmerinnen und Teilnehmer bleiben in ihrem beruflichen und familiären Alltag und kommen über mehrere Wochen hinweg zu meist wöchentlichen Treffen zusammen, wo sie sich über ihre Erfahrungen austauschen, eine Gebetsweise einüben und Impulse und Hilfen für die tägliche Betrachtungzeit der nächsten Woche zu Hause erhalten.

Fasten

Bernhard Scherer

Essen und trinken – Menschen tun es, sobald und solange sie auf der Welt sind, in der Regel täglich. Fasten: das ist die Gegen-Erfahrung zum Essen. Mangel und Hunger auszuhalten, zu wenig zu haben, ist eine Erfahrung, die Menschen etwa in den ersten Nachkriegsjahren unfreiwillig machten – heute macht diese Gegenerfahrung nur, wer sie aktiv und bewusst angeht.

Die Erfahrungen anderer können inspirieren und anregen, selbst auszuprobieren, selbst zu erleben, wovon andere berichten. Von Erfahrungen zu erzählen, Zeugnis zu geben, kann den Nächsten überzeugen, das gleiche zu tun. Dieser wird dabei ureigene Erfahrungen machen, die seinem Leben neue Dimensionen eröffnen können.

Es erschreckt mich oft, wahrzunehmen, wie Menschen ohne viel zu denken einfach dahinleben – nach dem Motto: Weil ich arbeiten muss, meine Familie zu versorgen habe, „fit sein" und „funktionieren" muss, deshalb muss ich auch essen und trinken und schlafen. Wer so vor sich hin lebt, ist sich seiner selbst wenig bewusst; er tut vieles unbewusst – weil es so üblich ist, weil es so gefordert wird, weil es so dazugehört. Alltagstrott kann das Leben bestimmen. Um darin nicht zu erstarren, um das eigene Leben bewusst zu leben, brauchen Menschen Anstöße; oft sind es Krisenerfahrungen und Auszeiten, in denen neue Erfahrungen möglich sind. Wer bin ich eigentlich als Mensch? Wofür lebe ich? Was hat Bestand im ständigen Wandel? Wie gelingt es mir, Mensch zu sein und zu bleiben? Mich selbst haben diese Fragen immer schon umgetrieben. Bemerkenswert ist, dass es Erfahrungen von Entbehrung, von Bedürftigkeit, von Nicht-Haben waren, die mir bei meiner Frage nach dem Sein Klarheit gebracht haben. Und ich erlebe, dass es für viele andere auch ein existentielles Bedürfnis ist: einfach zu *sein*, in belebender Beziehung da zu sein und so einfach zu *leben* und dabei alles zu lassen, was hinderlich ist.

Das Nicht-Haben – während des Krieges –, das Reduzieren oder Weglassen üblicher Mahlzeiten – Fastenerfahrungen – haben mir meine existentiellen Bedürftigkeiten gezeigt. Ich bin als Mensch ein abhängiges Geschöpf, vielfältiger und ständiger Erfüllung bedürftig. Ich kann nur leben, wenn ich immer wieder all das bekomme, was mich leben lässt. Ich lebe nicht aus eigener Kraft, ich lebe nur im Empfangen. „Was hast du, Mensch, was du nicht empfangen hättest?" – hier kommt für mich das Wesen des Menschen zum Ausdruck.

Als Mensch bewusst zu leben, heißt, sich seines Bedürftigseins bewusst zu werden. Es heißt auch zu staunen darüber, dass ich ständig und immer wieder empfange, und dieses Empfangen nicht als Selbstverständlichkeit anzunehmen. Ich empfinde Dankbarkeit für das tägliche Brot, für Wasser als Lebenselexier, für die frische Luft – für alles, was mich leben lässt. Wenn wir uns zu Tisch setzen, haben wir den gedeckten Tisch, die bereiteten Gaben vor uns. Vielleicht halten wir die Kaffeetasse hin – und jemand schenkt uns ein. Diese vielleicht tägliche Erfahrung bewusst wahrzunehmen, lässt uns tiefer und dankbarer leben.

Während unserer Meditations-Exerzitien im *Sonnenhaus*, einer Meditationsstätte, in die Menschen zum Heilfasten kommen, gestalten wir eine meditative Mahlzeit. Da wird das Brot ausgeteilt. Jeder und jede hat ein leeres Körbchen vor sich und empfängt ein Stück Brot. Wir sehen das Brot und die gefüllte Schale und sind dankbar und zufrieden, dass wir zu essen und zu trinken haben. Und dabei verhindert unser ich-bezogener Blick oft, mehr zu sehen als dies: *Ich habe* etwas im Körbchen, in der Tasse, auf dem Teller! Die Wirklichkeit, die ich nicht sehe, ist: dass mit jeder Gabe der Gebende da ist, dass der Gebende sich mir zuwendet und sich mir schenkt in seiner Gabe. Eine Gabe gibt es nicht ohne den Gebenden. Einschenken macht das Schenken bewusst.

Das wirklich wahrzunehmen und in Beziehung zu treten zu dem, der durch sein Geben Beziehung zu mir aufnimmt, das könnte Essen und Trinken zu einer anderen Erfahrung werden lassen, hat eine andere Qualität, als einfach Nahrung zu sich zu nehmen, um wieder arbeiten zu können. Sich als Mensch der Wirklichkeit, die da ist, die immer da ist, bewusst zu werden, das hieße, als Mensch leben zu lernen, dem Bewusstsein eigen ist: bewusstes Sein. Könnte nicht das tägliche Essen und Trinken, der gedeckte Tisch, uns immer neu die Augen öffnen für die ganze Wirklichkeit, in und aus der wir leben? Könnte nicht jedes bewusste Empfangen uns helfen, die Beziehung zu vertiefen zu dem, der sich schenkt in all seinen Gaben? In dieser Weise essen lernen hieße als Mensch leben lernen. Was essen und trinken für mich bedeutet; welche Erfahrungsmöglichkeiten und Lebensmöglichkeiten sich für mich in diesen elementaren Bedürfnissen und ihrer Befriedigung auftun: das zu erfahren lohnt sich.

Dreimal am Tag bei Tisch zu sitzen und zu essen, das ist vielleicht noch das Übliche. Und bei Nacht nicht zu essen – zu fasten – wäre das Naturgegebene, von der Natur Geforderte. Damit mit dem Frühstück Nahrungsaufnahme neu möglich ist, muss der Körper vorher die Essensschlacken ausgeschieden haben. Fasten ermöglicht die Selbstreinigung des Körpers. Deshalb heißt das Frühstück in Frankreich *dé-jeuner,* das heißt: das Fasten in der Nacht – jeûner – hat jetzt sein Ende. Und im Englischen wird mit dem Frühstück das nächtliche Fasten (ab)gebrochen: *break-fast.* Diese tägliche „Fastenzeit" erfährt jeder und jede als natürliche Wohltat. Wer die Nacht zum Tage macht und spät abends noch zum Kühlschrank geht, um zu essen, tut sich erfahrungsgemäß nichts Gutes.

In frühen Zeiten hatten Menschen noch „natürlichen Fastenzeiten", weil die Natur ihnen nicht zu jeder Jahreszeit das Nötige zu essen bieten konnte. Später haben die Religionen sinnvolle und wohltuende Fastenzeiten verordnet. Sie können für Gesundung an Leib und Seele sorgen.

Denn in unseren westlichen Ländern ist die Überfülle, die sich uns darbietet, zur gesundheitlichen Gefährdung für die Menschen geworden. Das Zuviel macht heute mehr Menschen krank als in vergangenen Kriegs- oder Notzeiten das Zuwenig. Viele körperliche Erkrankungen können darauf zurückgeführt werden: zu viel, zu oft, zu vielerlei. Fasten ist deshalb der „Königsweg" für die Heilung vieler Krankheiten. So empfehlen es erfahrene Fastenärzte. Da Leib und Seele eine Einheit sind, leidet bei körperlichen Erkrankungen auch die Seele mit. Wer beim Essen und Trinken keine Grenzen kennt, wird zum Fresser und Säufer und kann sich tierischer als jedes Tier benehmen – denn Tiere sind instinktgebunden und hören auf, wenn der Hunger gestillt ist.

Tiefere Erfahrungen mit Essen und Mahlhalten kann nur machen, wer sich bewusster wird, was Essen für den Menschen ist und sein kann – ein solches Bewusstwerden kann geschehen in der Gegenerfahrung zum Essen, im Fasten. Heidegger sagt: „Der Verzicht nimmt nicht. Der Verzicht gibt. Er gibt die unerschöpfliche Kraft des Einfachen" (*Der Feldweg*). Im Verzicht also erfahre ich den Gewinn, der im Einfachen liegt. Damit Menschen die tiefe Bedeutung des Essens aufgeht, müssen sie immer wieder zum ganz Einfachen zurückkehren.

Wenn wir unter Fasten die Reduzierung dessen verstehen, was wir üblicherweise essen – vom üppigen Festessen zum einfachen Essen, zur noch notwendigen Menge bis zum sogenannten Vollfasten (d. h. nur Trinken – medizinisch Nulldiät genannt) –, dann können wir unsere einfachen Sonnenhaus-Mahlzeiten als ein Teilfasten bezeichnen, wenn einer dabei weniger isst, als für ihn normal wäre. Solche gestufte Reduzierung hilft uns zu erfahren, was wir wirklich brauchen, was uns gut tut, bei welcher Menge wir uns als voll gesättigt und zufrieden erfahren und was belastender Überfluss ist.

So üben wir bei unseren „Fastenwochen für Leib und Seele" und auch bei den vertiefenden Meditations-Exerzitien das ganz Einfache ein: Bei unseren Heilfastenkursen gibt es ein Stück einfaches Brot und eine Schale Milch, bewusst langsam gekaut und gekostet, angeglichen an die Fastendiät bei einer Fasten-Regenerationskur nach Franz Xaver Mayr. Die Erfahrungen, die Menschen dabei machen, sind beachtenswert. Bekannt ist, dass das Fasten das Gebet – den Meditationsprozess – fördert; auch Jesus hat beides in der Weisung vom Fasten und Beten verbunden. Der Fastende fühlt sich leichter, und so kann auch sein Inneres, sein Herz sich leichter zu Gott erheben. Neu und als ganz erstaunlich erfahren haben Menschen, dass der intensive Meditationsweg auch die Gesundung durch Fasten fördert. Und doch ist es leicht zu verstehen: Was dem Leib gut tut, tut auch der Seele gut. Und was der Seele gut tut, tut auch dem Leib gut.

Ein weiterer Aspekt ist wichtig: Wenn ich merke, dass ich mich wohler fühle in meiner Haut und mehr vom Leben habe, wenn ich einfacher und bescheidener lebe, wenn ich so meine wahre Entwicklung als Mensch im Auge habe, dann ergibt sich daraus auch leichter die innere Verpflichtung, mehr noch: das Bedürfnis zur Solidarität mit dem Nächsten. So ordnet sich Fasten ein in ein ganzheitliches Heilwerden und Verbundensein mit allem, was mich umgibt. Ja, essen und fasten gehören zusammen. Essen, menschlich essen lernen, hält Leib und Seele zusammen. Bewusster essen lernen durch bewusste Fastenerfahrung hilft dem Menschen zu einem bewussteren Leben, dazu, sich der ganzen Wirklichkeit bewusst zu werden, aus der er lebt – und so ganz der zu werden, der er ist.

Fitness

Bernardin Schellenberger

Dass sich jemand der Reihe nach in verschiedene Apparate einspanne und mit Armen, Beinen, Bauch und Rücken schwere Gewichte bis zur Erschöpfung hebe und senke, und das ohne jeden produktiven Nutzen, wäre bis vor wenigen Jahrzehnten den meisten Menschen ziemlich verrückt vorgekommen. Manche spotten heute noch über derlei freiwillige Selbstfolter. Aber inzwischen sind es hierzulande Millionen, die sich das regelmäßig antun, mehr noch: die das als hilfreich und sinnvoll erleben.

Es dürfte eine der bemerkenswertesten Errungenschaften der modernen Wohlstandsgesellschaft sein, dass eine immer breitere Schicht der Bevölkerung es sich leisten kann, ja es vielleicht sogar nötig hat, sich zweckfrei körperlichen Anstrengungen auszusetzen. Die längste Zeit der Menschheitsgeschichte war das Alltagsleben körperlich derart anstrengend – und nicht zu vergessen: in großen Teilen der Welt ist es das bis heute –, dass die Menschen froh waren, wenn sie jeden Tag die Mühsale meisterten, die zum Lebensunterhalt notwendig waren. Erst durch die Industrialisierung wurden körperliche Energien für Wandern und Sport frei. So entstanden ab der Mitte des 19. Jahrhunderts entsprechende Vereine und Bewegungen.

Heute wird in immer mehr Berufen der Körper kaum mehr gebraucht und notorisch unterfordert. Wenn er nicht verkümmern und krank werden soll, wird es geradezu notwendig, ihn regelmäßig anzustrengen. Aber nicht nur ein zunehmendes Verantwortungsbewusstsein für den eigenen Körpers ist es, was die Menschen das Fitness-Studio aufsuchen oder Sport treiben lässt: Viele führt der Wunsch ins Studio, sich mit ihrer körperlichen Erscheinung den von Mode und Werbung diktierten Idealen anzunähern; oder sie haben entdeckt, dass sich ihr gesamtes Wohlbefinden steigert und es ihr Selbstbewusstsein stärkt, wenn sie körperlich „in Form" sind.

Dieser Aspekt könnte am ehesten spirituell von Belang sein; zudem macht er auf eine bemerkenswerte, ja erstmalige Entwicklung in der Kulturgeschichte aufmerksam. Alle alten spirituellen Traditionen sind dem Körpers gegenüber ziemlich pessimistisch eingestellt: Er sei anfällig für Ermüdung und Krankheiten, verschleiße und altere rasch, gehorche viel zu träge dem Geist: *Memento nostri, Domine, in gravi isto corpore* – „Gedenke unsrer, Herr, in diesem ach so schweren Leib", heißt es in einem alten Hymnus. Auf den ersten Blick erscheint dies als Zeugnis eines leibfeindlichen Weltbildes. Aber so wäre vorschnell geurteilt. Könnte nicht der Hymnus aus einer tagtäglichen Erfahrung heraus formuliert sein: aus der mühsamen Erfahrung von Menschen unter hoher Arbeitslast, ohne ausreichende Ernährung und Vitamine, ohne Ärzte und Medikamente, in einer Gesellschaft mit hoher Kindersterblichkeit, voller Invalider und Kranker mit faulenden und stinkenden Wunden, in der auch die relativ Gesunden früh starben? So gesehen entstammen die „leibfeindlichen" Weltbilder nicht von vornherein einem verkehrten Denkansatz, sondern sie erscheinen als Niederschlag dieser harten Erfahrung, die uns heute kaum mehr vorstellbar ist.

Die heutige, positiv besetzte Körpererfahrung hat Konsequenzen für unsere Spiritualität: Der Körper wird als Medium spiritueller Erfahrungen entdeckt, geschätzt und gezielt eingesetzt. Anregungen und Erfahrungen aus spirituellen Traditionen, die sich seiner bewusster als das Christentum bedient haben, werden überall dankbar übernommen. Umgekehrt werden selbst bei den Aktivitäten in Sport- und Fitnesszentren immer ausdrücklicher auch „spirituelle" Erfahrungen gesucht. „Bodybuilding ist out, jetzt kommt Body & Mind", wurde unlängst in einem Bericht über Fitnesszentren formuliert.

Herbert Jost berichtete schon 1992 von „einem veränderten Bewusstseins- und Wahrnehmungszustand, der bei Läufen ab einer ge-

wissen Intensität und Dauer, oft nach dem toten Punkt, eintritt …
Das Alltagsbewusstsein ist ausgeblendet, und der Läufer befindet
sich in einer fernen Gedanken- und Erlebniswelt …, in einem Zustand der Selbstvergessenheit, der Versunkenheit und einer Art
Trance, die als angenehm, bezaubernd und beglückend erlebt wird.
Häufig wird – mit einer esoterischen oder religiösen Färbung – auch
von mystischem bzw. ekstatischem Bewusstseinszustand und absoluter Verschmelzung und Harmonie mit der Schöpfung gesprochen."

Die Form des Übens im Fitness-Studio enthält interessanterweise alle Elemente, die der Buddha für die Meditation empfahl: das
bewusste langsame Atmen, das Achten auf den Körper, das Zählen
der Bewegungen, das Gegenwärtigsein in einer einfachen, mecha-
nischen Verrichtung. So ist es kein Wunder, dass die Fitness-Übun-
gen durchaus eine ähnliche Wirkung wie das Meditieren haben
können. Hinzu kommt, dass das Üben in der Fitness-Halle etwas
ausgesprochen Solitäres, Mönchisches an sich hat: Jede, jeder ist
für sich, in mindestens einem Meter Abstand vom Nachbarn, in
ein Gerät eingespannt und horcht eher in sich hinein, als sich mit
den anderen zu unterhalten. Wer nach dem Training die Übungs-
stätte verlässt, fühlt sich tatsächlich meditativ entspannt; die All-
tagssorgen sind in den Hintergrund getreten, man hat wieder Abstand und spürt angenehm seinen Körper.

Ob bewusst oder unbewusst aus diesem Grund aufgesucht – an
solchen Orten könnte unversehens eine Art von „weltlicher" spiritueller Praxis entstanden sein, die vielen ein wichtiges Element dessen bietet, was ihnen früher ihre Religion erschloss. Gingen die
Menschen früher regelmäßig in die Kirche, so ist heute der regelmäßige Besuch im Fitness-Studio angesagt, der auf bemerkenswert
ganzheitliche Weise psychische Entspannung und physische Ertüch-
tigung bietet. Allerdings dürfte hier der „spirituelle" Aspekt – den,
so muss man realistischerweise sagen, nur eine kleine Minderheit
bewusst dabei suchen wird – auf die wohltuende Selbsterfahrung
des Individuums beschränkt bleiben, das sich dabei weder auf eine
Weggemeinschaft mit anderen noch auf einen tieferen Lebenssinn
als den einlässt, sich rundum wohl zu fühlen, und erst recht nicht
auf eine transzendente Wirklichkeit, die mehr wäre als der von Her-

bert Jost beschriebene „ekstatische Bewusstseinszustand" und die „absolute Verschmelzung und Harmonie mit der Schöpfung".

Es ist ein Geschenk und eine Chance, seinen Glauben und seine Spiritualität leibhaftig erfahren und ausdrücken und seinen Körper als wertvolles Medium spirituellen Wahrnehmens und Lebens einsetzen zu können. Aber Spiritualität ist davon nicht abhängig – sonst würde sie zum Privileg der Gesunden und Fitten.

Frau sein

Gabriele Hartlieb

Frauen machen's allen recht. Frauen lernen, böse Mädchen zu werden. Frauen sagen auch mal Nein. Frauen haben alles – Kinder, Job und Schuldgefühle. Frauen entdecken sich selbst. Frauen sind schön. Frauen wollen dünn sein. Frauen sind Feministinnen. Frauen sind selber schuld. Frauen trauen sich nicht. Frauen machen Ärger. Frauen brauchen Geld. Frauen sind von Natur aus spirituell. Frauen entschuldigen sich immer. Frauen werden schwach. Frauen machen Karriere. Frauen lieben schlechte Fernsehserien. Frauen wollen lieber keinen Mann als irgendeinen.

All das ist wahr. Jeder Satz ist angreifbar. Und falsch ist die Blickrichtung. Auf die Frauen – quasi von außen. Das galt bisher: Frauen werden angeschaut. Männer schauen. Und mit dem Blick ist in der Regel ein Urteil verbunden.

Eine alte Geschichte erzählt von einem solchen tödlich verurteilenden Blick der Männer auf eine Frau – und von der befreienden Wirkung eines Blickwechsels. Die Frau ist eines Verbrechens überführt: sie hat Ehebruch begangen. Von den anklagenden Männer wird sie in die Mitte gestellt, bloßgestellt, zur Schau gestellt. Das Gesetz sieht ihre Steinigung vor – die Blicke der Männer sind das Gesetz. Da durchbricht einer diese Ordnung von richtig und falsch, von oben und unten. Er verurteilt sie nicht mit seinem Blick; er reiht sich nicht ein in die, die sie anstarren; er bückt sich – und sagt schließlich: Wer unter euch ohne Schuld ist, der werfe den ersten Stein. Und, einer nach dem anderen, gehen die Männer langsam weg. Dann erst, als sie allein ist, richtet er sich auf. Steht mit ihr da, spricht mir ihr. Befreit sie zu einer neuen Sicht auf sich selbst.

Es sind die vielen gedankenlos urteilenden, blind für wahr nehmenden Blicke, die zu Vorurteilen führen. So sind die Männer – und so die Frauen. Frausein: das ist ein Konstrukt. Frau sein: das gibt's nur je individuell. Frauen untereinander trennt mehr als viele Frauen von vielen Männern. Und doch gibt's auch dieses unmittelbar und überraschend Verbindende, mit einer völlig Fremden vielleicht, hinter dem eine ähnliche Erfahrung steht, ein Wiedererkennen. Der Feminismus hat recht: Biologie ist nicht Schicksal; aber zu bestreiten, dass biologische Faktoren Unterschiede machen, wäre ignorant. Unterschiede machen auch Sozialisation und Verhalten. Wir unterscheiden, wie stereotyp auch immer, zwischen Männlichkeit und Weiblichkeit. Und so fatal es ist, Klischees unüberlegt zu übernehmen und zu erhalten, so notwendig ist es, über Unterschiede zu sprechen – zwischen den Geschlechtern genauso wie innerhalb der Geschlechter. Nur wenn Differenzen klar sind, kann auch Ausgeglichenheit und Gerechtigkeit erreicht werden, vorerst vielleicht nur punktuell und als immer gefährdetes Gleichgewicht.

Dies gilt umso mehr, als das Verhältnis der Geschlechter zueinander komplizierter geworden ist: weil die Rollenbilder in unserer Gesellschaft weniger klar sind als früher. Je weniger eindeutig ist, welche Bilder die Begriffe „weiblich" und „männlich" im Kopf hervorrufen, umso weniger Geschlechtsstereotypen wird es geben; umso freier bewegen wir uns; umso mehr wird das Aushandeln dessen, wer was wie und warum macht, in den individuellen Bereich verlagert.

„Frauenspiritualität" allein als Gegensatz zu einer „Männerspiritualität" zu definieren, wäre klein gedacht. Spiritualität ist nicht exklusiv. Patriarchale Theologie und männliche Bevormundung in den Kirchen wirken auch nach Jahren feministischer Theologie und der Entdeckung „weiblicher Spiritualität" noch nach. Männer vor allem, die sich als „rationale Menschen" verstanden, nicht als das – unter anderem – geschlechtliche Ich, das sie sind, haben nicht erkannt, dass ihr Denken, ihre Sprache und ihr Handeln ihr Mann sein spiegelte. Über Jahrhunderte haben sie sich verhalten, als sei Mann sein die universale menschliche Natur. Das hat die Religionen geprägt.

Doch offenbar gibt es Unterschiede. Sie zeigen sich, sobald wir einen konkreten Standpunkt einnehmen und keinen pseudo-neutralen. Frauen beten anders, lesen anders in den heiligen Schriften, meditieren anders, feiern Rituale anders. Den ungenauen und in der letzten Zeit inflationär gebrauchten Begriff der Spiritualität füllen sie angstfreier, neugieriger – und meistens: lebensnah. Sinnlich, handfest, verkörpert und die Geistigkeit der Frau zurückerobernd, eine innere Macht, Kraftquelle, vom Menschen ausgehend und ihn erfüllend, das Göttliche im Menschen offenbarend, alle Lebensvollzüge umfassend: das ist Spiritualität. Sicher nicht nur für Frauen. Und doch gibt es auf der Suche nach spirituellem Leben – nach Ganzheit, nach Sinn, nach einem Grund, der den Alltag trägt und über ihn hinausgeht – geschlechtsspezifische Unterschiede. Insofern sich das Leben von Frauen von dem von Männern unterscheidet, insofern sich ihre Erfahrungen mit Religion und religiösen Institutionen von denen von Männern unterscheiden, unterscheiden sich die Weisen, wie Spiritualität ihren Ausdruck findet. Frauen, die gerade in den Kirchen größerem Leidensdruck ausgesetzt waren und noch sind, haben neue religiöse Formen entwickelt – die ihren Erfahrungen, ihren praktischen, emotionalen und geistigen Bedürfnissen entsprechen. Aus einem anderen Blickwinkel heraus haben sie anderes entdeckt, Neues gefunden, Altes neu betrachtet. Sie sind unabhängig geworden vom kritischen und verurteilenden Blick. Sie haben Verborgenes erkannt, Verbotenes enthüllt und Verbogenes schön gefunden. Sie haben Orte geschaffen, an denen sie sich wohl fühlen, an denen ihnen zugehört wird, an denen sie Achtung und Achtsamkeit erfahren, an denen sie lachen und weinen und reden und schweigen und streiten können – in Kirchenräumen, Wohnzimmern und Meditationszentren, zu Weihnachten und Mittsommer, mit Meditationen über die Grüne Tara, Ritualen bei Lebensübergängen, liturgischen Gesängen, intellektuellen Spielen und wilden Tanzfeiern, mehr unter sich als auch mit Männern. Sie messen Wert und Schönheit nicht mit dem unflexiblen Maßstab dogmatischer Überzeugungen, sondern mit der *lesbian rule*, dem biegsamen Metermaß der Insel Lesbos, das verwendet wird, wenn das starre Maß nicht taugt: wo es um die Spannung einer Säule geht oder um den Schwung einer Flöte oder um die Mitte, um die sich das Leben dreht.

Damit haben sie die Perspektive für alle verändert. Ihre Visionen werden im Alltag konkret – die Erfahrung von Transzendenz ist an unsere immanente Existenz gebunden. Spirituell leben, dazu gehört auch: mit wohlwollenden Blicken den eigenen Körper anschauen und sein Älterwerden freundlich und zärtlich begleiten. Der Seele Raum geben; einen Raum für sich und einen Raum der Begegnung mit anderen. Heimat finden und geben. Den anderen und die andere lieben wie sich selbst – als andere. Aufbrechen und immer wieder Ruhe finden. Von Kindern lernen. Aufnehmend schweigen. Nehmen und Geben. Und – wie die Mystikerinnen des Mittelalters – keine Angst davor haben, sich überwältigen zu lassen.

So können Blicke zum Spiegel werden für Gott, dessen Bild wir erkennen und lieben und zu fassen versuchen, überall, wie Paul Gerhardt im neu geborenen Kind: „Ich sehe dich mit Freuden an und kann mich nicht satt sehen."

Freiheit

Ruth Pfau

Freiheit – wenn man mir nur die Möglichkeit gäbe, *ein* Wort zu sagen, das für mich das Wichtigste, Kostbarste enthält, es wäre das Wort *Freiheit*. Wenn es einen Wert gibt, für den ich bereit wäre, mein Leben zu geben: dann wäre es Freiheit. Ich könnte noch einmal hungrig sein, frieren (und wie habe ich in den vierzig Jahren, die ich in Pakistan lebe, unterwegs in abgelegenen Gebirgsregionen gefroren!), sogar von Büchern abgeschnitten könnte ich leben – aber ein Leben ohne Freiheit zu führen würde ich mich weigern.

Weil Freiheit die Voraussetzung der Liebe ist.

Deshalb kann ich ohne Freiheit nicht leben, und ich kann es nicht ertragen, wenn dem anderen die Freiheit genommen wird. Und wenn ich ihm die Freiheit nicht zurückgeben kann (denn wann kann ich das schon?), kann ich wenigstens unter dem Entzug seiner Freiheit leiden. Freiheit: das ist für mich nichts Theoretisches. Freiheit zeigt sich praktisch. Konkret, im Alltag. Wie auch ihr Gegenteil.

Sind wir wirklich frei?

Gegen jeden Augenschein halte ich aufrecht: wenn wir nicht frei *sind,* hält uns doch keiner davon ab, frei zu *werden,* jeden Tag einen winzigen Schritt in Richtung Freiheit zu wagen. Dazu habe ich jeden Tag neu zahllose Gelegenheiten: indem ich andere durch meine Depressionen nicht belaste; durch Humor, wenn Frustration die Stimmung zu beherrschen droht; im ernstlichen Bemühen zu verstehen, auch wenn ich meine, da sei nichts zu verstehen –; im täglich neuen unbedingten Ja der Liebe.

Was Freiheit *nicht* ist? Es gibt da eine Geschichte, die wir einander im Marie-Adelaide-Leprosy-Center und im Lepra- und TB-Kontrollprogramm für Pakistan, wo ich arbeite, oft erzählen: Als Pakistan die Freiheit erhielt, am Tage seiner Unabhängigkeit, da feierten die Menschen ein großes Fest. Die Männer der Bergstämme tanzten in den Straßen und wirbelten ihre Stöcke über ihren Köpfen und drehten sich im Kreise – und dabei traf ein Stock die Nase eines Fußgängers an der Seite. Hör, sagte der, jetzt sei mal vorsichtig, was machst du denn da? Ich bin frei, sagte der andere, ich kann machen, was ich will, keiner hat mir etwas vorzuschreiben!

Irrtum, sagte der andere, an meiner Nase hört deine Freiheit auf!

Freiheit ist keine Willkür. Freiheit ist nicht nur für mich. An deiner Nase hört meine Freiheit auf. Oder: Deine Nase ist der Ernstfall meiner Freiheit.

Einmal besuchte mich eine Gruppe von Schulkindern. Was Freiheit für mich sei, wollten sie wissen. Schwer zu erklären. Im täglichen Leben vielleicht: dass ich frei bin von unnötigen Ansprüchen; dass ich der Wurstsorte auf dem Frühstückstisch nicht die Macht einräume, zu entscheiden, welcher Stimmung ich bin!

Und im Ernstfall: dass ich meine Überzeugung nicht verrate.

Es gab eine Situation in meinem Leben, in der ich gar nicht wusste, dass ich frei bin – vielleicht war ich da am freiesten: als die Kalaschnikow auf mich gerichtet war. Es war ein Überfall auf das Krankenhaus in Gilgit, in dem ich mit mehreren Lepra-Assistenten zu einer Weiterbildungsveranstaltung war, ein Angriff in dem in der Region schwelenden Konflikt zwischen Sunniten und Schiiten. Die meisten Lepra-Assistenten waren geflohen: nur der dunkelhäutige Sunnit Raschid war geblieben. Er war nie jemand, der wegläuft, er blieb bei mir und den Kranken. Die Station ist voll belegt. Der Angreifer ist hellhäutig, für jeden als Schiit erkennbar. Er legt auf Raschid an – ich werfe mich dazwischen. Vielleicht war ich da am freiesten, als die Kalaschnikow auf mich gerichtet war, unbewusst „gehalten" von der Liebe; als das Computerprogramm ablief, ohne dass ich etwas dazu tat; als ich Raschid Kugelschutz geben konnte – weil es eben meine Überzeugung ist, dass man sich vor den Schutzlosesten stellen muss – und erst danach merkte, was ich getan hatte. Der Schiit schoß nicht. Aber mein Leben, das ist seither nie wieder wie davor gewesen.

Freiheit: dass einen die Situation zu einer Handlung zwingt gegen die eigene Überzeugung.

Noch einmal die Frage: Ist Freiheit möglich? Sind wir wirklich frei?

Nach meinen Erfahrungen: nein. Meistens nicht.

Wie kann Shafaqat wirklich „frei" sein nach der Erfahrung, dass die Polizei in Zivil einfach an seinen Arbeitsplatz kommen kann, dass sie ihn ohne Haftbefehl mitnehmen und zwei Nächte foltern kann, bis er das „Geständnis" eines Verbrechens unterschreibt, das er nie begangen hat? Wie kann Zarina jemals wieder „frei" sein, seit ihr Mann sie fesselte und vor ihren Augen ihre sechzehnjährige Tochter zur Prostitution entführte? Wie kann das Mädchen jemals

„frei" sein, dessen erste Erfahrung von „Hingabe" die erzwungene Prostitution ist? Wie kann der alte Flüchtling aus Afghanistan jemals „frei" sein, der seine Frau und drei Söhne im Bombenkrieg verloren hat und jetzt bettelnd durch die Bazare von Quetta irrt? Wie kann ich jemals frei sein, die ich täglich diese und andere Erfahrungen mit den Opfern teile?

Frei kann man nur sein, wenn man an die Liebe glaubt und sich von der Liebe gehalten weiß. Doch wie kann man an die Liebe glauben? Kann man wirklich von uns erwarten, dass wir jeden Tag einen winzigen Schritt in Richtung Freiheit wagen? Es gehört zur Liebe, dass sie das Verrückte will: eine vernünftige Liebe ist keine Liebe. Von daher ist alles möglich. Auch: frei zu werden.

Und wenn wir unser Herz nicht verschließen und unsere Augen offen halten, dann sehen wir auch dieses:
Da hat Rafiq in eine Reihe von leeren Speiseöl-Dosen eine überschäumende Blütenpracht in die Wüste gezaubert, rot und gelb und blaßrosa und weiß, und vorher hatten wir nur diese niedrigen, dürren, abweisenden Dornbüsche um unsere Außenstation; da hält ein Dorfbub ein Zicklein auf dem Schoß und redet ihm gut zu, höre, wenn du deinen Ziegenbruder so mit den Hörnern angreifst, was wird er dann von dir denken?, da stößt er nur zurück, es ist besser, du spielst mit mir; da ist die ganze Gruppe von Lepra-Assistenten von Sonnenaufgang bis Sonnenuntergang im Sandsturm unterwegs, um die Dorfbevölkerung in diesem verlassenen Fischerdörfchen am Arabischen Meer nach Anzeichen von Lepra und drohender Erblindung zu untersuchen – und die Regierung hat ihnen, wie ich nebenbei erfahre, seit drei Monaten den Lohn nicht ausgezahlt. Ist es möglich, dass eine Gruppe von jungen Muslimen das Leitbild, den Schwächsten beizustehen, so verinnerlicht hat, dass selbst solch eine Ungerechtigkeit sie auf ihrem Weg nicht verunsichert?

Alles das ist heute geschehen.

116

Kleine Hinweise an jedem Tag: Wenn man der Liebe vertraut, geschehen Zeichen der Hoffnung in einer Welt, die so tief verwundet ist wie die unsere. Wir sollen trauern, wir müssen trauern mit all denen, deren Unrecht wir nicht ungeschehen machen können; wir müssen gegen Unrecht unsere Stimme erheben, damit es in Zukunft nicht nochmals geschieht. Aber in all dem Kampf und Bemühen dürfen wir uns nicht die Freude und Freiheit nehmen lassen, dankbar zu sein für all die unzähligen hellen und tröstlichen Dinge, die täglich geschehen, und ihnen durch unsere Freude Bedeutung und Gewicht verleihen.

Denn es ist leichter, das Gute so zu stärken, dass das Böse seine Chance verliert, als das Böse so anzugehen, dass es seine Macht verliert.

Freundschaft

Christoph Quarch

Von alters her gilt die Freundschaft als eine erstrebenswerte und zum guten Leben unweigerlich dazugehörige Form des Miteinanders von Menschen. So rühmt bereits die *Ilias* in höchsten Tönen die Freundschaft der Heroen Achilles und Patroklos, und auch bei den Pionieren der griechischen Philosophie spielt die Freundschaft – *philia* – eine zentrale Rolle. So lehrte der philosophische Mystiker Pythagoras nicht nur die universelle Verwandtschaft aller Lebewesen, er pries auch die Freundschaft als „Mutter aller Tugenden". Und von ihm stammt der in der Antike sprichwörtliche Satz *koina ta ton philon* – „Freunden ist alles gemein" (Platon, *Lysis* 207c).

Aus diesem Satz spricht eine tiefe spirituelle Erfahrung und Einsicht. Sie erschließt sich jedoch nur, wenn man ihn nicht in dem banalen Sinne deutet, dass echte Freunde Besitz und Eigentum teilen müssen. Das mag zwar zutreffen, aber es ist nicht das Entscheidende. Entscheidend für eine Freundschaft ist vielmehr, dass sie in etwas gründet, was den befreundeten Menschen gemein ist, weil es

117

über beide hinausreicht und sie auf einer anderen Ebene verbindet, die ihnen verschlossen bliebe, würden sie nicht in der Freundschaft mit ihr in Berührung kommen.

Wer einmal das Glück einer tiefen Freundschaft erfahren hat, weiß um den Zauber dieses gemeinsamen Über-sich-Hinauswachsens, bei dem die Zeit still zu stehen scheint und alles hinter dem Freund oder der Freundin zurück tritt. Es sind Augenblicke höchster Präsenz, wie sie sich etwa bei intensiven Gesprächen ereignen. So werde ich nie einen spätsommerlichen Nachmittag vergessen, an dem ich mich mit einem meiner besten Freunde in ein in die Nacht hinein reichendes Gespräch verlor, bei dem wir gemeinsam um die Wahrheit einer philosophischen Abhandlung rangen. Aber es ging nicht um die richtige Interpretation des Textes, sondern um Fragen, die uns beide im Innersten bewegten: nach dem Sinn des Lebens, nach unserem Wesenskern, nach Gott. Das Gespräch führte uns weit über uns hinaus und dabei doch mitten in uns hinein. Und eben dort entdeckten wir das Gemeinsame, das uns bei allen – durchaus vorhandenen – Meinungsunterschieden auf eine Weise verbindet, die unsere beschränkten Ich-Identitäten überstrahlt. Es waren dies einige der glücklichsten Stunden meines Lebens – und heute weiß ich, dass mir in ihnen eine spirituelle Erfahrung geschenkt wurde.

Es ist diese spirituelle Dimension der Freundschaft, die Michel de Montaigne im Blick hat, wenn er bemerkt: „In einer Freundschaft, wie ich sie meine, geht eine vollständige Verschmelzung der zwei Seelen miteinander vor sich … Die Zweiheit ist verschwunden". Die Ausrichtung auf das eigene Ego tritt bei den Freunden zurück. Sie verlieren sich ineinander und sie verschmelzen in einer Gemeinsamkeit, die ihren Grund – und das ist das Entscheidende – nicht im jeweiligen Willen der beiden Personen hat. Die Freundschaft transzendiert die Freunde – sie führt sie über die Grenzen ihrer Ich-Identität auf eine gemeinsame Wirklichkeitsebene, die ihre Zweiheit aufhebt und in genau diesem Sich-Verlieren im Gemeinsamen ein überwältigendes Glück bereit hält.

Es kommt dabei nicht so sehr darauf an, wie die gemeinsame, höhere Wirklichkeitsebene beschrieben oder erfahren wird. Es kann dies – wie mit meinem Freund – der gemeinsame Raum des Fragens oder Denkens sein, es kann dies eine geteilte religiöse Erfahrung sein oder es kann die gemeinsame Ausrichtung auf das Gute sein. Letzteres jedenfalls ist in den Augen des Aristoteles – von dem die wohl berühmteste philosophische Abhandlung über die Freundschaft stammt – das eigentliche Charakteristikum einer vollkommenen Freundschaft. In ihr, so schreibt er in der *Nikomachischen Ethik*, treffen zwei Menschen aufeinander, die einander nur Gutes wünschen und um dieses Guten willen die Freundschaft unterhalten. Das Gute ist so gesehen das gemeinsame Dritte, das die Freundschaft trägt und die Freunde über die Grenzen ihrer individuellen Interessen hinausführt. Darin unterscheidet sich die vollkommene Freundschaft laut Aristoteles von anderen, weniger vollkommenen Arten, die zwar auch auf ein gemeinsames Drittes als ihr jeweiliges Ziel ausgerichtet sind, das aber die Partner nicht über sich hinausführt: der gemeinsame Nutzen, wie er bei Geschäftsfreunden dominiert, oder das geteilte Vergnügen, das Sportlerfreundschaften und dergleichen auszeichnet.

Die vollkommene Freundschaft führt die befreundeten Menschen über sich hinaus und vereint sie in einem gemeinsamen Dritten – eben dies unterscheidet die Freundschaft von der erotischen Liebe. Denn Eros spielt immer nur zwischen zweien: der geliebten Person und dem Liebhaber. Er ist ein „göttlicher Wahnsinn" und in diesem Sinne eine transzendierende Kraft; aber der von Eros ergriffene Mensch verliert sich eben ganz in der von ihm geliebten Person und nicht in einem mit dieser geteilten, gemeinsamen Dritten. Das bedeutet keineswegs, dass eine erotische Beziehung nicht auch eine freundschaftliche Beziehung sein kann. Viele glückliche Beziehungen zwischen Frauen und Männern gründen sowohl in einer erotischen Liebe als auch in einer Freundschaft.

Über viele Jahrhunderte galt im europäischen Denken die Freundschaft freilich als reine Männerdomäne. Doch es gibt Ausnahmen. Sie begegnen im Bereich der Religion, genauer: in der Mystik. Berühmt sind die Freundschaften zwischen Franz von Assisi und Klara, zwischen Teresa von Avila und ihrem Beichtvater Gracián, zwischen Franz von Sales und Johanna von Chantal.

Gemeinsam ist diesen Freundschaften, dass sie ihren Grund in der geteilten Erfahrung der erlebten Präsenz des Göttlichen in der mystischen Versenkung haben. Gott selbst ist im Verständnis dieser Freundinnen und Freunde Ursprung und Quelle ihrer Freundschaft – und sie entdecken diesen Gott gerade in ihrem freundschaftlichen Miteinander. Die Freundschaft ist ihnen daher zugleich Mittel und Resultat ihrer mystischen Erfahrung der sie übersteigenden Wirklichkeit Gottes. So nimmt es auch nicht wunder, dass eine Teresa von Avila – wie viele andere Mystikerinnen auch – Gott oder Jesus als ihren „Freund" verstehen konnte. Bei alledem kann jedoch nicht verschwiegen werden, dass in der christlichen Welt die Freundschaft unter Menschen oft als etwas beargwöhnt wurde, das die gebotene Gottesliebe gefährde. Dass beide einander ergänzen beziehungsweise in der vollkommenen Freundschaft in eins fallen, wurde dabei geflissentlich ignoriert.

Vollkommene Freundschaften kann man nicht machen. Wie jedes andere spirituelle Erlebnis auch werden sie einem gerade darin zuteil, dass sie nicht gewollt, sondern zugelassen werden. Sie geschehen, oder sie geschehen nicht. Freundschaften setzen daher die Fähigkeit zum Loslassen des eigenen Ich voraus. Und das Einmalige und Wunderbare an ihnen ist, dass dies in einem Prozess des wechselseitigen Mitnehmens und Einander-Stärkens geschieht.

Gebet

Beatrice Grimm

Gott, auf der Suche nach Dir, auf der Suche nach dem Sinn des Lebens verblassen die Bilder, die ich von Dir hatte, und Worte die sich an Dich richten, schmecken schal. Da, wo ich Dich denke, bist Du nicht. Gott, wo bist Du?

Immer wieder fragen Menschen: „Wie kann ich heute noch beten?" Was bringt heute eine Membran zum Schwingen, die in unserer satten Gesellschaft verloren gegangen zu sein scheint? Religionslehrer erzählen, dass in Jugendlichen eine große Sehnsucht nach Religiosität da ist. In einer rational verstandenen Existenz macht das Leben keinen Sinn. Da fühlen wir uns nicht ganz. Unser Innerstes klopft immer wieder bei uns an, beunruhigt uns und sagt, dass es noch etwas Größeres, Erfüllenderes gibt. Viele Menschen haben noch eine Ahnung von Heimat, die jenseits des rationalen Erfassens liegen muss.

Beten heißt, zu dieser Heimat jenseits des Begreifens Kontakt aufzunehmen. Dieser Heimat wurden viele Namen gegeben: Gott, Vater, Herr, Gottheit, Wesenheit, Wesensnatur, Absolutes, Leerheit oder Jahwe, Allah, Ahura Mazda, Brahman, aber auch Göttin, Pachamama, Mutter Erde. Alle Namen sind Hinweise auf dieses ganz Andere, das zu unserer Ganzheit gehört. Wir rufen es an, wir bitten, wir loben, wir danken, wir geben uns hin und wir vertrauen.

In einer Aufsehen erregenden Studie versuchte 1988 der amerikanische Kardiologe Randy Byrd, Professor an der University of California, mit wissenschaftlichen Methoden die Frage zu klären, ob Beten hilft. Er organisierte für 393 Patienten seiner Klinik Gebetsgruppen. Im ganzen Land wurden Fürbitter (Protestanten, Katholiken und Juden) mobilisiert. Ihnen wurden die Namen, die Diagnosen und der Gesundheitszustand der Patienten mitgeteilt, für die sie beten sollten. Auf jeden Patienten der Gruppe, für die gebetet wurde, entfielen fünf bis sieben allein oder in Gruppen Betende. Das Ergebnis der Studie war verblüffend: Patienten, für die gebetet wurde, benötigten signifikant weniger Antibiotika, erlitten seltener Lungenödeme, mussten weniger häufig künstlich beatmet werden und hatten einen signifikant niedrigeren Krankheits-„Score".

Vielleicht wirken die Gebete nicht so, wie wir als Kinder geglaubt haben: dass Gott jemandem etwas gibt, weil wir ihn darum bitten. Es ist vielmehr so, dass wir heilende und helfende Energien mobilisieren, wenn wir mit Wohlwollen und Liebe da sind und für andere beten. Mein chinesischer Meister für Qigong Yangsheng, Professor Jiao Guorui, sagte einmal: „Da, wo dein Herz ist, sind deine Gedanken; da, wo deine Gedanken sind, entsteht die Kraft, und da kann das Leben sich entfalten."

In den letzten Jahrhunderten wurde vor allem ein Weg über den

Intellekt zu den Dingen entwickelt. Die Welt wurde wissenschaftlich, das heißt von außen, betrachtet und untersucht. Dieser Weg zu den Dingen hat den Weg zum Sein verdunkelt. Der Weg ins Sein aber führt über den Körper, über Atem, Sitzen, Schreiten, Tanzen, Laute, Körperhaltungen. Unser tiefstes Wesen ist sehr viel stärker, als wir lange gemeint haben, in unserem Körper beheimatet. Die Einheit von Bewusstsein und Materie wird sichtbar und erlebbar im Körper. Er ist der Resonanzboden des Bewusstseins. Ohne Instrument kann keine Musik erklingen. Unser Bewusstsein spielt viel reiner auf dem Instrument Körper als auf dem Instrument Verstand. Der Verstand schiebt sich oft störend dazwischen.

Spirituelle Wege setzen im Körper an: Der Lotossitz in den östlichen Wegen macht in Rücken, Nacken, Kopf, Beinen und Händen eine innere Haltung äußerlich sichtbar. Die Tausende von Niederwerfungen der Tibeter, die Mudras, die als symbolische Gesten einen spirituellen Inhalt mit einer äußeren Haltung verbinden, die Asanas des Yoga – Körperhaltungen, die durchlässig machen. Die Körperbewegungen der Sufis, Verneigungen und Niederwerfungen, die Tanzdrehungen der Derwische, und bei den Juden die Tänze der Chassidim zeigen die Bedeutung des Körpers im mystischen Gebet.

Im Christentum findet man nur verstreute Hinweise auf Körperlichkeit. Die – im Grunde nicht biblische – Leib- und Frauenfeindlichkeit der frühen Kirche und die dominante Rolle des Rationalismus der Neuzeit haben dazu geführt, dass es im westeuropäischen Raum kaum eine Kultur des religiösen Ausdrucks durch den Körper gibt, geschweige denn eine Tradition. Doch sind Bruchstücke zu finden.

„Wo der Geist den Körper bewegt, wird er seinerseits vom Körper bewegt." Dieser Satz in katalanischer Sprache stammt von einem unbekannten Verfasser um 1270, der „Die neun Gebetsweisen des Heiligen Dominikus" beschrieb. Es wird beschrieben, wie Dominikus stundenlang aufrecht stand und sich abwechselnd wieder hinkniete oder sich in eine andere Körperhaltung zum Gebet begab. Er war ein Mystiker, der sich über seinen Körper erfuhr und ausdrückte. In seinen Gebetsweisen lässt sich das Körpergebet des Islam wiedererkennen. Wenn wir diese Spur zurückverfolgen, treffen wir auf die Wüstenmütter und Wüstenväter. Überlieferte Schriften machen deutlich, dass auch sie weniger mit Worten als mit dem Leib beteten. Altvater Makarios antwortete auf die Frage, wie man beten soll: „Es ist nicht notwendig, viele Worte zu machen; es genügt, die Hände erhoben zu halten." Im Gebet sollte der ganze Mensch mit Gott in Beziehung treten.

Wir machen immer wieder den Unterschied zwischen Geist, Seele und Körper. Wir haben vergessen, dass wir nicht nur einen Körper haben, sondern dass wir Körper sind. Gebetsgebärden verkörpern dieses ganzheitliche, seelisch-geistige Geschehen in einfachster Form. Die Gebärde ist nicht nur Ausdruck der Verbindung mit dem Göttlichen. Sie ist diese Verbindung.

Das Körpergebet ist so alt wie die Menschheit – wie das Bedürfnis des Menschen, sich mit dem Göttlichen zu verbinden. Die Gebärde ist Urform der Sprache. Man nimmt an, dass der Mensch der Urzeit in Symbiose mit seiner Umgebung sich durch Gebärden verständigte und auf diese Weise auch den Kontakt mit dem Göttlichen suchte. Den Menschen, gleichviel welcher Kultur und welcher Zeit sie angehören, sind gleiche Gebetshaltungen bekannt. In Indien gibt es Mudras, die identisch sind mit dem Gestus christlicher Ikonen. Es sind Urbilder der Menschheit, Urgebärden der Menschheit. Die menschliche Gestalt selbst ist Urbild.

Körperhaltungen drücken eine innere Wahrheit aus. Eine Gebärde kann man nicht verzerren wie Worte. Ein Gebet, das durch den Körper ausgedrückt wird, scheint von tiefer zu kommen als das Beten über den Verstand. Der Körper führt uns in die Gegenwärtigkeit. Gegenwärtigkeit führt ins Sein. Wir sind entweder als Mensch ganz gegenwärtig, oder wir sind nicht Mensch in ganzer Fülle. Wenn man den viel gerühmten neuen Menschen charakterisieren wollte, dann als einen, der die Gabe des Gegenwärtigseins besitzt.

Diese Gegenwärtigkeit kann man nicht machen, nicht denken und kaum beschreiben. Sie ist immer da, gleichgültig wo wir sind. Meister Eckhart predigt: „Das Aller-beste und Aller-edelste, wozu man in diesem Leben kommen kann, ist, wenn du schweigst und Gott wirken und sprechen lässt."

Das Gebet im Schweigen braucht keinen besonderen Platz, keinen Tempel. Es soll einfach und wiederholbar sein und soll den

Menschen auch in seiner körperlichen Dimension ergreifen. Grundlage ist die Achtsamkeit im Hier und Jetzt. Das Bewusstsein wird an einem Punkt gesammelt. Unser Ich braucht einen Punkt, an den es sich halten kann. Ein solcher Punkt kann sein: der Atem, ein Wort, ein Klang, ein Schritt, ein Tanz, eine Bewegung, der Körper, einzelne Teile des Körpers oder eine Körperhaltung. Aktivität ist nicht gefragt. Es ist eher ein Geschehenlassen. Zu Beginn kann ein Schlüssel zu dieser Gebetsübung das Spüren sein.

Eine andere Gebetsübung im Schweigen führt zur Entleerung des Bewusstseins. Nichts, was im Bewusstsein auftaucht, wird angenommen. Man versucht leer zu bleiben. Bei jeder Ablenkung kehrt man zur Leere zurück. Auch diese Übung gibt es in fast allen Traditionen. Bei Johannes vom Kreuz heißt sie „reine Aufmerksamkeit" oder „liebendes Aufmerken". Teresa von Avila nennt sie „Gebet der Ruhe". Die „Wolke des Nichtwissens" nennt sie „Schauen ins nackte Sein". Symbole für diese Stille sind die Wüste, die Nacht oder die dunkle Wolke.

Grundlage ist das Hören der Stille. Es ist ein Spüren in den Raum. Ein Spüren, wie wir da sind in unserem Körper, in dieser Körperhaltung, und über die Haut hinaus in den Raum um uns. Ein Spüren, wie wir jetzt da sind, um die Stille zu hören.

Wenn Sie diese Zeilen gelesen haben, lassen Sie sich einladen, das Buch für einen Moment zur Seite zu legen:

Spüren Sie, wie Sie jetzt da sind in diesem Augenblick ... Denken Sie nicht. Spüren Sie.

Nehmen Sie Ihre Füße wahr, spüren Sie den Boden unter Ihren Füßen ... Ihre Beine ... Nehmen Sie wahr, wie Sie dasitzen: Ihren Rücken ... Schultern ... Nacken ... Kopf ... Gesicht ... Die Augen halb geöffnet oder geschlossen ... Der Atem strömt natürlich durch die Nase oder Nase und Mund ... Der Kiefer ist gelöst ... Der Mund ist entspannt, leicht geschlossen ... Die Zunge liegt natürlich und frei in ihrem Bett ... Spüren Sie Hals ... Brust ... Bauch ... Becken ... Nehmen Sie Ihre Arme wahr ... Ihre Hände ...

„So bin ich jetzt da. Ich höre die Stille. Ich höre die Stille ... – immer wieder: Höre die Stille ... Ich höre die Stille hinter den Geräuschen ...

Höre die Stille … Es tauchen Gedanken auf – ich lasse sie stehen und höre die Stille … Es kommen Erinnerungen und Gefühle, ich lasse sie stehen – und höre die Stille … Ich spüre die Stille … Höre die Stille …

Das Gebet der Einfachheit: Hingabe an das, was ist.

In einem außerkoranischen Wort spricht Gott: „Wenn du dich mir stetig näherst und dies mit ganzer Hingabe tust, bis du eins wirst mit meiner Liebe, dann bin ich das Ohr, mit dem du hörst, das Auge, mit dem du siehst, die Hand, mit der du greifst, und der Fuß, mit dem du gehst." Willigis Jäger beschließt Gottesdienste oft mit dem Gebet: „O Gott, lass uns erkennen, dass es nicht unser Leben ist, das wir leben, sondern dass es Dein Leben ist, das wir leben."

Tiefstes Gebet ist, selbst Gebet zu *sein*. Wir suchen Gottes Wesenheit immer irgendwo. Sie ist uns näher, als wir uns selber sind. Sie ist die Betende. Wir haben sie durch uns beten zu lassen, wo immer wir auch sind, was immer wir auch tun. Angelus Silesius sagt: „Gott tut im Heil'gen selbst / all's, was der Heil'ge tut, / Gott geht, steht, liegt, schläft, wacht, / isst, trinkt, hat guten Mut."

Das ist einfach, aber nicht leicht. Denn meistens sind wir mit unseren Gedanken schon in der Zukunft oder hängen der Vergangenheit nach. Das Gebet der Einfachheit lädt ein, sich ganz diesem gegenwärtigen Augenblick hinzugeben: Nur zu gehen, wenn wir gehen; nur zu stehen, wenn wir stehen; nur zu essen, wenn wir essen. Der Weg beginnt mit kleinen Schritten in unserem Alltag, sei es beim Gehen, beim Joggen, beim Warten. Wie oft warten wir: an einer roten Ampel, an der Bushaltestelle, in der U-Bahn, im Wartezimmer, in der Einkaufsschlange. In jedem Moment haben wir die Chance, nicht zu warten, sondern einfach zu spüren und mit offenen Augen ganz gegenwärtig da zu sein. Nur dazustehen. Stehen als Gebet. Stehen zu werden. Stehen zu sein. Dasein als Gebet.

Geburt

Gabriele Hartlieb

So viel Anfang ist nie wieder. So viel Zukunft. So viel Wunder. So viel Hoffnung und Unvorhersehbares. Ein neues Leben ist geboren, und alles ist möglich. Die Stunden davor: Erwartung und Anstrengung und Sorge und absolute Konzentration auf diese eine schwierige, schmerzhafte Aufgabe: das Kind zur Welt zu bringen. Wird es rasch auf die Welt drängen oder sich Zeit lassen? Wird es zögern, die schützende, warme, eng gewordene Hülle zu verlassen? Wird es gelockt werden müssen und gerufen und vielleicht sogar gezerrt, bis es langsam und fast widerstrebend den Mund zum ersten Atemzug öffnet? Oder wird es neugierig mitschwimmen auf den rhythmischen Wellen, die es in eine völlig neue Welt tragen? Wie wird es aussehen? Erschöpft wird es sein und erstaunt wie die Eltern. Die Augen öffnen und schnell wieder schließen. Einfach da sein. Ans Licht gekommen. Ganz es selbst. Ganz abhängig. Ganz Anfang.

Nicht alle Frauen sind Mütter, oder Männer Väter; und Elternschaft, sicherlich ein wichtiger Aspekt der Persönlichkeit, ist nie ihr einziger. Geborenwerden aber: das ist eine Erfahrung, die wir alle gemacht haben. Doch weil wir mit dem Kopf an unsere eigene Geburt nicht so recht herankommen – vorbewusst und vorsprachlich erlebt, entzieht sie sich unserer Erinnerung, entschwindet in der Ungreifbarkeit unserer allerersten Lebenszeit – denken wir, statt unser Geborenwerden zu spüren, vielleicht an die Geburt „aus Wasser und Geist", von der Johannes Jesus sprechen lässt (Joh 3). Von dieser neuen, geistigen „Wieder"-Geburt ist in der christlichen Theologie viel gesagt worden. Sie hat Körper und Geist getrennt, und der mächtige Dualismus führte auch zur Isolierung der Schöpferkraft, *creativity*, von der Fruchtbarkeit, *procreativity*. „Freiheit" wurde mit Geist und Seele assoziiert, der Körper als Gefängnis gesehen – bis in unsere Tage. „Sich unaufhörlich auf eine Welt zu beziehen, in der noch nichts sich herabgelassen hat aufzutauchen, in der man das Bewusstsein vorausahnte, ohne es zu begehren, sich in der Virtualität wälzte, in der nichtigen Fülle eines Ich vor dem Ich ... Nicht geboren sein, schon der Gedanke daran – welches Glück, welche Freiheit, welche Weite!", meint Émile Cioran. Doch wie schmeckt das Glück ohne Sinne, wie spüre ich Weite ohne meinen Körper? Ist Freiheit Bewusstlosigkeit?

Wir denken an geistige, unkörperliche Geburten. Eine Idee zu haben und zu empfangen, mit ihr schwanger zu gehen, ein Werk – aus Worten, Tönen, Farben, aus Holz, Ton oder Gold – zu gebären und der Welt zu zeigen: Schwangerschaftsbeschwerden, Geburtsschmerzen, Feiern des Neuen und Elternstolz sind ähnlich der überwältigenden leibhaftigen Erfahrung. Doch nicht das Bild ist das Eigentliche, nicht die Metapher, nicht die Kopfgeburt. Die eigentliche Erfahrung ist: Wir sind Geborene; zur Welt gekommen, um anzufangen. „Weil jeder Mensch auf Grund des Geborenseins ein *initium*, ein Anfang und Neuankömmling in der Welt ist, können Menschen Initiative ergreifen, Anfänger werden und Neues in Bewegung setzen" (Hannah Arendt).

Es ist wichtig, sich mit seiner Sterblichkeit zu beschäftigen. Wer sich seine Vergänglichkeit vor Augen halte, gewinne ein weises Herz, heißt es im 90. Psalm, lerne also langsam das Unterscheiden zwischen Wesentlichem und Unwesentlichem. Schließlich geht, wer geboren wurde, dem Tod entgegen – und spürt die Verletzlichkeit und Gefährdetheit des Lebens. Alle Religionen behandeln ausführlich das Phänomen der Sterblichkeit, sagen vieles über die Unsterblichkeit.

Doch was würde es für das spirituelle Leben bedeuten, wenn wir uns nicht als Sterbliche, sondern vor allem als Geborene erlebten? Wir würden das Leben anders feiern. Wir würden unser Eingebundensein in das Netz des Lebens spüren. Alle sind wir Söhne oder Töchter, von Frauen geboren: Durch die Geburt sind wir verbunden mit jedem anderen menschlichen Wesen – der Vergangenheit, der Gegenwart und der Zukunft. Wir würden unser Leibsein ernst nehmen: jeder und jede einzigartig, verschieden und doch ungetrennt miteinander verbunden. Und eine solche Verbundenheit lässt uns einander tragen und auffangen. Weil wir einmal angefangen haben, können wir immer wieder neu anfangen. Wir können uns selbst mitnehmen von der Vergangenheit in die Gegenwart in die Zukunft, nicht nur als sich wandelndes Lebensabschnitts-Ich, sondern als leibhaftige Menschen, die klein und hilflos waren; für die gesorgt wurde; deren Welt immer weiter wurde; die sich selbst entdeckten, größer wurden, erwachsen, weiterfragend und immer sich verändernd. Deren Körper die Spuren der Zeit trägt. Deren Geist größer werden will. Deren Seele freier. Die sich immer, kindlich, nach Geborgenheit sehnen. Nach dem Ort, an dem alles gut ist. Als solche Menschen können wir, Männer und Frauen, mütterlich sein auch zu uns selbst. Als Geborene sind wir nie kinderlos. „Seine Hand ruhte auf meinem Bauch, schön und dunkel, und wenn dort ein Baby gewesen wäre, hätte ich zu ihm gesagt, fühle, wie es sich bewegt, und ich hätte seine Hand festgehalten ... ein Staunen erfüllte mich ... ein gleichgültiges, bitteres Staunen über all die Metamorphosen, die mich noch erwarteten, ich fühlte sie im Bauch wie das Strampeln eines Kindes, so viele Metamorphosen, um am Schluß doch nur mehr oder weniger ich selbst zu sein" (Zeruya Shalev).

Mehr oder weniger ich selbst: Als Geborene nehmen wir menschliches Dasein in seiner konkreten und verkörperten Gestalt wahr. Wir sind unser Körper. Unsere Haut trennt uns von der Welt und verbindet uns mit ihr. Unsere Sterblichkeit einseitig zu betonen, das kann dazu führen, gleichgültig zu werden gegenüber der Welt und dem Leben – da wir ja doch alles loslassen müssen. Uns und alle Menschen und vor allem die nach uns kommenden aber als Geborene zu begreifen, mit denen ein immer neuer Anfang geschieht, weckt in uns leidenschaftliche Liebe für diese Welt und Sorge für sie, inspiriert uns zu unserer ganz eigenen, einmaligen Weise, ihr nachzukommen. „Dass man in der Welt Vertrauen haben und dass man für die Welt hoffen darf, ist vielleicht nirgends knapper und schöner ausgedrückt als in den Worten ... ‚Uns ist ein Kind geboren'" (Hannah Arendt).

Gefühle

Daniela Tausch

Gefühle sind Lebensäußerungen, Rückmeldungen und Wegweiser aus unserem Inneren. Schon von Geburt an haben wir ein reichhaltig differenziertes Gefühlsleben. Wenn wir unsere Gefühle wahrnehmen und auch ausdrücken, können wir dadurch unsere Bedürfnisse anderen mitteilen und uns für die Erfüllung unserer Bedürfnisse einsetzen. Sie sind also ein wichtiges Mittel der sozialen Kommunikation. Gefühle bereichern unser Leben, machen es lebenswert. Lassen wir die Lebensenergie der Gefühle frei fließen, so ist unser Leben reich und voll. Verdrängen wir Gefühle, so binden sie sehr viel Energie und setzen sich im Körper fest.

In unserer Gesellschaft haben wir es nicht gelernt, mit unseren Gefühlen umzugehen. Wir wurden früh dazu erzogen, unsere Gefühle vor uns selbst und auch vor anderen zu verleugnen, indem uns eingeredet wurde, dass unsere Gefühle nicht richtig oder lächerlich sind oder uns bestimmte Gefühle wie Wut, Ärger, Enttäuschung, auch zu überschwängliche Freude oder Lust verboten wurden. Dadurch wurde uns unser Vertrauen in unsere Gefühle genommen.

Wenn wir bestimmte Gefühle nicht haben wollen, verschwinden sie nicht. Es gibt sie weiterhin, nur kostet es uns viel Lebensenergie, sie zu unterdrücken. Wir wehren sie vielleicht durch übermäßiges Essen, Alkohol, übermäßigen Fernseh- oder Computerkonsum oder auch Drogenmissbrauch ab, oder wir flüchten in zahlreiche Aktivitäten und große Leistungen, um ja nichts zu spüren. Wir haben dann manchmal das Gefühl, dass unser Leben leer und schal ist, dass uns etwas fehlt und wir nur noch funktionieren. Indem wir Gefühle wie Wut, Traurigkeit, Angst unterdrücken, reduzieren wir damit auch unser Empfinden der Freude, Lebendigkeit und Liebe. Manchmal gibt uns auch unser Körper das Zeichen, indem er psychosomatisch mit Migräne, Bluthochdruck oder Magenverstimmungen reagiert und sagt, dass er so nicht mehr kann und will. Unbearbeiteter Schmerz, aufgestaute Wut, tiefste Verletzungen, die wir als Kind erfahren haben, sind mächtige unbewusste Kräfte, die uns prägen, uns Lebensenergie und Lebensfreude rauben.

Es kann sogar sein, dass bei unserer Entscheidung für einen spirituellen Weg eine große Rolle die Hoffnung spielt, nicht mehr mit unseren Gefühlen der Einsamkeit, der Eifersucht, der Selbstunsicherheit, der übermäßigen Angst, der Wut oder mit anderen belastenden Gefühlen konfrontiert zu sein.

Doch für ein spirituelles Leben brauchen wir ein offenes, empfindendes Herz. Wir können es nicht durch Praktiken wie Gebete oder Meditation einfach nur für *eine* Gefühlsrichtung wie Liebe und Mitempfinden öffnen. Das Ziel eines spirituellen Lebens ist nicht göttliche Verzückung, Abkehr vom Leben oder Erleuchtung, sondern es geht darum, unser Herz für uns und den anderen zu öffnen und tiefe Ehrfurcht vor dem Leben zu entwickeln. Übertragen wir nicht allzu oft die ehrgeizigen Ziele unserer Gesellschaft nach Leistung und Erfolg auch auf unser spirituelles Leben und meinen, wenn wir dort genug leisten, wenn wir nur lange genug meditieren, beten, fasten, schweigen, könnten wir dem Göttlichen näher kommen, als wenn wir unseren Weg mit Herz gehen? Aber vielleicht sind wir viel spiritueller, wenn wir uns über den Sonnenaufgang oder ein schönes Essen freuen, als wenn wir gequält dasitzen, nur weil unser Ehrgeiz es uns vorschreibt. Carlos Castaneda schreibt: „Schau dir jeden Weg genau und bewusst an. Probiere ihn so oft aus, wie du glaubst, dass es notwendig ist. Dann frage dich – und nur dich: Hat dieser Weg ein Herz?" Auch Blaise Pascal gibt dem Herzenswissen den Vorrang, wenn es darum geht, Gott zu erfahren. Er schreibt: „Das Herz hat ein Verstehen, das der Verstand nicht kennt."

So besteht der spirituelle Weg ganz wesentlich darin, sich den eigenen Gefühlen zu stellen und sich von ihnen verwandeln zu lassen. Es ist wichtig, dass wir unser Herz nicht für sie verschließen, sie abwehren, sondern dass wir sie uns selbst eingestehen, zulassen und uns so langsam mit ihnen anfreunden. Wir können dann nach und nach die Erfahrung machen, dass sich unsere so genannten negativen Gefühle wandeln, indem wir sie zulassen: Wut verwandelt sich oftmals in Schmerz oder Stärke, Schmerz verwandelt sich in Tränen, und unsere Tränen fließen lange, bis wir irgendwann an das Ufer der Freude kommen.

Unsere heftigen Gefühle sind wie Strudel im Fluss unserer Lebensenergie. Wenn wir versuchen, gegen sie anzukämpfen, verlieren wir irgendwann die Kraft, wenn wir es jedoch wagen, uns diesem Strudel zu überlassen, so zieht er uns in die Tiefe, auf den Boden, und von hier haben wir die Kraft, uns abzustoßen und wieder ans Ufer zu schwimmen.

So sagt eine Mutter: „Nach dem Tod meines Sohnes war ich unendlich verzweifelt. Ich wollte selbst auch gar nicht mehr leben. Es hat mir dann sehr geholfen, all meine Gefühle sehr direkt auszudrücken: Ich habe immer wieder einfach auf dem Boden gelegen und laut geweint, nach ihm gerufen, aber auch mit Gott gewütet und gehadert und mit einem Handtuch auf ein Kissen eingeschlagen. Manchmal bestand ich nur aus Zorn, dann wieder nur aus Trauer, Verzweiflung und Resignation. Aber nach jedem ‚Gefühlsausbruch‘ ging es mir wieder besser, merkwürdigerweise fühlte ich mich irgendwie von Gott getragen und begleitet. Indem ich meinen Gefühlen gefolgt bin, habe ich langsam gelernt, den Verlust zu akzeptieren, und inzwischen lebe ich auch wieder gerne und ich glaube mit viel mehr Gefühlsfülle als vorher. Ich habe mich und meine Gefühle dazugewonnen.“

In so genannte dunkle Gefühle zieht Licht ein und sie verändern sich, wenn wir sie zulassen und wahrnehmen, ohne sie gleich zu werten. Dadurch lernen wir, sie zu verstehen, und erkennen, dass sie oftmals einen Bezug zu vergangenen Erfahrungen haben und aufgrund unserer eigenen Geschichte verstehbar sind.

War die Tür zu viele Jahre verschlossen, so können sich Gefühle in uns abgekapselt haben. Dann ist es hilfreich, sich für diesen Weg therapeutische Hilfe zu suchen, jemanden, dem dieser Weg zu den Gefühlen vertraut ist, der uns begleiten und ermutigen kann. Gerade auf dem spirituellen Weg kommen starke Gefühle, verborgene Teile von uns auf. Der buddhistische Meditationsmeister Achaan Chah sagt: Wenn du nicht viele Male aus tiefstem Herzen geweint hast, hat deine Meditation noch nicht wirklich begonnen.

Wenn wir unseren eigenen Schmerz und Kummer zulassen, können wir auch an dem Schmerz der anderen ganz anders teilnehmen.

Unser Mitempfinden mit dem anderen wächst, denn jetzt können wir den Schmerz, die Wut, die Angst des anderen mit unserem eigenen Empfinden verstehen. Die engen Grenzen unseres Egos weiten sich; wir erfahren Verbundenheit und Einssein.

Dieser Weg ist einerseits ein ganz persönlicher Weg; aber er ist auch mehr als das, weil wir alle diese Gefühle in uns haben.

Der Kern des spirituellen Lebens besteht also darin, uns selbst und dann auch andere anzunehmen. Dann öffnet sich unser Herz für uns selbst und für den anderen, was eine zutiefst religiöse Erfahrung ist.

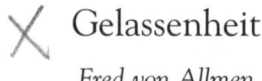

Gelassenheit

Fred von Allmen

Um unser Leben erforschen und verstehen zu können, müssen wir achtsam, wach und gegenwärtig sein. Tiefes Gewahrsein und stetige Achtsamkeit sind Voraussetzung, reichen aber nicht, um uns selber nachhaltig zu verändern. Es braucht auch das Kultivieren einer positiven inneren Haltung, durch die wir lernen, uns selbst und anderen auf weise und liebevolle Art zu begegnen. Es ist die innere Haltung der liebevollen Gelassenheit.

Wir alle möchten glücklich sein – nicht leiden. Deshalb versuchen wir ständig, tagaus, tagein, in jedem Moment, Angenehmes zu erlangen und Unangenehmes zu vermeiden.

Wir haften an angenehmen Erfahrungen des Körpers mit lustvollen Empfindungen, solchen des Hörens von angenehmen Worten und Klängen, des Sehens schöner Dinge, des Riechens feiner Düfte, des Schmeckens schmackhaften Essens und Trinkens, des Fühlens lieblicher Gefühle und des Denkens angenehmer Gedanken. Sind sie vergangen, verlangen wir erneut nach mehr von diesen angenehmen Erfahrungen.

Andererseits verdrängen, vermeiden, verurteilen, hassen und ärgern wir uns über unangenehme Erfahrungen des Körpers, wie Schmerzen, solche des Hörens von Lärm oder Kritik, des Sehens hässlicher Dinge, des Riechens von üblem Geruch und Gestank, des Schmeckens von schlechtem Essen sowie des Denkens unangenehmer Gedanken und des Fühlens schmerzhafter Gefühle. Dazu kommt die Angst vor möglichen zukünftigen unangenehmen Erfahrungen.

Kurz gesagt: Wir alle sind ständig damit beschäftigt, Angenehmes zu erlangen und Unangenehmes zu vermeiden. Das sind an sich völlig normale Verhaltensweisen. Aber gerade diese Reaktionsweisen sind die Ursache für unsere größten Schwierigkeiten im Leben: für Kummer, Sorgen, Ängste, Konflikte, Bedrückung, Einsamkeit, Wut und Hass, Sehnsucht, Trauer, Verwirrung, Aufruhr und Qual. Durch sie entsteht enormes inneres Leiden. Wie Aldous Huxley bemerkt haben soll: „Etwa ein Drittel des menschlichen Leidens ist unvermeidlich. Die anderen zwei Drittel entstehen durch unsere missglückten Versuche, das erste Drittel zu vermeiden."

Wahrscheinlich kann man den Anteil des unvermeidlichen Leidens noch geringer ansetzen. Buddha lehrte, dass es möglich ist, sich vollständig von jeglicher Art inneren Leidens zu befreien.

Diese Art von innerer Reaktivität, von Anhaftung und Abneigung, ist die denkbar ungeschickteste Art, mit sich und mit dem Leben umzugehen. Wer wüsste nicht, dass es unendlich viel nützlicher wäre, sich selbst und anderen gegenüber weise, liebevoll, heiter, gelassen und feinfühlig zu sein.

Gleichmut, inneres Gleichgewicht, liebevolle Gelassenheit, innere Geräumigkeit – alles Eigenschaften, die wir brauchen oder uns wünschen. Es ist diese innere Haltung, die auf dem Konfliktfeld unseres Herzens und Geistes Frieden möglich macht. Eine Anleitung aus dem Zen schlägt vor: „Lass den Vogel im unermesslichen Himmel deiner Gelassenheit fliegen. Befreie den Fisch im bodenlosen Ozean deiner Toleranz."

Was ist diese Gelassenheit, dieser Gleichmut nun genau? Wörtlich bedeutet Gleichmut: „unparteiisches Wahrnehmen". Es ist das Wahrnehmen eines Objektes beziehungsweise einer Erfahrung mit ausgeglichenem Herzen und Geist. Gelassenheit, im Idealfall, ist frei von allen Formen von Anhaften oder Verlangen; frei auch von sämtlichen Formen der Abneigung oder des Hasses. Das bedeutet auch: Freisein von Erwartungen und Befürchtungen. Gelassenheit ist auch jene innere Qualität, die ohne große Anstrengung einerseits Ruhelosigkeit und anderseits energielose Dumpfheit verhindert.

Gelassene, gleichmütige Menschen sind auch frei von Verwirrung, aber nicht teilnahmslos, sondern lebendig und wach. Bei dieser Gelassenheit handelt es sich um einen außergewöhnlich klaren und starken Zustand des Geistes und des Herzens – fern von allen Formen der Gleichgültigkeit und der Teilnahmslosigkeit: eine äußerst erstrebenswerte charakterliche Qualität.

„Gleichmut" bedeutet, dass wir allen Situationen und Erfahrungen des Lebens mit gleichem Mut begegnen. In dieser Qualität des Gleichmuts, der heiteren Gelassenheit, können wir uns in der Meditation und im Alltag üben. Wenn wir uns in Erwartung außergewöhnlicher Zustände in die Meditation begeben oder hoffen, dabei schöne Gefühle zu finden, wenn wir sie mit Erwartungen und Befürchtungen angehen, verpassen wir allerdings den Angelpunkt der ganzen spirituellen Praxis. Wir wühlen sozusagen in der Verpackung und übersehen die Essenz. Die wirkliche Bedeutung von Meditation und Praxis ist eine Schulung der inneren Gelassenheit.

Wenn zum Beispiel in der Sitzmeditation die Schulter spannt, wenn das Knie sticht, wenn wir plötzlich Hitze oder Kälte empfinden, ist das nicht ein Fehler: Vielmehr sind dies alles Gelegenheiten, Gelassenheit zu üben, anstatt sich innerlich zu wehren und immer wieder, merklich oder unmerklich, die Körperhaltung ein bisschen zu verändern, um dem Unbehagen auszuweichen.

Wenn die Meditationserfahrung, andererseits, endlich ruhig oder angenehm wird, ist das eine Gelegenheit, Gelassenheit zu üben und nicht Anlass dazu, das Gefühl festhalten oder verlängern zu wollen. Wann immer Angst oder Freude, Einsamkeit oder Verbundenheit im Herzen entstehen: Es ist eine Gelegenheit, Gleichmut zu üben.

Im Alltag, im Leben, können wir Gleichmut im Umgang mit den aus den buddhistischen Lehren bekannten acht Winden einüben. Diese sind: Gewinn und Verlust, Erfolg und Misserfolg, guter und schlechter Ruf sowie Lob und Tadel. Dazu gehören aber auch: Reichtum und Armut sowie Gesundheit und Krankheit – kurz: alles, was im Leben angenehm oder unangenehm ist. Gelassenheit macht es möglich, all diese Hochs und Tiefs willkommen zu heißen, ohne sich dadurch besonders aus dem Gleichgewicht werfen zu lassen. Wie es der Buddha beschrieb: „So wie ein großer Fels nicht erschüttert wird vom Wind, so werden die Weisen nicht erschüttert von Lob und Tadel."

Anstatt endlos mit Anhaften und Verlangen, mit Hass und Abneigung zu reagieren, ist innere Durchlässigkeit angezeigt, oder mit anderen Worten: Annehmen und Loslassen – die Hauptingredienzien des Gleichmuts. Dort liegt innerer Friede. Dort liegt echte innere Freiheit.

Tibetische Meister geben eine inspirierende Illustration für diesen gelassenen Geist: „Der offene, weite Raum des Himmels fühlt sich nicht geschmeichelt durch den Regenbogen und nicht erschüttert durch Regenwolken und Sturm." – Ein Bild der Offenheit und Weite. Daraus soll aber nicht abgeleitet werden, man müsste allen Wesen und Dingen gegenüber gleich distanziert sein. Im Gegenteil: Wir sind allen Wesen und Dingen gleich nah. Bei der Gelassenheit handelt es sich um einen Zustand wacher Lebendigkeit und Sensibilität; keinesfalls aber um Gleichgültigkeit, Dickhäutigkeit oder Teilnahmslosigkeit. Gleichgültigkeit kann leicht mit Gelassenheit verwechselt werden, ist tatsächlich aber sehr weit von dieser entfernt.

Manche stellen sich vor, Buddhisten versuchten, alle Gipfel des Erlebens zu kappen und alle Täler aufzufüllen. Das stimmt wohl in Bezug auf dramatische, leidenschaftliche oder Leiden schaffende emotionale Dramen. Da gibt es aber auch die glückdurchtränkten, kristallklaren und unbegrenzten Räume der Erkenntnis, der Freude, der Mitfreude. Diese Gipfel des Erlebens sind Teil echter spiritueller Erfahrung. Möglich sind sie nur, wenn umfassende Gelassenheit den Rahmen bildet.

Es gibt auch die berührenden und herzöffnenden Räume von tiefster Ruhe, Verbundenheit und Mitgefühl. Auch diese Tiefen des Erlebens gehören zu echter spiritueller Erfahrung. Auch sie sind durchdrungen von Gelassenheit. Um innere Veränderung zu ermöglichen, müssen wir das Leben in seinem wahren Wesen, die wahre Natur aller Dinge zutiefst erfahren. Da gibt es keinen Platz für Gleichgültigkeit: Um unsere Tiefen zu erfahren und zu verstehen, brauchen wir umfassendes Interesse und unsere ganze Energie. Für Halbherzigkeit ist da kein Raum.

Natürlich wird es immer Zeiten geben, in denen wir aus dem Gleichgewicht fallen oder in unhilfreicher Weise reagieren. Entgegen unserem besseren Wissen und Verständnis werden wir immer wieder einmal von Ärger und Abneigung überflutet, von Anhaften und Verlangen gepackt. Dies, weil wir zu langsam und zu wenig wach und klar sind, um die uralten, tief eingeprägten Muster der Reaktivität sogleich zu erkennen. Das ist in Ordnung so und muss nicht gleich zu einem Problem gemacht werden! Sobald es uns aber gelingt, diese ungeschickte Reaktionsweise von Ärger oder Anhaften wahrzunehmen, ist es Zeit für gelassenes Verhalten auch dieser Reaktion gegenüber, auch uns selbst gegenüber. Nicht innere Straf-Aktionen, sondern Zuwendung ist dann gefragt. Werten und Verurteilen, Selbst-Kritik und Selbst-Bemängelung sind hier fehl am Platz.

Mit liebevoller Gelassenheit ist auch gemeint, dass wir mit schwierigen, unangenehmen Emotionslagen in Kontakt bleiben. So spüren wir, was sie bewirken, wie sie uns leiden machen. So kann Mitgefühl – im Gegensatz zu Selbstverurteilung – entstehen. Eine weise und heilende innere Haltung aus Verständnis, Offenheit und Mitgefühl ist fern von der Gleichgültigkeit des Verdrängens; denn wir begegnen uns selber mit lebendigem und wachem Interesse.

Die tiefste Art der Gelassenheit entsteht aus Erkenntnis: aus der Erkenntnis der vergänglichen, nicht fassbaren, nicht selbst-existenten Natur aller Dinge, einschließlich unserer selbst.

Der große tibetische Meister Longchenpa äußerte sich zur Vergänglichkeit der Dinge wie folgt: „Weil alles nur Erscheinung ist, vollkommen in dem, was es ist, jenseits von gut oder schlecht, von Wertschätzen oder Verwerfen, kann man einfach in Gelächter ausbrechen." Und Chuang Tsu, der taoistische Weise Chinas, veranschaulicht, wie Gelassenheit aus der Erkenntnis der „Nicht-selbst-Natur" des Individuums, der Person, entstehen kann:

„Wenn jemand einen Fluss überquert und sein Kahn mit einem leeren Boot zusammenstößt, wird er, selbst wenn er zu Wutausbrüchen neigt, sich nicht lauthals erregen. Erblickt er jedoch jemanden im anderen Boot, dann wird er ihm vermutlich zurufen: ‚Wirf dein

Ruder herum!' Hört der andere den Ruf nicht, wird dieser noch einmal schreien und am Ende gar in ein Gezeter ausbrechen. Dies alles nur, weil im anderen Boot jemand sitzt. Wäre das andere Boot nämlich leer, würde dieser nicht so schreien und fluchen. Wenn du dein Boot, in dem du den Fluss des Lebens überquerst, leerst, dann wird niemand gegen dich sein und keiner wird versuchen, dir zu schaden."

Mit anderen Worten: Wenn wir unser „Boot" leeren vom Glauben und vom Anhaften an ein scheinbar unabhängig existierendes, solides Selbst, dann werden wir aufhören, uns selber Leiden zu schaffen. Wenn wir klar erkennen und erfahren, dass nichts in diesem Dasein erfassbar ist, und mit liebevollem Gleichmut „loslassen" oder „sein lassen", dann erfahren wir das Leben, so wie es ist: voll und reich. Dann können wir uns dem Zen-Mönch anschließen, der sagte: „Nachdem mein Haus niedergebrannt war, hatte ich eine unverbaute Sicht – auf den Mond, bei Nacht."

Gemeinschaft

Assumpta Schenkl

Es ist eine uralte Weisheit und Wahrheit: Der Mensch ist ein Gemeinschaftswesen, er braucht die Gemeinschaft. Das Kleinkind ist ohne Eingebundenheit in eine Gemeinschaft nicht lebensfähig, der junge Mensch braucht die Geborgenheit in der Gemeinschaft und kann nur in ihr und an ihr wachsen und heranreifen, der erwachsene, insbesondere der alternde und alte Mensch leidet kaum an etwas so sehr wie an Einsamkeit und daran, nicht in eine Gemeinschaft eingebunden zu sein. So ist Gemeinschaft etwas Notwendiges, oft auch etwas sehr Beglückendes – in einer glücklichen Ehe und Familie etwa, in einer tiefen Freundschaft. Sie ist aber auch immer eine große Aufgabe und nicht selten – Last und Leid.

Dies gilt wohl für alle Formen der Gemeinschaft, die wir kennen: Ehe, Familie, Freundeskreis, Arbeitsgemeinschaft, Interessengemeinschaft, klösterliche Gemeinschaft. Sie alle können schön, beglückend, bereichernd und anregend sein, Geborgenheit schenken, einen Lebensraum geben, in dem man sich wohlfühlen und im Klima des Wohlwollens sich entfalten kann. Aber wir alle wissen: Das Leben in einer Gemeinschaft kann auch sehr, sehr schwer sein. Nicht ganz von ungefähr sagt der Philosoph Jean-Paul Sartre: „Die Hölle, das sind die anderen."

Wir alle wissen: Auch die glücklichste Ehe, die tiefste Freundschaft, die harmonischste Arbeits- oder Interessengemeinschaft ist nicht völlig ohne Probleme, ohne Belastungen und Spannungen. Um wie viel mehr ist das gegeben bei Gemeinschaften, in denen eine positive emotionale Basis fehlt, in denen Mobbing, Konkurrenzkampf, egoistische Bestrebungen die Atmosphäre bestimmen, um nicht zu sagen: vergiften? Dabei stellen sich zwei Fragen.

Erstens: Woher kommt es, dass menschliche Gemeinschaft so relativ selten gelingt, ja oft belastend, bedrückend, schwierig ist und in den Einzelnen Verletzungen hervorruft? Zweitens: Was können wir tun, damit Gemeinschaften, in denen wir leben, zu einem Raum werden, in dem wir uns wohlfühlen und entfalten können und die uns vielleicht sogar einen ganz kleinen Vorgeschmack von der Gemeinschaft der Heiligen im Himmel vermittelt?

Zur ersten Frage: Was macht Leben in Gemeinschaft schwer? Nun, das ist zunächst die ganz schlichte Tatsache, dass wir Menschen sehr verschieden sind: verschieden nach Veranlagung, Charakter, Herkunft, Ansichten, Wünschen, Bedürfnissen und noch vielem mehr. Das kann unter Umständen sehr bereichernd sein. Aber es kann auch zu Aggressionen, Kämpfen, enormen Belastungen und Verletzungen führen. Ein Beispiel: In einer Gemeinschaft leben mit mehreren anderen zusammen zwei Menschen, von denen der eine von seiner natürlichen Motorik her rasch in seinen Bewegungen ist, flink und dabei doch leise, rücksichtsvoll und umsichtig. Der andere ist langsam, sehr bedächtig, vielleicht auch ein wenig bequem und macht aber bei allem, was er angreift, gehöriges Gepolter. Das eine wie das andere Verhalten sind moralisch nicht relevant, sind weder gut noch böse, durch keine Willensentscheidung, keine Antipathie bedingt. Und dennoch: Die beiden gehen sich auf die Nerven; das kann zu Aggressionen, verletzenden Äußerungen oder heftiger Abneigung führen, die die ganze Gemeinschaft vergiften. Und dies aufgrund einer an sich völlig harmlosen Sache.

Wesentlich schwieriger und gefährlicher wird es, wenn in einer Gemeinschaft entweder zwei Menschen mit sehr gegensätzlichen Meinungen und Charaktereigenschaften leben oder, was unter Umständen noch schwieriger ist: Menschen mit sehr ähnlichen Eigenschaften wie Geltungsdrang, Herrschaftsstreben, ausgeprägtem Ehrgeiz. Wenn daraus Eifersucht und Neid erwachsen, kann dies das Leben in der Gemeinschaft für alle aufs Schwerste belasten, wenn nicht unmöglich machen. Eigentlich kann man dann gar nicht mehr von Gemeinschaft sprechen.

In dem Wort Gemeinschaft steckt ja das Wörtchen „ein". Menschen, die in einer Gemeinschaft leben wollen, müssen sich in den wesentlichen Dingen menschlichen Lebens *einig* sein. Sie müssen durchaus nicht immer in allen Dingen einer Meinung sein, wohl aber in Bezug auf die Grundwerte menschlichen Lebens und Zusammenlebens. Nur auf dieser Basis kann echte Gemeinschaft gelingen. Welches sind diese Grundwerte?

Ich sehe als eine unabdingbare Haltung die Achtung vor der hohen Würde eines jeden Menschen – die völlig unabhängig ist von seiner Herkunft, seinem Stand, seiner Intelligenz, seiner Leistung. Nach dem Zeugnis der Bibel ist jeder Mensch – ohne jede Ausnahme – von Gott gewollt und bestimmt, zur Gottähnlichkeit zu gelangen, mit Gott eins zu werden. Diese Überzeugung von der hohen, von Gott selbst gegebene Würde des Menschen ist nicht nur Voraussetzung von Gemeinschaft, sondern auch Quelle der Haltungen, die Gemeinschaft allererst möglich machen.

Da ist zunächst die Toleranz; nicht im Sinne eines gleichgültigen oder auch gutmütigen Laissez-faire, sondern in der zutiefst christlichen, immer wieder neu einzuübenden Haltung, dem anderen das Recht auf sein Anderssein zuzugestehen. Nahe verwandt mit ihr ist die Geduld – zum einen als die Haltung, die dem anderen Zeit lässt, sich allmählich als der zu ent-puppen, den Gott im Auge hatte, als er ihn schuf; und zum anderen als das Ertragen der Fehler, der Schwächen, der körperlichen und seelischen Gebrechen der anderen. Das lateinische Wort für Geduld ist *patientia,* und das hat etwas zu tun mit *pati, passio,* also leiden; und zwar leiden um etwas anderen willen. Wenn wir uns in solcher Gedulds-Haltung in eine Gemeinschaft einbringen, werden wir selbst daran wachsen. Vor allem aber wird die Gemeinschaft dadurch fester, wärmer und tragfähiger werden.

Geduld ist vorwiegend eine eher „passive" Tugend – aber keineswegs eine schwache und hilflose. Aus ihr heraus wächst uns auch die Kraft zu, dort, wo es notwendig scheint, aktiv zu werden, auf den anderen zuzugehen, ihm, soweit es uns *möglich ist,* in Notsituationen körperlicher und seelischer Art zu helfen.

Die Achtung vor der hohen Würde des Menschen als der Basis für das Gelingen von Gemeinschaft beruht auf der Gottebenbildlichkeit des Menschen. Diese Gottebenbildlichkeit setzt Christus in die Realität des menschlichen Zusammenlebens um, indem er sich mit jedem von uns identifiziert. „Was ihr dem Geringsten meiner Brüder getan habt, das habt ihr mir getan" (Mt 25, 40). Nichts, so glaube ich, kann einer Gemeinschaft festeren Halt geben, als wenn ihre Mitglieder sich an diesem Wort Jesu orientieren. In jedem, dem sie begegnen, mit dem sie zusammenleben, Christus sehen, versuchen, sich jedem zu öffnen, jeden so zu achten, für jeden so da zu sein wie für den Herrn selbst.

Auch dann wird Gemeinschaft eine Aufgabe bleiben, und eine durchaus nicht immer leichte Aufgabe, aber es wird doch schon ein Schimmer jener Gemeinschaft auf ihr liegen, die wir uns vom Himmel erhoffen in der Gemeinschaft mit Gott, seinen Engeln und Heiligen.

Gespräch

Christoph Quarch

Die maßgeblichen spirituellen Lehrer der Menschheit haben keine eigenen schriftlichen Zeugnisse hinterlassen: Weder Konfuzius noch Sokrates, weder Buddha noch Jesus haben selber Texte verfasst. Wir kennen ihre Lehre nur durch die Aufzeichnungen ihrer Schüler. Von diesen aber werden sie als Meister der Gesprächsführung dargestellt, die ihr Wissen und ihre Weisheit in der unmittelbaren Unterredung entfalteten. Das gibt zu denken, nährt es doch die Vermutung, dass das Gespräch ein wesentliches Element spirituellen Lebens ist. Um sie zu stützen, müssen jedoch weitere Hinweise auf die spirituelle Kraft des Gesprächs ins Feld geführt werden. Es muss dargelegt werden, inwiefern dem Gespräch das Vermögen innewohnt, Menschen in der Tiefe ihrer Existenz zu verwandeln und über sich hinauszuführen.

„Ein wirkliches Gespräch entsteht, wenn zwei oder mehr Leute im Namen einer Frage zusammenkommen. Jeder leistet eine Beitrag und hilft, zum Kern der Sache vorzudringen. Zum Schluss bleibt nicht eine Antwort übrig, sondern eine noch tiefere Frage." In diesem kurzen Passus hat Reshad Feild einen der beiden zentralen Aspekte eines gelungenen Gesprächs auf den Punkt gebracht: Ein Gespräch, das seinen Namen verdient, ist geleitet von der Dynamik des Fragens – eines Fragens, das sich zu keinem Zeitpunkt mit einer vermeintlichen Antwort zufrieden gibt, sondern um die Fragwürdigkeit einer jeden Aussage weiß.

Nun liegt es in der Natur der Frage, dass sie – sofern sie denn eine echte und nicht eine rhetorische Frage ist – einen Raum öffnet, der den Fragenden transzendiert. Er fragt ja nach etwas, das er noch nicht weiß, bestenfalls ahnt. Indem er so fragt, setzt er sich in der Frage selbst mit aufs Spiel, denn es könnte ja sein, dass die Antwort, die er erhalten wird, seine bisherigen Überzeugungen und Dogmen zertrümmert. So gesehen erfordert jede echte Frage den Mut des Fragenden, dasjenige, woran er bislang glaubte und womit er sich identifizierte, zur Disposition zu stellen. Wie selten diese Bereitschaft vorhanden ist, lehren eindrücklich die platonischen Dialoge, die einen unermüdlich fragenden Sokrates vorführen, dessen Bemühungen am Ende stets an der mangelnden Bereitschaft seiner Gesprächspartner zum Sich-in-Frage-stellen-Lassen scheitern.

Wer fragt, fragt über sich hinaus in eine Sinndimension, die seinen eigenen Horizont übersteigt und in der er sich mit dem Befragten verbunden weiß. Daher ist der angestammte Ort der Frage das Gespräch. In ihm manifestiert sich das geahnte Wissen der Gesprächspartner, dass sie eine Sinndimension teilen, die sie je für sich nicht zu erschließen vermögen. Im gelungenen Gespräch wachsen sie über die Beschränktheiten ihres Ichbewusstseins hinaus und lassen sich nun durch die geteilte Frage leiten. Nicht sie führen dann ein Gespräch, sondern das Gespräch führt sie. „So bedeutet das Gespräch mit dem anderen, seine Einwendungen oder seine Zustimmung, sein Verständnis und auch seine Missverständnisse, eine Art Ausweitung unserer Einzelheit und eine Erprobung der möglichen Gemeinsamkeit, zu der uns Vernunft ermutigt", schreibt Hans-Georg Gadamer.

Es ist dieser große Philosoph des Gesprächs, der – wie vor ihm bereits der jüdische Denker Martin Buber – auch den zweiten zentralen Aspekt der spirituellen Dimension des gelungenen Gesprächs herausgearbeitet hat: die Fähigkeit zu hören. Sie korrespondiert eng mit dem Mut zur Frage, setzt sie doch wie diese die Bereitschaft der Gesprächspartner voraus, das bis dato für wahr Gehaltene aufs Spiel zu setzen. Wo zwei Menschen „im Namen einer Frage zusammenkommen", da muss die Fixierung auf das eigene Ich zurücktreten. Ansonsten wird das Gespräch scheitern – laut Gadamer der Normalfall: „Der überhört oder hört falsch, der sich selbst ständig zuhört, dessen Ohr gleichsam so erfüllt ist von dem Zuspruch, den er sich selbst ständig zuspricht, indem er seine Antriebe und Interessen verfolgt, dass er den anderen nicht zu hören vermag. Das ist, wie ich betone, in allen denkbaren Abstufungen unser aller Wesenszug."

Gerade weil die Ich-Fixierung „unser aller Wesenszug" ist, besteht gegenwärtig Grund zur Sorge, dass die spirituelle Kraft des Gesprächs in Vergessenheit gerät. Wir leben in einer zunehmend monologischen Welt, in der Fernsehen oder Computer die unmittelbare Unterredung von Menschen in den Hintergrund drängen. Mit der Medialisierung des Lebens wird der anhaltenden Individualisierung des Menschen Vorschub geleistet. An die Stelle des Gesprächs tritt das Gerede, in dem gerade nicht mehr das Ich der Redenden um einer gemeinsamen Wahrheit willen aufs Spiel gesetzt wird, sondern im Gegenteil ein jeder sich oder die Position, mit der er sich identifiziert, durchfechten möchte. Unterredungen dieser Art aber dienen der Zerstreuung. Statt in die Sinntiefe einer geteilten Wahrheit zu fragen, bewegen sie sich an der Oberfläche des vermeintlich Immer-schon-Gewussten. Darin verraten sie eine gefährliche Bequemlichkeit des Ego, die schon Sokrates kritisierte, als er das philosophische Gespräch der sophistischen Streitrede gegenüber stellte und nicht müde wurde, seine Mitbürger zu befragen. Eine vergleichbare Intention verbirgt sich im übrigen auch hinter der großen buddhistischen Gesprächstradition des Koan, in der Zen-Schülern *völlig* absurde Fragen vorgelegt werden, deren einziger Sinn darin besteht, ihren Geist für die unter dem alltäglichen Gerede schlummernde Sinndimension zu wecken.

Wer sich auf die transzendierende Kraft des Gesprächs einlässt, vermag am Ende womöglich auch seine heilende Kraft zu erleben. Sowohl aus Beichtgesprächen als auch Gesprächstherapien weiß man, dass es nicht so sehr die Inhalte der jeweiligen Unterredungen sind, deren Bewusstwerdung eine therapeutische Energie frei setzt, sondern das Eintauchen in die Gesprächsdynamik selbst. Denn wo ein Mensch sich der Führung durch das Gespräch überlässt, entwindet er sich gleichsam seiner Ego-Zentriertheit und tritt ein in die Sphäre eines umfassenden Sinns. Darin zeigt das Gespräch seine verwandelnde Kraft: Wo es gelingt, „ist uns etwas geblieben und ist in uns etwas geblieben, das uns verändert hat" (Gadamer).

Gesundheit

Friederike Stockmann

„Vor allem Gesundheit!" wünscht man uns, wenn wir Geburtstag haben. Sie sei ja doch das Wichtigste. Auch wenn wir im Zeitalter moderner Medizin und umfassender Krankenversicherung leben, so hat Gesundheit nicht etwa an Bedeutung verloren, im Gegenteil: Gesundheit ist nach Ansicht des Zukunftsforschers Matthias Horx seit Mitte der neunziger Jahre der „neue Megatrend im Herzen unserer Kultur". Das Geschäft mit der Gesundheit blüht: gesunde Ernährung, Fitness, Wellness sind wichtige Werte für Jung und Alt geworden, in die man so einiges investiert.

Die Sehnsucht danach, wieder gesund zu werden, taucht meistens erst dann im Bewusstsein auf, wenn die unbeschwerte Selbstverständlichkeit körperlichen Wohlgefühls durch eine Krankheit verloren war. Dann erst wird uns bewusst, wie wunderbar es ist, gesund zu sein.

Die Sehnsucht danach, wieder gesund zu werden, ist wohl so alt wie die Menschheit selbst. Die Menschen der Bibel wandten sich mit dieser Sehnsucht im Gebet an Gott: mit ihrem Dank für Genesung ebenso wie mit ihrer Klage. Da gibt es sogar Beter, die feilschen mit Gott: „Was nützt dir mein Blut, wenn ich in die Grube fahre? Wird dir auch mein Staub danken und deine Treue verkünden?" (Ps 30, 10). Keineswegs jedoch werden diese Männer und Frauen ihre Hoffnungen nur auf Gott gesetzt haben. Auch sie werden Ärzte und Heilerinnen aufgesucht und alle verfügbaren Heilmittel probiert haben. Aber es gehörte eben auch dazu, die Kraft Gottes zur Heilung herbeizurufen.

Noch nie war eine Generation so gut versichert wie heute: Aus dem Anspruch auf optimale medizinische Behandlung wächst immer häufiger der Anspruch auf Schadenersatz. So, als gäbe es mittels Krankenversicherungsbeiträgen einen einklagbaren Anspruch auf Gesundheit und ein langes Leben.

Die moderne Medizin des 20. Jahrhunderts hat den Glauben genährt, jeder gesundheitliche „Schaden" sei zu reparieren. Fast scheint es, als sei durch die Errungenschaften der Medizin die uralte Sehnsucht nach Erlösung vollends ins Diesseits hinabgestiegen: Träume von ewiger Jugend, von der Möglichkeit zur Wiederbelebung nach 100 Jahren, vom Sieg über seltene Erbkrankheiten scheinen sich zu erfüllen.

Mittlerweile ist eine gewisse Ernüchterung eingetreten. Die Schatten des hochtechnisierten medizinischen Reparaturbetriebs werden sichtbar, Misstrauen gegenüber der „Allwirksamkeit" von Medikamenten und der „Allwissenheit" von Ärzten wächst. Es entsteht eine neue Achtsamkeit mit dem eigenen Körper, der eben nicht nur rasch „behandelt", das heißt oft lieblos abgefertigt und zum Schweigen gebracht werden will.

Während das Thema „Gesundheit" uns in jeder Zeitschrift begegnet, ist es um „Heilung" still geworden. So, als hätte sich der Glaube an mögliche Heilung durch die Hintertür unserer schlechten Erfahrungen mit Ärzten davongeschlichen. Es hat fast den Anschein, als würden alle deshalb so viel für ihre Gesundheit tun, weil keiner mehr daran glaubt, dass Heilungen noch möglich sind. Umfangreiche Präventionsprogramme nähren den Glauben, Krankheit sei prinzipiell zu vermeiden, es käme nur auf uns selbst an. Bei allem Gesundheitsbewusstsein halte ich es allerdings für einen Irrglauben, Krankheiten seien prinzipiell vermeidbar. Für mich gehören sie zum Leben dazu, ebenso wie der Tod.

Unser Blick richtet sich oft nur auf die Gesundheit in rein körperbezogener Hinsicht: Es scheint, als sei uns der Glaube abhanden gekommen an eine Art von Heilung, die neben dem Körper auch Seele und Geist, ja Gotteskraft und kosmische Energien einschließt. Ein solches Konzept schließt das Transzendente mit ein, denkt also das eigene Ich in einem größeren Rahmen von Werden und Vergehen. Bei so einem Konzept von Heilung gehört der Tod dazu und wird nicht einfach ausgeblendet. In vielen anderen Kulturen wird der Tod als Vervollkommnung des Lebens gesehen, als Eingehen in eine neue Ganzheit. Und dieser Prozess der Transformation, von Tod und Auferstehung, von Sterben und Neugeborenwerden kann ebenso in jeder bewusst bei einer Krankheit durchlebten Krise entdeckt werden.

In der Bibel gibt es Heilungsgeschichten, die auch Auferstehungsgeschichten sind. Zum Beispiel die Geschichte von der Auferweckung der Tochter des Jairus (Mk 5, 21f): Es stirbt ein junges Mädchen, ein Töchterlein, und eine junge Frau ersteht auf. Eine junge Frau, die nun von den Eltern in ihr eigenes Leben entlassen werden kann und die nun selbst die Bravheit und Sorglosigkeit eines Kindes ablegt.

Für die Menschen der Bibel lag die Bitte um Gesundheit des Körpers und die Bitte um Heilung und Hilfe in seelischen oder spirituellen Krisen nicht weit auseinander. „Heile du mich, Gott, so werde ich heil, hilf du mir, und so wird mir geholfen", ruft Jeremia zu Gott in Zeiten einer tiefen Krise, die er als Prophet durchmachte (Jer 17, 14).

Vor einigen Jahren hat das Nordafrika-Komitee der Weltgesundheitsorganisation „Krankheit als Bruch der Lebensharmonie" beschrieben. Diese Definition weitet das Bild von Gesundheit und Heilung. Ich vermute, dass Jesus eine ähnliche Vorstellung von Heilung hatte: Wenn er zu einem Gelähmten spricht: „Deine Sünden sind dir vergeben!" (Mt 9, 2), so gibt er diesem Mann damit die Kraft zurück, nach der verlorenen Lebensharmonie aktiv zu suchen und die eigene Lähmung zu überwinden.

Heilung bedeutet, wieder neu zu lernen, dem Leben zu vertrauen. Ganz häufig wird berichtet, dass Jesus, wenn er Menschen heilte, zu ihnen sagte: „Dein Glaube hat dir geholfen". Und damit meinte er sicher nicht den Glauben an ihn, Jesus, als einen Wunderheiler. Sondern er hatte entdeckt, dass diese Menschen gerade dabei waren, neues Vertrauen in das Leben, in ein Leben ohne Krankheit zu entwickeln. Zum Beispiel die Frau, die jahrelang an Blutungen litt und die sich still und beharrlich bis zu Jesus durch die Menge gekämpft hatte, um wenigstens den Zipfel seines Gewandes zu ergreifen (Mk 5, 25–34). Dieses neue Vertrauen ins Leben – das ist es, was Jesus neu in leidenden Menschen erwecken möchte.

Unsere inneren Bilder von Heilung und damit unser Glaube daran, wie Heilung möglich ist, sind geprägt von unseren Konzepten für die Ursachen von Krankheit. Sehen wir die Ursachen als von außen kommend, so geben wir ihre Behandlung gern in die Hände

146

eines außenstehenden, distanzierten Arztes. Oder wir hadern mit einem außenstehenden Gott, von dem wir vielleicht nicht verstehen, warum er gerade uns diese Krankheit gesandt hat: Als Prüfung? Als Strafe? Als Warnung? Dann sehen wir auch Heilung eher als einen Kampf an, in dem es um Sieger und Verlierer geht, in dem es auch darum geht, Gott auf die eigene Seite zu ziehen und ja nicht dem Tod das Feld zu überlassen. Ich habe todkranke Menschen gesehen, die nach diesem Konzept tapfere Kämpfer bis zu ihren letzten Atemzügen waren. Und es war manchmal quälend, sie in ihrem Sterben zu begleiten.

Nach einem anderen Konzept ist Krankheit „ein Ort des Lernens" (Blaise Pascal), ein Ort der Wandlung und Transformation. Krankheit wird als Hinweis auf einen anstehenden Wandel verstanden und angenommen: Die Lebensharmonie ist auf körperlicher, seelischer oder spiritueller Ebene aus den Fugen gegangen, es zeigen sich Symptome, Zeichen, auf einer dieser Ebenen oder auf mehreren. Schmerzen treten auf, nicht nur körperliche, sondern auch Schmerzen, die mit dem mühsamen Prozess des Loslassens oder Annehmens verbunden sind. Es ist eine Zeit der Krise, in der die Krankheit zum Lehrmeister werden kann. Gerade Menschen, die durch schwere Krankheiten gegangen sind, haben oft an Tiefe und Weisheit gewonnen. Sie werden auch in ihrer Krankheit selbst zu Lehrenden für die Menschen in ihrer Umgebung. Nicht umsonst erfahren in anderen Kulturen Kranke eine besondere Achtung.

Doch nicht wenige Menschen weigern sich, Krankheit als Ort der Wandlung zu begreifen. Sie wollen zwar leben, von ihrer Krankheit geheilt werden, doch sind sie innerlich nicht bereit, den Weg der Wandlung zu gehen. Gerade wer im Krankenhaus arbeitet, weiß, wie viele Menschen es vorziehen, mit ihrer Krankheit, ja sogar mit Schmerzen zu leben, statt die innere Stärke und den Mut für den Weg zur Heilung aufzubringen. Meist wird diese Entscheidung nicht bewusst getroffen, aber sie fällt und sie ist mächtig in ihrer Wirkung. Jesus fragte häufig die Kranken, die er heilen sollte: „Willst du gesund werden?" Zum Beispiel auch den Mann, der schon 30 Jahre krank am Teich von Betesda auf ein Wunder wartete (Joh 5, 1f). Der Mann antwortete Jesus gar nicht auf die Frage, sondern fing sofort an zu klagen, dass er sowieso niemanden habe, der ihm helfen könne, in das heilende Wasser zu gelangen. Es scheint, dieser Mann sei Jesus nicht sonderlich dankbar dafür gewesen, dass er ihn von seinem Leiden befreit hat. Jedenfalls hatte er nichts Eiligeres zu tun, als den argwöhnischen Frommen, die davon erfahren hatten, zu verraten, wie denn der Mann hieß, der ihn geheilt hatte.

Doch woher können Stärke und Mut für den transformierenden Weg der Heilung erwachsen? Vielleicht eher aus dem Glauben an den „Gott in uns", an die Gotteskraft, die auch in uns mächtig sein kann und doch ihre Kraft aus etwas Größerem bezieht. Denken wir das Leben als einen fortgesetzten Schöpfungsprozess, nicht bloß als einmaligen schöpferischen Akt, so sind Wandlungs- und Heilungsprozesse die Punkte, wo die kreative Energie am deutlichsten spürbar wird, so deutlich, dass wir vielleicht sogar davor erschrecken.

Ich bin fasziniert von den Entdeckungen der modernen Naturwissenschaft über unseren Körper. Danach müssten wir ein neues Körperbild entwerfen: der menschliche Körper als ein ständig sich wandelnder, der bei der wiederholten völligen Erneuerung aller Zellen doch die Fähigkeit besitzt, Erlerntes und Erlebtes zu speichern. Der Körper ist ungeheuer erfinderisch und weise in vielfältigen schöpferischen Selbstheilungsprozessen, die wir erst nach und nach verstehen lernen. Ich bin überzeugt: Gottes Schöpfung geschah nicht nur in sieben Tagen, wie es uns am Anfang der Bibel erzählt wird, sie geht beständig weiter. Denken wir uns als Mitschöpfer und Mitschöpferinnen, die aktiv an diesen Prozessen mitwirken: Wir sind aktiv schöpferisch beteiligt an der Entstehung von Krankheiten – sowohl einzeln wie auch als gesamte Zivilisation. Wir greifen aktiv ein in die Schöpfung, wo wir gezielt und bewusst kranke Organe operieren oder kranke Gene zu ersetzen suchen. Und ebenso können wir uns aktiv beteiligen an kreativen Heilungsprozessen, die Körper, Seele und Geist einschließen. Wir können unsere persönliche Energie im Glauben verbinden mit der schöpferischen Kraft Gottes, die sich partnerschaftlich mit uns zu unserem Heil verbünden will. Dieses Heil allerdings reicht über die Grenzen unseres diesseitigen Lebens hinaus und schließt deshalb auch den Tod mit ein.

Gewalt

Christoph Quarch

Nichts – so scheint es – liegt dem Spirituellen ferner als die Gewalt. Spätestens seit den Terroranschlägen vom 11. September 2001 klingt es wie ein *cantus firmus* durch die Äußerungen der religiösen und spirituellen Eliten dieser Welt, dass Gewalt zu ächten sei – und wer in diese globale Verdammung der Gewalt nicht einstimme, dürfe für sich den Namen „Religion" nicht beanspruchen: „Alle echten Religionen verurteilen Gewalt, Terrorismus, die Zerstörung von Leben und Eigentum", liest man bei dem nigerianischen Kardinal Francis Arinze. Darin liegt er ganz auf einer Linie mit dem Ökumenischen Rat der Kirchen, der im Frühjahr 2001 eine „Dekade zur Überwindung der Gewalt" ausgerufen hatte.

Dieser konfessions- und meist auch religionsübergreifenden Ächtung der Gewalt steht freilich die Tatsache gegenüber, dass die Welt voller Kriege, Bürgerkriege und Konflikte ist, in denen religiöse Rechtfertigungen und Motivationen durchaus eine Rolle spielen. Ob nun in Indonesien, Nordirland, im Kaschmir oder im Nahen Osten: vor dem Hintergrund der dortigen Ereignisse müsste sich Lügen strafen lassen, wer behaupten wollte, die Religionen dieser Welt hätten allesamt mit Gewalt nichts zu tun. Ein Blick in die blutige Geschichte von Kreuzzügen und Konfessionskriegen aller Art tut ein Übriges, um den Glauben an eine religiöse Ökumene der Gewaltlosigkeit zu zertrümmern.

Woher rührt diese auffallende Differenz zwischen offizieller Ächtung und faktischer Anwendung der Gewalt? Sie rührt aus der Ambivalenz der Gewalt. Tatsächlich wird man weder der semantischen Mehrdeutigkeit des Begriffs „Gewalt" noch der phänomenologischen Vielfalt ihrer Erscheinungsformen gerecht, wenn man sie pauschal verurteilt.

Die Schwierigkeit des deutschen Begriffs „Gewalt" liegt darin, dass in ihm zwei unterschiedliche lateinische Begriffe zusammengeflossen sind: *potestas* und *violentia*. Dabei war die Bedeutung im Sinne der *potestas* zunächst dominant. Wenn Luther etwa Jesus sagen lässt: „Mir ist gegeben alle Gewalt im Himmel und auf Erden", dann ist damit die *potestas* gemeint – die Herrschaftsgewalt, die Macht. So ist auch der Satz des Grundgesetzes zu deuten, demzufolge alle „Gewalt" vom Volke ausgeht. Demgegenüber ist *violentia* – im Deutschen: „Gewalttätigkeit" – nicht ein Vermögen (*potestas*), sondern die Ausübung oder Anmaßung desselben; und auch nicht Ausübung schlechthin, sondern nur diejenige, der eine moralische und rechtliche Legitimation fehlt. Gegen diese Form der Gewalt – *violentia* – richtet sich die religiöse Kritik, nicht gegen die Mächtigkeit, die zumindest von Christentum, Judentum und Islam als Eigenschaft ihres Gottes in Anspruch genommen wird.

Nun wäre es aber zu einfach, wenn man eine pauschale Ablehnung der Gewalt durchhalten wollte, indem man sie auf den Aspekt der *violentia* reduzierte. Denn es ist ja nicht so, dass *violentia* und *potestas* nichts miteinander zu tun hätten. Es gibt vielmehr eine phänomenologische Nähe zwischen beiden, die es erlaubt hat, für beide Begriffe die gleiche Verdeutschung „Gewalt" zu wählen. Diese Nähe lässt sich zum Ausdruck bringen, indem man danach fragt, was es bedeutet, Gewalt zu erleiden. In Antwort darauf lässt sich folgende Definition der Gewalterfahrung formulieren: Gewalt ist Übermächtigung durch ein der eigenen Verfügung entzogenes Gegenüber.

Dieses Gegenüber kann ganz unterschiedliche Gestalt annehmen: Es kann eine Person sein, es kann eine Institution sein oder es kann eine apersonale Größe sein wie etwa die Naturgewalt. Je nachdem, wer als Urheber der erfahrenen Übermächtigung geltend gemacht wird, unterscheidet sich auch die Weise, wie wir von ihr reden: ob als Überwältigung oder als Vergewaltigung. Naturgewalten und Gefühle überwältigen uns, gewalttätige Menschen vergewaltigen. Institutionen tun weder das eine noch das andere – sie wenden Gewalt an.

Da niemand für apersonale Gewaltakte verantwortlich gemacht werden kann, entziehen sie sich der moralischen Beurteilung. Wo sie doch erfolgt, hat zuvor eine Personalisierung der Gewalt stattgefunden, indem man sie einem göttlichen Verursacher zuschreibt – sei es nun Eros für die Übermächtigung durch die Liebe oder Poseidon für die Naturgewalt der tosenden Brandung. Oder man führt alle Gewalt auf einen einzigen Allgewaltigen zurück, der dann freilich auch für alles Erlittene zur Rechenschaft gezogen werden kann und einer ausführlichen Theodizee bedarf, um vom Vorwurf der Gewalttätigkeit freigesprochen zu werden.

Die Gefahr der Personalisierung der apersonalen Gewalt liegt darin, dass sie diejenigen, die sich als deren Repräsentanten verstehen, dazu verleitet, für sich selbst eine umfassende und nicht weiter legitimationsbedürftige Gewalt in Anspruch zu nehmen. Dann entstehen religiös motivierte Gewalttaten, die vorgeben, sich durch die Berufung auf eine von Gott delegierte Gewalt jeder menschlich-moralischen Beurteilung entziehen zu können.

Anders als die apersonale Gewalt unterliegen die von einem personalen Urheber herrührenden Gewalttaten Recht und Moral. Auch hier ist nun aber wieder zwischen zwei Formen zu unterscheiden: Gewalt, die im Einvernehmen der Beteiligten ausgeübt wird (etwa beim Boxsport) und erzwungene Gewalt, die gegen den Widerstand ihres Opfers erfolgt. Der zweitgenannte Fall liegt vor, wo nicht legitimierte Institutionen oder Personen vergewaltigen. Diese Gewalt ist moralisch zu verwerfen – und sie muss gemeint sein, wenn eine Dekade zur Überwindung der Gewalt ausgerufen wird.

Erzwungene personale Gewalt spielt immer zwischen zwei Subjekten, deren eines als Täter sein Ich auf Kosten der Integrität seines Opfers durchsetzen will. In dieser Ich-Verhaftung ist sie auf der Seite des Täters der absolute Widerspruch zu jeder spirituellen Praxis – und auf der Seite des Opfers die Verunmöglichung spiritueller Erfahrung. Denn sie legt es an auf die Zerstörung der Ich-Struktur ihrer Opfer. Letztere droht unweigerlich bei erzwungener personaler Gewaltanwendung, wenn ein gewalttätiges Ich ein gewaltleidendes Ich vergewaltigt, verletzt, demütigt. Darin ist sie lebensfeindlich und daher unbedingt abzulehnen.

Etwas anderes jedoch ist es mit dem Erleiden apersonaler Gewalt. Ihm eignet die Struktur des Überwältigt-Werdens. Dies kann eine spirituelle Erfahrung par excellence sein, in der eine entlastende und beglückende Transzendierung des Ich-Bewusstseins ähnlich wie in Trance- und Ekstase-Zuständen erfahren wird. Denn im Überwältigt-Werden wird anders als bei einer Vergewaltigung die Ich-Struktur nicht zerstört oder beschädigt, sondern transzendiert.

Außerdem kann im apersonalen Überwältigt-Werden eine Sinndimension aufbrechen, wie die Mutmaßung ihrer göttlichen Urheberschaft deutlich macht – sie würde nämlich in die Leere greifen, wenn es nicht tatsächlich gelänge, auch in der scheinbar sinnlosen Naturkatastrophe Sinn zu erkennen. Auf diese Weise ist es dann möglich, die widerfahrene Gewalt zu bejahen oder mindestens doch zu akzeptieren – wie wir auch die institutionelle Macht der Polizei oder des Militärs akzeptieren, sofern wir sie als sinnvoll anerkennen. Sinnlos hingegen sind aus dem Ego motivierte Gewaltakte von Personen, selbst dann, wenn sie Motive für ihr Handeln vorweisen können. Wo Religionen diese sinnlose und zerstörerische Gewalt ächten, dürfen sie gewiss sein, dass sie im Dienst des Lebens und Gottes agieren.

Glaube

Heinz Zahrnt

Nirgendwo sonst in der Religionsgeschichte wird der gesamte Inhalt einer Religion so total auf den Glauben konzentriert und dieser wiederum so radikal als Vertrauen bestimmt wie im Christentum. Glauben, als Vertrauen zu Gott gefasst, bildet den elementaren Grund, sozusagen das „Christliche" im Christentum. Es lässt sich zuletzt in ein Stenogramm aus drei Wörtern fassen: „Fürchtet euch nicht!" – Dies ist die „Mitte der Heiligen Schrift", die sich als einigendes Band durch die wechselvolle biblische Überlieferung zieht. Der Bogen schwingt von Abraham, dem Anfänger des Glaubens, über die Schriften der Propheten und die Gebete im Psalter bis zu Jesus aus Nazaret, dem „Vollender des Glaubens".

Bei der Begegnung mit dem christlichen Glauben geht es nicht anders zu als mit einer Wahrheit sonst. Auch er bietet eine Lebensmöglichkeit an, die man nur erproben kann, indem man es mit ihr probiert. Wer Gottes gewiss werden will, muss – wie auch sonst im Leben – auf etwas setzen, was er vorher nicht weiß. Er muss glauben, denken und handeln, „als ob es Gott gibt". Allein so wird er erfahren, ob es ihn gibt.

Glauben und *Leben* laufen wie in einem Zirkelschluss ineinander: Wir verstehen das Leben im Licht des Glaubens und den Glauben im Licht des Lebens. Der Glaube gibt dem Leben seinen festen Grund, das Leben dem Glauben seine wechselnde Gestalt. Wo Glauben und Leben sich treffen, nennen wir dies „Christ sein".

Der Glaube an Gott fügt der sichtbar vorhandenen Wirklichkeit der Welt nicht „von droben" eine zweite göttliche hinzu, sondern er erschließt sie in ihrer „Tiefe": dass sie Gottes Welt ist und bleiben soll. Was hier geschieht, ist Aufklärung der Welt durch das Licht des Glaubens: „Das ewig' Licht geht da herein, gibt der Welt ein'n neuen Schein". Wie die Nebel über einer Landschaft sich lichten, wenn die Sonne durchbricht und es aufklart, geradeso klärt sich dem Glaubenden im Licht der biblischen Botschaft die Wirklichkeit der Welt, und er bemüht sich alsbald, diese „Lichtung der Welt" auch anderen einleuchtend zu machen. Dabei machen Christen keine anderen Erfahrungen als Menschen sonst; nur erfahren sie in dem, was ihnen widerfährt, Gottes heilsame Nähe.

Glaube und Unglaube streiten nicht um Gott, ob es ihn „gibt", sondern um den Menschen und die Welt, wer ihrer beider Wirklichkeit am überzeugendsten wahrnimmt. Dieses „Wahrnehmen" ist nicht nur im kognitiven Sinn zu verstehen, als ein Akt des Erkennens, sondern auch im praktischen Sinn, als ein „Wahrmachen" – wie man von jemand sagt, dass er ein Amt oder eine Gelegenheit wahrnimmt und sich dabei zum Einsatz bringt. Dies ist der einzige Beweis für oder wider den Glauben an Gott, der in der weltlich gewordenen Welt noch zugelassen ist, wenn überhaupt je ein anderer zugelassen war.

Gewiss können die Christen ihren Zeitgenossen Gott nicht vorzeigen: „Siehe, hier oder da ist er!" Sie können seine Gegenwart in der Welt nicht sichtbar, wohl aber „ersichtlich" machen, wo und inwiefern der Glaube an Gott für einen Menschen in seinem Leben „in Betracht" kommt und er so zur „Einsicht" gelangt. Die Rede von Gott ist dort ans Ziel gekommen, wo einem Menschen darüber „die Augen aufgehen" und er entweder antwortet: „Ich sehe es auch so", oder: „Ich sehe es auch so, aber Gott sehe ich nicht darin oder sage ich nicht dazu."

Im Horizont der Welt ist der Glaube an Gott nicht notwendig. Ein Mensch kann auch ohne Gottesglauben sowohl gut leben als auch gut handeln. Den Glauben an Gott unter dem Gesichtspunkt des Zwecks als notwendig erweisen zu wollen, ist ein verächtliches Unterfangen, weder für Gott noch für den Menschen schmeichelhaft. Wer die Notwendigkeit und Unentbehrlichkeit des Gottesglaubens mit seinem Nutzen für den Menschen, die Gesellschaft, den Staat, die Kirche oder irgendeinen anderen Zweck zu beweisen trachtet, unterschätzt den Menschen in seinen sittlichen, rationalen und kreativen Fähigkeiten und erniedrigt Gott zugleich zu einer Zulieferfirma von Ersatzteilen bei beschädigter menschlicher Existenz.

Gott ist kein Lückenbüßer an den Grenzen der Wissenschaft, kein Problemlöser in den Sachzwängen der Politik, kein Instrument zur Selbstverwirklichung des Menschen, überhaupt kein Mittel zur Bestandssicherung und auch kein Narkotikum für die Seele. Der Glaube an Gott lässt sich nicht „verwerten". Durch den Lobpreis des Nutzens für das persönliche, politische oder gesellschaftliche Leben ist das Christentum – weiß Gott! – nicht zu retten.

Wie alle Religion trägt auch der christliche Glaube seinen Sinn in sich selbst. Weil Gott sich in der Freiheit seiner Liebe den Menschen als Partner erwählt hat, darum kann der Mensch seinerseits Gott wählen – als das ganz und gar Nicht-Notwendige in seinem Leben, aber gerade darum als das, was allein Not tut – fast wie ein Spiel, ein Riesenspiel freilich, das der Mensch nicht selbst inszeniert hat, in dem er aber, ob er will oder nicht, ob er's weiss oder nicht, mitspielt und das er verlieren kann.

Am liebenswürdigsten hat für mich der holländische Dominikanertheologe Edward Schillebeeckx die „Gratuität" – den Geschenkcharakter – des Glaubens ausgedrückt: Mit dem Glauben an Gott verhalte es sich so, wie wenn uns jemand einen Blumenstrauß überreicht und wir antworten: „Das wäre doch nicht nötig gewesen."

Auf die Frage, wer Gott sei und was an Gott glauben heiße, hat Martin Luther die theologisch wie psychologisch gleichermaßen geniale Antwort gegeben: „Ein Gott heißt das, dazu man sich ver-

154

sehen soll alles Guten und Zuflucht haben in allen Nöten. Also dass einen Gott haben nichts anderes ist, denn ihm von Herzen trauen und glauben, wie ich oft gesagt habe, dass allein das Trauen und Glauben des Herzens machet beide, Gott und Abgott … Worauf du nun dein Herz hängest und dich verlässest, das ist eigentlich dein Gott" (*Großer Katechismus*, Erstes Gebot).

Menschliches Leben bedarf eines verlässlichen Grundes, wenn es Bestand haben soll. Aber ein Mensch kann sich nicht selbst be- gründen – wie sollte er dies wohl tun? Er kann sich immer nur auf einen vorgegebenen Grund stellen, und entsprechend muss er seine Wahl treffen. Matthias Claudius hat dies in einem nautischen Bild so ausgedrückt: „Etwas Festes muss der Mensch haben, daran er vor Anker liege, etwas, das nicht von ihm, sondern davon er abhängt."

Am Leben sein, mag es auch noch so voll und reich und mächtig sein, heißt noch nicht: wahrhaft leben. Mitten im Leben sind wir unterwegs nach dem „Leben", was immer das sei. Es ist, als hätten wir ein derartiges Versprechen erhalten und warteten nun darauf, ja suchten und jagten danach, dass es sich erfülle. Die Erfahrung die- ser qualitativen Differenz ist die fundamentale Erfahrung des Men- schen zu allen Zeiten. Es bildet das Grunderlebnis jeglicher Religi- on. Die Bibel drückt dies so aus: „Der Mensch lebt nicht vom Brot allein, sondern von einem jeden Wort, das aus dem Munde Gottes geht." Und ich fahre fort: Je mehr Menschen für sich selbst erken- nen, dass der Mensch nicht vom Brot allein lebt, desto mehr Men- schen werden in der Welt Brot zum Leben haben.

Im Fragen nach dem verlässlichen Grund seines Daseins verrät sich das wahre Wesen des Menschen. Hineingespannt zwischen Le- bensgewährung und Lebensgefährdung, ist er von seinem Ursprung her ein Angewiesener. In diesem „Kreaturgefühl" reflektiert sich das schaffende „Ja" Gottes, das von Anbeginn über Welt und Mensch- heit steht. Ob er es weiß oder nicht, ob er es wahrhaben will oder nicht – im Augenblick seiner Geburt tritt der Mensch in eine Got- tesbeziehung ein. Damit ist im bloßen Lebendigsein des Menschen, noch vor allem Glauben und Tun, unabhängig von Ort, Zeit, Rasse und Volk, jenseits auch aller Religion, Gottes Heil in der Welt ge- genwärtig.

Dieses aller Schöpfung vorangehende und mit ihr einhergehende Ja Gottes hat Jesus aus Nazaret erneuert und ein für allemal festgemacht, indem er alle Menschen zu Gott einlädt – allein aus Gnade, weil sie Gottes Geschöpfe sind. Des zum Zeichen taufen wir unsere Kinder.

Ein Christ ist im Grunde nichts anderes als ein durch den Glauben an Gott zur Vernunft gekommener Mensch, der nach allen vorläufigen Lösungen auf die endgültige Erlösung hofft. Soll der christliche Glaube nicht zum gemütlichen religiösen Biedermeier verkommen, darf er aber die dunkle Seite Gottes nicht verschweigen oder auch nur verharmlosen. Wer Jesus aus Nazaret verstehen will, muss Hiob im Sinn behalten. Beide leben im Horizont desselben Gottes. Zum aufrichtig gelebten Glauben an Gott gehört daher stets auch die Erfahrung seiner Abwesenheit.

Das biblische Zeugnis ist hier eindeutig. Amos: „Ist auch ein Unglück in der Stadt, das der Herr nicht tut?" (3, 6) – Klagelieder: „Wer darf denn sagen, dass solches geschieht ohne des Herrn Befehl und nicht Böses und Gutes kommt aus dem Munde des Allerhöchsten?" (3, 37f) – Deuterojesaja: „Ich bin der Herr und sonst keiner mehr, der ich das Licht mache und schaffe Finsternis, der ich Frieden mache und schaffe Unheil. Ich bin der Herr, der dies alles tut" (46, 6).

Die in Gott waltende „Kontrastharmonie" zwischen Offenbarung und Verborgenheit lässt sich nicht auflösen oder auch nur ausgleichen. Der Glaube darf die dunkle Seite der Schöpfung weder theologisch moderieren, noch kann man sie politisch entsorgen. Man kann die Gottheit Gottes immer nur umkreisen wie einen sehr hohen Berg, den man von allen Seiten immer wieder angehen muss, ohne je auf den Gipfel zu gelangen oder ihn auch nur zu Gesicht zu bekommen.

Gottes Verborgenheit hört niemals auf. Seine Offenbarung erhellt zwar unser Dunkel, aber erhelltes Dunkel bedeutet Zwielicht – mehr ist dem Glauben nicht beschieden. Man muss sich hinhalten und muss es aushalten: „Ach ja, Gott!" – dann kann es geschehen, dass seine Zusage sich erfüllt: „Meine Kraft ist in den Schwachen mächtig."

Entsprechend heißt es vom Wort Gottes in der Bibel, dass es eine Leuchte zu unseren Füßen sei, also eine Laterne, die unsere nächsten Schritte erhellt, aber kein kosmischer Scheinwerfer, der die Weltgeschichte bis in ihre letzten Ecken und Winkel ausleuchtete. Und so bleibt es bei dem Widerspruch, den der Prediger Salomo so beschreibt: „Gott hat den Menschen die Ewigkeit ins Herz gelegt – nur dass der Mensch nicht ergründen kann das Werk, das Gott tut, weder Anfang noch Ende" (Koh 3, 11).

Wir sehnen uns und wissen nicht, wonach wir uns sehnen – trotzdem sehnen wir uns. Wir hoffen und wissen nicht, worauf wir hoffen – trotzdem hoffen wir. Wir sind unterwegs und wissen nicht, wohin des Wegs – trotzdem bleiben wir auf dem Weg. In uns ist etwas, das sich sehnt, das hofft, das uns treibt. Wir wissen nichts von Gott – aber unser Nichtwissen ist ein Nichtwissen von *Gott*.

Glück

Wilhelm Schmid

Die Frage nach dem Glück ist seit jeher ein zentrales Anliegen der philosophischen Lebenskunst: Alle Menschen streben nach einem höchsten Gut, heißt es gleich zu Beginn der *Nikomachischen Ethik* des Aristoteles. Und dieses höchste Gut ist das Glück. Allerdings ist „Glück" zunächst nichts als ein Begriff, und Begriffe sind eine Frage der Definition. Was ist Glück? Speziell mit dem Begriff „Glück" kann ganz Verschiedenes gemeint sein, es gibt keine verbindliche, einheitliche Definition. Was darunter zu verstehen ist, legt letztlich das jeweilige Individuum für sich selbst fest. Die Philosophie kann lediglich Hilfestellung bieten, die etwa in einer Auseinanderlegung des Begriffs besteht, fern davon, eine bestimmte Bedeutung zur einzig möglichen zu erklären. Dies erlaubt die je eigene Klärung, um die Frage zu beantworten: Was bedeutet Glück für mich? Beim genaueren Hinsehen zeigt sich, dass drei Ebenen des Glücks im Spiel sind, und es könnte sinnvoll sein, sie auseinander zu halten:

Das *Zufalls-Glück:* Das deutsche Wort „Glück" rührt vom althochdeutschen *gelücke* her und hat viel mit dem Schicksal zu tun, das so oder auch anders ausfallen kann. Die Zufälligkeit dieses Glücks prägt den Begriff im Deutschen bis heute. Im Griechischen war dies einst *tyche,* im Lateinischen *fortuna,* erhalten als *fortune,* französisch oder englisch ausgesprochen und in aller Regel mit dem günstigen und erwünschten Zufall in Verbindung gebracht. Offen ist die Frage und wird es wohl bleiben, ob die Zufälle „Sinn" haben, ob sie einer Vorherbestimmung oder Vorsehung folgen. Jedenfalls kennen die Zufälle erstaunliche Regelmäßigkeiten, auf glücklicher wie unglücklicher Seite. Den Philosophen der Lebenskunst ist das nicht verborgen geblieben: „*Die Unglückstage kennen;* denn es gibt dergleichen", heißt es in Graciáns *Handorakel,* Aphorismus 139, „an solchen geht nichts gut, und ändert sich auch das Spiel, so doch nicht das Missgeschick. Auf zwei Würfen muss man die Probe gemacht haben und sich zurückziehen, je nachdem man merkt, ob man seinen Tag hat oder nicht." Wesentlich am Zufalls-Glück ist seine Unverfügbarkeit. Verfügbar ist lediglich die Haltung, die der/die Einzelne dem Schicksal und Zufall gegenüber einnimmt: Er/sie kann sich verschließen oder offen dafür sein; im Inneren wie im Äußeren lässt sich die Konstellation präparieren, in der ein Zufall sich verfangen kann. Erforderlich ist die Haltung der Duldsamkeit, des Wartenkönnens und Hinnehmenkönnens, wenn der Zufall sich nicht einstellen will oder anders als erwartet ausfällt. Vor allem aber die Haltung der Offenheit, besser bekannt unter dem Namen „Spontaneität", verbunden mit der Haltung der Wachsamkeit, um den rechten Augenblick zu erkennen und zu ergreifen. Die Offenheit scheint das quantenhafte Zufalls-Glück zu beflügeln: Es macht gerne dort Station, wo es sich gut aufgehoben fühlt und nicht noch Vorwürfe zu hören bekommt, dass es „momentan nicht passt".

Das *Wohlfühl-Glück:* In moderner Zeit wird der Begriff des Glücks in wachsendem Maße über das so genannte „Positive" definiert: das Angenehme, die Lüste, das Wohlfühlen, die guten Empfindungen – ein Glück auf körperlicher und seelischer Ebene. Die grundlegende Definition hierzu stammt von Utilitaristen wie Jeremy Bentham im 18. Jahrhundert: Glück ist Maximierung von Lust und

Minimierung von Schmerz. Kaum eine philosophische Auffassung hat sich dermaßen durchgesetzt wie diese. Die moderne Spaß- und Erlebnisgesellschaft ist ohne das Streben nach Glück in diesem Sinne nicht denkbar. Das Wohlfühl-Glück ist keineswegs verwerflich, aber es hat seine Zeit, es hält glückliche Augenblicke bereit, für die das Individuum sich offen halten und die es auch selbst präparieren kann: Augenblicke, um derentwillen das Leben sich lohnt und die sich nahezu jeden Tag finden lassen. Dieses Glück ist wählbar (in Gestalt der Lebensformen, die zu wählen sind) und mithilfe von Sorge, theoretischer Klärung und praktischer Einübung erlernbar, wie Aristoteles bereits überzeugt ist. Man kann seine Ingredenzien kennen, sie suchen und an ihrer Bereitstellung arbeiten, sie auch asketisch einüben, um sie gelegentlich ekstatisch genießen zu können. Auch Gracián weiß schließlich von der *„Kunst, Glück zu haben"* in seinem *Handorakel*, Aphorismus 21: „Es gibt Regeln für das Glück: denn für den Klugen ist nicht alles Zufall. Die Bemühung kann dem Glücke nachhelfen." Man kann sich wohlfühlen aufgrund eines Gelingens, eines Erfolges. Die philosophische Lebenskunst trägt jedoch Sorge dafür, nicht das gesamte Leben mit einem einzigen Wohlfühl-Glück zu verwechseln; sie stellt das Selbst beizeiten darauf ein, dass es noch andere Zeiten geben wird, um nicht bitter enttäuscht zu sein, wenn nicht alles jederzeit lustvoll ist und völlige physische und psychische Schmerzfreiheit nicht erreicht werden kann.

Das *Glück der Fülle*: Das wirkliche Glück der Fülle besteht nicht etwa darin, dass alles in Erfüllung geht, was man sich wünscht: *„Etwas zu wünschen übrig zu haben,* um nicht vor lauter Glück unglücklich zu sein. Der Leib will atmen und der Geist streben. Wer alles besäße, wäre über alles enttäuscht und missvergnügt"*, heißt es in Graciáns *Handorakel*, Aphorimus 200. Das Glück der *eudaimonia* und *beatitudo* in antiker Zeit war noch ein anderes als das des bloßen Wohlfühlens und der Erfüllung aller Wünsche: Es war umfassender und dauerhafter, das eigentlich philosophische Glück, nicht abhängig von bloßen Zufällen und momentanen Empfindungen, wurde vielmehr als Balance in aller Polarität des Lebens verstanden, nicht unbedingt im jeweiligen Augenblick, sondern durch das gesamte Leben hindurch. So wäre es heute wieder zu aktualisieren: durch Gelingen und auch Misslingen; durch Erfolg und auch Misserfolg; durch Lust und auch Schmerz; durch Oberfläche und auch Abgründigkeit; durch Tun und auch Lassen; als Glücklichsein des Wohlfühlens, das auch das Unglücklichsein noch mit umfassen kann. Dieses Glück der Fülle ist eine Frage der bewusst eingenommenen Haltung. Am besten kommt es in Heiterkeit und Gelassenheit zum Ausdruck: Das ist der „gute Geist", von dem die *eudaimonia* ihren Namen hat. Freilich ist keine der genannten Ebenen – Zufallsebene, Gefühlsebene, geistige Ebene – verzichtbar; das dritte Glück aber ist das einzige, das dauerhaft sein kann. Dieses Glück gilt es erst wieder zu entdecken.

Gottesdienst

Fulbert Steffensky

Der Sonntag kommt wieder, ob ich will oder nicht. Er ist die große Unterbrechung der Arbeit, der alltäglichen Geschäfte und des Bannes der puren Notwendigkeiten. Wir tun, als seien wir schon im Reich der Freiheit. Wir kleiden uns besser, wir essen anders, wir haben für anderes Zeit. Wir spielen für einen Tag Königssöhne und Königstöchter. Und wir gehen zum Gottesdienst.

Ich frage mich nicht, ob ich dazu aufgelegt bin oder nicht; ob mir zum Beten und zum Feiern zumute ist oder nicht. Es ist Sonntag, es ist 10 Uhr, und so gehe ich. Der Sonntag ist wie eine alte, strenge Lehrerin, die sagt: Geh! Die Geläufigkeit des Sonntags enthebt mich der Entscheidung und der falschen Existentialität. Es gibt Geläufigkeiten, die die Freiheit des Menschen schützen, wie es natürlich zwanghafte und mechanistische Geläufigkeiten gibt, die sie zerstören.

Ich bin im Gottesdienst nicht allein. Um mich sind Alte und Junge, Männer und Frauen, Kluge und Dumme, Behinderte und Nicht-Behinderte, Kranke und Gesunde. Ich erlebe mehr Welt, als wenn ich bei mir selber oder immer bei meinesgleichen bliebe. Ich verlasse die Enge meines eigenen Kreises, und die Unsichtbaren treten ins Licht: die Kranken, die Beschädigten, die Beladenen. Ich bin beim Beten nicht allein. „Allein bist du kleine!" – auch beim Beten, auch mit meinem Glauben und mit meiner Hoffnung. Ich nehme Teil am Glauben von anderen Menschen, und so kann ich leichter das Glaubensbekenntnis sprechen, das Vaterunser und die Psalmen. Ich bin nicht nur auf meinen eigenen windschiefen Glauben angewiesen. Wir teilen den Glauben, wie man Brot teilt in kargen Zeiten. Gemeinschaft der Heiligen! Es sind noch andere Heilige da, die Toten und die Engel. Jeder Gottesdienst ist Teilnahme am großen, objektiven Werk des Lobes Gottes, das die ganze Schöpfung singt. Die Beter stimmen ein in den großen Lobgesang der Engel. Ich brauche meinen eigenen gebrochenen Glauben nicht zum Maßstab meiner Worte und meiner Lieder zu machen.

Wir singen im Gottesdienst. Unsere Stimme und unser Mund sind oft klüger als unser Herz. Es ist erstaunlich, was wir alles singen. Wir singen: „Aus meines Herzens Grunde sag ich dir Lob und Dank!" Aber wie unbeteiligt ist oft der Herzensgrund! Wir singen: „Ist Gott für mich, so trete gleich alles wider mich!" Singt das Herz, oder singt nur der Mund? Es ist eine falsche Frage. Manchmal singt wirklich nur der Mund. Aber wir sind ja nicht nur Herz, Gottseidank! Wir sind auch unser Mund, der das schwache Herz hinter sich herschleift, bis es wieder auf den eigenen Beinen gehen kann. Daran ist nichts falsch. Das Herz muss nicht immer Meister seiner selbst sein. In der Poesie des Singens sind wir uns selber voraus – unseren Einsichten, unseren Argumenten, unserem Zwiespalt. Wie an keiner anderen Stelle tut man beim Singen, als könnte man schon glauben. Wir geraten in der Musik und mit den Liedern in den Bereich der Schönheit. Die Schönheit heilt. Sie lehrt uns lächeln – wer täte es nicht bei Paul Gerhardts „Narzissus und Tulipan"? Sie lehrt uns weinen wie das „Wenn ich einmal sollt scheiden". Sie lehrt uns Zartheit wie jenes weihnachtliche „Brich an, du schönes Morgenlicht". Die Schönheit und die Gnade sind leibliche Geschwister, und sie begegnen uns am dichtesten in den Liedern.

Wir haben es im Gottesdienst mit alten und uralten Texten zu tun, mit alten Briefen, alten Geschichten, mit Psalmen und Liedern.

Man kann auf doppelte Weise an Texten leiden: daran, dass man welche hat, und daran, dass man keine hat. Das erste ist das alte Leiden: Texte drängen sich an die Stelle der Wirklichkeit und wollen sie ersetzen oder beherrschen. Das neue Leiden: dass wir keine Texte, keine Lieder, keine Bilder mehr haben, die einem die Welt aufschließen. Wenn man keine Führer hat, kann man sich in der Wirklichkeit nicht zurechtfinden und erkennen, was sie hat und was ihr fehlt.

Der alte Text borgt uns Erfahrungen. Menschen lernen nicht nur an sich selber, nicht nur durch die eigenen Irrtümer, Niederlagen und Erfolge. Sie lernen an fremden Erfahrungen. Sie lernen am Modell anderer Zeiten, anderer Niederlagen und anderen Gelingens. Wir machen uns die fremden Erfahrungen so zu eigen, dass wir mit den Psalmen sprechen können: Du hast uns aus Ägypten geführt, du hast uns durch das Wasser geführt, du hast uns in der Wüste gesättigt. Wir bergen uns in die fremden Erfahrungen. So kann man die eigene Hoffnungslosigkeit maskieren mit den fremden Geschichten der Hoffnung.

Mit dem Inhalt dieser Texte lernen wir wünschen, dass das geknickte Rohr aufgerichtet wird; dass die Hungrigen Brot und die Nackten Kleider haben; dass die Sünden vergeben werden und dass die Toten auferstehen. So ist jeder Gottesdienst auch eine Art Bildungswerkstatt. Er bildet unsere Wünsche und unsere Lebensträume, unsere Hoffnung und den Trost in unseren Niederlagen.

Über weite Strecken im Gottesdienst hören wir zu. Wir hören die Orgel, wir hören die Geschichten, wir hören die Predigt. Bleiben wir beim Hören der Predigt! Wer sind die Menschen, die eine Predigt hören? Es sind Zeitgenossen. Sie kommen aus der Gegenwärtigkeit ihrer Wünsche, ihrer Leiden, ihrer Sorgen, und sie hören in der Predigt eine alte Nachricht. Was machen sie mit ihr? Zunächst zersetzen sie sie. Die Predigt ist keine monologische Rede, die nichts anderes als die passive Aufnahmefähigkeit der Hörer verlangt. Die Hörer sind Koautoren der Predigt. Sie hören, sie schweifen ab, sie assoziieren, sie beziehen Sätze und Abschnitte der Predigt auf ihre Lebenssituation. Sie spazieren sozusagen im Raum der Predigt herum und hören sich an, was für sie wichtig ist, was ihnen gefällt und was sie brauchen. Predigt hören heißt: Predigt verdauen. Im Akt der Aneignung wird die Predigt von einer Fremdsprache zur Muttersprache.

Der Gottesdienst ist Gebet. Das Gebet ist die Selbstauslieferung des Menschen an das Geheimnis des Lebens. Im Gebet sind wir am meisten die, die wir sein sollen; die nicht auf sich bestehen und die sich aussagen in den Grund der Welt. Die Form des Gottesdienstes muss Zeugnis geben von dieser Passivität. Wenn es einem Gottesdienst an Geist mangelt, dann zeigt sich dies am deutlichsten daran, dass er verschwätzt ist. Alle Gebete sollen etwas von dem Schweigen durchscheinen zu lassen, das das Wesen jener Wehrlosigkeit und Passivität ist. Sich ergeben ist die Grundgeste des Gebets, es ist die Grundgeste des Gottesdienstes.

Grenzerfahrung

Michael Albus

Alles hält sich in Grenzen. Grenze und ihre Erfahrung ist die Substanz des Lebens selbst, das endlich und vergänglich ist. Im Kleinen wie im Großen stoßen wir Menschen in jedem Augenblick unseres Lebens an Grenzen. Vom Zeitpunkt der Geburt an sterben wir – bis hin zur Stunde unseres Todes, der die letzte erfahrbare Grenze anzeigt. Was danach kommt, wissen wir nicht. Wir können es nur glauben und erhoffen.

Grenzerfahrungen sind nicht nur Ausnahmemenschen vorbehalten, den Wüstenwanderern, den Kletterern, den Höhenbergsteigern, den Rennfahrern, den Extremsportlern, den Hungerkünstlern. Nein, sie sind auch – vielfach alltägliche – Erfahrungen der Behinderten, der Kranken, der Eltern und ihrer Kinder, der Autofahrer, Bahnreisenden und Flugzeuginsassen. Das ganze Leben ist ein Grenzgang.

Grundsätzlich gibt es zwei Möglichkeiten, mit der Tatsache der Grenzen und ihrer Erfahrung umzugehen. Einmal kann man, ja muss man sie – wenn auch widerstrebend – annehmen, muss versuchen, sich darin einzurichten, mit ihnen umzugehen. Zum andern kann man sie auch fast ignorieren, kann versuchen, sie in immer neuen Anläufen zu überwinden, zu überrennen, zu überfliegen und zu übersteigen, bis hin zur Ohnmacht. Letztere Möglichkeit wird leicht zum Erweis der Unmöglichkeit. Dabei kann man alle Kraft verlieren und resignieren, in der Verzweiflung enden. Aber man kann auch – in beiden Möglichkeiten – daran wachsen. Oft ist es nur eine Frage der körperlichen, geistigen und seelischen Disposition, welche der beiden Möglichkeiten des Umgangs mit den Grenzen ein Mensch wählt. Anerkennung der Grenzen muss nicht Resignation oder Spießigkeit heißen, der Versuch, sie zu überwinden, darf nicht mit Irrsinn oder Extremismus gleichgesetzt werden. Gleichwohl sind beide Möglichkeiten diesen Versuchungen ausgesetzt. Es ist eine Frage der persönlichen Entscheidung und des eigenen Vermögens. Und es ist etwas, das den ganzen Menschen betrifft, seinen Körper, seinen Geist und seine Seele.

Der bewusste Umgang mit der Grenze, mit den Grenzen überhaupt, und das Verlangen, sie zu überwinden, hinter sie zu schauen, gehört ganz wesentlich zum Versuch eines spirituellen Lebens.

Jeder Gang an die Grenze, an ihr entlang oder über sie hinaus, hat neben allen Mühen auch etwas Schöpferisches an sich. Neue Horizonte tun sich auf, eine neue Sicht der Dinge kann sich eröffnen, Leben kann intensiver werden, man kann den Wert der „einfachen" Dinge vor der Grenze wieder mehr schätzen lernen. Ja, die Grenze kann sich hinausschieben. Aber: Sie bleibt Grenze. Sie ist gesetzt, sie ist bestimmt, sie markiert das Unüberschreitbare schlechthin.

Ich kann nie mehr sein als ein Mensch.

Die Erfahrung der Grenze ist eine ursprüngliche, ja religiöse Erfahrung, denn Religion ist Grenzbewältigung, ist das, was mir in meiner ersten und letzten Einsamkeit „noch" übrigbleibt. Religion hat insofern etwas Subversives an sich. Sie ist eine Unterwanderung des Gegebenen und eine Überschreitung ebenso. Religion ist die „gefährliche Erinnerung" der Grenze. Eine Erinnerung, die nicht zur Ruhe kommt, solange wir leben, eine Erinnerung, die wir auch nicht zur Ruhe kommen lassen dürfen. Eine Religion, der diese Erinnerungskraft verloren geht, verliert jede Kraft und jede Anziehung.

In allen Religionen gibt es Riten und Übungen der Grenzerfahrungen. Es sind die Übungen des Schweigens, der Stille, des Verzichts, des Wachens und des „Betens ohne Unterlass". Oft sind sie an bestimmte Zeiten gebunden, in denen sie aus der Normalität des alltäglichen Lebens heraustreten und ganz bewusst vollzogen, eben gefährlich erinnert werden. Solche Übungen haben nicht nur einen rein religiösen Wert; sie sind auch wichtig für ein bewusstes und achtsames Leben. Zudem erinnern sie an das, was jedes endliche Leben übersteigt, markieren die Grenzen schlechthin, können den Blick auf den richten, von dem alles Leben kommt und zu dem alles Leben geht.

Alle großen Religionen kommen aus der Wüste, aus Landschaften der Grenze, in denen der Mensch auf vieles, auf fast alles verzichten muss, in denen er auf sein wirkliches Maß zurückgeführt wird.

Die „Stifter" der großen Religionen – Moses, Jesus, Mohammed – gingen in die Einsamkeit und machten dort jene Erfahrungen, die nachher die Menschen begeistert und sie zur Nachahmung, zur Nachfolge bewegten. Es waren Erfahrungen der Grenze, Erfahrungen des Abstands vom Gängigen, Erfahrungen des Verzichts auf Gewohntes. Niemand, der ins Herz der Religionen und in die Abgründe und Höhen des eigenen Herzens wirklich eindringen will, wird diese Erfahrungen umgehen oder auslassen können. Sie sind nicht zu Niedrigpreisen zu haben und sind keine Wellness-Produkte. Und sie sind auch nicht Techniken zur Steigerung des persönlichen Wohlbefindens.

Wer sich den Anstrengungen und Mühen einer Grenzerfahrung wirklich schon einmal ausgesetzt, ausgeliefert hat, weiß auch etwas über den „Gewinn" solcher „Fahrten". Es sind immer „Fahrten", Unternehmungen, die Bewegung, auch Überwindung bedeuten. Es gibt keine statischen Grenzerfahrungen. Man kann sie auch nicht von anderen käuflich erwerben. Man muss sie selbst machen.

Alle Grenzerfahrungen sind eingebettet in die Zeit. Dadurch sind sie nicht grenzenlos. Sie sind nur Verheißungen einer größeren Freiheit, einer Grenzenlosigkeit, nach der wir uns alle heimlich und unheimlich sehnen. In der Zeit bleiben die Dinge, gerade angesichts unendlicher Verheißungen, endlich. Grenzerfahrungen sind nur Annäherungen an etwas, das schließlich und endlich alle Grenzen sprengt und übersteigt, unterwandert und überholt. Die großen Religionen geben ihm den Namen „GOTT". Aber auch er ist nicht der ewige Name. Er bleibt das Geheimnis hinter der Grenze. Davor bleibt nur der Versuch des Glaubens, der Hoffnung und der Liebe – lauter Grenzerfahrungen.

Aber dann: „Kein Auge hat's gesehen, kein Ohr hat's gehört und in keines Menschen Herz ist es eingedrungen, was Gott denen bereitet hat, die ihn lieben" (1 Kor 2, 9).

Erst danach, jenseits aller Grenzen, wenn das Gefängnis unserer Endlichkeit aufgebrochen sein wird, gilt, was der 126. Psalm des Alten Testamentes, ein Wallfahrtslied übrigens, so beschreibt: „Als der Herr die Gefangenschaft Zions wendete, da waren wir alle wie Träumende. Da war unser Mund voll Lachen und unsere Zunge voll Jubel."

Das wird hinter allen Grenzen sein!

Es gibt Augenblicke, die kurze Zeit eines Blicks unserer Augen, in denen eine Ahnung dessen aufblitzt, was „dahinter" sein könnte: Grenzerfahrungen des Glücks und der Liebe gleichermaßen wie Erfahrungen des Unglücks und der Lieblosigkeit. Sie muss man aushalten – auch wenn sie einen vor Glück oder Unglück, vor Einsamkeit und Gemeinsamkeit „fast vergehen" lassen, wenn sie einem den Verstand rauben und fast das Herz brechen.

Es ist unerlässlich, immer wieder einmal an einer Grenze entlangzugehen, dahinter zu schauen, was sich dort abspielt und dem Blick darbietet. Sooft man davon heil – oder mit Wunden – heimkommt, erwächst daraus ein innerer und äußerer Ertrag, der mit nichts in der Welt aufzuwiegen ist.

Heilige

Anselm Grün

Für die Griechen ist das Heilige das, was mit göttlicher Kraft erfüllt ist. Bei den Römern ist „heilig" das Gegenteil zu „profan" – das Heilige ist abgegrenzt vom Profanen. Das deutsche Wort „heilig" hängt mit „heil" und „ganz" zusammen. Der heilige Mensch ist der, der durch Christus geheilt worden, der ganz geworden, der in die ursprünglich von Gott geformte Gestalt hineingewachsen ist. Wenn Paulus die Christen als Heilige anspricht, dann bedeutet es, dass die Christen durch Jesus Christus mit ihrem göttlichen Kern in Berührung kamen, mit dem ursprünglichen und unverfälschten Bild, das Gott sich von jedem und jeder Einzelnen gemacht hat.

Unter „Heiligen" verstehen wir normalerweise die Menschen, die von der katholischen Kirche heilig gesprochen worden sind oder die als Heilige verehrt werden. Dabei gibt es Heilige, von denen wir sehr wenige historische Fakten wissen, über die allein Legenden berichten. Und es gibt bestimmte Menschen, deren persönliche Entwicklung und historische Bedeutung offensichtlich ist. Sie sind von der Kirche heilig gesprochen worden, um für Christen ein Vorbild zu sein, aber auch, damit die Gläubigen sich an sie wenden können mit ihren Anliegen.

Manche Bücher über Heilige haben diese so auf einen Sockel gehoben, dass sie uns fremd erscheinen. Es entsteht in ihnen der Eindruck, als ob die Heiligen keine Sünde und keine Anfechtungen gekannt haben; möglicherweise haben die Autoren solcher Bücher mehr ihre eigenen Wünsche in die Heiligen hineinprojiziert, als dass sie sich die Mühe gemacht hätten, ihr Ringen um Ganzheit, um Heilsein zu verstehen. Bei vielen Heiligen können wir dieses Ringen und ihre inneren Kämpfe sehr deutlich erkennen, wenn ihre Aufzeichnungen oder Briefe uns zugänglich sind – etwa bei Augustinus, bei der heiligen Teresa von Avila oder bei Thomas Morus, dem englischen Lordkanzler des 16. Jahrhunderts. Heilige waren und sind keine perfekten Menschen, sondern Menschen, die alle ihre Fehler und Schwächen Gott gezeigt haben und deren Schattenseiten von Gottes Licht erleuchtet wurden. Sie waren weder fehlerlos noch in jedem Fall psychisch völlig gesund – manches aus den Berichten von Heiligen oder über sie würden wir heute vielleicht als neurotisch einstufen. Heilige litten an ihren Fehlern und Schwächen – wie wir. Aber sie haben ja gesagt zu ihrem Sosein und haben es in den Dienst Gottes gestellt. Und auch ihre – für unser Verständnis – kranken Persönlichkeitsanteile wurden so zu einer Quelle des Segens für andere Menschen. Ihre Wunden wurden – wie Hildegard von Bingen es ausdrückt – verwandelt in Perlen. Vielleicht ist das das Bemerkenswerte, Wichtige: gerade in ihren Wunden wurden die Heiligen offen für Gott und sensibel für die Bedürfnisse der Menschen – und zugleich demütig sich selbst gegenüber. Sie spürten, dass alles, was von ihnen an Heilung ausging, nicht ihr Verdienst, sondern allein das Werk Gottes war. So sind Heilige Zeichen der Hoffnung, dass auch unser Leben gelingen wird. Denn die Heiligkeit eines Menschen besteht nicht in der moralischen Vollkommenheit und psychischen Integrität, sondern in der Durchlässigkeit für Gott. Er oder sie wird ganz von Gottes Geist durchdrungen und so durchlässig für das Wirken des Heiligen Geistes.

Die Legenden berichten uns viele Wunder der Heiligen. Das ist uns auf den ersten Blick fremd. Doch wie wir die Märchen heute tiefenpsychologisch auslegen, so dürfen wir auch die Legenden in ähnlicher Weise verstehen. Die Heiligenlegenden beschreiben eine innere Wahrheit: die des göttlichen Handelns am Menschen. In den Heiligen verehren wir nicht in erster Linie den Menschen, der über uns hinausragt, sondern das Wirken Gottes. Die Legenden der Heiligen erzählen uns von archetypischen Situationen, die durch Gottes Wirken verwandelt werden. So zeigen uns die Legenden das Heil, das Gott auch an uns wirkt, in vielfältigen Bildern. In diesen Bildern erkennen wir unsere Zerissenheit und unsere Wunden – und zugleich die Möglichkeit der Heilung und Verwandlung. Menschen wandten und wenden sich noch heute vor allem deshalb an die Heiligen als Helfer in der Not. Sie erkennen an konkreten Heiligen exemplarisch die vielen Nöte, die sie selbst durchmachen. Die Heiligenlegenden sprechen von der Hoffnung, dass Gott auch ihre Not wendet.

Die Heiligen wurden außerdem auch immer als Fürsprecher verstanden. Viele evangelische Christen tun sich mit diesem Gedanken schwer. Denn es ist Gott, der der eigentliche Helfer ist. Für Christen ist es Jesus Christus, der ihre Wunden heilt und sie begleitet. Der oder die Heilige ist keine Konkurrenz zu Gott und Jesus – Zuflucht zu den Heiligen zu nehmen, steht nicht im Gegensatz zum Vertrauen auf Gott und zum Glauben an Jesus Christus. Auch wenn wir die Heiligen bitten, dass sie für uns bei Gott Fürsprache einlegen, geht unser Gebet letztlich zu Gott. Der oder die Heilige ist bei Gott. Und Gott ist die Quelle allen Heils. Die Heiligen sind gleichsam ein Prisma, durch das Gott in unsere Welt hinein leuchtet, durch das wir auf Gottes heilendes und befreiendes Wirken schauen. Durch sie kann unsere Gottesbeziehung eine menschliche Dimension bekommen. Und es geht auch um die Erfahrung der Solidarität. Die Heiligen sind Menschen wie wir. Wir wenden uns an sie, wenn wir das Gefühl haben, dass unser Gebet allein nicht ausreicht. So wie wir ja auch Freunde bitten, dass sie an uns denken und für uns beten sollen, dass ein Gespräch gelingt, dass wir unverletzt von einer Reise zurückkommen, dass wir eine Krankheit überstehen. Wenn wir einen Freund bitten, dass er für uns betet, so wenden wir uns ja auch durch ihn an Gott. Aber wir fühlen uns vor Gott in einem Netz von Menschen aufgehoben, die uns mit ihrem Beten und ihrem Wohlwollen unterstützen. Das Gebet zu den Heiligen ist Ausdruck der Erfahrung, dass wir in einer Gemeinschaft von Menschen stehen, die mit uns fühlen und für uns eintreten, auch wenn sie schon gestorben sind, oder gerade dann, wenn sie schon durch den Tod in die ewige Herrlichkeit Gottes eingegangen sind.

Wir alle tragen einen Namen. In der katholischen Tradition suchen Eltern für ihre Kinder Namen von Heiligen aus, die zu ihren Namenspatronen werden. Wenn ich die Geschichte des oder der Heiligen meditiere, dessen/deren Name ich trage, lerne ich mich selber besser kennen. Ich entdecke Seiten an mir, die ich bisher übersehen habe. Ich gewinne Vertrauen, dass ich mehr Möglichkeiten habe, als ich mir bisher zugestanden habe. So komme ich mit meinem wahren Wesen in Berührung. Heilige sind Bilder, durch die wir das eigene Bild klarer erkennen. Sie geben uns Mut, uns bedingungslos anzunehmen, nicht nur mit unseren Schattenseiten, sondern gerade auch mit unseren Lichtseiten, mit den Fähigkeiten und Möglichkeiten, die in uns stecken.

Heiliger Geist

Jörg Zink

„Heiliger Geist" – das ist Gott selbst. Nichts anderes. Das Wort meint aber nicht den fernen, unbekannten, dunklen Gott, den wir zu Zeiten auch erfahren können, sondern den Gott, der uns nahe kommt, der uns anweht, uns trifft, beflügelt, tröstet, aufrichtet. Wo wir etwas von Gott erfahren, leibhaft, wo wir ihn fassen können, wo wir ihn hören, da sprechen wir von seinem Geist, das heißt von seiner Nähe. Wo etwas wie eine Wandlung in uns geschieht, etwas wie eine Befreiung, sagen wir: Das ist Gott! Aber dann setzen wir uns eine Grenze. Wir reden nicht so, als hätten wir Gott nun in der Tasche. Wir erfahren, dass da etwas Unberechenbares geschieht, dass etwas wie ein Feuer einbricht, dass etwas sich hereinschwingt in unser Dasein, das etwas vom Flug eines Vogels an sich hat. Wir greifen also nach einer Vorsichtsmaßnahme und reden nicht von Gott, sondern von seinem „Geist".

Wir finden ja Gott auf drei Wegen: In der Begegnung mit Jesus Christus, beim Gang durch seine Schöpfung und in der Erfahrung seiner Nähe in uns selbst. Wir hören Jesus sagen: Mich sendet Gott! Aber Halt! Er sagt in seiner ersten Rede, behutsam andeutend: „Sein Geist ist über mir". Wenn wir selbst in der Schöpfung Gott ahnen, dann reden wir nicht vom schaffenden Gott, sondern besser von seinem schaffenden Geist. Wenn wir Gott finden in der Tiefe unserer Seele, dann versuchen wir nicht, ihn nun als unseren Besitz zu verstehen, sondern als den Kommenden und Gehenden, und sprechen dabei von seinem Geist, der in uns wirke. In aller Rede von Gott tun wir gut, uns Gottes nicht bemächtigen zu wollen, denn Gott muss immer erst kommen, wenn wir seine Nähe erfahren sollen. Sein „Ankommen bei uns" nennen wir seinen „Geist".

Dabei ist die Grundbewegung nicht die, dass wir uns nach oben wenden. Wir meinen nicht einen Aufstieg, etwa den Aufstieg des Menschen aus dem Tierreich zu einem „geistigen" Wesen. Im Gegenteil. Geist ist die göttliche Energie, die absteigt. Sie kann gerade nicht „oben" ergriffen werden, sie ergreift uns vielmehr hier unten auf unserer Erde. Der Geist, sagt die Bibel, „kommt herab", „wie Regen und Schnee vom Himmel fallen". Er „fährt herab", wie ein Blitz auf der Erde einschlägt. Er „schwingt sich herab", wie sich eine Taube herabschwingt. Und er ist ungreifbar: Gott ist wie der Hauch, der Atem, der Wind. Er „weht" herein in unser Herz, unsere Gedanken, unsere leibliche Existenz. Und so reden wir von seinem „Geist".

Im Anfang – so erzählt die Bibel – war das große Tohuwabohu, die chaotische Urmasse. Da schwebt der Geist Gottes herab, brütet über ihr und formt und prägt eine Welt. Gott „spricht", und im Atem dieses Sprechens entsteht Ordnung, Lebendigkeit und Schönheit. Oder sie erzählt: Gottes Geist erfasst einen Propheten und der Prophet redet. Er muss reden. Er steht vor den Menschen, hört Gott und spricht aus, was Gottes Plan und Wille sei. Oder sie erzählt: Gottes Geist ergreift Menschen, und sie beginnen von dem Ungeheuren, das ihnen widerfährt, in unverständlichen Lauten zu stammeln, sie fangen an zu singen, zu tanzen, sie geraten in Ekstase. Oder sie deutet an: Gottes Geist begleitet einen Menschen durch sein Leben, er gibt sich in seine Gedanken herein, und es entsteht so etwas wie Weisheit.

Der Mensch kann deuten, was das Leben sei und wie man es bestehe. Von dem Geist, der über ihm sei, sagt Jesus, er sende ihn abwärts zu den Gefangenen, den Armen, den Gebundenen. Er solle, dem Geist Gottes entsprechend, nach unten gehen, befreien, heilen, ermutigen, zum Leben helfen. Die Bibel erzählt, Gottes Geist sei „herabgefahren", er habe ein Haus durchweht wie ein Windstoß und wie ein Feuer, und aus verängstigten Menschen sei eine lebensvolle, geisterfüllte Gemeinschaft geworden, die nun gewusst habe, was ihr Auftrag sei. Gottes Geist, sagt Paulus, kommt in irgendeine kleine, unscheinbare Gruppe normaler Menschen und gibt ihr Mut und Kraft und Fähigkeiten, die sie zuvor nicht hatte. Die wichtigste dieser Fähigkeiten sei die Geduld und die Kraft zu lieben. Gottes Geist könne, sagt er, überhaupt beschrieben werden als die Energie der Liebe, die aktiv mache und beglücke. Gottes Geist also – das ist die Weise, wie Gott uns nahe kommt, wie wir verstehen können, was Gott tut und wirkt. Er ist der uns nahe, uns zugewandte Gott.

Wenn die Bibel vom Geist spricht, dann spricht sie Erfahrungen an, die wir Menschen machen können, wenn sie uns gewährt werden. Sie spricht von etwas, das auf uns Menschen zukommt, sich über uns „ergießt", uns erfüllt und durch uns hindurch weitergeht zu anderen Menschen. Da fällt irgendetwas in einen Menschen herein, das nicht er selbst ist. Er empfängt eine Lebendigkeit, die anderer Art ist als seine natürliche Lebenskraft. Sein Lebensraum weitet sich, es entsteht ein freier Raum um ihn her. Es öffnet sich ein Weg. Es wird ihm etwas „ins Herz gesenkt", das ihm Gewissheit gibt, Stehvermögen, Vertrauen, Angstfreiheit. Und wenn er so erfüllt anderen Menschen gegenübersteht, so wird er es mit dem Mut und der Kraft tun, die ihn zum Bekenntnis befähigen und gegebenenfalls zum Widerstand.

Was ist das doch insgesamt für ein schönes Bild, dass Gott gegenwärtig sei wie Luft und Wind! Wie aus- und eingehender Atem! Heißt das nicht, Geist Gottes, das sei die Weise, wie Gott sich in die Welt, in die Menschen ein-seelt? Wie Gott zur Lebendigkeit in uns selbst wird, zu einer Kraft, die uns treibt? „Die der Geist Gottes treibt", sagt Paulus, „die sind Gottes Kinder". Wenn das aber so ist, dann ist es lebensnotwendig, darauf zu achten, woher denn zu dieser Stunde der Wind weht und wohin er uns treiben will, aufmerksam zu sein für alles, was um uns her geschieht, und in allem die Luftbewegung fühlen, damit wir nicht von irgendetwas, sondern von Gottes Geist getrieben leben und entscheiden; sozusagen die Nase in den Wind zu heben.

Nun haben auch wir Menschen einen „Geist". Das ist nicht nur unser Verstand. Das auch. Aber es ist mehr: Es ist unser ganzer Mensch mit allen Sinnen. Wir sind damit, dass wir „geistige Wesen" sind, berufen, ein Spiegel des Geistes Gottes zu sein. Gottes Geist ist Bewegung, und unser Geist geht in dieser Bewegung mit. Wir denken uns nicht etwas aus, wir denken vor allem „nach", wie wir treffend sagen. Unsere Gedanken entstehen dann nicht in unserem Kopf, sondern sie kommen in unseren Kopf und werden „nachgedacht". Die transpersonale Psychologie von heute stellt sich ein kosmisches Gesamtbewusstsein vor, das sich im Einzelbewusstsein von Menschen seinen Ausdruck verschafft. Sie stellt sich den ganzen Kosmos von Gedanken erfüllt vor, die nun in uns eindringen, sich mit uns verbinden und sich von uns aus in unserer Umwelt weiterspiegeln. Das ist nicht weit von dem, was Paulus über Gottes Geist sagt, der in uns ein Sensorium für die Wahrheit schaffe, unsere Gedanken wirke und schließlich aus uns heraustrete und sich in der Weise, wie wir leben, bemerkbar mache.

So kommen denn auch alle die Bilder zustande, mit denen die Bibel diesen Vorgang beschreibt. Sie redet von der „Einwohnung" des Geistes. Oder davon, Gott wolle in uns „zur Welt kommen" oder Gott wolle in uns „geboren werden". Dann aber verkörperten wir Christus und würden zu seinem „Leib". Dabei mache er unsere Gedanken frei aus ihren Sackgassen. Unser Verstand könne, gelassen und zuversichtlich, seine widersprüchlichen Gedanken weglegen. Wir stünden nicht mehr vor der Wand unser chancenlosen eigenen Gedanken, wir gingen vielmehr durch sie hindurch in die Freiheit des Geistes.

Ich sage also: Ich bin umgeben und erfüllt von Gottes Geist wie alle Dinge und Wesen dieser Erde. Denn nichts besteht ohne seinen Geist. Nichts wandelt oder entwickelt sich ohne ihn. Meine Lebenszeit ist die Zeit seines Geistes in mir. Mein Werden und Vergehen ist sein Werk. Was ich schaue an Bildern dieser Welt, spiegelt seinen Geist. Was mir als Wahrheit begegnet, ist seine Wahrheit. Was schön ist, ist seine Schönheit. Gott ist für meinen Geist, der ihn spiegelt, das Meer alles dessen, was ist. Auch das Meer in mir selbst, das ich nicht ergründe. Denke ich Gottes Geist, so tauche ich in ein Meer unendlicher Gegenwart. Ich finde nicht nur ein paar zutreffende Gedanken, ich lebe vielmehr in einer Art friedvollen ozeanischen Bewusstseins.

Ich bin gewiss, mitten in Gott zu sein. Ich bin gewiss, Gott bis in alle Geheimnisse meiner Seele hinab in mir zu tragen. Ich bin gewiss, in einer gütigen Hand zu sein. Ich reihe mich also ein in die Menge der Gefangenen, Blinden, Armen, zu denen Jesus gesandt war, und empfange die Gnade und die Liebe Gottes. Und ich danke ihm mit einem Dank, der auch wieder ein Wort ist, das Gottes Geist in mir spricht.

Paulus nennt, was danach von mir ausgehen wird, „Früchte des Geistes": „Liebe, Freude, Friede, Geduld, Freundlichkeit, Güte, Treue, Sanftmut und Selbstbeherrschung". Es bedarf dann keines moralischen Regelwerks, keiner Zehn Gebote, keiner rituellen Ordnungen. Die „Früchte" werden ja nicht gemacht, sie wachsen von selbst, weil sie an einem guten Baum hängen. In der östlichen Kirche sagt man: „Das Antlitz des Heiligen Geistes sind die Gesichter der Heiligen." Unter evangelischen Christen wird man hinzufügen: Auch die Flecken und Narben in unseren Gesichtern machen sie nicht untauglich, Antlitz des Geistes zu werden und zu sein.

Wo vom Geist Gottes die Rede ist, da ist nicht so sehr von Geistigkeit, sondern von „Leibhaftigkeit" die Rede. Und so gehört zum Bekenntnis über den Heiligen Geist auch das Bekenntnis zur Kirche. Wir sagen damit, dass wir „die Kirche glauben", in dieser durchschnittlich funktionierenden Organisation sei etwas anderes anwesend. Wir glauben an die Kirche in der Kirche, an die Gegenwart des Geistes Gottes und die Bereitschaft von Menschen, Kirche zu sein. Wir glauben, dass der Einbruch des Geistes sich jeden Tag wiederholen kann, dass der Geist wie ein Feuer und ein Wind in einen verängstigten Kreis von Menschen hereinfahren kann und dass die Kirche in dem Maß Kirche sei, in dem sie sich diesem hereinwehenden Geist anvertraue. In dem Maß, in dem die Freiheit und Lebendigkeit des Geistes ihr höher steht als ihr Bedürfnis nach festgelegten Wahrheiten. Sie wird nicht nach den Launen ihrer Epoche reden und nicht dem zeitgenössischen Beifall nach dem Munde. Sie wird aber wissen, dass der Geist nicht in erster Linie dort ist, wo in der Kirche „oben" ist, sondern in dem, was sich in ihr am weitesten nach unten begibt.

Noch eines: Wir feiern ein Sakrament. Was ist ein „Sakrament"? Es ist die Gegenwart des Geistes Gottes im Wasser der Taufe, die

Gegenwart des Christusgeistes im Abendmahl. Wir müssen ja sehen, dass die Mitte einer Abendmahlsfeier nicht die sogenannten „Einsetzungsworte" sind, sondern die Bitte, der Heilige Geist möge herabkommen. Wir bitten ihn, er möge kommen und aus einem gewöhnlichen Essen ein Essen mit Christus machen, so, dass aus den Elementen Brot und Wein der eucharistische Christus wird. Dass also eine menschliche Feier umgeprägt wird, zu einer Aufnahme des Christus in uns selbst. Dabei muss uns klar sein, dass das eigentliche, zentrale Sakrament Christus selbst ist, der, vom Geist gesendet, zu uns herabkam. Durch ihn wird die Kirche selbst zum zweiten Sakrament. Und in ihr werden zum Dritten Taufe und Abendmahl zu Sakramenten. In ihr aber und durch sie werde ich selbst, der Mensch, zu einem Zeichen für Gott in dieser Welt. Ich werde unter Gottes Geist neu geprägt zu einem Bruder, einer Schwester des Christus. Das heißt, ich empfange die Wertigkeit eines Sakraments, und weniger soll ich von Sinn und Auftrag meines Lebens nicht halten. Und mit mir werden alle die zu sakramentalen Zeichen, die bereit sind, Werkzeuge und Organe des uns von Gottes Geist zugesprochenen Wortes zu sein.

Heilige Orte

Uwe Wolff

Vögel bauen Nester, der Fuchs gräbt sich einen Bau, der Einsiedlerkrebs bezieht ein Schneckenhaus, der Fisch wohnt im Korallenstock, der Hund hat seine eigene Decke. Alles Lebendige braucht Orte der Zuflucht, Stätten der Kraft, Räume der Geborgenheit. Selbst Mönch oder Nonne, der Armut verpflichtet, bewohnen eine eigene Zelle. Das eigene Zimmer bietet Schutz vor der Außenwelt. Es kann die Mitte des Lebens sein. Hier sind wir ganz bei uns selbst, hierher ziehen wir uns zurück, ruhen wir uns aus, schöpfen neue Kraft; dieser Raum schützt unsere Mitte. Deshalb ist er uns heilig: Heilige Orte bewahren die Mitte des Lebens. Sie bieten der Seele

und dem Körper Schutz. Seit alters her gilt daher als unumstöß-
liches Gesetz: Wer auf der Flucht vor seinen Verfolgern Zuflucht in
der Kirche gefunden hat, ist geschützt. Niemand darf ihn mit Gewalt ergreifen. Der heilige Ort ist tabu.

Jede Religion kennt solche heiligen Orte. Es sind Kraftorte. Sie
werden nicht gewählt, sondern gefunden. Die göttliche Energie erscheint plötzlich, unerwartet und mit Macht. Wir spüren die Strah-
lung unmittelbar. Kraftorte brauchen wir, um neue Energie auf-
zutanken. Ein berühmtes Beispiel aus der jüdischen Überlieferung
ist Jaakobs Traum von der Himmelsleiter. Auf der Flucht vor seinem
Bruder Esau kommt Jaakob zu einem Steinkreis. Hier legt er sich
nieder und träumt von Engeln, die auf einer Himmelsleiter hinauf-
und hinabsteigen. Als Jaakob erwacht, durchfährt ihn ein heiliger
Schauder. Er hat die Gegenwart seines Gottes erfahren und ruft
aus: „Wie heilig ist diese Stätte! Hier ist nichts anderes als Gottes
Haus, und hier ist die Pforte des Himmels" (Gen 28, 17).

Heilige Orte werden besonders gekennzeichnet. So richtet Jaakob einen der Steine auf, gießt Öl darüber und legt ein Gelübde
ab: Wenn Gott ihm auf seiner Reise zur Seite steht, dann soll der
Stein einst zum Grundstein eines Gotteshauses werden. Heilige
Orte sind also Kultorte, Stätten der Selbst- und Gottesbegegnung.
In ihnen leuchtet die Tiefe der Seele auf, und das Licht des Himmels erscheint. Eine andere Wirklichkeit wird erfahrbar. Der Religi-
onsforscher Rudolf Otto nannte das, was in diesem Moment der Berührung mit dem Heiligen erfahrbar wird, das *mysterium tremendum
et fascinosum*: ein Geheimnis, das die Seele mit Erschauern und Ehrfurcht erfüllt.

Das von Jaakob gegründete Heiligtum von Bethel geht auf ein Na-
turheiligtum aus Steinen zurück. Steinkreise aus der Bronzezeit sind
heute noch in Carnac und Stonehenge zu finden. Auch heilige Ber-
ge, Quellen, Höhlen und Bäume sind seit Urzeiten als spirituelle
Kraftorte bekannt. Im alten Griechenland wurde der Olymp als
Berg der Götter verehrt. Für die Japaner ist der Fujiyama ein heiliger
Ort. Nach jüdischer Überlieferung lag das Paradies auf einem Berg.
Der Gott des Mose erscheint auf dem Berg Sinai. Auf dem Berg Mo-

rija wollte Abraham seinen Sohn Isaak opfern. Salomo errichtete an dieser Stelle den ersten jüdischen Tempel. An der Westmauer des Tempelberges hatte der Prophet Mohammed sein Pferd angebunden, und von der Spitze des Berges war er zu einer nächtlichen Himmelsreise aufgebrochen. Jesus fährt vom Gipfel eines Berges in den Himmel. Griechisch-orthodoxe Mönche bewohnen den heiligen Berg Athos. In Irland werden der Mount Brandan und der Croagh Patrick als Nationalheiligtümer verehrt.

Ebenso können auch Flüsse heilige Orte sein. Ein Bad im Ganges wäscht dem frommen Hindu die Sünden ab. Wo zwei Flüsse ineinander fließen wie der Kabul und der Indus bei Attock, wird nach altem hinduistischen Brauch ein Tempel errichtet. Und wie der Fluss ist auch der Baum Symbol der Lebenskraft. Der Buddhismus kennt viele heilige Bäume wie den Bodhi-Baum, unter dem Siddharta Gotama die Erleuchtung widerfuhr. Neben den Heiligengräbern vieler Sufis wachsen Bäume. Bei den Germanen symbolisierte die Esche Yggdrasil den Weltenbaum. Im Paradies standen der Baum des Lebens und der Baum der Erkenntnis des Guten und Bösen. Nach der christlichen Legende wurde das Kreuz Christi aus einem der Paradiesesbäume gezimmert.

Die Höhle als heiliger Ort steht für das große Geheimnis von Tod und Auferstehung. In der Grabeshöhle in Machpela bei Hebron liegen nach jüdischem Glauben Abaraham, Sara, Jaakob, Lea, Rebekka und Isaak begraben. In Betlehem verehren orthodoxe Christen die Geburtshöhle Jesu. Auf der griechischen Insel Patmos findet sich die heilige Höhle, in der Johannes von einem Engel das Buch der Offenbarung empfangen hat. In der Höhle von Hira wurde Mohammed vom Engel Gabriel der Koran übermittelt, und auf der Insel Tinos, dem größten Wallfahrtsort Griechenlands, ist in einer Höhle die wundertätige Ikone mit dem Bild Marias zu sehen, die der Evangelist Lukas gemalt haben soll.

Neben diesen Naturheiligtümern gibt es unzählige von Menschen gegründete Heiligtümer. Meist sind es Grabstätten von heiligen Männern und Frauen oder Erscheinungsorte wie Lourdes oder Fatima. Berühmte heilige Orte sind etwa die Gräber der Apostel Petrus und Paulus in Rom, das Grab des heiligen Jakobus in Santiago de Compostela, Rahels Grab in Betlehem oder das Grab Mohammeds in Medina. Heilige Orte haben eine Aura, die viele Menschen unmittelbar erfahren. Die Gläubigen unternehmen lange Pilgerfahrten zu diesen heiligen Orten: Sie versprechen sich davon Heilung an Seele und Körper.

Der heilige Ort als Kultort zieht viele Menschen in seinen Bann. Er stiftet eine Gemeinde. So sind Tempel, die katholischen und orthodoxen Kirchen und die Moscheen heilige Orte. Hier wird die Welt in einen sakralen und einen profanen Bereich geteilt. Zäune, Mauern, Türen schützen den heiligen Ort. Schutzgottheiten wie Löwen oder Drachen wehren den Fremden ab. Vor der Pforte des Paradieses steht der Cherub mit dem flammenden Schwert. Er ist der Hüter der Schwelle. Denn die Begegnung mit dem Heiligen fordert Achtsamkeit. Moses zieht die Schuhe vor dem brennenden Dornbusch aus, wie es die Stimme Gottes verlangt hatte: „Zieh deine Schuhe von deinen Füßen, denn der Ort, darauf du stehst, ist heiliges Land" (Ex 3, 5). Auch der Moslem stellt seine Schuhe vor der Moschee ab und wäscht sich die Füße. Der Jude betritt nicht ohne Kopfbedeckung die Synagoge. Der Katholik bekreuzigt sich auf der Schwelle des Kircheneingangs mit Weihwasser, beugt in Richtung des Altars die Knie und bekreuzigt sich erneut. Im katholischen und orthodoxen Christentum bildet der Altarbezirk den eigentlichen heiligen Ort. Er wird deshalb durch eine Chorschranke, einen Lettner oder eine Bilderwand (Ikonostase) geschützt. Im heiligen Raum des Altars ist Gott gegenwärtig. Nicht jeder darf ihn betreten: Laien und Frauen dürfen nicht hinter die Ikonostase blicken. Nur Muslime dürfen die heiligen Städte Medina und Mekka betreten, nur Mormonen das Zentralheiligtum der Religion in Salt Lake City. Diese Trennung von sakral und profan wirkt aber auch ausgrenzend, wenn Frauen als kultisch unrein bezeichnet oder nicht zum Priesteramt zugelassen werden. Auch bilden heilige Orte wie die Stadt Jerusalem bis in die Gegenwart Anlass für unheilige Kriege zwischen den Religionen.

178

Im reformierten Christentum wird nicht zwischen sakral und profan unterschieden. Selbst die Kirche ist hier kein besonderer heiliger Ort. Doch auch die reformierten Christen kennen heilige Orte: dort, wo der Mensch vom göttlichen Wort getroffen wird, wo Gott im Herzen des Menschen gegenwärtig ist. So sagt es der reformierte Mystiker Gerhard Tersteegen: „Herr, komm in mir wohnen, / lass mein' Geist auf Erden / dir ein Heiligtum noch werden" (EG 165, 8).

Jeder Ort kann zum heiligen Raum werden. Doch können wir in seiner Mitte auf Dauer nicht bleiben. Die Erfahrung des Heiligen geschieht nur im Augenblick. Wir können sie nicht festhalten. Immer wieder müssen wir den heiligen Ort verlassen und ins Leben zurückkehren. Doch das Licht der anderen Welt leuchtet in unserem Herzen. Vielleicht liegt sogar ein heiterer Glanz auf der Stirn. Am heiligen Ort ist uns ein Licht aufgegangen. Wir sind „erleuchtet". Das Dunkle hat sich von unserer Seele gelöst. Und erst jetzt spüren wir jene Sehnsucht, die unseren Blick weit über den Horizont der Wirklichkeit hinaus richtet auf jenen letzten heiligen Ort, der nicht mehr von dieser Welt ist.

Heiterkeit

Wilhelm Schmid

Heiterkeit ist nicht zu verwechseln mit Fröhlichkeit, auch wenn diese zuweilen ihre Ausdrucksform ist. Fröhlichkeit ist ein Affekt, Heiterkeit jedoch eine Haltung, die bewusst eingenommen wird. Die Fröhlichkeit ist nicht etwa verwerflich, sie kann vielmehr, wie die Traurigkeit, als Bestandteil eines symmetrischen Lebens betrachtet werden, das die Heiterkeit charakterisiert. Das heitere Subjekt ist dasjenige, das die unterschiedlichen Erfahrungen umfassen und in sich austarieren kann. Es handelt sich bei der Heiterkeit um eine vom Selbst bewusst vorgenommene, maßvolle Disposition des Gemüts mithilfe des Denkens, verbunden mit einer Arbeit der Reflexion. Das geht bereits aus dem Urtext der philosophisch inspirierten Heiterkeit hervor, nämlich Demokrits Abhandlung *Über die Heiterkeit* aus dem 5./4. Jahrhundert v. Chr. Die erhalten gebliebenen Fragmente sprechen von einer *euthymía*, zusammengesetzt aus der Vorsilbe *eu-* („gut", „Wohl-") und dem Wort *thymós*, das für die seelisch-geistige Kraft im Menschen steht, wörtlich also eine Wohlgesinntheit, Wohlgestimmtheit des Gemüts, die doch mehr ist als nur ein Gemütszustand, der zufälligerweise so oder so ausfallen kann. Den Menschen, so sagt Demokrit, entstehe Heiterkeit aus dem maßvollen Umgang mit Lüsten und aus einem „Leben im Gleichmaß".

Entscheidend für die Lebenskunst als Kunst der Balance ist, dieses „symmetrische Leben" zu realisieren, eine Ausgeglichenheit zwischen den verschiedenen Seiten des Lebens, zwischen Gegensätzen und Widersprüchen, auch zwischen den Extremen des Positiven und Negativen, zwischen dem Zuviel und Zuwenig in allen Dingen – nicht zu verwechseln mit einer statischen, arithmetischen Mitte, sondern als ein Hin und Her, in dem sich beide Seiten die Waage halten. Dies aber lässt sich nicht immer im jeweiligen Moment erreichen, sondern eher durch die Zeiten des Lebens hindurch, nicht synchron, sondern diachron. Der Einzelne muss sein Leben selbst ausbalancieren, niemand sonst kann das für ihn tun. Das symmetrische Leben hat mit einer Arbeit zu tun, die das Selbst an sich selbst leistet und mit deren Hilfe die Heiterkeit als Haltung hergestellt wird.

Die Heiterkeit kann auch als eine Haltung der Gelassenheit charakterisiert werden, im Sprachgebrauch gelegentlich zusammengezogen zum Ausdruck der „gelassenen Heiterkeit", was jedoch, folgt man dem Stoiker Seneca, zweimal dasselbe sagt. Seneca ist derjenige, der dem Begriff der Heiterkeit im 1. Jahrhundert n. Chr. seine stoische Fassung gegeben hat. Als Übersetzung der griechischen *euthymía* wählt er den Begriff der *tranquillitas*; ihr widmet er seine Schrift *Über die Ausgeglichenheit der Seele* (*De tranquillitate animi*), die von der Ungetrübtheit und Ruhe der Seele handelt, nicht zu verwechseln mit Untätigkeit und Quietismus. Grundlage der Heiterkeit ist hier das symmetrische, wohlorganisierte und ausbalancierte Selbst, die Festgefügtheit der Seele, die „mitten im Sturm" die Ausgeglichenheit bewahrt und „mit leichter Seele" vieles hinzunehmen vermag. Um eine solche Selbstmächtigkeit zu erreichen, empfiehlt es sich, bei jeder Sache, die in Frage steht, sich darüber klar zu werden, ob sie „in meiner Macht" steht oder nicht und, wenn ja, wie weitgehend. Erst die Selbstmächtigkeit ermöglicht die Gelassenheit, nämlich ein Lassen angesichts all dessen, was nicht „in meiner Macht" steht; dies geht mit einer Stärkung der Hinnahmefähigkeit einher.

Mit dem Leben der Heiterkeit ist nicht notwendigerweise ein „gelingendes Leben" gemeint, denn es kann sich ebenso um ein Scheitern handeln, das zur Abgründigkeit des Lebens gehört. Dass der heitere Mensch kein Gelingen im Leben anstreben sollte, um nicht getroffen zu werden vom „Schmerz über eine nicht gestillte Sehnsucht": Das lässt sich von Plutarch lernen, der im 1./2. Jahrhundert n. Chr. unter seinen etwa 80 Abhandlungen (*Moralia*) eine der Heiterkeit widmete. Auch hier ist die Konzentration auf das, was in unserer eigenen Macht steht, von Bedeutung, um Heiterkeit erlangen zu können. Wenn wir dies versäumen, überfällt uns, so Plutarch, in der Seele irgendwann die „Reue", die mit ihren Stichen gleichsam der Seele Blut abzapft. Heiterkeit heisst, *ein Leben ohne Reue zu führen*, denn die Reue wäre schlimmer als aller Kummer über das Schicksal, das nicht in unserer Macht steht. Es sind die „schönen Tätigkeiten", die keine Reue nach sich ziehen. Heiterkeit, so lässt sich daraus schließen, erwächst mit der Realisierung des Schönen, womit, wenn man es zu übersetzen versucht, nichts anderes als das uneingeschränkt Bejahenswerte gemeint sein kann. So erst wird das ganze Leben zum Fest.

Heiterkeit kann mit Humor und Lachen einhergehen, muss aber nicht. Etwas kann, wie man so sagt, für *Erheiterung* sorgen, indem es gewollt oder ungewollt komisch ist. Entscheidend für die Heiterkeit aber ist das Bewusstsein der Abgründigkeit, das verhindert, nur einer oberflächlichen Fröhlichkeit zu frönen. Wenn es um die Äußerung der Heiterkeit geht, entspricht ihr das Lächeln mehr als das Lachen. Das Lächeln ist vielleicht kaum wahrnehmbar, wahrnehmbar ist lediglich das nicht umwölkte Gesicht, das seit jeher als Ausdruck der Heiterkeit gilt. Mit seinem Lächeln stellt das Subjekt seine Souveränität unter Beweis, die es beim Lachen oder Weinen kaum aufrecht zu erhalten vermag. Während beim Lachen ein aufwallender Affekt das Gesicht mit einem plötzlichen Ausbruch willkürlich zu zerreißen scheint, reguliert das Subjekt beim Lächeln seinen mimischen Ausdruck selbst sehr nuanciert.

Das lächelnde Antlitz der Heiterkeit zeugt von Selbstgewissheit, und dies nicht nur im Moment der Fröhlichkeit, sondern auch angesichts eines Abgrunds an Traurigkeit. Traurigkeit ist der Kontrastbegriff zur Fröhlichkeit, nicht jedoch zur Heiterkeit, deren Subjekt beide Erfahrungen in sich aufgehoben weiß; vor allem weiß es darum, dass die Abgründigkeit nicht einzuebnen ist, dass sie vielmehr konstitutiv für das Leben ist. Konsequenterweise steht die Heiterkeit der Melancholie nicht fern, jedenfalls steht sie ihr nicht entgegen, da sie deren abgründige Erfahrung nicht bezweifelt, nur andere Konsequenzen daraus zieht: Anders als das melancholische Selbst vertraut das heitere Subjekt auf die Erfahrung der Geborgenheit in aller Abgründigkeit.

Helfen

Shay Cullen

Kurz nach meiner Ankunft als Missionar auf den Philippinen kam ein Jugendlicher zu mir mit der Bitte, seine letzte Beichte anzuhören. Auf meine Frage, was er mit seiner „letzten Beichte" meine, zeigte er mir eine Schusswaffe und erklärte, er wolle seinem ausweglosen Leben ein Ende setzen. Es gelang mir, ihn von seiner Selbstmordabsicht abzubringen und zu überreden, mir die Schusswaffe zu geben. Er schilderte mir, dass ihn niemand liebe und seine Familie ihn verstoßen habe. Dieser Junge, dem ich in der Folge wieder zu neuem Lebensmut verhelfen konnte, öffnete mir die Augen für die unzähligen einsamen jungen Menschen, die sich in dieser Gesellschaft nirgends dazugehörig fühlen. Es war eine Begegnung, die mein Leben radikal veränderte, denn wenige Jahre danach verließ ich die herkömmliche Pfarrseelsorge und gründete das *PREDA Center* für junge Menschen in Not.

Gott spricht uns alle auf diese oder eine ähnliche Weise an. Entscheidend ist, dass man dafür ein offenes Ohr hat und darauf eingeht. Vor allem sind wir gefordert, den Notleidenden zu helfen. Wie kann ich sagen, dass ich Gott liebe, wenn andere hungern und ich keinen Finger rühre, um ihnen zu helfen?

Im Evangelium gibt es die eindrucksvolle Geschichte vom armen Lazarus, der vor der Tür eines Reichen lag. Der Reiche schmauste jeden Tag festlich, gab jedoch von seinem Überfluss keinen Brosamen an Lazarus ab. Die Sünde des Reichen bestand nicht in seinem Reichsein, sondern in seiner Gleichgültigkeit gegenüber dem Leiden des Armen, für dessen Hunger er keinen Blick, geschweige denn tätiges Mitgefühl aufbringen konnte. Er schloss sich damit selbst vom Paradies aus.

Echtes Glück gibt es im Leben erst, wenn man sich auf andere einlässt und sich aktiv um sie kümmert. Bei allem anderen kreist man genau genommen immer nur um sich selbst. Jesus sagte, er sei nicht gekommen, um sich bedienen zu lassen, sondern um zu dienen. Aus dem Grund wusch er seinen Jüngern die Füße und brachte sein Leben als Opfer für andere dar. Weniger als er zu lieben, zu opfern und zu tun, ist immer zu wenig. Niemand von uns ist davon ausgenommen, dem Ruf zur Freundschaft mit Gott zu folgen. Er möchte uns vor allem in den Armen begegnen und uns nahe sein. Wer wirklich mit Gott eins werden möchte, muss dorthin kommen, wo ihn Gott treffen möchte, statt sich diesen Ort selbst auszusuchen. Jesus sagte zu seinen Jüngern: „Was ihr den Geringsten meiner Brüder und Schwestern tut, das tut ihr mir" (vgl. Mt 25, 40).

Natürlich sind wir alle nur Menschen und können nie genug tun. Uns kann die Angst abschrecken, abgelehnt zu werden oder auf Widerstand zu stoßen. Deshalb müssen wir um einen starken Glauben beten. Die Kräfte des Bösen werden unseren Glauben unvermeidlich auf die Probe stellen, können ihn aber nicht brechen, wenn wir auf Gott vertrauen.

So erlebte ich vor etlichen Jahren sogar, dass ich Todesdrohungen erhielt. Das war, nachdem ich einen Kinderschänderring entdeckt und bekannt gemacht hatte. Damals wurden Kinder schon ab neun Jahren an Pädophile am US-Marinestützpunkt von Olongapo City verkaufte. Mit meiner Anklage hatte ich den Bürgermeister und den US-Admiral vor den Kopf gestoßen. Man warf mir vor, der Tourismusindustrie zu schaden und den Namen der Stadt und das Ansehen des Militärs in den Schmutz zu ziehen, und warnte mich davor, das Thema weiter zu verfolgen. Doch es wäre falsch gewesen, angesichts eines derart unsäglichen Missbrauchs den Mund zu halten. So brandmarkte ich weiter das Böse und tat mein Bestes, den Opfern zu helfen. Keiner von uns kann den Mund halten oder wegsehen und zugleich behaupten, ein Nachfolger Christi zu sein.

In der Folge bezahlten wir einen hohen Preis dafür. Die Stadtbehörden brachten es schließlich fertig, unser Selbsthilfeprojekt, eine kunsthandwerkliche Werkstätte, zu schließen. Das kostete viele Familien den Job, und das Heim für Kinder und Jugendliche stand vor dem finanziellen Aus. Die Regierung versuchte das Kinderheim zu übernehmen, und einige Geschäftsleute wollten daraus ein Bordell machen. Aber Gott griff mit starker Hand ein. Unsere Gebete wurden erhört: Es war wie ein Wunder, dass bald christliche Geschäftsleute von Organisationen für fairen Handel in Deutschland und Österreich unsere Produkte bestellten. Schließlich wurden alle Jobs gesichert, unser Projekt blühte wieder auf; wir können weiterhin Hunderten von Menschen überall auf den Philippinen helfen, in Menschenwürde zu arbeiten, und zahlreiche Kinder davor bewahren, auf der Straße zu landen oder in die Prostitution getrieben zu werden.

So kann ich aus eigener Erfahrung bezeugen, dass Gott uns nicht allein lässt, wenn wir versuchen, uns der Herausforderung zu stellen, echte Jünger Jesu zu sein. Er schickt einem hilfreiche Freunde, und wenn man spürt, dass Gott einem auf dem Weg über andere Menschen nahe ist, wird einem nichts zu schwer. Zumal wenn man als Team zusammenarbeitet, um den Opfern von Armut und Missbrauch zu helfen, wird dadurch Gott in der Welt spürbar anwesend, und man kann auf diese Weise anderen Menschen Leben ermöglichen und Freude bringen. So wird durch uns, seine Jünger, das Leben und Wirken Jesu auf der Erde fortgesetzt. Er sagte ja: „Wo zwei oder drei in meinem Namen beisammen sind, da bin ich mitten unter ihnen" (Mt 18, 20). Ich verfüge inzwischen über ein großes Team engagierter christlicher Sozialarbeiter und erfahre tatsächlich, dass durch sie Gott bei mir ist.

Wenn man aus dieser Erfahrung lebt, ist einem alles möglich. Man braucht nie wirklich Angst zu haben, sondern verfügt dank dieser Gegenwart über einen tiefen inneren Frieden und eine unglaubliche Stärke. Natürlich muss man darum immer wieder ringen und Zweifel und Anfechtungen bestehen; aber grundsätzlich kann man regelrechte Wunder bewirken.

Ich wusste zum Beispiel, dass die Militärstützpunkte die Ursache vielen Leidens und Missbrauchs waren, und ich träumte den unmöglichen Traum und betete um seine Erfüllung, sie würden endlich geschlossen. Unser Kampagne dafür dauerte zehn Jahre. Tatsächlich schritt Gott mit seiner Gnade ein, um auch die härtesten Herzen zu verändern. Schließlich kam ein Gesetz durch, das den Fortbestand der Militärstützpunkte verbot. Danach wurde ein weiteres Wunder Wirklichkeit, für das wir uns eingesetzt hatten: Die militärischen Anlagen wurden in Industriegebiete umgewandelt. Heute ist die Sex-Industrie zusammengebrochen und Tausende von Filipinos arbeiten in Menschenwürde. So stelle ich unverkennbar immer wieder Gottes Wirken in der Geschichte fest, der auf eigenartigen und geheimnisvollen Wegen Erlösung bringt. Wir brauchen nur eines: Glauben, der Berge versetzt.

Dieser Glaube hilft uns, dem Bösen die Stirn zu bieten und um Gerechtigkeit zu kämpfen, und er hilft uns, den Preis dafür zu bezahlen. Die Wahrheit wird uns von der Macht des Bösen frei machen. Für uns ist Jesus Christus die Wahrheit und das Leben der Welt. Wir würden ihn verleugnen, wenn wir aus Angst vor Kritik Gottes Willen nicht mehr befolgen würden, und schließlich würden wir dadurch sogar das Böse fördern. Tatsächlich kann man zum Gefangenen der Feigheit werden und dadurch taub für die Schmerzensschreie der anderen.

Als ich vor über drei Jahrzehnten auf die Philippinen kam, ermordeten Todesschwadrone viele Kinder, und bis zum heutigen Tag gibt es in philippinischen Städten immer wieder solche Todeskommandos. 1999 sah ich mich veranlasst, energisch in Davao City gegen das Töten von Straßenkindern die Stimme zu erheben. Hunderte von Menschen auf der ganzen Welt hörten unseren Schrei und schrieben Protestbriefe an den Bürgermeister. Der war wütend, aber das Töten hörte auf. Viele Kinder, die um ihr Leben fürchten mussten, konnten in Sicherheit gebracht werden. Als Vergeltung erhob die Stadt eine Verleumdungsklage gegen die Menschenrechtsaktivisten von PREDA und mich. Aber immer, wenn man direkt am Abgrund steht und alles nur noch finster und gefährlich aussieht, leuchtet das Licht Christi auf. In diesem Fall kam genau wie bei vielen anderen falschen Anschuldigungen die Wahrheit ans Licht; wir gewannen den Prozess und verließen erleichtert und mit erwiesener Unschuld das Gericht. In den letzten Monaten hat das Erschießen und Ermorden der Kinder wieder angefangen, und wir müssen wieder Aktionen starten.

Die Kinder werden in dieser Welt nicht als gleichwertige Menschen behandelt. Heute gibt es zum Beispiel in den Gefängnissen auf den Philippinen 20 000 Kinder. Diese Kinder sind sexuelle Sklaven der Erwachsenen. Sie werden gezwungen, den Schmutz und Dreck aufzuputzen, müssen auf dem Betonboden schlafen und den Wächtern und erwachsenen Häftlingen zu Willen sein. Sind sie das nicht, bekommen sie nichts zu essen. Eine Woche, nachdem ich ein Gefängnis in der Nachbarprovinz besucht und gegen die Behandlung der dreizehn dort eingesperrten Kinder protestiert hatte, wurden sie alle freigelassen und zu ihren Eltern heimgeschickt. Diese Arbeit muss weitergehen.

Ich sehe so unendlich viele Opfer und frage Gott, was aus der menschlichen Spezies auf diesem Planeten eigentlich geworden ist. Keine andere Spezies missbraucht ihre Jungen auf diese schreckliche Weise. Die Menschen sind nach Gottes Ebenbild erschaffen, aber sie folgen nicht Christi Beispiel, und so kann die Macht des Bösen dieses Bild überdecken und die Sünde das Feld beherrschen. Dieser Macht des Bösen ist nur durch Opfer und Gebet beizukommen. Wir Menschen sind die einzige mit Intelligenz begabte und mit einer

Seele ausgestattete Spezies; wir vermögen in schwindelerregende Höhen der Liebe zu gelangen – und doch steigen viele lieber in die finstersten Abgründe der Gewalt und des Missbrauchs ab.

Oft werde ich gefragt, welchen Auftrag und Beruf ich eigentlich hätte. Was bist du? Priester, Sozialarbeiter, Anwalt oder Psychologe? Ich gebe darauf zur Antwort, ich sei Christ, und das heißt für mich, dass ich mich um andere kümmere und ihnen helfe, so wie das Jesus Christus getan hat, trotz aller Risiken. Er hat uns in Wort und Tat gezeigt, wie wertvoll das Leben ist und welche Rechte jeder Mensch hat. Wir sind als Ebenbilder Gottes erschaffen und dazu berufen, den Unterdrückten aufzuhelfen, die Gefangenen zu befreien und den Blinden das Augenlicht zu schenken. Eine bessere Lebensart gibt es nicht.

Ich

Willigis Jäger

Wir suchen das Leben in seiner höchsten Intensität. Der Westen meint es in der Individualität zu finden. Er hat das Ich glorifiziert und sucht es zu verewigen. Ewig ist jedoch nur jene Dimension des Göttlichen, die sich in immer neuen individuellen Formen ausdrückt – auch als unser Ich. Es setzt sich langsam die Erkenntnis durch, dass eine objektive kosmische Ordnung mit unserer menschlichen Intelligenz nicht begriffen werden kann und dass wir damit auch nicht zu einer objektiven metaphysischen Anschauung der Welt gelangen. Das Wort von der Suche nach einem neuen Paradigma für unsere Zeit und unsere Gesellschaft ist in aller Munde. Was ist dieses neue Paradigma? Dass eine Spezies Ich sagen kann, war ein gewaltiger Fortschritt in der Evolution. Das Ich macht uns zu Menschen. Aber das Ich ist nur das Instrument unseres wahren Wesens. Wir müssen es gebrauchen lernen.

Vom psychologischen und spirituellen Standort aus ist das Ich ein Konglomerat von Konditionierungen, die wir uns im Laufe des Lebens angeeignet haben. Über viele Jahre hin bauen wir eine Identität auf. Es sind erlernte Konstrukte, die eine Persönlichkeit prägen. Elternhaus, Schule, Religion, Gesellschaft, Partner/Partnerin, Freunde und Freundinnen, Ideale, Ängste, Wünsche, Vorurteile und Illusionen trugen dazu bei. Mit dieser Ansammlung von Mustern identifizieren wir uns. Wir verteidigen unser Ich mit Wut und Angst. Wir beurteilen es, verurteilen es bei uns und bei anderen. Wir sind stolz darauf und machen uns Schuldgefühle. Dadurch wird diese Illusion des Ich verstärkt. Im Grunde gibt es aber keine individuelle Wesenheit, die nicht eingebettet wäre in das Ganze und Eine.

Wer einen spirituellen Weg geht, stellt bald fest, dass er nicht Herr im eigenen Haus ist. Was wir unser Ego nennen, zerrt uns hierhin und dorthin. Viele Menschen merken das zum ersten Mal, wenn sie sich zum Meditieren niedersetzen. Sie erkennen, dass dieses Ich sich verselbständigen kann. Es kommt immer mit neuen Angeboten von außen und von innen. Es lässt uns nicht zur Ruhe kommen. Wir werden durch diese Impulse wie von einer anderen Kraft gelebt. Im Alltag denkt und arbeitet das Ich nur für sich. Sorgen, Intentionen, Erinnerungen, die Arbeit, die Partei, die Familie, Haus, Auto, Aktien, Konto, Probleme besetzen uns. – Wir setzen dieses Getrenntsein vom Gegenüber, sei es gedanklich oder physisch, einfach voraus, so, als seien wir von allen anderen getrennte Wesen. Was immer die Herrschaft des Ich bedroht, bekämpft es, und was seine Macht erweitert, ergreift es begierig. Wir erkennen, dass dieses Ich unsere Würde als Menschen ausmacht, wir erkennen aber noch nicht, dass es sich in der Art und Weise, wie es uns beherrscht, zu einer schlimmen Krankheit entwickelt hat, zum Egozentrismus und Narzissmus.

Die spirituellen Wege erheben den Anspruch, dem Ich seinen richtigen Standort zuweisen zu können. Sie wagen es, uns zu sagen: Dieses Ich ist nichts Festes, ja es ist ein Phantom. Es besteht aus Abläufen, die durch unser Gedächtnis zusammengehalten werden und uns Stabilität vorspiegeln. Es ist ein Organisationszentrum, das zu unserem Menschsein gehört, wie der Instinkt. Ohne dieses Zentrum wären wir keine Menschen. Wenn dieses Zentrum bei einem psychisch kranken Menschen ausfällt, vegetiert er nur noch dahin.

Dieses Instrument kann gehörig verstimmt sein. Es ist die Aufgabe der Psychotherapie, dieses Instrument lebensfördernd zu stimmen. Die meisten Psychotherapien sind auf Stabilisierung des Ich aus. Der Mensch braucht es, um in der Gesellschaft zu funktionieren. Die spirituellen Wege führen über die Eingrenzung des Personalen hinaus. Sie führen zum „Tod des Ich". Das Ich löst sich nach einer solchen Erfahrung nicht auf. Aber es hat nun seinen wahren Stellenwert. Es erkennt sich als Instrument, auf dem der Urgrund spielt. Der Weg führt oft durch das, was in der Mystik als „horror vacui" wohl bekannt ist. Aber der „Horror der Leere" ist nur eine Zwischenstufe. Wer aushält und sich der Leerheit überlassen kann, dem wird sich dieser Horror als Tor ins Eine erweisen.

Dieses Eine ist eine meta- oder suprakosmische Leerheit. Aber in dieser Leerheit sind alle Potenzen. Es ist der Ursprung der Schöpfung. „Sunyata", „Nada", Eckharts „Nichts" sind Bezeichnungen dafür. Die Leerheit hat eine Qualität. Es ist damit etwas anderes gemeint als ein Zustand ohne Gedanken, als ein leerer Kopf. Es entsteht die Erfahrung einer Ebene, auf der es keine eigenständigen Individuen mehr gibt. Dort ist nichts als diese schöpferische kosmische Einheit, die identisch ist mit dem absoluten Bewusstsein. Alle Erscheinungsformen haben nur einen Akteur, nur einen Spieler, der alle diese Rollen spielt. Selbständige Individuen sind eine Illusion. Es ist das Spiel von Maya, der großen Täuscherin, die alles Substantielle nur vorspiegelt.

Die größte Angst des Ich ist es, ausgelöscht zu werden. Wenn das Ich ausgelöscht wird, bleiben die Funktionen der Skandhas (dessen, was die Persönlichkeit konstituiert) übrig, aber sie sind leer. Die Substanzlosigkeit des Ich zu erkennen, ist das eigentliche Ziel der Mystik des Zen, des Vipassana, des Dzogchen und mancher Yoga-Wege. Es ist der Kern des spirituellen Erwachens. Die Leerheit ist das Verbindende. Es gibt kein individuelles Ich und auch keinen Anderen. Alles besteht aus der gleichen leeren Einheit. Das Ich bleibt aktiv, aber die wirklich handelnde Kraft dahinter ist die Leere. Warum ist das so? Darauf gibt es keine rationale Antwort. Wir wissen es nicht.

Es bringt die Erfahrung, dass man angekommen ist: Zeit und Raum sind entschwunden. Die Polarität ist aufgehoben. Manchmal stellt sich diese Leerheit als ein „Licht" dar. Aber dieses Wort ist wieder nur der Versuch, das auszudrücken, was erfahren wird. Die Mystik spricht vom dunklen Licht oder vom lichten Dunkel. Diese Leerheit ist nichts Absurdes. Es ist die Ordnung der Schöpfung. Es ist Kommen und Gehen darin. Aber die Dinge sind nun anders da. Der Mensch erfährt sich dann mit dem Universum als eins. Er erfährt sich als das Universum. In dieser Erfahrung ist kein Ich mehr. Für den, der sie hatte, ist der vorausgehende Satz falsch, wenn er aus dem Ich heraus gesprochen ist. Für ihn gilt: Das Universum, das Eine, erfährt sich als diese Form und sagt Ich.

Die Mystik bringt dazu viele Beispiele. Die theistische Mystik spricht von der *unio mystica*. Diese wird als eine Erfahrung des Sterbens des Ich beschrieben. In der östlichen Mystik gibt es kein Ich, das Permanenz hat. Johannes vom Kreuz drückt es in einem seiner Gedichte auf seine Weise aus: „Ich trat ein und wusst' nicht wo, und ich blieb auch ohne Wissen, alles Wissen übersteigend … Jeder, der dorthin gelangt, wird ganz irre an sich selbst. Alles, was er vorher wusste, scheint ihm jetzt verschwindend klein. Und sein Wissen wächst so sehr, dass er ohne Wissen bleibt, alles Wissen übersteigend."

Teresa von Avila beschreibt in ihrem Buch *Die Innere Burg* zwei Möglichkeiten der Einheit. Die erste Einheit löst sich auf, wenn der Mensch ins Tagesbewusstsein zurückkehrt. Die wirkliche Einheit hingegen beschreibt sie mit folgenden Worten: „Hier jedoch ist es, wie wenn Wasser vom Himmel in einen Fluss oder eine Quelle fällt, wo alles nichts als Wasser ist, so dass man weder teilen noch sondern kann, was nun das Wasser des Flusses ist und was das Wasser, das vom Himmel gefallen" (*Die Innere Burg*, S. 170). – Dies ist der Zustand, den die Mystik *unio mystica* nennt.

Die leere Einheit ist immer da, wird aber nicht immer erfahren. Sobald das Ich dazwischenkommt, erscheint die Dualität. Aber die Grundstruktur ist Einheit. Nur unser Ich spaltet sie auf. Eckhart würde hier von der „Empfänglichkeitsanlage" sprechen, die der Mensch erweitern muss – über sein Ich hinaus, damit er das Eine, das immer der Grund ist, erfahren kann. Im Erfahren dieser Einheit liegt die Überwindung der Hypertrophie des Ich, unter der wir so sehr leiden. Unser Ich spiegelt uns die Trennung vor.

Eckhart spricht von dieser Einheit, wenn er vom Innersten des Menschen spricht. Er nennt es „Bürglein": „... dieses einige Eine ist ohne Weise und ohne Eigenheit. Und drum: Soll Gott je darein lugen, so muss es ihn alle seine göttlichen Namen kosten und seine personhafte Eigenheit; das muss er allzumal draußen lassen, soll er je darein lugen. Vielmehr, so wie er einfaltiges Eins ist, ohne alle Weise und Eigenheit, so ist er weder Vater noch Sohn noch Heiliger Geist in diesem Sinne und ist doch ein Etwas, das weder dies noch das ist" (Predigt 2, zit. nach Meister Eckhart, *Deutsche Predigten und Traktate*).

Es ist nichts dagegen zu sagen, unsere Persönlichkeit zu entwickeln, unseren Verstand, unsere Gefühle, einen Beruf zu ergreifen, zu heiraten und Geld zu verdienen. Dazu brauchen wir ein stabiles Ich. Falsch aber ist es, wenn wir glauben, dass wir unser Körper, unsere Gefühle, unser Verstand sind. Wir identifizieren uns mit unserer Person und sagen: Ich bin Arzt, Mutter. Wir sagen: ich bin schön, gescheit, reich. Aber das ist nur eine Rolle. Aus dieser falschen Identifikation herauszutreten, bedeutet ein ständiges Verlassen des Selbstbildes. Das Selbstbild, das ein Mensch von sich hat, grenzt ihn ein. Ein großer Anteil unserer Persönlichkeit wird von uns in der Kindheit und Jugend eingeprägten Glaubenssätzen und Vorstellungen ausgefüllt, die uns am Leben hindern.

Sie bestimmen unser religiöses Leben, unsere Beziehungen, unsere Emotionen, unser Verhalten, im Beruf und in der Gesellschaft. Wer diese Eingrenzungen durchleuchten und ablegen kann, erfährt die eigentliche Natur des Geistes, die keinerlei Formen enthält, sich aber in alle Formen ergießt und non-dual, als Wirklichkeit mit zwei Aspekten erscheint. „Leerheit ist Form und Form ist Leerheit" (Zen). – Das Selbstbild ist gleichsam eine Maske, die im Theater der Griechen eine wichtige Rolle spielte. Durch die Maske, hinter der sich der Schauspieler verbarg, tönt das Eigentliche, das Wahre hervor.

Imagination

Siegfried Lorenz

In unserer westlichen Welt, die naturwissenschaftlich geprägt und materialistisch orientiert ist, fühlen sich viele Menschen vom Leben abgeschnitten, unlebendig, entfremdet, nicht mehr eingebunden in die natürliche Ordnung des Universums. Dieses Gefühl bringt viele dazu, die Welt der Imagination wieder neu zu entdecken; denn „im Schatzhaus der Imagination ist alle Wahrheit und Größe enthalten" (Rabbi Abraham Isaac Kuc).

In östlichen Kulturen wurde von der Imagination seit alters Gebrauch gemacht, wie etwa der tibetische Buddhismus zeigt. Dort wendet sich ein Mensch eine gewisse Zeit von der äußeren Welt ab und richtet seine Sinne nach innen. Erkenntnis und Erfahrung grundsätzlicher Einheit alles Existierenden lassen ihn eine entsprechende Verkleinerung des persönlichen „Ichs" erleben. Imaginale Einsichten werden in der tibetischen Kunst auf so genannten *Tangkas* anschaulich dargestellt: Sie zeigen die bunte Vielfalt des Seelenlebens vor dem Hintergrund des symbolisch dargestellten Sakralen, mit dem es eine Einheit bildet. Diese in der Imagination wahrgenommenen und erlebten Bereiche des Bewusstseins werden als vollkommen wirklich angesehen, nicht nur als von einem tiefen Sinn erfüllt, sondern auch mit einem großen Einfluss auf die tägliche Lebensführung.

Auch im Westen beginnt man die Imagination allmählich neu zu entdecken, ihre heilende Kraft anzuerkennen und sie sowohl therapeutisch als auch meditativ zu nutzen.

Was aber versteht man unter Imagination?

Das Wort „Imagination" bedeutet Vorstellungskraft, Einbildungskraft, Phantasie. Der Mensch hat die natürliche imaginative Fähigkeit – bei dem einen mehr, bei dem anderen weniger ausgeprägt –, mit seiner Vorstellungskraft Phantasiebilder zu erschaffen. Wir können uns eine Blume, eine Wiese, einen Bach, einen Berg, eine Höhle, eine Reise auf einem fliegenden Teppich vorstellen. Unserer Vorstellungskraft verdanken wir die kreative Gestaltungsfähigkeit, die sich sehr eindrucksvoll in Phantasiebildern zeigt. Beim Imaginieren der inneren Bilder oder Seelenbilder sind unserer schöpferischen Phantasie keine Grenzen gesetzt. Wir können ihr freien Lauf lassen, Grenzen überschreiten und ins Unendliche vorstoßen. Wir können aber auch in die Vergangenheit zurückgehen und längst vergessene Kindheitserlebnisse wieder lebendig werden lassen oder uns eine Zukunft vorstellen, wie wir sie gerne hätten. Wir sind fasziniert von unserer inneren Bilderwelt und überwältigt von den Erlebnissen, die wir auf einer anderen Bewusstseinsebene in einer anderen Welt erleben. Wir betrachten diese Seelenbilder, nehmen sie ganzheitlich wahr, lassen sie auf uns wirken und beobachten genau, wie sie sich entfalten, verändern oder zu verwandeln beginnen. So kann zum Beispiel das Innere einer Höhle in leuchtenden Farben erstrahlen und der fliegende Teppich sich in einen großen Vogel verwandeln, auf dessen Flügeln wir sanft und schwerelos dahin gleiten, oder eine Blume kann sich entfalten, wachsen, in den buntesten Farben erblühen und wunderbare Düfte verströmen.

Blumen sprechen die meisten Menschen an. Ihre Formen, Farben und Düfte lösen in uns ein Gefühl der Freude und Beglückung oder der Nachdenklichkeit und Trauer aus. So kann eine Blume oder deren Duft an ein positives Erlebnis erinnern und freudig stimmen, eine andere dagegen traurig machen. Eine Frau erinnern Veilchendüfte an ein glückliches Kindheitserlebnis, nämlich das Geschenk einer lang ersehnten Puppe: Neben dieser Puppe stand ein intensiv duftender Veilchenstrauß. Eine andere Frau wird durch duftenden Flieder an ihren verstorbenen geliebten Großvater erinnert und traurig: Der Großvater war inmitten von stark duftendem Flieder aufgebahrt gewesen. Neben den Düften spielen auch die Farben der Blumen eine wichtige Rolle. Farben sind Strahlungskräfte, Energien, die auf uns in positiver oder negativer Weise einwirken, ob wir uns dessen bewusst sind oder nicht. Sie können schöpferische Kräfte in uns freisetzen oder sie auch blockieren. Eine Blume ist etwas Lebendiges. Sie ist mit ihrem Kreislauf des ständigen Wachstums – vom Keimling über Blüte, Reife und Vergehen – das Sinnbild aller zyklischen Erneuerung und damit des Wachstums überhaupt. Im östlichen wie im westlichen Kulturkreis gilt sie als ein Symbol für die Seele, für das spirituelle Selbst und das Göttliche.

Die Erlebnisse, die wir in der Imagination erfahren, verändern nicht nur unsere innere Wahrnehmung, sondern haben auch Auswirkungen auf unsere äußere Welt. Wir erleben uns nicht mehr getrennt und abgespalten von der äußeren Welt, sondern als Ganzheit und mit dem Universum verbunden. Wenn wir unsere imaginativen Fähigkeiten nutzen, haben wir eine großartige Möglichkeit, über den Weg einer tieferen Bewusstwerdung Körper, Seele, Geist, Emotion und Spiritualität zu revitalisieren und von innen heraus zu verwandeln. Dabei können wir viel über unseren eigenen Wesenskern, unser wahres Selbst erfahren. Denn Selbsterkenntnis ist nicht außerhalb von uns zu suchen; nur in uns selbst können wir sie finden. „Der Wert inneren Suchens wird sowohl von der Tiefenpsychologie wie von jeder wichtigen spirituellen Tradition bestätigt. Im Christentum heißt es: ‚Das Reich Gottes ist in dir.‘ Im Buddhismus: ‚Schau nach innen, du bist der Buddha.‘ Im Islam: ‚Wer sich selbst kennt, der kennt seinen Herrn‘" (Frances Vaughan, *Heilung aus dem Innern*). In der *philosophia perennis* ist die Selbsterkenntnis eine wesentliche Voraussetzung zur Erlangung transzendentaler Weisheit und universalen Bewusstseins. So bringt jeder Zuwachs an Selbsterkenntnis nicht nur eine Erweiterung des Bewusstseins mit sich, sondern gibt uns auch ein Stück Freiheit zurück. Selbsterkenntnis ist der Schlüssel, der alle unsere inneren Tore zum Leben hin öffnet.

Es ist ein Wagnis, dieses Tor zu einem neuen bewussten Leben zu öffnen – wir wissen nicht, was uns erwartet. Doch in der Öffnung für Unbekanntes und Fremdes liegt unsere Chance für Veränderung, Wandel und Wachstum. Wir wissen, dass wir uns ändern können, wenn wir Veränderung wirklich wollen. Wandel ist möglich; wir haben die Wahl. Es liegt ganz an uns, ob wir unsere engen, dunklen und kleinen Räume behalten wollen oder ob wir sie in weite, helle und strahlende Räume umwandeln wollen, in denen neues Leben sich entfalten, wachsen und entwickeln kann, das durch Liebe, Selbstakzeptanz und Vertrauen gekennzeichnet ist.

194

Kampf

Joachim Kunstmann

Der Kampf muss als eines der Urthemen spirituellen Lebens gelten. Das mag überraschend klingen; denn der Kampf weckt Assoziationen wie Krieg, Zerstörung und Grausamkeit, die mit spirituellem Leben völlig unvereinbar scheinen. Wer sich um Spiritualität bemüht, der zählt in aller Regel zu jenen Menschen, die Empfindsamkeit mitbringen und sich um Harmonie bemühen. Scheinbar ganz natürliche Gründe legen es nahe, den Kampf zu meiden. Der Kampf stellt in dieser Sicht neben der Bequemlichkeit das zweite große Hindernis auf dem spirituellen Weg dar.

Die Bedeutung des Kampfes für das spirituelle Leben lässt sich bereits aus seiner bedeutsamen Rolle für Mythologie und Religion ersehen. Weniger sind hier die mythologischen Götter- und Drachenkämpfe gemeint, die den Sieg neuer Prinzipien beschreiben, sondern eher die Kämpfe der mythischen Helden und der großen religiösen Gestalten. Die Kämpfe des Herakles und des Odysseus zeigen exemplarisch, dass das Leben die Form eines Kampfes annehmen kann, in dem eine Herkunft verteidigt und in dessen wechselhaftem Verlauf eine Heimat und ein bedeutender Name – modern gesprochen: ein Selbst – gefunden werden kann. Deutlich wird dies auch in der zentralen Szene der Bhagavadgita, in der der Held Arjuna durch Krishna dazu aufgefordert wird, seinen Kampf auch gegen die eigenen Verwandten zu richten. Was für moralische Bewertung untragbar scheint, erschließt sich der spirituellen Sicht: Nicht der strahlende Sieg ist das Ziel; der Kampf trägt seinen Sinn in sich selbst und wird zu einem Synonym für waches, bezogenes und engagiertes Leben. „Kämpfen ist ein Akt der Liebe", schreibt Paolo Coelho (*Jakobsweg*, S. 207).

Eine weitere Urszene des Kampfes findet sich in der Bibel. Dort wird in Gen 32, 23ff der geheimnisvolle Kampf des Jakob am Jabbok erzählt. Jakob ringt mit einem Boten Gottes, der als „Angesicht Gottes" bezeichnet wird. Jakob wird an der Hüfte verletzt, geht also nicht siegreich, sondern hinkend aus dem Kampf hervor. Dennoch ist er der Stärkere. Seine Überlegenheit ist die des Mannes, der nicht flieht und loslässt, sondern der durchhält und ganz zum Kämpfer wird, bis hin zur drängenden Forderung: „Ich lasse dich nicht, du segnest mich denn." Der Sinn des Kampfes ist weder der Sieg, noch eine Eroberung oder eine Belohnung, sondern Bewährung und „bezogene Selbstbehauptung" (Peter Schellenbaum, *Aggression*, S. 202).

Das Motiv des Kampfes in spiritueller Bedeutung wurde in neuerer Zeit durch die Gemeinschaft von Taizé aufgegriffen, die für viele zum Inbegriff moderner christlicher Spiritualität geworden ist. Sie lebt unter dem Motto „Kampf und Kontemplation". In dieser Formel sind die zwei großen, oft widerstrebenden Seiten der Religion zusammengeschaut: die Besinnung auf Beheimatung, Orientierung, Trost, Gewissheit auf der einen Seite und Aufbruch, Umkehr, Lebendigkeit, Begeisterung, ja: Provokation auf der anderen. Dabei steht der „Kampf" für die tiefe Einsicht, dass Kontemplation und Beheimatung in der Religion zur Sedimentierung und zur Erstarrung führen können; Erfahrungswissen hat die innere Tendenz, sich an die Stelle des gelebten Lebens zu setzen. Der kämpferische Protest dagegen ist in der Religion selbst lebendig, wie die Propheten, die Provokationen des Jesus von Nazaret und die ungezügelten Begeisterungen der Ketzer immer wieder vor Augen führen.

Damit wird deutlich, dass der Kampf etwas anderes meint als Krieg und brutale Destruktion. Echte Kämpfer sind keine Befehle ausführenden Soldaten. Zur Unterscheidung dient die Rede vom „guten" Kampf (so in 1 Tim 6, 12; 2 Tim 4, 7 u. a.). Der Kampf hat eine innere Verwandtschaft mit dem Wortsinn von „Aggression" (lateinisch *ag-gredi* = angehen). Zupacken, Bereitsein und Hingabe sind seine Kennzeichen, im Gegenüber zu Lust- und Interesselosigkeit sowie Depressivität. Ein guter Kämpfer zu sein bedeutet, über Entschlossenheit zu verfügen und Stolz für sich selbst empfinden und in angemessener Weise auch *zeigen* zu können. Der hinduistische Gott Shiva, der die Einheit von Schöpfung und Zerstörung symbolisiert, wird als Tänzer dargestellt.

Der Kampf begleitet und fördert also den eigenen inneren Lebens-Impuls. Wo er nicht gekämpft wird, besteht die Gefahr, dass dieser

196

Lebens-Impuls selbstzerstörerisch wird. „Die Odyssee besagt, dass es in unserem Inneren Freier gibt, die die Seele heiraten wollen. Diese betörenden Freier haben Pläne für unser Leben. Wenn ein Mensch nie das Schwert hebt, dann bekommt er vielleicht gute Noten für Freundlichkeit, aber am Ende könnte er zum Sklaven dieser Freier werden, oder das Ziel einer arrangierten Ehe" (Robert Bly, *Eisenhans*, S. 248). Zur Versinnbildlichung kann die Figur des „inneren Kriegers" dienen, die eher Züge des Ritters annimmt und die sich als Spiegel der eigenen Einstellung zum Kampf eignet: Welche Haltung nimmt mein eigener innerer Krieger ein? Steht er heroisch-selbstgefällig in seiner blanken Rüstung da? Sieht er ängstlich drein? Oder liegt er dösend in der Sonne, ohne Bereitschaft und ohne Auftrag?

Sinn und Geheimnis des Kampfes ist die Bewährung, nicht die Eroberung. Sie steht der nach außen gerichteten Sehnsucht nach Ehre und Beachtung gegenüber. Der Kampf steht darum vor allem jeder Form der *Beschämung* gegenüber. Ein echter Kämpfer ist fähig, Beschämer wahrzunehmen, ihnen ins Auge zu sehen und sie zu benennen. Er ist bereit, seine eigene Grenze zu verteidigen – durch Klarheit und innere Autorität und durch eine Form von Entschlossenheit, die deutlich zu erkennen gibt, dass sie zur Tat bereit ist. In diesem Sinne bezeichnet das Motiv der Suche nach dem Schwert, wie es etwa Coelho in *Auf dem Jakobsweg* beschreibt, die Suche nach der eigenen Kraftquelle. Dies zeigt noch einmal: Kein äußeres Ziel ist zu erkämpfen; der Kampf und die Kampfbereitschaft sind selbst das Ziel, das eigene Leben auf der eigenen Kraft zu gründen. Kopp sagt sogar: „Der einzige Sieg liegt in der Hingabe an dich selbst" (*Triffst Du Buddha unterwegs*, S. 195). Dass diese Kraft immer eine geschenkte ist, die eher zur Freude Anlass gibt als zum selbstgefälligen Stolz, bestätigt auch von dieser Seite die spirituelle Dimension des Kampfes. Dostojewskij meinte entsprechend, nicht in der Wahrheit, sondern in der Kraft sei Gott zu finden.

Höchst bedeutsam für spirituelles Leben ist, dass die Bewährung den Kämpfer niemals unberührt lässt. Jakob geht aus seinem Kampf als Verwundeter hervor. Hier muss das Bild des strahlenden Ritters korrigiert werden, das zu Idealisierungen Anlass gibt. Zu den tiefsten Geheimnissen des spirituellen Lebens gehört wohl die Erfah-

197

rung, dass aus der Verwundung Wandlung und Heilung entspringen können. Die alten Völker wussten um dieses Geheimnis; Schamanen, Priester und Heiler waren immer Verwundete. In den Riten der Initiation, die uns heute verloren gegangen sind, wurden Verwundungen bewusst zugefügt.

Der Kampf als Bereitschaft und Entschlossenheit bedeutet Wachheit und Präsenz. Er ist Ausdruck eines befreiten Selbst. Im Bewusstsein der eigenen Kraft und Besonnenheit ist der Sieg ein Sieg über die eigene Ängstlichkeit. Der Kampf ist darum ein grundlegender und unverzichtbarer Aspekt von Lebendigkeit. Er verbindet den Glauben mit der Hingabe an die Welt und das Leben.

Kind sein

Albert Biesinger

Kinder sind religiöse Menschen von innen heraus. Noch kein einziges Kind habe ich kennen gelernt, das keine philosophischen oder religiösen Fragen stellt. Kinder machen sich immer Vorstellungen von Gott. Peruanische Kinder in Lima sagten mir, dass Gott dunkle Haare und dunkle Haut habe und er so aussehe, wie sie. Kinder fragen:

„Wo war ich eigentlich, als ich noch nicht da war?"

„Wie geht das, dass ich weiß, dass ich bin?" (4 Jahre)

„Gibt es in der Luft noch eine Welt und unter dem Boden, wenn man tief gräbt, auch eine Welt?"

„Glaubt die Katze, dass Gott aussieht wie eine Katze?"

„Wer macht die Tage, und wann sind sie alle?"

„Irgendeiner muss doch den Anfang gemacht haben. Aber wer?"

„Papa, weißt du, was ich mir eigentlich gar nicht vorstellen kann?" – „Na was?" – „Dass es Gott gibt."

„Mutti, ich finde es gar nicht schön, dass ich geboren bin und dass ich vielleicht lange leben muss." (5 Jahre)

„Wenn ich tot bin, bin ich dann noch ganz?" (3 Jahre)

„Ich weiß gar nicht, warum es die Welt gibt." (5 Jahre)

„Wozu sind die Menschen eigentlich da? Sag mal, wozu?"
(aus A. Biesinger, Kinder nicht um Gott betrügen)

Warum wohl sind Kinder auf die verschiedenen Ebenen des Lebens und vor allem auch auf die göttliche Ebene so durchlässig? Man mag es ganz profan damit erklären, dass ihr Gehirn nur langsam reift und feste Kategorien bildet. Spirituell kann es aber auch damit zusammenhängen, dass Kinder noch näher an ihrem Ursprung aus der Schöpfungsenergie Gottes sind und von daher gesehen noch mehr „Erinnerung" an ihre Herkunft haben. Die Herkunft unserer Herkunft ist göttliche Kraft und göttliche Energie.

Mit Kindern leben heißt, die eigene Kindheit erneut durchleben. Wer einigermaßen zur eigenen Kindheit durchlässig ist und damit auch in Kontakt mit sehr frühen Bildern, Gerüchen, Beziehungen leben kann, wird in der Kommunikation mit Kindern beglückende Erfahrungen machen und entdecken können: „So ähnlich war ich also früher auch. So ähnlich also habe ich mich früher auch in das Leben hineingefragt. So ähnlich also habe ich auch geweint, in überschäumender Freude gelacht und mit großen Augen mit der Katze gespielt."

Ich habe manchmal Gelegenheit, mit meinem 2001 geborenem Enkelkind Joshua zu spielen, durch den Garten zu gehen, mit ihm Musik zu hören. Er beginnt sich rhythmisch zu bewegen und singt „La la la". Gehe ich in mein Arbeitszimmer, so setzt er sich auf meinen Meditationssitz und strahlt über sein ganzes Gesicht, greift nach seinem Stein, nimmt ihn in die Hand und legt ihn nach einiger Zeit wieder neben den Meditationssitz.

Kognitiv versteht er noch nicht, was Meditation ist und warum dieser kleine Sitzhocker da steht. Aber er ist davon fasziniert, wie von vielen anderen Gegenständen und Situationen eben auch.

Viele junge Eltern, die seit ihrer Schulzeit mit religiösen Themen und sehr oft ja auch mit kirchlichen Zusammenhängen nichts mehr zu tun hatten, beginnen sich damit wieder zu beschäftigen, wenn sie ein Kind bekommen haben. Kinder sind Anlass, darüber nachzudenken, was wir ihnen ins Leben mitgeben wollen, welche Antworten wir auf ihre großen Fragen finden.

Und viele Eltern finden auf diesem ganz einfachen, praktischen Lebensweg Gott wieder. Es ist etwas dran: Kinder sind oft die spirituellen Wegbegleiter für ihre Eltern. Die einzige Voraussetzung ist, dass Eltern sich von ihren Kindern etwas sagen lassen, dass sie sie als Boten oder – anders formuliert – Engel aus einer anderen Welt akzeptieren und würdigen.

Indem wir Kindern spirituelle Kompetenz zutrauen, gewinnen wir im Dialog mit ihnen ebenso vieles an Antennen und Horizonten für den göttlichen Bereich. Der Begriff „Reich Gottes" im Neuen Testament hat eine faszinierende Bedeutung: Wir gehören zum Bereich Gottes und nicht zum Bereich des Zerstörerischen, des Fanatismus, der Herabwürdigung, der Unterdrückung und Entwürdigung. Wer zum Bereich Gottes gehört, dem kommt eine von Gott her geschenkte und nicht selbst produzierte Würde zu.

Kinder sind oft die „Priester" ihrer Eltern. Wer sich durch die eigenen und auch andere Kinder herausfordern lässt, erhält große Geschenke für die eigenen Lebensfragen und die eigene Existenzbewältigung.

Folgendes Erlebnis hatte ich mit meinem Sohn – es zeigt den Prozess der Symbolbildung bei Kleinkindern: Der vierjährige David fragt mich, warum ich dem toten Vogel, den er auf dem Weg zum Kindergarten am Straßenrand sieht, nicht helfen könne. Auf meine Antwort, dass dem toten Vogel kein Mensch mehr, sondern nur der „liebe Gott" helfen könne, fragt mich David, wie groß und stark der „liebe Gott" denn sei, und warum ich nicht der liebe Gott sei. Ich versuche ihm zu erklären, dass ich doch ein Mensch sei und selber auch einmal sterben müsse und ich daher dem toten Vogel nicht helfen könne. David darauf später: „Ist der liebe Gott so groß wie ein Hochhaus?"

Zusammen mit mir, mit dem konkreten Partner dieser Situation, entstehen für das Kind neue, für mich überraschende Glaubensdeutungen. Indem er mein Zugeständnis, nicht helfen zu können, und meine Selbstbedeutung vollzieht, schafft er für sich die neue Bedeutung: Der Vater kann einem Toten nicht helfen. Wenn Gott helfen kann, muss er größer sein als der Vater. Dies bestätigt sich einige Wochen später: David hält seinen damals zweijährigen Bruder Manuel gerade noch vor einem vorbeifahrenden Auto zurück. Als er mir das abends erzählt, wendet er sich an Manuel: „Wenn ich dich nicht festgehalten hätte, wärst du nämlich jetzt tot. Dann kann dir der Papa gar nicht mehr helfen, nur noch der liebe Gott, weil der nämlich viel größer ist als der Papa." Für den lebenslangen, insbesondere aber für den kindlichen und jugendlichen Entwicklungsprozess ist der alltägliche kreative Umgang mit Deutungen, auch mit religiösen Deutungen, höchst wichtig. Kinder und Jugendliche sollten nicht – durch welche Machtmittel auch immer – gezwungen werden, sich religiösen Deutungen anzupassen und sie lediglich formelhaft zu übernehmen. Vielmehr müsste der Sozialisationsprozess originelle, selbst mitgeschaffene, also existentiell erlebbare Bedeutungszugänge ermöglichen. Insbesondere Kindern und Jugendlichen muss zugestanden werden, mit religiösen Bedeutungen „zu operieren". Ohne es zu merken, werde ich durch meine Selbstbedeutung mit Gott für David zum Zeugnis dafür, dass Gott „Auswege aus dem Tod hat", dass er den Menschen retten kann. Ich habe für ihn Verweisfunktion auf einen anderen, der für mich Grund und Ziel des Lebens ist.

Das Kind hat sich im Zusammenhang mit mir eine zentrale Deutung des Glaubens erworben und wendet sie auf neue, strukturähnliche Interpretationen an; es wird dadurch bereits selbst für seinen jüngeren Bruder Bezugspunkt des Glaubenlernens.

Kontemplation

Peter Lengsfeld

Jeder kennt Momente tiefer Ergriffenheit, in denen er oder sie das Gefühl hat, durch die Stille im eigenen Inneren Kontakt zu erhalten mit einer jenseitigen Wirklichkeit. Plötzlich ist da ein innerer Friede, von dem nichts und niemand ausgeschlossen ist, eine Präsenz des göttlichen Urgrundes, der Himmel und Erde durchdringt. Auslöser kann ein zufälliges Erleben in der Natur sein, ein Sonnenauf- oder

-untergang, ein Strahl des Mondlichts in dunkler Nacht, eine Wald-
wiese im Sonnenschein, ein Kunstwerk, ein Musikstück oder eine
menschliche Begegnung, in der das Göttliche präsent wird wie in einem Sakrament. Solche Momente, die wir „zufällig" erleben, können
schon eine Ahnung von dem vermitteln, um was es in der Kontemplation geht. Kontemplation ist ein bewusst gewählter Übungsweg,
um sich zu öffnen für Erfahrungen der göttlichen Wirklichkeit.

Das Wort con-templatio ist abgeleitet vom heiligen Bezirk im Inneren eines Tempels. In ihm kamen die Priester zusammen, um den
Willen der Gottheit zu erschauen, welcher der Tempel geweiht war.
Kontemplation wurde oft mit „Beschauung" übersetzt, Beschauung
des Göttlichen im eigenen Inneren. Man unterschied zwischen einer (durch eigene Anstrengung)) erworbenen Beschauung und einer
(von der göttlichen Gnade) eingegossenen Beschauung. In der Neuzeit bekam auch im Gebetsleben das diskursive Denken (mit ana-
lytischem Verstand, bewusster Gefühlsregung und vorsätzlicher Wil-
lensanstrengung) einen solchen Vorrang, dass das kontemplative
Gebet weitgehend vergessen, ja auch bisweilen (als anmaßend) ver-
unglimpft wurde.

Erst um die Mitte des 20. Jahrhunderts erlebte es einen neuen
Aufschwung, nicht zuletzt durch die Begegnung mit östlichen Meditationspraktiken wie Yoga, Zen und Vipassana.

Kontemplation ist eine gegenstandsfreie Art der Meditation,
eine Verstand und Sinne, Gefühl und Eigenwille hinter sich lassen-
de Versenkung in den göttlichen Urgrund alles Seienden. In ihr findet der Mensch Antwort auf die tief eingewurzelte Sehnsucht nach
Geborgenheit, Heimat und letztgültiger Sicherheit über den Tod hinaus. Grundvoraussetzung für die Übung der Kontemplation ist die
Stille, das Schweigen, das Loslassen aller Gedanken, Bilder, Gefühle,
Phantasien und Vorstellungen, auch der Gedanken und Vorstellungen über Gott.

Wie schon Meister Eckhart sagte, muss der Mensch innerlich frei
und aller Dinge „ledig" sein, nichts haben, nichts wissen, auch
nichts haben oder wissen wollen. Im 14. Jahrhundert beschrieb der
(unbekannte) Autor der sog. Wolke des Nichtwissens in seinem später
verfassten Brief die kontemplative Grundhaltung so: „Halte dein

Denken leer, dein Fühlen unabhängig und dich selbst in reiner Gegenwärtigkeit, damit Gnade dich anrühren und dich kräftigen kann mit der Erfahrung der wirklichen Gegenwart Gottes" (35). Und, „lieber Freund, gib das ruhelose bohrende Fragen deines Verstandes auf!" (43). „Höre auf zu überlegen, was gut oder schlecht, natürlich oder übernatürlich, göttlich oder menschlich ist. Nichts ist jetzt wichtig außer dem einen, dass du jetzt Gott in freudiger Liebe die dunkle Wahrnehmung deines reinen Seins hinhältst, damit er dich mit seiner Gnade an sich ziehen und dich im Innersten mit sich einen kann, dein Sein mit seinem Sein" (40). Kontemplation ist im Grunde diese Erfahrung des Einsseins, ja der Identität des eigenen Seins mit dem göttlichen Sein.

Andere Stufen des Gebets und der Meditation können der Übung der Kontemplation vorausgehen, den Weg eröffnen und den Geist konzentrieren helfen – beginnend etwa mit dem Bemühen, vorformulierte Gebetstexte (wie das Vaterunser) „andächtig" zu beten oder eigene Worte, die an Gott gerichtet werden, zu formulieren (etwa in einem persönlichen Bitt-, Lob- oder Dankgebet). Auch das Betrachten von religiösen Bildern, Gegenständen (Blumen oder Kerzen), Passagen der Bibel, Stationen des Lebens Jesu (wie in den Ignatianischen Exerzitien) oder Liedtexte können Vorstufen der Kontemplation sein. Eigentliche Kontemplation aber ist wortlos, frei von Gedanken und Gegenständen und besteht in reiner Offenheit für den göttlichen Urgrund. Da gibt es auch keinen Dialog mit symbolischen Gestalten (wie „Frau Weisheit" bei Heinrich Seuse), keinen kontrollierten Dialog mit Traumgestalten (wie bei der „Aktiven Imagination" nach C. G. Jung), kein Gespräch mit Elfen oder Engeln, die dem Menschen Weisungen oder Weissagungen vermitteln wollen. Alle diese Formen der (noch gegenständlichen) Ausrichtung auf die göttliche Wirklichkeit können zwar nützliche Durchgangsstationen auf dem kontemplativen Weg sein. Sie können der Konzentration auf das Eigentliche dienen und zum Weitergehen ermutigen. Wer aber Kontemplation im eigentlichen Wortsinn sucht, sollte auf keiner früheren Stufe stehen bleiben, sei sie auch noch so einladend und verlockend. Selbst Wahrnehmungen feinstofflicher Art (wie Visionen und Stimmen) gehören nicht zur höchsten Stufe, zum Eigentlichen der kontemplativen Einheitserfahrung, auch wenn die Faszination groß sein mag. Manchmal ist gerade das Nichtwissen ein Zeichen echter Erfahrung, so wenn Teresa von Avila ihr Erleben der Einheit mit dem göttlichen Urgrund vergleicht mit dem Seewasser nach einem Regen: Man sieht nur noch den See und weiß nicht, welche Wassertropfen von oben kamen und welche von unten. Was sich jenseits des Denkens ereignet, lässt keine Unterscheidungen mehr zu.

Gleichwohl gibt es Entwicklungsphasen auf dem kontemplativen Weg, die zu beachten sind. Manche beginnen mit der Konzentration auf den Atem (in einer Sitzhaltung auf dem Boden), fügen ein kurzes Leitwort hinzu und verweilen einfach lauschend in der Stille der göttlichen Gegenwart. „Sieh nur zu, dass alles wirklich bildlos ist, sonst ist es falsch!", mahnt der Autor des zitierten *Briefes*. Der Wandlungsprozess ergibt sich ganz von selbst, wenn alle Vorstellungen losgelassen werden und das eigene Ego-Denken nicht mehr im Wege steht. Dann können freilich auch schwierige Zeiten kommen.

Johannes vom Kreuz spricht zum Beispiel von der dunklen Nacht der Sinne, in der man lange Zeit ohne fühlbaren Trost bleibe, und der dunklen Nacht des Geistes, in der auch der glaubensmäßige Bezug zu Gott erloschen scheine. Solche Phasen dienen der Reinigung von allen irdischen Anhänglichkeiten, die der Erfahrung Gottes entgegenstehen. Nur anfangs kann der Mensch noch aktiv mitwirken, muss sich dann aber der passiven Reinigung und damit ganz der göttlichen Führung überlassen. Weil sich der eigene Kompass in derart schwierigen Phasen oft (noch) nicht auskennt, ist es ratsam, die Gemeinschaft mit anderen, die den gleichen Weg gehen, und die Führung eines erfahrenen Menschen, der schon ein Stück voraus ist, zu suchen. Seit der Begegnung mit den östlichen Meditationsformen ist die Zahl der Lehrer/innen und Übungsgruppen auch außerhalb der Klöster stark gewachsen. Kontemplation ist nicht mehr das Privileg von Ordensleuten. Sie hat Raum im Alltag von jedermann. Die alte Forderung, dass Kontemplation und mystische Erfahrung sich im Alltag zu bewähren haben, realisiert sich heutzutage mehr als früher auch in alltäglichen Situationen von Beruf und Familie.

Körper

Pieter Loomans

Karlfried Graf Dürckheim unterschied zwischen dem Körper, „den man hat" und dem „Leib, der man ist". Heute ist ein pragmatischer Körperbezug weit verbreitet: Der Körper wird durchtrainiert, hat zu funktionieren, wird regelmäßig durchgecheckt. Mit Hilfe von Kosmetika, Schönheitsoperationen, Mitteln gegen Haarausfall, Potenzmitteln und vielem mehr wird dem natürlichen Alterungsprozess entgegengesteuert und der Illusion von ewiger Jugend nachgejagt. Krankheit wird vielfach als Kränkung erlebt, und die Vergänglichkeit und Endlichkeit der menschlichen Existenz wird verdrängt. Trotz Sport, Jogging und Fitnesstraining ist der Bezug zum Körper oft eher narzisstisch geprägt. Der wohltrainierte Körper dient als Mittel zum Zweck.

Den vielen körperfeindlichen Aspekte unserer abendländischen Kultur steht das Hofieren des Körpers in Form von zahllosen „Wellness-Erlebnissen" entgegen. Die neue Körperbezogenheit ist somit auch als Antwort auf eine zunehmende Entfremdung von der eigenen Natur zu sehen. Diese Verfremdung und Entwurzelung, die viele Zeitgenossen erfahren, hat sicherlich mit dem verloren gegangenen Bezug zur Natur generell zu tun. Hier kann eine spirituelle Praxis – eventuell auch in Kombination mit der transpersonalen Psychotherapie – Abhilfe leisten.

Nun steht auch Spiritualität immer wieder im Verdacht, leibfeindlich zu sein und zu einer sterilen Geisteshaltung zu führen. Dies geschieht insbesondere dann, wenn die Möglichkeiten zur Integration von triebhaften, sexuellen, vitalen und animalischen Kräften, wie sie viele Meditationstechniken bieten, unterschätzt werden.

Dieses Potenzial können Meditationstechniken allerdings nur freisetzen, wenn sie mit der richtigen inneren Haltung praktiziert werden. So liegt etwa beim Zazen – beim kontemplativen Sitzen –, aber in unterschiedlichem Ausmaß auch bei anderen meditativen Praktiken, eine Gefahr darin, die Übung krampfhaft, „preußisch" pflichtgemäß und ohne innere Freude zu verrichten. Unter Umständen werden aufkommende Gefühle unterdrückt und „weggesessen". Zwar kann die von außen auferlegte Disziplin bei Schülern und Schülerinnen heilsam und erforderlich sein, wenn sie die Übungen zu locker nehmen. Wenn sie hingegen ohnehin zu einer zu großen Strenge und Rigidität neigen, dann empfiehlt es sich, zur Ergänzung bestimmte körperbezogene Übungen wie Aikido oder Tai-Chi zu praktizieren. Einige Zen-Lehrer und -Lehrerinnen erlauben auch das Zulassen spontaner Bewegungen (Kryas) oder das Tönen während des Zazen. Dies stellt allerdings eine Ausnahme da. Darüber hinaus ermöglichen Leibarbeit und kreative Medien wie Tonarbeit und „geführtes Zeichnen" den Ausdruck und die Verarbeitung von Gefühlen als Beitrag zu einem inneren Reifungsprozess.

Eine Spiritualität, die den Leib nicht als „Gefängnis" oder als „Bruder Esel" betrachtet, sondern als „Tempel des Geistes", ist in der Lage, Menschen mit gezielten Übungen zur In-Korporation zu verhelfen. Voraussetzung dafür ist ein Annehmen des Leidens, das mit der irdischen Existenz zusammenhängt. Nicht Weltflucht, sondern ein Durcharbeiten und Aushalten von seelischem (und zu einem bestimmten Grad auch körperlichem) Schmerz führt zur Lebensbejahung und damit zum Leibbezug.

Ein Schüler in der Initiatischen Therapie hatte einen Traum, in dem sein Begleiter ihm eine Leibbehandlung gab. Während der Leibbehandlung verlor er im Traum den Kontakt zum Leib. Daraufhin gab ihm der Therapeut zwei alte chinesische Karten. Auf der einen stand geschrieben: Der direkte Weg zum Himmel ist dem modernen Menschen nicht mehr gemäß. Auf der zweiten Karte stand: Aber wenn dieser Weg schon gewählt wird, dann genieße ihn voll. Dieser Traum entspricht auch den leibtherapeutischen Ansichten der Initiatischen Therapie: Die so genannten Astralreisen oder andere Weisen der Flucht aus dem Leib führen nicht zu einer wirklichen Verwandlung.

Als ein Schüler von einem anderen Schüler eine Leibbehandlung unter Supervision des Therapeuten bekam, meinte der Therapeut zu sehen, wie sich dreimal der Kontakt des Behandelten zu seinem Leib verflüchtigte. Dreimal fordert er deshalb den Behandelnden auf, die Erdung des Behandelten zu berücksichtigen, das heißt dessen Hara-Zentrum (den Bauch-Becken-Bereich) zu berühren und vor allem auch die Beine und Füße. Nach der Behandlung erzählte der Behandelte, er hätte sich in einer Art Imagination mit Teufeln kämpfen sehen, die mit Knüppeln bewaffnet gewesen seien. Dreimal habe er kurz davor gestanden zu resignieren. Genau in diesen Momenten habe der Leibtherapeut interveniert.

Dieses Geschehen zeigt, dass eine Annahme des menschlichen Leidens zu einer Verleibhaftigung oder auch „Verirdischung" führt. Nicht von ungefähr taucht in solchen Prozessen häufig die Kreuzsymbolik auf. Die Annahme des „Kreuzes" ist eine Vorbereitung für die innere Befreiung, gewissermaßen für eine „Auferstehung", die sich auch im Leib bemerkbar macht: in einem besonderen Gefühl von Durchlässigkeit, von Transparenz für die „immanente Transzendenz" (Dürckheim).

Körper(psycho)therapien und vor allem transpersonale Körperpsychotherapien wie die prozessorientierte Psychotherapie von Arnold Mindell, die Psychodynamische Körpertherapie von Gerda Boysen, die Biosynthese von David Boadella, die erwähnte Initiatische Leibarbeit nach Graf Dürckheim, die Core-Energetik von Pierrakos oder die psychoanalytische Körpertherapie von Tilmann Moser sind in der Lage – auch in Kombination mit meditativen Übungen wie Yoga, tibetischer Meditation, Zazen und christlicher Kontemplation –, Menschen einen intensiveren und heilsamen Leibbezug zu vermitteln.

Kosmos

Eugen Drewermann

Es ist – kulturgeschichtlich gesehen – *erst* zweieinhalb Jahrhunderte
her, dass der Philosoph Immanuel Kant das menschliche Dasein gefestigt sah in der inneren Ordnung des moralischen Gewissens sowie
in der Ordnung des Weltenlaufs, im Betrachten des „gestirnten
Himmels" über uns. Als Erster hatte er in Anwendung der Gravita-
tionstheorie Isaac Newtons ein Modell erstellt, wonach die geordnete Einrichtung des Sonnensystems sich aus rein chaotischen Prozessen selbst organisiert haben könnte, ohne des planenden
„Eingreifens" einer höchsten Intelligenz zu bedürfen; die Natur, indem sie ihren eigenen Gesetzen folgt, meinte Kant, musste sich
zwangsläufig von ganz allein zu dem uns sichtbaren „Kosmos" entwickeln, der, entsprechend dem griechischen Sprachgebrauch, die
„Welt" als „Ordnung" bezeichnet.

Wie aber kommen wir dazu, eine (kausale) Gesetzmäßigkeit in
den Abläufen der Natur festzustellen? Diese Frage weckte den „Vater" der Aufklärung aus seinem „dogmatischen Schlummer": Wie,
wenn es eine Ordnung der Welt „an sich" gar nicht gibt und es allererst das menschliche Denken ist, das im Entwurf immer neuer Er-
klärungsmodelle die Welt als einen „Kosmos" „erscheinen" lässt?
Im Denken Kants zerbrach ein für allemal die einheitliche Schau
auf Welt und Mensch, die im tradierten Weltbild von Mythos wie
Metaphysik, von christlicher Religion und philosophischer Reflexion bis dahin wie selbstverständlich erschienen war.

Der Unterschied ist enorm. Wenn die Priester des alten Babylon
ihre Augen des Nachts zum Himmel erhoben, betrachteten sie den
Lauf der Gestirne in der Absicht, Auskunft über den Verlauf des
menschlichen Lebens zu erhalten. Die Sonne, der Mond und die
Sterne (Planeten) galten als göttliche Mächte, an denen sich das
Schicksal der Menschen ablesen ließ. Astronomie war Astrologie,
Naturwissenschaft war Religion, Kosmologie war Mythologie. Mehr
oder minder gründeten alle antiken Kulturen auf Vorstellungen dieser Art.

Ein weiterer wichtiger Aspekt des kosmischen Welterlebens alter Kulturen tritt wohl am ergreifendsten in der ägyptischen Religion zu Tage. Von alters her betrachtete man den Himmel als den Raum göttlicher Mächte, in den Sternen aber glaubte man die Seelen der Verstorbenen wiederzuerkennen. Man wurde im Tode (zurück)versetzt zur ewigen Heimat am Himmel und im Himmel. Die Sterne selber zogen auf ewigen Bahnen dahin und versprachen allein schon durch die Unerschütterlichkeit ihrer Ordnung Unsterblichkeit. So galt den Ägyptern das Sternbild Orion für den Gott Osiris, der in seinem Tod wiederaufersteht; in der Barke der Sonne durch die zwölf Stunden der Nacht zu fahren und verjüngt mit ihr am Morgen von der Himmelskönigin Nut zu neuem Leben wiedergeboren zu werden, bildete die zentrale Hoffnung dieser kosmisch bezeugten Religion des ewigen Lebens im alten Ägypten.

Doch trotz der Erhabenheit des allnächtlichen Schauspiels der Lichtgestirne am Himmel unternahmen bereits die griechischen Naturphilosophen den Versuch einer radikalen Entmythologisierung des kosmischen Einheitsdenkens. Man verbindet den Kampf gegen den Polytheismus zumeist mit der aggressiven Polemik der Bibel gegen die Götter der Heiden, doch erscheint der Jahwe Israels immer noch als ein Gott, der mit seinem Willen den Weltenlauf lenkt und damit das kosmische Geschehen in mythischer Weise als göttliche Geschichte sich aufführen lässt. Es waren die Griechen, die mit dem Gedanken mathematisch beschreibbarer Gesetze die Natur entgöttlichten und die mythischen Spekulationen und magischen Praktiken des priesterlichen Denkens ersetzten.

Allerdings war der Preis für die Kühnheit dieses Konzeptes hoch: Die Entgöttlichung der Welt ging einher mit der wachsenden Einsamkeit des Menschen im Kosmos. Was sollte der Mensch inmitten einer Welt kalter Gesetze, deren Ablauf schicksalhaft alle Fragen nach einem menschlich verstehbaren Sinn weit hinter sich ließ? Der Glaube an die Einheit von moralischer und naturhafter Ordnung zerbrach und wich der Tapferkeit stoischen Gleichmuts oder dem Gefühl der Weltfremdheit und Welteinsamkeit des Menschen in der Bewegung der Gnosis. Strömungen dieser Art fanden ihren Niederschlag nicht zuletzt im Neuen Testament, vor allem im Johannes-Evangelium und im Epheser- und Kolosser-Brief. Das Wort „Kosmos" (Welt) verschmilzt jetzt mit der Bedeutung einer in sich geschlossenen Wirklichkeit aus Angst, Dunkelheit und Entfremdung, wie sie dem Menschen erscheinen muss, wenn er Gott aus den Augen verloren hat.

Doch ist es überhaupt noch möglich, Gott als den „Schöpfer" einer Welt zu erkennen, die uns in solcher Weise erscheint? Eigentümlicherweise ging die Entwicklung der kirchlichen Glaubenslehre im Kampf gegen die gnostische Weltsicht dahin, nun erst recht den Kosmos als das Werk eines weisen, gütigen und allmächtigen Gottes hinzustellen und sich zu dieser Demonstration auf die Metaphysik griechischer Philosophen zu berufen. Der Mensch stand in der durch und durch anthropozentrischen Weltsicht der christlichen Dogmatik im Mittelpunkt aller Naturabläufe; er war die Krone, der Zielpunkt und das Sinnzentrum aller kosmischen Veranstaltungen; sein Anspruchsrecht auf die „Nutzung" der „Umwelt", der Pflanzen und Tiere, galt dem gemäß für unbeschränkt.

Eine solche Betrachtungsweise musste freilich in eine tiefe Krise geraten, als, unter arabischem Einfluss, die griechische Naturphilosophie nach mehr als 1 500 Jahren in das abendländische Denken zurückkehrte und am Beginn der Neuzeit die modernen Naturwissenschaften ihren Siegeszug begannen. Philosophen wie Siger von Brabant, der im 13. Jahrhundert eine seit Ewigkeit bestehende zyklische Welt lehrte, ließ die Inquisition ermorden, den Dominikanermönch Giordano Bruno, der im 16. Jahrhundert in Antwort auf die Entdeckungen des Kopernikus eine in Raum und Zeit unendliche Welt als Spiegel eines unendlichen Gottes postulierte, verbrannte sie bei lebendigem Leib. Doch ließ sich der Sturz des Menschen aus dem Zentrum der Welt nicht aufhalten. Wohl glaubte man eine Weile lang, die Naturgesetzlichkeit der Newtonschen Physik als einen Ausdruck der Weisheit und der Unveränderlichkeit der Gedanken Gottes interpretieren zu können, doch fügte sich in eine solche Weltsicht das Gottesbild des Deismus oder des Pantheismus weit besser als das theistische Gottesbild des Christentums. Nur eine Frage blieb offen: Die Entstehung des Lebens und die Existenz des Menschen ließ sich mit Newtonscher Physik offenbar nicht erklären.

Dies änderte sich im 19. Jahrhundert, als Charles Darwin die Vielfalt der Lebensformen aus einem Wechselspiel von ungerichteten, zufälligen Mutationen des Erbgutes und der natürlichen Zuchtwahl der jeweiligen Lebensbedingungen erklärte. Gerade die dunkle Seite der Weltwirklichkeit, die Fülle von Qual, Leid und Tod, die zu dem Bild eines gütigen Gottes so wenig passen wollte, ließ sich mit dem Gesetz des Kampfs ums Überleben recht gut begreifen. Nach wie vor ungelöst jedoch blieb die Frage nach dem Ursprung des Weltalls: Warum gibt es etwas und nicht vielmehr nichts? Die Antwort auf diese Frage schien die Domäne der Theologie zu bleiben.

Doch das 20. Jahrhundert brachte auch in dieser Frage einen letzten entscheidenden Wandel. Einsteins Relativitätstheorie erklärte zum ersten Mal, warum die Sterne leuchten und wie sie sich unter dem Einfluss der Gravitation entwickeln. Elementarteilchenphysik und Astrophysik erlaubten es, den Gedanken der Evolution auch auf die Geburt der Sterne und der Elemente zu übertragen. Die Türe zum Weltall öffnete sich, als 1922 Edwin Hubble feststellte, dass die M 31, der Andromedanebel, eine eigene Galaxis außerhalb unserer Milchstraße darstellt; und als er 1929 die Flucht der Galaxien und damit die Expansion des Weltalls beobachtete, war es endgültig dahin mit dem Glauben an die himmlische Ruhe, die in den Sternen verkörpert schien. Offenbar hatte Gott sich nicht am siebenten Tage zur Ruhe gesetzt, als er die Welt schuf; die Schöpfung ging weiter. Doch ließ sich die Welt noch als „Schöpfung" (eines) Gottes verstehen?

Zwei kosmologische Argumente waren es, die noch vor 40 Jahren von Theologen als „Gottesbeweise" in Anspruch genommen wurden: die Existenz der Welt – Warum gibt es sie? und die Einrichtung der Welt – Warum weisen die freien Parameter der Teilchenphysik und die Naturkonstanten gerade die Werte auf, die notwendig sind, um ein Universum zu erstellen, in dem Leben möglich ist? Mittlerweile existiert eine Vielzahl von quantenphysikalischen und stringtheoretischen Modellen der Kosmologie, die an sich imstande sind, die Entstehung „unserer" Welt aus einer beliebigen Vakuumfluktuation oder gar aus der Begegnung mit einem anderen Universum zu erklären; möglich erscheint die Existenz unendlich vieler

Universen, unter denen immer wieder auch solche entstehen, die gerade die „richtigen" Parameter zur Bildung von Leben aufweisen.

Damit scheint geistesgeschichtlich eine Epoche des Denkens überwunden, in der man von der Welt aus („physikotheologisch") mit Hilfe des Kausalsatzes glaubte, die Existenz Gottes sowie die Eigenschaften der Gottheit „beweisen" zu können. Der Glaube an Gott kann nicht länger mehr als Welterklärung dienen; die Gründe, einen Gott zu glauben, liegen, wenn überhaupt, einzig im Menschen selbst. Wie es möglich ist, inmitten einer Welt, die uns zwar ermöglicht, aber nicht meint, unsere Menschlichkeit zu finden beziehungsweise zu bewahren – auf diese Frage antwortet keine Naturwissenschaft, darauf antwortet allein die Religion. All die Hoffnungen, die sich in den antiken Religionen mit den Gestirnen verbanden, mögen den Wert symbolischer Hinweise durchaus behalten, doch muss man sie betrachten als Ausdruck der menschlichen Sehnsucht nach Liebe und Geborgenheit. In der Einsamkeit des Universums hat der Glaube an einen persönlichen Gott keinen anderen Grund als die Erwartung und die Erfahrung einer Liebe, welche die Lieblosigkeit des Weltenlaufs widerlegt. Das gnostisch beeinflusste Johannes-Evangelium scheint recht zu haben, wenn es einen solchen Glauben mit dem „Wort" verbindet, das der Mann aus Nazaret uns mit seiner Person von Gott nahe gebracht hat. „(Nur) wer mich gesehen hat, der hat (Gott als) den Vater gesehen" (Joh 14, 9).

Es ist die Menschlichkeit des „Menschensohns", die es möglich macht zu glauben, der Weltenhintergrund könne anders sein, als er in dieser Welt uns erscheint. Für den Liebenden stimmt es, wenn Exupérys „Kleiner Prinz" sagt: „Die Sterne sind schön, weil sie an eine Blume erinnern, die man nicht sieht."

Krise

Wunibald Müller

Carl Gustav Jung vergleicht einmal die Depression mit einer Dame in Schwarz. Wenn diese Dame in unser Leben eintrete, solle man sie nicht wegschicken, sondern zu Tisch bitten und fragen, was sie einem zu sagen habe. Was Jung von der Depression sagt, gilt auch für die Krisen in unserem Leben.

Eine Krise erfahren wir, wenn in unserem Leben etwas aus den Fugen gerät, wenn wir uns mit einer Situation konfrontiert sehen, die unsere übliche Fähigkeit und Kompetenz überfordert. Der Verlust eines geliebten Menschen, der Verlust des Arbeitsplatzes, der Vertrauensbruch eines Menschen – all das können Anlässe sein, in eine Krise zu geraten. In diesen Fällen wäre das eine *akute* Krise. Im Unterschied dazu gibt es auch *normative* Krisen, die jeder von uns im Verlauf seiner psychischen Entwicklung erfahren wird.

Die bekanntesten und für unsere Entwicklung entscheidendsten normativen Krisen sind die *Identitätskrise* und die *Krise in der Mitte* unseres Lebens.

Bei der Identitätskrise, gewöhnlich in der Zeit zwischen dem Vorerwachsenenalter und frühen Erwachsenenalter, geht es um die äußere und innere Ablösung von Elternhaus und den bisher bestimmenden Einflüssen, Einstellungen, Überzeugungen und Wertvorstellungen. Wir müssen in dieser Phase zunehmend unser eigenes Fundament finden, auf dem wir dann *unser* Lebensgebäude errichten, zu dem unter anderem die Entscheidung gehört, wie wir leben wollen und was wir tun werden. Diese Zeit ist gekennzeichnet von Unsicherheit, Trauer und Orientierungslosigkeit.

Unsere eigene Identität kristallisiert sich am deutlichsten heraus, wenn wir bereit sind, diese Krise in unserem Leben bewusst auszuhalten. Wer sich dieser Krise nicht stellt, läuft Gefahr, nicht zu seiner wahren Identität zu finden.

Der Prozess der Identitätsfindung wirkt sich auch auf die spirituelle Entwicklung aus. „Das bedeutet für die Person manchmal einen schmerzlichen Bruch mit ihrer innersten, aber bislang unüberprüften Weltanschauung und ihrem Überzeugungssystem. Das Vertraute und Selbstverständliche muss fremd werden" (J. W. Fowler, *Glaubensentwicklung*). Das Ergebnis ist im günstigen Fall eine größere Autonomie und eine Stärkung des eigenen Selbst, möglicherweise in Abhebung und Absetzung von der Gruppe, von der her der junge Mensch sich bisher stark definierte und zu der er gehörte. Schließlich kann sich ein Glaube herauskristallisieren, der die vielfältigen Gegensätze im Leben und Glauben in eine spannungsvolle Synthese zu bringen vermag.

Bei nicht wenigen geschieht das erst in der Krise in der „Mitte" des Lebens, die viele, wenn sie sich darauf einlassen, als besonders intensiv erleben. Was hier vor sich geht, veranschaulicht C. G. Jung einmal so:

> „Denken Sie sich eine Sonne, von menschlichem Gefühl und menschlichem Augenblicksbewusstsein beseelt. Am Morgen entsteht sie aus dem nächtlichen Meere der Unbewusstheit und erblickt nun die weite, bunte Welt in immer weiterer Erstreckung, je höher sie sich am Firmament erhebt. In dieser Erweiterung ihres Wirkungskreises, die durch das Aufsteigen verursacht ist, wird die Sonne ihre Bedeutung erkennen und ihr höchstes Ziel in größtmöglicher Höhe und damit auch in größtmöglicher Erstreckung ihres Segens erblicken. Mit dieser Überzeugung erreicht die Sonne die unvorhergesehene Mittagshöhe – unvorhergesehen, weil ihre einmalige individuelle Existenz ihren Kulminationspunkt nicht vorherwissen konnte. Um zwölf Uhr mittags beginnt der Untergang. Und der Untergang ist die Umkehrung aller Werte und Ideale des Morgens. Die Sonne wird inkonsequent. Es ist, wie wenn sie ihre Strahlen einzöge. Licht und Wärme nehmen ab bis zum schließlichen Erlöschen."

Diese Wende vom Aufstieg hin zum Niedergang gilt es innerlich mitzuvollziehen. Es ist leichter gesagt als getan, sich in der Mitte des Lebens darauf einzustellen, dass einem nicht mehr alle Zeit der Welt zur Verfügung steht, weil der Nachmittag des Lebens längst angebrochen ist. Wer aber verzichtet schon gern auf etwas, was

214

ihm lieb geworden ist? Wer ist bereit, Schmerzen zu erleiden über einen Verlust, solange er glaubt, den Verlust vermeiden zu können? So versuchen wir die Wahrheit zu überspielen. Für eine Weile sogar mit Erfolg, doch nicht auf Dauer.

Wenn wir an dieser Stelle in unserem Leben nicht schrumpfen, sondern wachsen wollen, müssen wir uns der Krise stellen. Sie erweist sich oft als eine Zeit des Übergangs, vergleichbar mit einer Fähre, die uns von der einen Seite des Flusses zur anderen Seite bringt. Bei entsprechenden Außenbedingungen kann es dabei sehr stürmisch zugehen. Vor allem aber zwingt uns diese Zeit, innezuhalten, um uns endlich zu trennen: von einer Person, einer Idee, einer Vorstellung, wie Leben ist und was Leben heißt.

Der Weg, auf dem wir bisher glaubten, zum Ziel, zur Erfüllung dessen, was uns vorschwebte, zu gelangen – und was uns vielleicht sogar als Gottes Wille erschien –, läuft auf sein Ende zu. Gefühle von Einsamkeit, Trauer und Ärger machen sich breit. Aber der Anspruch lautet: beenden, sich verabschieden von dem, was nicht mehr ist; all die Trauer und den Ärger zulassen, die tatsächlich da sind. Das ist unerlässlich, um einen wirklichen Abschied schaffen zu können.

Die Phase des Beendens geht über in eine Zeit, in der wir viel Dunkelheit und Unsicherheit erfahren, Zweifel, Einsamkeit und Traurigkeit. Je bereitwilliger wir uns auf diese Phase einlassen, desto offener werden wir dafür, uns neu zu orientieren, bis dann tatsächlich mit dem langsamen Neubeginn die Phase der Dunkelheit und Unsicherheit zu Ende geht. Das geschieht in der Regel nicht plötzlich. Es ist eher vergleichbar mit dem vorsichtigen Vorwärtstasten auf einem Untergrund, dem man noch nicht ganz zutraut, dass er einen zu tragen vermag.

Was lehren uns die Krisen, was wollen sie uns sagen? Wie können wir auf sie eingehen? Zunächst sollten Krisen als Hinweise verstanden werden, dass sich in unserem Leben etwas Entscheidendes tut bzw. geschehen sollte. Die Krisen können als eine Chance betrachtet werden, mit dem Wesentlichen von uns wieder mehr in Kontakt zu kommen und gegebenenfalls Korrekturen in unserem Leben vorzunehmen, um dem, was uns letztlich ausmacht, mehr gerecht zu werden. Eine solche Sichtweise von Krise kann helfen, die Krise anzunehmen und durchzutragen, statt sie durch Ablenkungen oder Verdrängung zu beseitigen oder anscheinend aufzulösen. Würden wir versuchen, die Krise zu überspielen, würde das den von der Krise beabsichtigten Verwandlungsprozess beeinträchtigen. Rainer Maria Rilke schreibt in seinem Büchlein *Briefe an einen jungen Dichter*:

„Ich glaube, dass fast alle unsere Traurigkeiten Momente der Spannung sind, die wir als Lähmung empfinden ... weil uns alles Vertraute und Gewohnte für einen Augenblick fortgenommen ist; weil wir mitten in einem Übergang stehen, wo wir nicht stehen bleiben können. Darum geht die Traurigkeit auch vorüber. Das Neue in uns, das Hinzugekommene, ist in unser Herz eingetreten. Ist in seine innerste Kammer gegangen und ist auch dort nicht mehr – ist schon im Blut. Und wir erfahren nicht, was es war. Man könnte uns leicht glauben machen, es sei nichts geschehen, doch haben wir uns verwandelt, wie ein Haus sich verwandelt, in welches ein Gast eingetreten ist."

Das Leiden, das wir in der Krise erfahren, kann sich oft als ein *kreatives* Leiden erweisen. Dieses Leiden lässt uns Schmerz empfinden über etwas, was wir nicht haben oder nicht mehr haben – den geliebten Menschen, die Unbefangenheit der Jugendzeit, Gesundheit –, so dass wir im Trauern darüber uns von Illusionen, Wünschen, Vorstellungen frei machen können, die unerfüllbar sind. Wir landen am Ende dieses schmerzlichen Prozesses auf dem Boden der Wirklichkeit, unserer Wirklichkeit, um endlich sie und ihre Möglichkeiten zu entdecken. Wir sehen dann Dinge und uns selbst mit anderen Augen, können z. B. das, was war, als Schatz weiter mit uns und in uns tragen und das, was jetzt noch oder überhaupt erst möglich ist, zum ersten Mal richtig würdigen.

Eine Krise kann uns manchmal auch veranlassen, ja geradezu zwingen, zu Grunde zu gehen. In uns muss dann erst etwas zu Grunde gehen, zerstört werden, einstürzen, was uns bisher getragen hat. Wollen wir einen neuen Sinn, einen neuen Halt finden, müssen wir uns aufmachen, tiefer in unseren Grund vorzudringen. Der Weg dorthin kann manchmal nahezu unerträglich sein. Doch wenn wir diesen Weg gehen, werden die Erfahrungen, die uns am Ende geschenkt werden, von der Art sein, dass wir es nicht bereuen, diesen schweren Weg der Auseinandersetzung und Anfechtung gegangen zu sein.

Wer sich auf diese Erfahrung des Zu-Grunde-Gehens einlässt, dem können sich auch ganz neue tiefe spirituelle Erfahrungen erschließen, vergleichbar mit den Erfahrungen der dunklen Nacht, von denen Menschen, die sich auf einen intensiven spirituellen Weg eingelassen haben, immer wieder berichten. Lassen wir uns auf den Prozess des Zu-Grunde-Gehens ein, haben wir eine gute Chance, verwandelt aus dieser Erfahrung hervorzugehen. Wir erleben uns dann als Menschen, die mit ihrer Tiefe in Kontakt gekommen sind und sich jetzt als tief-gründiger erfahren. Wir sind dann liebevoller uns selbst und unserer Umwelt gegenüber und verspüren eine innere Stärke, die wir bisher so bei uns nicht kannten. Wir trauen unserem eigenen Grund, nachdem wir mit unserem Ur-Grund in Berührung gekommen sind. Hermann Hesse sagt:

„Der Weg der Erlösung
führt nicht nach links und nicht nach rechts,
er führt ins eigene Herz,
und dort allein ist Gott,
und dort allein ist Frieden."

Um dem Leben wieder einen Sinn abgewinnen zu können, müssen wir lernen, tiefer zu sehen. Die Krise kann so zur Chance werden, uns die Augen zu öffnen für das, was wir bisher nicht oder nicht so gesehen haben. Elisabeth Kübler-Ross schreibt: „Es ist traurig, dass erst dann, wenn eine Tragödie uns trifft, die meisten von uns beginnen, tieferen Aspekten des Lebens ihre Aufmerksamkeit zu widmen. Es ist erst dann, dass wir versuchen, über die äußerlichen Bedürfnisse – wie wir aussehen, wie viel Geld wir verdienen usw. – hinauszugehen, um zu entdecken, was wirklich wichtig ist … Krisen können uns helfen, sehr vieles über uns selbst zu entdecken und so unser Leben bereichern … Wenn eine ‚Katastrophe' unser Leben bereichert mit Geschenken, die üblicherweise für selbstverständlich betrachtet werden, ist das dann wirklich eine Katastrophe? Oder ist es ein Geschenk in Verkleidung?" (vgl. Kübler-Ross, *Soul Gifts in Disguise*).

Eine Krise kann auf ganz unterschiedliche Unausgeglichenheiten, Störungen, Diskrepanzen in unserem Leben hinweisen. Sie kann uns daran erinnern, dass wir zu wenig für uns selbst tun, die Sorge um uns selbst vernachlässigen. In der Krise kann sich auch unsere Seele melden, die uns so lange nicht in Ruhe lässt, bis wir z. B. der spirituellen Welt wieder mehr Aufmerksamkeit schenken und uns auf die Suche machen nach dem, was uns wirklich trägt und hält. Manchmal kann das erfordern, sich von einem Glauben zu lösen, der in den Kinderschuhen steckengeblieben ist, um z. B. in der Erfahrung von Verlust, von Scheitern und Krankheit zu einem Glauben zu finden, der geerdet ist – zu einem Glauben, der wie die Wurzeln eines Baumes tief in die Erde hineinreicht und sich gut mit dem Wasser des Lebens versorgt, damit er nicht entwurzelt wird und überlebt, wenn die Wirklichkeit des Lebens über uns hinwegfegt.

Kunst

Jean Christophe Amman

Die Schwäche unserer westlichen kulturellen Identität scheint darin zu liegen, dass sie eine Vorstellung von sich selbst verloren hat. Könnte es sein, dass sich mit dem Ende der Ideologien tatsächlich, wie Francis Fukuyama 1989 meinte, eine Art „Ende der Geschichte" vollzogen hat? Zumindest scheint die Zeit der Ideologien vorbei zu sein, die uns – gleich ob politischer oder theologischer Couleur – über Jahrhunderte in Atem gehalten haben. Der Neubeginn wäre dann als ein Zeitalter des Individuums zu bezeichnen – jenes Individuums, das nicht mehr in ein Kollektiv eingebunden eine vorgegebenen Utopie zu realisieren versucht, sondern sich selbst als „Utopie" versteht.

Mir scheint, dass wir mitten in diesem Prozess stehen. Befördert wird er seit den frühen 90er Jahren durch eine vehement einsetzende flächendeckende Medialisierung. Informationstechnologie und „digitale Kompression" haben wahrnehmungspsychologisch unser Bewusstsein im Sinn einer Virtualisierung von Realität unterwandert. Eine zweidimensionale, flache Bildschirmwahrnehmung, verbunden mit einem vollen Spektrum von täglichen Reizbildern aus aller Welt und allen Welten, raubt uns die Fähigkeit, die eigenen Bilder und somit das eigene Begehren zu generieren. Der im Netzwerk „gefangene", navigierende Mensch reagiert emotional auf Signale, sucht sie zu verarbeiten, wird in hohem Maße von sich selbst abgelenkt, so dass er nicht zu sich selbst kommt.

Die zweidimensionale Bildschirmwahrnehmung ist der Grund dafür, dass wir die Welt selbst „flach" sehen und damit selbst flach werden, den Tiefenraum in uns selbst verlieren.

Von diesem Prozess ist auch die bildende Kunst befallen. Dies wird in jenen Bereichen offensichtlich, in denen soziale Dimensionen von Gesellschaften erkundet werden – anknüpfend an die 70er Jahre, in denen sich Künstler als schlechte Soziologen und schlechte Anthropologen betätigten. Pointiert gesagt: Da die eigenen Bilder verloren gegangen sind, erkundet man in einem multikulturellen Aktionsradius Verhaltensmuster und kommunikatives Handeln.

Dieser Verlust der Bilder ist eines der großen spirituellen Probleme unserer Zeit. Wir stehen heute vor der schwierigen Aufgabe, den Tiefenraum unserer Existenz zurückzugewinnen. Und dabei kommt der Kunst eine wichtige Rolle zu.

Wenn hier von „Tiefenraum" die Rede ist, dann lassen sich drei unterschiedliche Aspekte unterscheiden: der Tiefenraum der Religion, der Tiefenraum der Kultur und schließlich der Tiefenraum der eigenen Bilder. Diesem dreifach strukturierten Raum entsprechen drei Wege, durch die er wieder erschlossen werden kann.

Der religiöse Tiefenraum: Wenn heute jemand sagt, er sei Atheist, so hat er wohl immer noch, wie einst Nietzsche, einen weltanschaulich, gleichsam nationalreligiös verordneten Gott vor Augen, dem dieser zu Recht die Anerkennung versagte. Seither ist das Gottesbild aber in einem radikalen Wandel begriffen. Mathematiker und Physiker – unter anderen Kurt Gödel, Roger Penrose oder Max Tegemark – haben auf eine universale Gedächtnisstruktur aufmerksam gemacht, die hinter den Urknall zurückreicht. Ob sie nun Gott oder Tao genannt wird – es handelt sich um ein universales Energiefeld, das empfindungsmäßig nur in uns selbst geortet werden kann. Der Weg dahin ist die Mystik, und so scheint mir das berühmte Wort Karl Rahners zuzutreffen, wonach der Christ der Zukunft ein Mystiker sein werde.

Der kulturelle Tiefenraum: Über ihn schreibt der amerikanische Unternehmensberater Jeremy Rifkin in seinem Buch *Access*: „Wenn das kapitalistische System weiterhin große Bereiche der Kultur in seine Sphäre saugt, indem es aus diesen [Sphären] warenartige Produkte, Produktionsweisen und Erfahrungen macht, besteht die Gefahr, dass das kulturelle Leben soweit verkümmert, dass es nicht mehr genug soziales Kapital hervorbringen und somit auch das wirtschaftliche Leben nicht mehr stützen kann." Der kulturelle Raum ist gefährdet. Wiedergewonnen werden kann er nur durch kulturelle Arbeit. Alberto Giacometti, der seinen Modellen grenzenlose Geduld abverlangte, sagte: „Es ist der Raum, den man gräbt, um den Gegenstand zu schaffen, und im Gegenzug schafft der Gegenstand der Raum. Es ist der Raum selbst, der sich zwischen Modell und Bildhauer befindet."

Der Raum der eigenen Bilder: Eine treffende Diagnose seines Schwindens hat Peter Handke in seinem Roman *Der Bilderverlust* vorgelegt: „Zwar seien die Bilder notwendig, ohne sie keine Weltvermittlung und kein Lebensgefühl. Aber insbesondere in dem vergangenen Jahrhundert sei ein Raubbau an den Bildern betrieben worden wie noch nie. Und so sei die Bilderwelt aufgebraucht – ausnahmslos blind, taub und schal geworden – von keinerlei Wissenschaft mehr aufzufrischen. Und so komme in der Zwischenzeit nur noch die Anschauung in Frage – worin im übrigen alle Wissenschaft inbegriffen sei, und woraus diese sich Schritt für Schritt zu entwickeln habe ..."

Wie kann der Bilderraum zurückgewonnen werden? Der amerikanische Autor David Foster Wallace schreibt in *Kleines Mädchen mit komischen Haaren*: „Heute, wo wir selbst beim Chinesen mexikanisch essen können, während im Hintergrund Reggae läuft und im Fernsehen gleichzeitig eine sowjetische Sendung über den Fall der Berliner Mauer zu sehen ist, heute, wo uns alles so verdammt bekannt vorkommt, hat sich die Aufgabe des Realismus ebenfalls verwandelt. Um einen ähnlichen Erkenntnisschub zu erzielen wie vor hundert Jahren, müsste realistische Literatur im Bekannten das Fremde aufdecken, müsste paradoxerweise das, was wir für ‚real' halten, das heißt die zweidimensionalen Medienbilder, in die dreidimensionale Welt zurückgeführt, also aus den flachen Images des Fernsehens die verloren gegangene Wirklichkeit rekonstruiert werden."

Tatsächlich gibt es wunderbare Schriftsteller und Künstler, die durch ihr antizyklisches Denken die Tiefen und Schwingungen ihres eigenen Resonanzraums aushorchen. Dies geschieht etwa im Film und in der Fotografie, wobei Letztere ein bildnerisches Denken voraussetzt, während das des Ersteren erzählerischer Natur ist. Beide verhalten sich antizyklisch zur traditionellen bildenden Kunst, sofern sie dieser nach einem Jahrhundert der Abstraktion in einer atemraubenden Entwicklung zum Gegengewicht geworden sind.

Ein anderes Beispiel für ein antizyklisches Kunstschaffen ist das Unterfangen, die Malerei elektronisch zu entgrenzen. Bill Viola, der nie ein Maler war, hat bereits Ende der 70er Jahre die „Malerei" über das Video auf souveräne Weise wiederentdeckt. Ferner gibt es Maler, die über die Tradition der figürlichen Malerei diese mit einem Bewusstsein von Gegenwart zu unterwandern wissen. Ihnen kommt die Funktion von Wegbereitern zu. Weshalb? Weil der Maler das Bild der Malerei in sich selbst gegen alle Widerstände generieren muss. Ich spreche vom Maler heute, der, weil die Malerei in Vergessenheit geraten ist, diese für sich selbst neu entdecken muss.

Der Auftrag des Künstlers ist dabei aber im Kern derselbe geblieben: Er erforscht sein Selbst aus einem Bewusstsein und Denken von Gegenwart heraus. Gegenwart ist freilich schwer zu erfassen, weil in ihr das Präzise diffus und das Diffuse präzis gedacht werden muss – Gegenwart als das verzeitlichte Jetzt. Das Selbst aber ist, so der amerikanische Schriftsteller Walker Percy, ein „Loch im Kosmos". Es ist unergründlich. Und doch kann der Künstler in es vorstoßen, wenn er in sich den Tiefenraum seiner Bilder in Resonanz zu setzen vermag.

Dafür ist es wichtig, dass er sich von den zentralen anthropologischen Konstanten der Existenz leiten lässt. Er ist ein handelndes, ein kommunizierendes, ein imitierendes und ein gieriges Wesen. Sodann verfügt er über zwei Seiten: Auf der einen befinden sich seine inhaltlichen, auf der anderen seine generativen Aspekte. Erstere sind gekennzeichnet durch die Komponenten Zeit, Angst, Tod, Sexualität. Die generativen Aspekte sind: Ordnung und Unordnung (die sich zueinander verhalten wie Zufall und Notwendigkeit), Suchen und Finden, Ähnliches und Verschiedenes.

Ein Mensch, der nur aus Unordnung bestünde, wäre genauso eine Katastrophe wie jemand, der nichts als Ordnung wäre. Als produktive Harmonie jedoch sind Ordnung und Unordnung ein universales Gesetz. Wer immer nur sucht, verliert sich am Horizont. Wer immer nur findet, überlässt sich dem Zufall. Suchen und Finden sind als komplementäre Funktionen wie „Versuch und Irrtum" dem Menschen in die Wiege gelegt. Mit „Ähnliches und Verschiedenes" ist die Wiederholung gemeint – darin eingebunden auch die Routine. Sie ist unerlässlich. Das Gelernte, verinnerlicht, schafft Freiräume. Dabei ist jedoch zu bedenken, was Sören Kierkegaard 1843 in seinem Buch *Die Wiederholung* schrieb: „Du musst dich nach vorne erinnern." Wer sich nach rückwärts erinnert, verliert an Gegenwart, wer sich nach vorne erinnert, nimmt sich selbst mit auf den Weg. Anders ausgedrückt: Man darf sich nicht im Abstrakten verlieren, sondern sollte sich im Konkreten realisieren. Das tägliche Tun ist geprägt durch das Ähnliche und Verschiedene. Indem er dieses darüber hinaus aber auch perspektivisch in der Beförderung und Erforschung des Selbst versteht, schafft der Künstler – für sich wie für andere – aus dessen Tiefenraum einen Sinnhorizont.

Für den Künstler gibt es nichts zu erfinden, aber vieles zu entdecken. „Was geschieht, das ist schon längst gewesen, und was sein wird, ist auch schon längst gewesen; und Gott holt wieder hervor, was vergangen ist" (Koh 3, 15). Die „Weltformel", die universale Gedächtnisstruktur vor Augen, könnte auch heißen: dass die Wir-

222

kung vor der Ursache steht – (ohne dass dadurch die Gesetze der Physik ausgehebelt würden).

Langeweile

Daniel Hell

Eine frühe Erinnerung: Ich sitze auf einem Dreirad und erwarte einen etwas älteren Freund, der schon den Kindergarten besucht. Ich warte an einer Straßenecke und spähe in die Richtung, aus der er kommen sollte. Auch nach mehr als 50 Jahren vermag ich mir noch genau vorzustellen, wie damals das Warten für mich lang wurde und wie sehr ich mir den Freund herbeiwünschte. Aber war mir dabei langweilig? Langweilig wurde mir erst später, als ich als umtriebiger Adoleszent stillen Momenten ausgesetzt war.

Was hat sich zwischen Kindheit und Jugend verändert? Vielleicht lässt es sich so sagen: Zuerst war nur der Zeitraum lang, später wurde die erfahrene Zeit sinnlos lang. Aus der langen Dauer wurde die Langeweile. Auch das deutsche Wort „Langeweile" hat diese Bedeutungsverschiebung von der langen Pause zur negativen Erfahrung der Reizarmut durchgemacht. „Weile" bedeutete ursprünglich „Ruhe, Rast, Pause". Daraus hat sich die Bezeichnung „Zeit(-raum)" entwickelt. Eine „Langeweile" war also zunächst ein ausgedehntes Ruhen. Mit der Zeit wird Langeweile zunehmend negativ bewertet – heute ist Langeweile so abgewertet, dass sie nahezu den Charakter einer Störung erhält. Das Leben hat so interessant zu sein, dass Langeweile keinen Platz darin hat. Aber hat die angestrengte Suche nach spannenden Erlebnissen nicht gerade mit der stets drohenden Langeweile zu tun? Der norwegische Philosoph Lars Svendsen führt die Langeweile auf einen Mangel an persönlicher Überzeugung oder Sinnleere zurück. Weil ein Mensch leer an Überzeugungen sei, werde die Zeit als leer erfahren. Es lohne sich nicht, irgend etwas zu tun, weil das Ziel jeglichen Tuns verloren gegangen sei. Svendsen ist der Auffassung, dass die Informationsflut und die spätmoderne Eventkultur auch dazu diene, den verlorenen Bedeutungszusammenhang früherer religiöser Welterklärungen vergessen zu lassen und die lauernde Langeweile auf Distanz zu halten: „Dass Langeweile heute wahrscheinlich weiter verbreitet ist als je zuvor, können wir an der wachsenden Anzahl ‚sozialer Placebos‘ ablesen. Mangels persönlicher Sinnfindung müssen alle möglichen Vergnügungen Ersatz bieten ... Ist nicht auch unsere Faszination durch das Bizarre, die tagtäglich Nahrung durch die Massenmedien erhält, ein Ergebnis eines langweiligen Lebens?" (*Kleine Philosophie der Langeweile*). Das meistgebrauchte Mittel, um vor der existenziellen Langeweile zu fliehen, scheint heute die Suche nach Abwechslung und Originalität zu sein. Aber das Neue wird rasch alt. Für immer neue Anreize schafft die Mode qualitative Unterschiede, wo es eigentlich keine gibt. Damit aber wird die Macht der Langeweile nicht gebrochen. Nur vorübergehend verdrängt, nimmt ihre Bedrohlichkeit ständig zu.

Einen ganz andern Umgang mit der Langeweile haben die Mystiker und Existenzphilosophen empfohlen. Besonders eindrücklich ist das Beispiel der ersten christlichen Eremiten, der so genannten Wüstenväter. Weil sie sich in den Wüstenregionen des Nahen Ostens ganz ihrem eigenen Erleben ausgesetzt haben, sind sie in extremer Weise von der existenziellen Langeweile herausgefordert worden. Sie nannten diesen Zustand *akedia* oder Überdruss und interpretierten ihn als eine Versuchung, der man Stand zu halten hat. Das illustriert in prägnanter Weise die Geschichte eines Hilfe Suchenden, der zum Altvater Arsenius sprach: „Meine Gedanken quälen mich, indem sie mir sagen: Du bist ganz leer, du kannst nicht fasten und auch nicht arbeiten. Besuche wenigstens die Kranken, denn auch damit machst du eine gute Tat." Arsenius sagte zu ihm: „Geh und iss, trinke, schlafe und sei müßig, nur verlass deine Höhle nicht!"

Arsenius durchschaute den scheinbar altruistisch motivierten Aktivismus, wie er auch heute um sich greift, als Zurückweichen vor der Langeweile. Statt sich abzulenken, empfal er, am Ort auszuharren und die Leistungsanforderungen an sich selber zurückzuschrauben. Die Wüstenväter haben Langeweile nicht als Schicksal, sondern als Herausforderung begriffen. Sie entfaltet dann Macht über die Menschen, wenn sich diese von ihr bestimmen lassen, indem sie die Augen vor ihr verschließen. Dann wird aus dem Gefühl der Langeweile Selbstüberdruss und schließlich Selbstentfremdung. Denn: von mir ablenkend vermag ich nicht zu mir selbst zu finden.

Interessanterweise gibt es einen sprachlichen und historischen Zusammenhang zwischen der Langeweile oder dem Überdruss – der *akedia* der Wüstenväter – und der modernen Depression. Die *akedia* ist in der Zeit der Renaissance im Begriff der Melancholie aufgegangen; dieser wurde dann im 19. Jahrhundert von dem der Depression abgelöst. Auch im depressiven Zustand fühlt der Mensch die Zeit wie angehalten und entleert. Niedergeschlagenheit und Antriebslosigkeit hindern den modernen Menschen an der flexiblen Teilnahme am schnellen Leben. Die medizinische Diagnose Depression führt die Erfahrung der zähflüssigen oder angehaltenen Zeit auf eine Störung des Nervensystems zurück. Ganz anders fordert das existenzielle Erleben der Langeweile zu einer persönlichen Antwort heraus. Denn: „Wer sich völlig gegen die Langeweile verschanzt, verschanzt sich auch gegen sich selber: Den kräftigsten Labetrunk aus dem eigenen innersten Born wird er nie zu trinken bekommen" (Friedrich Nietzsche).

Die spirituelle Qualität der Langeweile liegt zunächst darin, dass ein Mensch Sinn braucht und mit bloßen Informationen ohne bedeutungsvollen Zeitzusammenhang schlecht zurecht kommt. Es genügt nicht, Langeweile mit bloßer Reizarmut zu erklären. Denn Langeweile setzt ein persönliches Erleben und ein Verlangen nach Kohärenz voraus. Wenn dem so ist, hilft es nicht, sich der Langeweile zu verschließen. Vielmehr scheint es nötig, mit der Langeweile zu leben, statt gegen sie anzukämpfen; sie anzuerkennen und auszuhalten: Wenn wir wie die Wüstenväter das eigene Erleben unhinterfragt annehmen, dann kann die Erfahrung einer leeren Zeit auch zu neuen Perspektiven führen, die uns vor der Entleerung durch die Langeweile verschlossen waren.

Gerade weil die Langeweile endlos scheint, vermag sie uns vielleicht zu lehren, dass wir endlich sind. Die Wüstenväter haben dieses *memento mori* zum Anlass genommen, Wichtiges von Unwichtigem zu trennen und sich Moment für Moment dem Wichtigen zuzuwenden. So wird manches unwesentlich, was zunächst interessant erscheint, aber im Grunde trivial ist. Dagegen wird wichtig, was das eigene Leben wirklich erfüllen kann, etwa der achtsame Umgang mit geliebten Menschen oder der Natur.

Mir selbst ist die Erfahrung der langen Weile um so wichtiger geworden, je mehr ich in beruflichen und privaten Belastungen Gefahr lief, in sozialen Anforderungen aufzugehen und mein Leben zu „veräußern". Erst die Konzentration auf das eigene Erleben, auch das scheinbar müßige, hat mich näher gebracht zu dem, was ich bin. Dabei sind mir die ersten christlichen Eremiten bedeutsam geworden: Sie haben sich mit der Langeweile auseinandergesetzt, ohne Psychologie zu betreiben, und daraus tiefe seelische Einsichten gewonnen.

Lebensmitte

Irmtraud Tarr

In der Lebensmitte holt uns unweigerlich eine Überraschung ein. Die Art und Weise, wie wir die Welt und das eigene Leben auffassen, ist nicht mehr dieselbe. Auf dem Hochplateau des mittleren Alters ändern die Pfeile des Wünschens ihre Richtung. Ein milderer Wind ist zu wittern. Die Sinne werden feiner, nuancierter. Der Blick wird weicher, empfänglicher. Die Ohren werden feinspüriger, unvoreingenommener. Die Berührungen werden behutsamer, weniger zupackend. Es geht nicht mehr darum, möglichst viel zu verschlingen und anzuhäufen, sondern den Sinn für Grenzen zu entwickeln und die Unterscheidungsfähigkeit zwischen den verschiedenen Geschmäckern. Beschränkung wird unumgänglich, nicht im Sinne von Askese oder Beschneidung, sondern als Voraussetzung für Vertiefung und aufmerksame Begegnung mit sich selbst und anderen.

Waren es die großen Herausforderungen, eine neue Liebe oder ein bedeutender Erfolg, die früher zu Hochstimmungen führten, so sind es nun andere, kleinere Wunder, die man vorher nicht einmal bemerkt hätte – der sorgsam gedeckte Tisch, die warme Hand, die sich mir entgegenstreckt, jene kleinen Zettel, die mir das zustecken, was die Erinnerung nicht mehr schenkt. Neue unerwartete Räume erschließen sich, die Wahrnehmung wird offener, weil sie nicht mehr überlagert ist von selbstbezogener Erfolgs- und Leistungsmotivation. Die Energien, die vorher gebunden waren durch Anpassungsbereitschaft, die Beschäftigung mit dem Eindruck, den man auf andere macht und machen will, und das Bedürfnis nach sozialem Applaus, werden allmählich frei und schaffen Raum für neue Offenheit und Durchlässigkeit für das Wesentliche. Die Auflösung alter Orientierungen zeigt sich auf unterschiedliche Weise, die mit der persönlichen Ausstattung und Lebensgeschichte zusammenhängen. Für die einen ist diese Phase die Zeit der Ernte, der Reife und der Erfüllung, in der es nicht mehr um Wissenserwerb, sondern um die Besitznahme und den klugen Einsatz erworbenen Wissens geht. Manche fühlen die bisher ungelebte Kraft ihrer Rebellion, die sich gegen Anpassung und einseitige Rollenzuweisung wehrt, während sich andere an eingeschliffenen Abläufen festklammern oder den resignierten Rückzug in vorzeitiges Greisentum antreten. Gemeinsam ist diesen individuellen Geschichten die gefühlte oder gefürchtete Erkenntnis, dass Wachstum nicht mehr in der alten Kraft nach vorn drängen kann, sondern in die Tiefe gelenkt werden und an Dichte gewinnen muss. Damit ist die Lebensmitte zugleich die Zeit des Verlangsamens der Rhythmen, das tiefes Genießen möglich macht, sowie die Etappe der Selbstbegegnung, Bündelung und Reflexion. Gewonnen wird dadurch ein Mehr an Tiefe und Intensität. Eine Frau schreibt: „Ich wundere mich, dass ich immer noch dasselbe tue wie vor zehn Jahren, nur ohne Angst und Druck. Was ich heute sage und tue, bin ich selbst. Es geht von mir aus und gehört mir. Was ich früher aus Anpassung oder Gefallsucht tat, fülle ich heute mit meinem eigenen Leben."

In der Lebensmitte bekommt unser Leben deutlichere Konturen. Erfolge, Bewältigtes, Überstandenes, Nicht-Gelungenes, Nicht-Erreichtes, unfair Erlittenes und Selbstverschuldetes zeigen die Grenzen und die Doppelgesichtigkeit unseres persönlichen Geschicks. In diesen Balanceakten zwischen Gelingen und Misslingen entwickelt sich unser Schicksal, seine Erfüllung oder sein Scheitern. Wir ahnen deutlicher Rhythmen und Gesetze, die unser Schicksal bestimmen, was zu Einsichten führt wie: „Nicht alles Unglück kommt, um uns zu schaden." – „Nichts ist für immer." – „Auch das geht vorbei." Wir haben uns in einer Nische der Wirklichkeit eingenistet, die uns selbst gehört. Jetzt ist die Zeit, sich für Wesentliches und Erkanntes einzusetzen, sich mit Leib und Seele einer Sache hinzugeben und sich mit einer Aufgabe zu identifizieren. Niemand nimmt einen mehr an der Hand, und man entdeckt oft erstaunt, dass man nun plötzlich selbst zum Wegweiser geworden ist, an dessen Lippen sich die Jüngeren hängen. Da die Hoffnung weicht, dass es Leute gibt, die es „schon richten werden", gewinnt man die Freiheit, aus der Vielfalt der Möglichkeiten die Angebote selbst auszuwählen, die für den eigenen Lebensplan von Nutzen sind. So beginnt ein Prozess der Selektion, der Verankerung im eigenen Rhythmus und beherrschter Zeiteinteilung für die eigenen Aktivitäten, ganz gleich, ob sie handwerklich, häuslich, intellektuell, wissenschaftlich oder religiös sind.

Auch in den Partnerbeziehungen werden wir selektiver, eigensinniger, weil uns allmählich dämmert, dass die ersehnte Erlösung nicht durch einen anderen kommen kann. Das Abschieben der Verantwortung für das eigene Glück an einen Partner entpuppt sich als überholtes Wunschdenken. Geschützt durch die wachsende Einsicht, dass Partnerschaft neben Vertrautheit auch Leiden bedeutet, und dass der Veränderbarkeit – der eigenen wie der des anderen – Grenzen gesetzt sind, durchstehen wir gelassener die Höhen und Tiefen gemeinsamer Geschichten. Mitten im größten Streit können wir plötzlich angesichts der Absurdität des Unterfangens überlegen, ob das Ganze nicht eher etwas zum Lachen ist. Wenn wir begriffen haben, dass es nicht darum geht, den richtigen Menschen zu finden, sondern selbst der richtige Mensch zu sein, eröffnen sich neue Pfade entspannteren Zusammenseins, ohne die überzogenen Anforderungen und Erlösungsphantasien. Damit eröffnet sich neues Terrain für

Selbstständigkeit, die eigenes Wissen und eigene Kompetenzen ernst nimmt und umsetzt, selbst wenn sie vom Partner nicht gewürdigt werden. Das Alleinsein gewinnt eine neue Qualität. Galt es früher als erzwungene oder bedrohliche Durststrecke, so wird es zur notwendigen, ersehnten Oase ungestörtem Innehaltens, das unsere Sinne für andere Welten der Wahrnehmung öffnet.

Der reife Körper braucht Beachtung und Pflege. Die Selbstverständlichkeit, mit der er Anstrengungen, Überforderungen oder Mängel früher auffing, lässt nach. Schlafmangel oder Exzesse lassen sich nicht mehr so einfach übergehen. Der Schritt ist nicht mehr so elastisch wie früher. Der Körpersignale sind nicht mehr einfach zu kompensierende Schwächen, sondern Signale, die gehört werden wollen. Das Gesicht, in dessen Züge, Falten, und Gesten sich unsere Lebensgeschichte „eingefleischt" hat, spiegelt die Metamorphosen, die wir durchlaufen haben. Lachfalten und düstere Schatten lassen sich immer weniger vertreiben oder ignorieren.

In der Lebensmitte schwindet das Gefühl, dass einem die Welt offen stehe und dass alles möglich sei, wenn man es nur wolle. Ist es nun Nostalgie oder ein Zeichen vorzeitigen Altwerdens, dass man sich den Luxus erlaubt, in Kindheitserinnerungen zu schwelgen? Es gibt einen Bewusstseinszustand, in dem solche harmlose Fragen endzeitliche Abgründe aufreißen können. Andererseits machen aber gelegentliche Dummheiten kaum mehr Angst. Man kann sich sogar ein mitfühlendes Lächeln für sie leisten, weil man toleranter und weicher geworden ist. Das Akzeptieren von Vorläufigem, Unvermeidlichem, Ungewissem gewinnt an Boden, man begreift allmählich, dass sich manche Dinge von selbst lösen und dass manche Probleme etwas von einem Schnupfen an sich haben – ob man etwas dagegen tut oder nicht, bleibt sich gleich.

Noch ist die Zeit nicht knapp, aber zum Verschwenden ist sie zu schade. Sie will mit Sorgfalt gelebt sein. Alte Träume, vernachlässigte Fähigkeiten oder aufgeschobene Pläne dürfen die eigene Lebensgeschichte ergänzen und abrunden. Aber die wichtigste Gabe an diesem Anlegeplatz der Lebensreise ist die Versöhnlichkeit. Sie löst die grauen Schleier vergangener, durchmessener Übel, Demütigungen, Desaster, und gibt die Sicht frei auf Kommendes. Versöhnlichkeit mit sich selbst und mit den anderen ebnet der Dankbarkeit den Weg. Das eine lässt sich nicht vom anderen trennen. Woraus sonst könnten wir unsere Kraft und Hingabe an das Leben schöpfen?

Leiden

Johannes Brantschen

„Wenn Gott diese Welt erschaffen hat, möchte ich nicht Gott sein, denn das Elend der Welt würde mir das Herz zerreißen" – so der Seufzer des großen Pessimisten Arthur Schopenhauer.

Aber auch wer mit wachen Sinnen die Schönheiten und das Gute dieser Erde wahrnimmt und angesichts des wunderbaren Wirkens der Natur aus dem Staunen nicht herauskommt, muss bekennen: Menschengeschichte ist Leidensgeschichte. Das offene (und mehr noch das versteckte) Leiden folgt dem Menschen wie sein Schatten. Es durchzieht sein Leben wie ein roter Faden und prägt die Weltgeschichte über den Menschen hinaus: „Wir wissen, dass die gesamte Schöpfung bis zu heutigen Tag seufzt und in Geburtswehen liegt" (Röm 8, 22).

Diese Leiderfahrung hat in der Moderne eine Verschärfung erfahren: einerseits durch Auschwitz, diesen Ort unvorstellbaren Grauens und Leidens; andererseits durch die dank der Naturwissenschaften neu gewonnene Einsicht in die Schrecken der Evolution. Schon Reinhold Schneider war hypnotisiert von der phantastischen Zweckmäßigkeit der Natur, die letztlich auf das eine hinausläuft: einander besser fressen zu können. „Des Vaters Antlitz hat sich ganz verdunkelt; es ist die schreckliche Maske des Zerschmeißenden, des Keltertreters." Inzwischen wissen wir, dass die Entwicklung von den Hominiden hin zum *Homo sapiens sapiens* eine grauenvolle Geschichte war: Nur wer von den Opfern dieser Geschichte abzusehen vermag, kann diese Leidensgeschichte als „Preis für das Wunder des Lebens" oder – wie französische Molekularbiologen und Astrophysiker – als „die schönste Geschichte der Welt" betrachten.

Zweifelsohne hat Leiden mehr als ein Gesicht. Schreiend erblickt der Mensch das Licht (oder das Dunkel) der Welt – und doch besteht Grund zur Freude bei einer glücklichen Geburt. Im jüdisch-christlichen Verständnis ist der Mensch nun einmal Geschöpf. Dieses Geschöpfsein ist kein Übel, schließt aber ein, dass der Mensch nur durch Geburtswehen hindurch Mensch wird und Mensch bleibt. Zu diesen lebenslangen Geburtswehen gehören Enttäuschungen, Verzichte, Opfer, Frustrationen, schmerzende Abschiede (durch Trennung, Scheidung und Tod) und angstmachende Neuanfänge. Wer diese Schmerzen, die zur *conditio humana* gehören, verdrängt oder verleugnet, bleibt lebenslang in seinem beleidigten Narzissmus gefangen.

Der Skandal des Leidens liegt vielmehr im *Übermaß* des Leidens, zumal für Christinnen und Christen, die Gott als Macht der Liebe bekennen. Das Leiden der Unschuldigen bleibt das Problem. Warum müssen so viele Kinder an Hunger und Krankheit sterben – eine Frage, die Schriftsteller wie Fjodor Dostojewskij und Albert Camus ein Leben lang verfolgt hat. Warum sind so vielen Menschen Würde und Hoffnung fast ganz versagt?

Keine Religion hat das Leiden bagatellisiert. In ihren jeweiligen Kontexten haben vielmehr alle Religionen mit ganz verschiedenen Kategorien versucht, mit den menschlichen Leiderfahrungen theoretisch und vor allem praktisch zu Rande zu kommen. So formuliert zum Beispiel der Buddhismus, zu dessen frühen Fürsprechern in Europa Schopenhauer gehört, in der ersten seiner „Vier edlen Wahrheiten" ganz radikal: „Alles Menschenleben ist Leiden". In der ersten Predigt des Buddha heißt es: „Dies, ihr Mönche, ist die edle Wahrheit vom Leiden: Geburt ist Leiden, Alter ist Leiden, Krankheit ist Leiden, Tod ist Leiden, mit Unliebem vereint sein ist Leiden, von Liebem getrennt sein ist Leiden, nicht erlangen, was man begehrt, ist Leiden." Leiden ist für den Buddhisten – zusammen mit der Vergänglichkeit – die große Grunderfahrung des Lebens. Damit ist es auch Dreh- und Angelpunkt eines persönlichen Befreiungsweges, für den die buddhistische Tradition – wie das Judentum und Christentum – einen umfassenden ethischen Kanon, vor allem aber eine Vielzahl praktischer Methoden und Hinweise bereitstellt. Leiden wird überwunden, indem die Leidenschaften überwunden werden und dadurch dem Leiden gleichsam der Nährboden entzogen wird. Ziel ist die Befreiung aus dem Kreislauf der Wiedergeburten und der Eingang in ein leidfreies Nirwana.

Im Abendland sahen die Griechen im Leiden eine Lernschule der Weisheit. Die Römer wussten: *per aspera ad astra* (durch Dunkel zum Licht). Die Christen haben dann sowohl aus der Antike die Idee vom Leiden als Schule der Weisheit als auch aus dem Judentum die Vorstellung vom Leiden als göttlicher Züchtigung übernommen („Wen der Herr liebt, den züchtigt er wie ein Vater seinen Sohn, den er gern hat": Spr 3, 11–12; Dtn 8, 5; Hebr 12, 4–11; 1 Petr 1, 6–7; 2 Kor 7, 8–11). Dabei geriet ihnen ihr eigener Gott nur allzuoft zum schwarzen Pädagogen.

Das existentiell erlebte Leiden fragt nicht nach Konfession und Religion; es trifft den Christen wie den Nichtchristen, den Atheisten wie den Agnostiker – und glücklich zu preisen ist, wer einsieht: Aus Leiden kann man lernen; auch in einer schlimmen Krankheit liegt eine Chance.

Der Mensch, den schweres Leid trifft, quält sich zuerst einmal mit der bitteren Frage: Warum? Warum gerade ich? Ohne diese notwendige Phase der Klage droht der leidende Mensch von der dumpfen und stummen Apathie verschluckt zu werden. Erst wenn es dem Leidenden allmählich gelingt, die Frage nach dem *Warum* in die Frage nach dem *Wozu* zu verwandeln, beginnt der Horizont sich aufzuhellen und können „Sinn-Inseln" in Sicht kommen. Der Leidende fängt an, an seinem Leiden zu arbeiten, und am Ende dieses Kreuzweges hat er vielleicht etwas von jener geheimnisvollen Wahrheit erfahren: Wir werden nur reich, indem wir loslassen. Auf jeden Fall hat der Leidende in Abgründe geblickt und Tiefendimensionen hinzugewonnen, die den „glücklichen Machern" ewig verborgen bleiben.

Allerdings ist unsere Zeit diesem „Lernen aus Leiden" nicht gerade förderlich, weil wir an einer verborgenen Krankheit leiden, nämlich der, nicht leiden zu können (H. E. Richter). Im gegenwärtigen Klima der Leidensflucht ist es schwierig, Verständnis dafür zu wecken, dass auch im Leiden eine Chance liegen kann. Zudem wissen wir alle, dass man am Leiden auch zerbrechen kann. Trotzdem bleibt wahr: Es gibt Tore, die einzig das Leiden öffnen kann. Wir alle sind schon großartigen Menschen begegnet, die durch tiefe Leiden hindurchgegangen sind: Sie besitzen wahre Weisheit und weise Menschlichkeit. Weil sie sich ihrer Gefühle nicht mehr schämen, sind sie sensibler für die Gefühle anderer, kennen Betroffenheit und Gelassenheit, Zärtlichkeit und Verletzbarkeit. Ihr Mitleiden demütigt die anderen nicht und ihre Mitfreude ist ohne Falsch. Großartige Werke – gerade in der Kunst – werden oft im Leiden geboren, so etwa bei van Gogh, Mozart und bei Kleist.

Nicht nur am eigenen Leiden kann ein Mensch wachsen, sondern auch in der Begleitung Leidender und Sterbender. Das setzt voraus, dass der Gesunde nicht mit Besserwisserei und fertigen Antworten an ein Krankenbett tritt, sondern ein verstehendes Mitgehen an den Tag legt, das die Zweifel und Ängste des Leidenden ernst nimmt, seine stummen Signale zu sehen weiß, sein Schweigen und seine Tränen teilt. Durch geduldiges Zuhören kann er dann verstehen lernen, wie anders ein Schwerkranker die Welt erfährt und wie sie manchmal einen Reichtum birgt, von dem wir bisher nichts geahnt haben. Auch schwerstbehinderte Menschen haben in unserer grausamen Leistungsgesellschaft eine prophetische Aufgabe. Sie erinnern uns an unser eigenes Menschsein, indem sie allen – besonders den Erfolgreichen, Starken, Gesunden und Schönen – die Begrenztheit und Hinfälligkeit des Menschen vor Augen führen. Schwerstbehinderte zeigen uns, dass wir nur dann als Menschen bestehen können, wenn wir von einem bedingungslosen Ja getragen werden, das uns unabhängig von Erfolg und Leistung zugesagt wird! An dieses unbedingte Ja – in jeder Situation – glauben heißt, an den christlichen Gott glauben.

Dieses tief menschliche „Lernen aus Leiden" hat in der christlichen Tradition eine letzte Tiefendimension erreicht. Das sei am dunklen Wort von der Kreuzesnachfolge (Mk 8, 34) kurz illustriert: ein Wort, in dem die Spiritualitäten des *Widerstands* und der *Ergebung* ineinander übergehen, das aber oft auch für eine ungute Leidensmystik herhalten musste. Dies letztere geschah immer dann, wenn man *die historischen* Gründe, die Jesus ans Kreuz gebracht haben, vergessen hat. Jesu Tod am Kreuz ist *Folge* seines Verhaltens und seiner Botschaft. Weil Jesus Gott als Feind des Leidens und als Freund des Lebens in seiner leidüberwindenden Praxis – also im *Widerstand* – resolut zum Zuge gebracht hat, wurde der Bote der Liebe als *Gotteslästerer* von den Vertretern der offiziellen Orthodoxie mit Hilfe der Römer liquidiert. Als Jesus einsehen musste, dass er der Botschaft seines Vaters nur noch treu bleiben konnte, indem er sich kreuzigen ließ, willigte er freiwillig in den Märtyrertod ein, d. h. in die schwierige Ergebung (Mk 14, 36). Am Kreuz schreit die Liebe. Übersieht man dies, gerät man in Gefahr, Jesu Kreuz als von Gott ausdrücklich gewollt hinzustellen. Was aber wäre das für ein Gott, der durch Blut und Schmerzen gefüttert werden müsste? Leiden ist nicht „an sich" etwas Gutes.

– Kreuzesnachfolge heißt folglich für Christen zuerst einmal dies: bereit sein, in der Nachfolge Jesu das Leiden auf sich zu nehmen, das uns dann widerfährt, wenn wir versuchen, Leiden zu überwinden. Der Theologe und Märtyrer Dietrich Bonhoeffer – um nur ihn zu nennen – steht in dieser Nachfolge.

– Kreuzesnachfolge heißt zweitens auch: das eigene nicht abschaffbare Leiden (eine unheilbare Krankheit, eine schwere Behinderung) anzunehmen. Dieses angenommene Leiden ist dann (für Familie, Freunde und Pflegepersonal) Trost, Ermutigung und Hilfe zugleich. Wo immer es Menschen gelingt, durch Weinen, Klagen und Beten hindurch anzunehmen, was nicht zu ändern ist, da ereignet sich christliche Ergebung. Wo sie möglich wird, geschieht immer ein Wunder, vor dem wir uns nur bewundernd verneigen können.

Widerstand *und* Ergebung sind die menschlichen und christlichen Haltungen dem Leiden gegenüber. Der Christ und die Christin haben in der Nachfolge Jesu das Leiden nicht in erster Linie gescheit zu erklären und geistreich zu systematisieren, sondern – soweit möglich – zu lindern, zu mindern und zu überwinden, ohne allerdings der Illusion zu verfallen, alles Leiden und jeder Schmerz seien abschaffbar. Dabei dürfen wir die unglückliche These, Leiden sei Strafe Gottes, vergessen; denn sie hat nur die selbstzerstörerischen Schuldgefühle vergrößert. Wenn Gott das Böse nicht ertragen kann, so nicht deshalb, weil dadurch seine vermeintliche Ehre verletzt würde, sondern weil er nicht will, dass die Menschen, die er liebt, durch Bosheit und Dummheit einander zerfleischen.

Weisheit und Gnade ist es, zu wissen, wann es Zeit ist zu *widerstehen* – und wann es Zeit ist, sich zu ergeben.

Leidenschaft

Anselm Grün

Das deutsche Wort „Leidenschaft" wird seit dem 17. Jahrhundert als Übersetzung für das griechische *pathos* bzw. das lateinische *passio(nes)* gebraucht. Leidenschaft bezeichnet einen starken Drang, der den Menschen antreibt, etwas zu tun: Leidenschaft hängt zusammen mit den Trieben des Menschen. Zunächst ist Leidenschaft ethisch wertfrei – sie ist eine starke Motivationskraft und kann sowohl positiv wie negativ genutzt werden. In der Psychologie spricht man weniger von Leidenschaften als vielmehr von Affekten und Emotionen. Eine Ausnahme ist Philipp Lersch, der das Thema in seiner Persönlichkeitspsychologie bewusst aufgreift. Für Lersch sind Leidenschaften starke Bestrebungen, die den Menschen über sich hinaus führen, zum andern Menschen hin, zu einem Einsatz für eine Sache und auf Gott hin. So hat auch der Philosoph G. W. F. Hegel die Leidenschaft gesehen: „Es ist nichts Großes ohne Leidenschaft vollbracht worden, noch kann es ohne solche vollbracht werden."

Was haben Leidenschaft und Spiritualität miteinander zu tun?

Die frühen Mönche sahen in der Auseinandersetzung mit den Leidenschaften (den *pathe*) den Mittelpunkt spirituellen Ringens. Danach sieht der Mensch sich mit neun Leidenschaften konfrontiert. Evagrius Ponticus (345–399), der wohl wichtigste Mönchsschriftsteller, nennt die Leidenschaften *logismoi*: das sind gefühlsbetonte Gedanken, Antriebe und Kräfte. Solche Leidenschaften können einen Menschen ganz mit Beschlag belegen und ihn am spirituellen Weg hindern. Daher gehört es entscheidend zum spirituellen Leben, mit den Leidenschaften gut umzugehen: sie für den Weg zu Gott zu nutzen. Die Lehre des Evagrius wurde im Laufe der Kirchengeschichte immer stärker moralisierend verstanden. Sie wurde zur so genannten Acht-Laster-Lehre und schließlich zur Lehre von den sieben Hauptsünden. Ursprünglich war sie eine Lehre, die dem Mönch zeigen sollte, welchen Kräften er auf seinem Weg zu Gott begegnet.

Für Evagrius wie in der griechischen Philosophie setzt sich der Mensch zusammen aus drei Anteilen: dem begehrlichen (*epithymia*), dem emotionalen (*thymos*) und dem geistigen (*nous*). Jedem dieser drei Bereiche ordnet er drei Leidenschaften zu.

Der *begehrliche* Anteil wird von drei Grundtrieben bestimmt: dem Essen, der Sexualität und der Suche nach Besitz. Es sind Triebe, die der Mensch zum Leben braucht. Aber sie können ihn auch beherrschen. Dann wird das Essen zur Völlerei, die Sexualität zur Unzucht und die Suche nach Besitz zur Habsucht. Auf keinen Fall auf dem Blick geraten sollte aber die spirituelle Dimension dieser Triebe: Im Essen kommt letztlich unsere Sehnsucht zum Ausdruck, mit Gott eins zu werden. In der Sexualität steckt die Sehnsucht nach Ekstase – das Ziel des spirituellen Weges ist es, in der Ekstase der Liebe eins zu werden mit Gott. Und Besitz ist die Sehnsucht nach Ruhe; wahre Ruhe erleben wir aber nur in Gott.

Im *emotionalen* Bereich kann die Lebensenergie der Aggression, die eigentlich das gesunde Verhältnis von Nähe und Distanz regeln möchte und den Menschen antreibt, etwas anzupacken, zur zerstörerischen Emotion des Grolls und der Bitterkeit werden. Die Trauer, in der es um die Begegnung mit unserer eigenen Wahrheit geht, kann zur Traurigkeit, zum Selbstmitleid, zum narzisstischen Kreisen um das verletzte Ego werden. Die größte Gefährdung besteht für Evagrius in der *akedia*, dem Überdruss: Es ist die Unfähigkeit, sich auf den Augenblick einzulassen. In diesem Zustand haben wir unsere eigene Mitte verloren. Wir sind mit allem unzufrieden und schieben die Schuld auf andere, auf Gott, auf den Ort, auf die Umstände. *Akedia* zerreißt den Menschen.

236

Auch im *geistigen* Bereich gibt es die drei Leidenschaften: Ruhmsucht, Neid und Hybris. Die Ruhmsucht, so Evagrius, kann den jungen Mönch – wie jeden anderen Menschen – durchaus dazu drängen, eine gesunde Disziplin zu entwickeln und sich mit Eifer auf den richtigen – den geistlichen – Weg zu begeben. Nur wenn jemand sich völlig von der Anerkennung der andern her definiert, lebt er oder sie nicht mehr selbst, sondern wird von andern gelebt. Ähnlich kann der Neid dazu motivieren, Ja zu sagen zu den eigenen Fähigkeiten und dankbar zu genießen, was Gott schenkt. Doch wenn wir im Neid stecken bleiben, dann leben wir nicht selber, sondern nur im Vergleich mit anderen. Und im Vergleich mit andern nehmen wir immer nur wahr, wo wir zu kurz gekommen bin. Hybris schließlich ist die Weigerung, sich der eigenen Wirklichkeit zu stellen. Man hat sich so sehr mit seinem Idealbild identifiziert, dass man die blinden Flecken übersieht.

Die frühen Mönche raten nicht dazu, die Leidenschaften abzuschneiden. Denn wer sie unterdrückt und abtötet, dem fehlen wichtige Lebensenergien, ohne die das Leben blass wird. Ohne Leidenschaften geht keine Kraft von uns aus. Unser Leben wird langweilig. Leider haben viele Christen vor lauter Fixiertsein auf ihre Fehlerlosigkeit wichtige Kräfte in sich übersprungen, so dass sie sich – nach einem Wort des Pastoraltheologen Exeler – vor allem durch Langweiligkeit auszeichnen. Evagrius gibt dem Mönch den Ratschlag, sich mit den Leidenschaften vertraut zu machen. Er soll sie kennen lernen. Aber er soll aktiv mit ihnen umgehen und sich nicht von ihnen beherrschen lassen.

Interessanterweise kommt das deutsche Wort Leidenschaft von „leiden". Und das bedeutete früher: gehen, fahren, reisen. Wer fährt, der macht Erfahrung, der macht etwas durch, der erleidet etwas. Und so nahm das Wort „leiden" immer mehr die Bedeutung an von: dulden, Schmerz empfinden. Leidenschaft hat also mit Erfahrung zu tun. Wer sie abschneidet, verliert an Erfahrung. Wer sich auf sie einlässt, der wird erfahren, der erlebt Neues und Ungeahntes. Aber wie jede Reise auch beschwerlich sein kann, so auch der Umgang mit den Leidenschaften. Es ist immer eine Gratwanderung.

Und allzuleicht kann eine Leidenschaft stärker werden, als uns gut tut. Dann bestimmt sie uns, anstatt dass wir mit Leidenschaft das Leben angehen.

Jeder und jede Heilige war von einer großen Leidenschaft für Gott bestimmt. Künstler widmen sich leidenschaftlich ihrem Werk. Die Wissenschaftlerin wird von der Leidenschaft zu kreativen Lösungen motiviert. Jedes große Werk – da hat Hegel recht – braucht die Leidenschaft. Wir können die positive Kraft der Leidenschaft wieder für unsere Spiritualität entdecken. Nur dann wird von uns Christen etwas ausgehen, was auch andere Menschen fasziniert und was diese Welt verwandelt. Es ist ein lebenslanger Prozess, mit den Leidenschaften so umzugehen, dass sie zu unserem Weg zu Gott und zu den Menschen als positive Kraft gehören und dass sie uns nicht beherrschen, sondern antreiben zum Leben – und letztlich zu Gott hin treiben.

Lesen

Klaas Huizing

Noch bevor ich lesen konnte, schenkte mir meine Großmutter die Postkartenreproduktion eines Gemäldes von Hans Thoma (1839–1924). Wahrscheinlich habe ich zunächst geglaubt, es sei meine eigene Großmutter, die dort über ein Buch gebeugt der Tochter etwas vorliest. Natürlich kannte ich die Tochter nicht (ich hielt sie immer für eine Enkelin), und ich quälte mich wiederholt mit der Aufzählung meiner nicht kleinen Verwandtschaft, konnte mir aber kein Gesicht vor Augen malen, das dem abgebildeten glich.

Ich habe das Bild immer als Einladung verstanden, mir vorlesen zu lassen. Wenn ich meine Großmutter beim Tee antraf – und sie trank gerne und oft Tee –, kletterte ich auf den Stuhl neben ihr, schob ihr ein Buch hin und hieß sie vorlesen. Meine Großmutter goss sich in holländischer Manier immer nur soviel Tee ein, bis kein Kandis mehr herausragte. Ich taufte dieses Ritual das Grönlandspiel, weil nach einem Schluck plötzlich ein Gletscher herausragte oder, wenn meine Großmutter versunken vorlas, der Zuckereisberg knisternd auseinanderbrach. Frühling im hohen Norden. Tea on the rocks. Schon nach der ersten verlesenen Zeile verwandelte sich ihre im Alltag das Befehlen gewohnte Stimme, sie wurde seidig, melodiös und warmherzig. Wenn sie eine Seite umgeblättert hatte, nahm sie einen Schluck Tee, goss nach und las weiter. Manchmal, wenn sie mir Märchen aus dem großen schweren Buch mit den abgestoßenen Kanten und den schweißfleckigen Stellen unten auf den Seiten, die vom vielen Umblättern zeugten, vortrug, überschlug sie einen Satz und wartete auf meinen lautstarken Protest. So hat sie mir durch das Vorlesen zugleich das Lesen beigebracht, denn nach der Vorlesestunde verglich ich die memorierten Geschichten mit den Wörtern auf der Seite. (Noch vor der Entdeckung und pädagogischen Hochkonjunktur der Ganzwortmethode habe ich diese Methode bereits praktiziert, allerdings auch lebenslange Rechtschreibprobleme behalten.)

Ich bin immer ein Buchtrinker geblieben, ein Vielleser, Schnellleser, Allesleser, mache keinen Unterschied zwischen „guter" und „schlechter" Literatur, denn ich gehöre bereits zur Comic-Generation und bin mit Bessie im Ranzen – des Farmers Collie, ein politisch leidlich korrekter Hund wie sein Namensvetter Lassie und sein Vorgänger Rin Tin Tin – dienstags zur Schule gegangen. Ich schmökere auf der Couch, im fetten Sessel, am überquellenden Schreibtisch (mit Vorliebe bei hochgelegten Beinen, eine Haltung, die meine Töchter immer zu dem Vorwurf animierte, ich befände mich ständig im Urlaub), im Bett, wenn eine Lektüre unmerklich die Angst vor dem Schlaf und vor Schlafes Bruder nimmt.

Die glücklichsten Augenblicke auch meines akademischen Lebens sind gesättigt mit dem süßlichen Leim-Aroma der neuen Bücher, das ich oft süchtig inhalier(t)e, das Gefühl des rauen Leinengewandes in der Rechten und die leichte Kühle auf den Fingerspitzen, wenn die Linke umblätterte und über die satinierte Glätte der neuen Seite fuhr, stets begleitet von einem trockenen Mund, weil ich bei konzentrierter Lektüre die Lippen bewege, als spräche ich leise einen Schwur nach, den der Text mir vorspricht.

Nur bei der Bibellektüre stellten sich diese Glücksmomente immer seltener ein. Dabei haben die Geschichten, die mir meine Großmutter aus der Kinderbibel mit dem bunten, leicht zerfledderten Einband vorlas, meine Phantasie bis in die Träume hinein beschäftigt: der vor dem Paradies aufgebaute Engel mit dem Schwert, Daniel in der Löwengrube oder Moses im Schilfkorb, nachgespielt mit der Lieblingspuppe meiner Schwester am nahen Fluss, die schließlich ein Nachbar rettete. Diese Bilder verblassten unter der voltstarken Studierlampe. Nicht zufällig. Die Gebildeten unter den Verächtern der Bibel haben stets behauptet, die Evangelien seien von unbegabten Schreiberlingen verfasst worden und man könne auch nichts anderes erwarten von einer Religion, die ihre Stammklientel bei Fischern, Handwerkern und Sklaven besaß.

Ich habe dieses Vorurteil lange geteilt. Deshalb kam es mir nicht ungelegen, dass man schwerpunktmäßig systematische Theologie ohne ständigen Rekurs auf biblische Texte studieren konnte. Bei mäßig schlechtem Gewissen. Aufsätze schmückte ich mit wenigen Stellen aus dem biblischen Zitatenkartell, so lieblos serviert wie die Salatgarnituren in zweitklassigen Restaurants, immer schon leicht welk, das ehemals satte Grün ins Gelb hinüberspielend.

Eine Freundin aus der Germanistik gab mir schließlich den entscheidenden Tipp, biblische Texte ganz unbekümmert wie Literatur zu konsumieren. Weil diese Freundin eine gewisse Macht über mich besaß, habe ich den Vorschlag zunächst murrend, dann begeistert ausgeführt. Seitdem treibt mich ein quasi-missionarischer Eifer an, die Qualität biblischer Literatur betreffend. Die Bibel ist weder ein dogmatisches Lehrbuch noch eine moralische Drohfibel, sondern eine ästhetische Ur-Kunde. Die urchristlichen Schriftsteller sind äußerst kompetente Autoren, ausgestattet mit Talenten, die ihnen (von wem auch immer) in die Wiege gelegt wurden. Im Vergleich zu Lukas ist Platon ein berühmter und blasser Autor. (Spät Bekehrte neigen zu solch forcierten Vergleichen.) Die Finesse dieser simplen Stories gilt es zu entdecken.

Natürlich habe ich eine Lieblingsgeschichte: das Gleichnis vom barmherzigen Samariter; knapp dahinter folgt die Erzählung von Zachäus, auf Platz drei liegt das Gleichnis vom verlorenen Sohn. Meine Großmutter hat mir besonders oft und besonders warmherzig das Samariter-Gleichnis vorgelesen. Zwischenzeitlich war mir das Gleichnis gleichgültig, wenn nicht verhasst. (Unsere Pastoren neigten dazu, das Gleichnis bei anstehenden Kollekten milde zu missbrauchen.) Lieben können sterben. Das wohl. Aber inzwischen ist meine Wertschätzung ungebrochen. Dieses Gleichnis, es gehört zu meinen Lieblingsperlen im literarischen Rosenkranz, entschlüsselt das Geheimnis der Literatur, Menschen verändern zu können. Kann man ernsthaft mehr von einem kurzen Text verlangen?

Liebe

Dorothee Sölle

Das ursprüngliche Christentum hat, um seinen Grundbegriff und seine Praxis von Liebe zu beschreiben, nicht auf den Eros zurückgegriffen, sondern ein sehr viel unscheinbareres griechisches Wort namens „Agape" gewählt. Dieser Begriff stammt aus der Tradition des geschwisterlich geteilten Essens, der Feier des Abendmahls. Agape bedeutete: Sklavinnen und Herren, Färberinnen, die den Gestank der Tierhäute nicht loswurden, und Geschäftsinhaber, jüdische und griechische Menschen, Ortsansässige und Fremdlinge teilten miteinander, was sie zu essen hatten, in der Feier des Glaubens. Das Essen war der sinnliche Ausdruck des Miteinanders, das Liebesmahl verband sie. Der Leib war ihnen nicht eine lästige Nebensache, die den Aufstieg zum Höheren erschwert, sondern er gehörte mitten hinein in das neue befreite Leben.

In der späteren theologischen Reflektion versuchten Kirchenväter und Bischöfe säuberlich zu trennen zwischen einer Liebe von oben und einer Liebe von unten. Die eine Liebe sollte von Gott ausgehen, und die andere unter den Menschen sollte bestenfalls Gott spiegeln, aber alle sexuellen Konnotationen möglichst ausschließen.

Diese Trennung von „göttlicher" und „irdischer" Liebe ist von Beginn an in der Jesusbewegung unterlaufen worden. Vor allem das Johannesevangelium erzählt Liebesgeschichten, die von Jesus und seinen Beziehungen zu Menschen wie Maria, Martha, Lazarus und dem Lieblingsjünger Johannes handeln, ohne Scheu vor erotischen Zügen. Es sind wunderbare Beispiele für die schöpferische Kraft, die dort aufleuchtet, wo das, was wir Eros und Agape nennen, eins geworden sind.

„Wer nicht liebt, hat von Gott nichts verstanden, denn Gott ist Liebe" (1 Joh 4, 8). In diesem kleinen Satz „Gott ist Liebe" gibt das Neue Testament seine einzige „Definition" des nicht definierbaren Gottes an. Und gerade hier sind die beiden Qualitäten der Liebe, zu geben und zu nehmen, neu zu werden und neu zu machen, Leben zu schenken und lebendig zu werden, zusammen gegenwärtig. Sie sind untrennbar. Das patriarchale Verständnis von Sexualität, das genitale Sexualität abspaltet von dem großen Geflecht der Beziehungen unserer Körper und Seelen zu anderen Menschen und zur Welt, hat hier nichts zu suchen.

Agape ist die Fähigkeit der Selbsthingabe des Ego. „Im Anfang war die Beziehung", so drückt der jüdische Religionsphilosoph Martin Buber dieses Grunddatum menschlicher Existenz aus. Wir sind nicht einfach der wirtschaftsfähige Mensch, für den es genügt, seinem erleuchteten Selbstinteresse zu folgen, wir brauchen etwas mehr zum Leben als *self interest*. „Am Anfang" war nicht der *homo oeconomicus*, dieses geschäfts- und genussfähige Einzelwesen, zu dem wir gemacht werden sollen, sondern die Selbsttranszendenz der Liebe.

Geliebt zu werden, ruft unsere Fähigkeit zu lieben hervor. Aber ist, um das zu verstehen, eigentlich Religion notwendig? Genügt nicht die rationale Analyse? Leistet nicht die Psychologie das, was da zur Aufarbeitung der Eltern-Kind-Beziehung notwendig ist? Inwiefern ist da mehr notwendig? Ist die *religio*, die Rückbindung, zumal in ihren institutionalisierten Formen, nicht eher ein verkrustetes Gewebe um diesen glühenden Kern herum, das eher ablenkt als aufzubauen? Ich denke, dass unsere Beziehungsfähigkeit eine Sprache braucht, die mehr ist als die der Argumente. Das Geheimnis des

Lebens, dem Menschen in den verschiedenen Religionen Namen wie der Ewige, der Dreieinige, Allah, die Energie, die Gütekraft, das Unaussprechliche gegeben haben, will geteilt werden. „Gott ist das Allermitteilsamste", sagt Meister Eckhart – ein Satz, der mich oft in Verzweiflung stürzt, weil es häufig absolut unmöglich scheint, auch nur das Mindeste von diesem Geheimnis weiterzugeben. Die Religion erwächst aus der Notwendigkeit, eine Sprache zu finden, die aufs Ganze geht, die mehr einklagt und herbeiruft als das, was ablesbar ist und machbar ist.

Es liegt im Interesse der Liebe, auf die Notwendigkeit einer Sprache hinzuweisen, die uns mit anderen und mit einer Tradition verbindet, die über die reine Subjektivität hinausgeht. Wir sind alle „unheilbar religiös", wie Nicolaj Berdjajew gesagt hat. Sich von dieser Krankheit zu verabschieden, ist zugleich eine Aufgabe der Erotik Gottes, ohne die Leben nicht lebt. Meine Zweifel an den Menschen, die sich von dieser Krankheit „geheilt" glauben, die mit Religion „nichts am Hut" haben, sind mit der Totalisierung unserer Ökonomie immer mehr gewachsen. Können wir denn ohne „die Liebe Gottes, die höher ist als alle Vernunft" leben? Ist nicht der Verzicht auf Religion ein Verzicht auf Eros? Von einem Menschen zu sagen, er oder sie sei „unerotisch", scheint mir eine Art Todesurteil. Die Zerstörung unserer anderen Wünsche und Träume vom Leben aller auf diesem Planeten schreitet mit der Erübrigung von Religion voran. Ist nicht das, was viele für eine Art aufgeklärterer Intelligenz halten, eher nach dem Muster „Behandlung (der Krankheit Religion) erfolgreich, Patient leider tot" zu beschreiben?

Das „Reich der Himmel", von dem das Evangelium spricht, meint etwas ganz anderes. Es will uns beteiligen an diesem Reich, in dem die Letzten die Ersten werden. Wir sollen den Ewigen lieben, indem wir Anteil haben an seinem Sein. Am klarsten wird das im Neue Testament in den Schriften des Johannes, der als der Apostel der Liebe gilt und traditionell für das mystische Element in der christlichen Religion steht. „Das von Gott in uns", von dem die Quäker als neuzeitliche Mystiker sprechen, ist in der Tat nichts anderes ist als die radikale Annahme des jüdischen Grundgebotes, das sich auf die Liebe zu Gott bezieht. „So liebe denn Ihn deinen Gott,

mit all deinem Herzen, mit all deiner Seele, mit all deiner Macht"
(Dtn 6, 5, übersetzt von Martin Buber).

Wann tun wir denn etwas ganz, ohne Vorbehalte, ohne Wenn
und Aber, ohne Lohnerwartung oder Strafbefürchtung, ohne Zwänge und ohne dieses tödliche „und dann?", das den Augenblick zerstört? Wann leben wir denn etwas, das reines Jetzt wird und in dem
wir ganz das sind, was wir tun? „I am what I do" ist eine klassische
mystische Formulierung für dieses Ganzsein. In der Liebe fallen Sein
und Handeln zusammen.

Der buddhistische Mönch Thich Nhat Hanh drückt das gleiche
Grunddasein mit der Formel aus: „Das Geschirr spülen, um das Geschirr zu spülen". Es ist ein Akt unabgelenkter Hingabe – und sie
setzt die Fähigkeit des oder der Einzelnen, sich an das Ganze zu binden, voraus. Das Ego ist nicht der letzte Horizont des Selbst. Wir
können aus uns selbst herausgehen, die Wolke werden, die wir vo-
rüberziehen sehen, das Lied werden, das wir singen. Wir sind nicht
nur das begrenzte und berechenbare Produkt, zu dem wir uns oft
machen. Im Anfang war die Beziehung, die uns konstituiert. Wir
existieren, wie Emmanuel Levinas das ausgedrückt hat „im Akkusa-
tiv", angesprochen, angehaucht, angesehen und gebraucht. Ganzsein bedeutet dieses Glück des „Siehe da!".

Litaneien/Mantras

Peter Wild

Die Litanei ist eine Form des betrachtenden Gebets. Sie lebt von
der Bewegung des Einkreisens. Immer wieder gewinnt sie ihrem
„Gegenstand" einen neuen Aspekt ab. Dazu kommt die Wiederholung: Auf die einzelnen Aspekte reagiert der Beter oder die Gemeinschaft der Betenden mit der stets gleichen Bitte: „Erbarme
dich unser", „Bitte für uns", „Herr, befreie uns", „Wir bitten dich,
erhöre uns" usw. Wird eine Litanei von einer größeren Menge von
Betenden gesungen, entsteht eine bergende Atmosphäre, in der

der und die Einzelne mitgetragen wird – ähnlich dem Rosenkranzgebet.

Zu den klassischen Litaneien, wie sie in den liturgischen Büchern zu finden sind, gehört beispielsweise die katholische Allerheiligen-Litanei. In ihrem ersten Teil werden die Erzengel und alle anderen Engel um Beistand gebeten, dann Heilige aus dem Alten und Neuen Testament, und schließlich Heilige aus den ersten Jahrhunderten der Kirchengeschichte; hinzugefügt werden meistens noch die lokalen Heiligen (Patrone der Kirche, des Bistums, Namenspatrone). In ihrem zweiten Teil wird Jesus angerufen um „Schutz vor" dem, was die Betenden bedrängt. Und der dritte Teil der Litanei besitzt Fürbittcharakter; Grundbitten für die Entfaltung der Kirche stehen im Mittelpunkt. Die Allerheiligenlitanei oder Teile aus ihr wurden früher in Gottesdiensten eingesetzt, wenn es darum ging, ganz allgemein den Beistand Gottes und der Heiligen anzurufen. In der gegenwärtigen liturgischen Praxis der katholischen Kirche haben die aktuell gestalteten Fürbitten die Allerheiligenlitanei abgelöst. Populär war über viele Jahrhunderte auch die Lauretanische Litanei, die Litanei zu Ehren Marias. Sie besteht aus biblischen Aussagen, von der Mariologie geschaffenen Titeln und poetischen Bildern, die die Person Marias und ihre Rolle im Heilsgeschehen umkreisen.

Als Beispiel einige Anrufungen aus der Lauretanischen Litanei (auf jede der Anrufungen folgen die Worte „bitte für uns"): „Mutter Christi – Mutter der göttlichen Gnade – Du reine Mutter ... – Du Mutter des Guten Rates ... – Du Spiegel der Gerechtigkeit – Du Thron der Weisheit ... – Du geheimnisvolle Rose – Du Turm Davids ... – Du Bundeslade – Du Pforte des Himmels – Du Morgenstern".

Auch aus dem persönlichen Beten und den eigenen Vorlieben können Gebete entstehen, die den Charakter einer Litanei besitzen. Der oder die Betende taucht in jene Gebetssätze ein, die ihm persönlich wichtig sind, weil sie Lebensthemen spiegeln, und schließt sie jeweils mit einem Refrain seines Vertrauens. Die Taizé-Lieder haben, mehrstimmig und über einen längeren Zeitraum wiederholt, das litaneiartige Singen und Beten wieder aufleben lassen.

Die Elemente, die für die Litanei typisch sind, die Bewegung des Einkreisens und die Wiederholung, tauchen als Strukturelemente auch in der modernen Lyrik und in der zeitgenössischen Musik (etwa in der *minimal music*) auf. Sie sind selbstverständlich auch in anderen spirituellen Traditionen anzutreffen, etwa in den Neunundneunzig Namen Allahs in der islamischen Tradition, oder in Liedern zu Ehren Krishnas oder Ramas in der hinduistischen Tradition.

Anders die Energieworte, die Mantren: Weil sie in der Praxis ebenfalls öfters wiederholt werden, werden Mantren gerne mit den Litaneien in Verbindung gebracht. Doch ist ein Mantra etwas grundlegend anderes als die Litanei: Hinter dem Mantra steht die Vorstellung, dass eine kosmische, ja göttliche Kraft in einem Laut oder einer Folge von Lauten wiedergegeben werden kann. Der Laut, die Struktur eines Lautes, wird als Schlüssel verstanden, der den Zugang zu einer sonst verschlossenen Wirklichkeit eröffnet. Ein Mantra weckt Kräfte, heilt, vereint den Menschen mit jener göttlichen Wirklichkeit, die in den Laut übersetzt worden ist.

Eine bewusste Mantra-Praxis ist nach wie vor im Buddhismus und Hinduismus anzutreffen und in bestimmten Yogatechniken. In der jüdisch-christlichen Tradition ist das Mantra im eigentlichen Sinn nicht vorhanden. Mit Recht ist aber in den letzten Jahrzehnten hervorgehoben worden, dass bestimmte liturgische Gesänge, je nach Haltung der Teilnehmenden, Mantracharakter erhalten können; es handelt sich vor allem um festgelegte, klangvolle – meistens in einer fremden Sprache fixierte, also dem rationalen Verstehen nicht sofort zugängliche – liturgische Formeln wie *Alleluja*, *Amen*, *Kyrie eleison*, *Magnificat* und so weiter. Dadurch, dass in der christlichen Liturgie wie auch im persönlichen Gebet des oder der Einzelnen das durch den Verstand und die Gefühle Nachvollziehbare in den Vordergrund gerückt wird, kann es gar nicht zur Mantra-Praxis kommen, denn bei ihr wird das ganze Vertrauen in einen fast magischen Vollzug des Lautes gesetzt.

A – O – U – M –: Das wohl bekannteste Mantra ist das OM, das in den Deutungen in die einzelnen, in der Praxis hörbaren Laut-

bestandteile zerlegt wird: Vom offenen Vokal A bis zum geschlossenen Vokal U bildet der Klangraum des Rachens alle möglichen Laute nach, bis hin zum „Nachklang", zum Konsonanten, und zur ganz
bedeutsamen Klangpause im Anschluss an die Lautfolge. Das OM
wird als eine Übersetzung des Göttlichen in den Klang verstanden:
Gott umfasst alle Klänge, lässt alles mitschwingen (Konsonant) und
ist doch in den Klängen nie ganz erfassbar (deshalb die Klangpause).

Die Mantren haben in den spirituellen Bewegungen Westeuropas
und der USA Bedeutung bekommen, nicht nur deshalb, weil hinduistische und buddhistische (vor allem tibetische) Gruppierungen
die religiös bestimmte Mantra-Praxis verbreitet haben, sondern vor
allem auch dank der Neuentdeckung der Mantren durch therapeutische Methoden. Es ist nachweisbar, dass bestimmte Klänge bestimmte Körperbereiche und damit Erlebnisbereiche des Menschen
ansprechen. Gesungene, rezitierte, mental vollzogene Klänge haben
ihre Wirkung. Bei all dem ist es wichtig festzuhalten, dass es nicht
ratsam ist, gleich jeden Laut und jede Lautfolge als Mantra zu bezeichnen. Dieser Begriff sollte den als Mantren tradierten Lauten
vorbehalten bleiben.

Liturgie

Peter Bubmann

„Liturgien" sind aus dem Alltag ausgegrenzte Zeiten und finden
meist auch an speziell dafür vorgesehenen, markierten „heiligen"
Orten statt. Sie unterbrechen das normale Leben, erlauben Abstand
von sich selbst und ermöglichen so neue Lebensorientierung und
ein Aufatmen der Seele. Bezeichnete „Liturgie" im Griechischen
profan den „Dienst von Bürgern an der Öffentlichkeit", so werden
im Sprachgebrauch der christlichen Kirchen damit alle Formen öffentlichen gemeinschaftlichen Gottesdienstes mit ihren verbalen
und non-verbalen rituellen Bestandteilen bezeichnet. Heute den-

ken viele bei diesem Begriff an erstarrte kirchliche Gottesdienstordnungen oder an das – ihrer Ansicht nach entbehrliche – rituelle Beiwerk zur Verkündigung des Wortes Gottes. Andererseits wird bei der Gestaltung profaner Unterhaltungs- und Sportveranstaltungen oft spontan und selbstverständlich auf rituelle Elemente zurückgegriffen: Olympiaden, Fußballspiele, Fernsehshows und selbst Diskotheken sind ohne feste, ausgeprägte „Liturgien" kaum denkbar – auch wenn dies den Teilnehmenden kaum bewusst sein mag.

Rituelles beziehungsweise liturgisches Feiern gehört also offensichtlich zum Menschsein dazu. Dies wird derzeit auch im religiösen Raum neu entdeckt: Für immer mehr Menschen wird Liturgie wieder der bevorzugte Ort der Verdichtung ihrer Spiritualität, Feier des Lebens und der Liebe, Zeit und Raum der Erfahrung des göttlichen Geistes. Lebendige Liturgie ist vielfältig und ganzheitlich, seelsorglich-heilsam, solidarisch und mystisch: Raum, Spiel, Tanz, Klänge, Bilder, Bewegung und Performance sind hier zu integralen Bestandteilen der Liturgien geworden, die Gemeinde ist stark beteiligt, Formen und Sprache werden Frauen wie Männern gerecht. Salbungs- und Segnungsliturgien lassen die heilsam-sinnliche Kraft des Evangeliums erlebbar werden. Politische Nachtgebete und liturgische Tage pflegen eine spirituelle Kultur des Gedenkens und Erinnerns, die das Leid und die Ungerechtigkeit nicht der Vergessenheit überlässt. Meditative Liturgien schaffen Räume für mystische Begegnung und ekstatischen Überschreitung des Alltags.

In der christlichen Liturgie konzentriert sich die christliche Lebenskunst in den Formen symbolischer Kommunikation und dramatischen Ausdruckshandelns. Traditionell (etwa bei Martin Luther) wird diese Kommunikationsform als Dialog zwischen Mensch und Gott interpretiert, wobei die Initiative von Gottes Heilshandeln in Wort und Sakrament ausgeht und der Mensch mit Dank, Lob und Bitte antwortet. Die irdische Liturgie erscheint dabei als Weiterführung des Heilswerks Gottes und vorweggenommene Anteilhabe an der himmlischen Liturgie (vgl. Art. 8 der Konstitution über die heilige Liturgie des Zweiten Vatikanischen Konzils).

Die meisten Liturgieformen stellen einen spirituellen Weg dar, der einer gewissen inneren Logik und Struktur in mehreren, bewusst inszenierten Akten folgt. Wer sich auf diesen Weg einlässt, erlebt an sich selbst und in der Gemeinschaft mit anderen Grundaspekte spiritueller Erfahrung. Manfred Josuttis hat diese Wegetappen in Analogie zum mystischen Erleben als *purificatio* (Reinigung von Selbstbezogenheit und Weltverfallenheit), *illuminatio* (Erleuchtung durch die Begegnung mit dem göttlichen Lebenswort) und *unio* (Vereinigung und Begegnung mit der göttlichen Liebe) beschrieben (Manfred Josuttis, *Weg in das Leben*, S. 162f). Im darstellenden und spielerischen Handeln der Liturgie verdichtet sich das ganze Leben im Angesicht Gottes, grundlegende Lebenskonflikte, Bedürfnisse und Triebe, Selbstwertgefühl und Identitätsbewusstsein werden thematisiert. Die eigene Wirklichkeit wird neu erschlossen, was zur Stärkung, aber auch Erschütterung des Ichs wie der Gemeinschaft führen kann.

Zum liturgischen Prozess gehören bereits das Sich-Aufmachen zum Ort des Gottesdienstes und das Ankommen am Ort des heiligen Spiels dazu; in Wallfahrtsliturgien und Prozessionen wird der Weg zum Gottesdienstort sogar zur Hauptsache. Besondere Beleuchtung, Raumatmosphäre und Klänge (Glocken, Orgelspiel) und Begrüßungsriten (etwa das Kreuzschlagen) erleichtern das Überschreiten der Schwelle vom Alltag in den Gottesdienst. Dann richten die Gottesdienstbesucher im ersten Akt der Liturgie ihre Aufmerksamkeit weg von den Belastungen oder Zerstreuungen des Alltags hin zum Wesentlichen: zu ihrem Gott. Häufig verbinden sich damit reinigende Riten: Sündenbekenntnis, Vorbereitungsgebete oder stille Meditation. Es wird Zeit gelassen, sich vor Gott einzufinden und innerlich umzukehren.

Gleichzeitig dienen Liturgien zur Vergewisserung und Stärkung einer Glaubensgemeinschaft. Die Anfangsphase der Liturgie hilft, sich als Gruppe zu konstituieren und den Zweck der Versammlung zu verdeutlichen. Daher wird der Name Gottes genannt und Gott in verschiedenen Gebetsformen angerufen (Psalmen, Kyrie, Gloria und andere). Dabei können Lobpreis, Dank oder auch Klage im Vordergrund stehen. Das gemeinsame Singen verdichtet Stimmungen, stimmt die Teilnehmenden ins Heilige ein, fördert die gegenseitige Wahrnehmung und festigt so die Gemeinschaft.

Im zweiten Akt werden die tragenden Glaubensinhalte vergegenwärtigt und neu ausgelegt (Lesungen und Predigt). Biblische Lesungen konfrontieren mit früheren Gotteserfahrungen und Gottessehnsüchten. Verkündigende Rede- oder Spielformen sowie Lieder aktualisieren die wegweisende Kraft der Tradition. Der Horizont des Alltagslebens wird aufgebrochen, Zukunft ausgeleuchtet. Und im Glaubensbekenntnis wird der gemeinsame Glaube öffentlich proklamiert und bekräftigt. Damit ist es möglich, sich selbst in Nähe oder Distanz zu den Überzeugungen der Glaubensgemeinschaft zu positionieren.

Der dritte Akt führt noch näher ans Heilige heran: Nun soll Gott nicht nur mit den Ohren, sondern ganzheitlich-symbolisch erfahrbar werden. Im Sakramentsteil des Abendmahls eröffnen sich himmlische Perspektiven: In Gesängen (Sanctus) sucht die Gemeinde Anschluss an das ekstatische Gotteslob der Engel. In den Abendmahlsgebeten werden die Zeiten verdichtet: Gottes früheres Schöpfungs- und Rettungshandeln wird erinnert (Anamnese), die Gegenwart seines Geistes erbeten (Epiklese) und die Zukunft des Gottesreiches symbolisch im festlichen Teilen von Brot und Wein vorweggenommen (Communio). Die Gläubigen geraten innerlich wie äußerlich in Bewegung: Meist treten sie nach vorne in den Altarraum, bilden einen Kreis, um die Gaben zu empfangen. Die Sozialstruktur ändert sich zeichenhaft, Standesunterschiede verblassen, alle stehen gleichberechtigt und (hoffentlich) versöhnt nebeneinander. Während dieser „Traumzeit" können sich Blockaden lösen und positive Energien aufbauen.

Im vierten Akt schließlich wendet sich der Blick wieder nach draußen, der Alltags- und Lebenswelt zu. In Fürbittgebeten kommt die Not der Welt zu Sprache. Der Segen ermutigt und stärkt zum Weitergehen. Der spirituelle Weg ins Leben führt nicht in eine Sonder- oder Hinterwelt, sondern zurück in die Profanität des Alltags.

Wenn viele Menschen das spirituelle Potenzial der Liturgien heute nicht mehr spüren, so hat dies unterschiedliche Gründe: schlampige oder wenig kunstvolle Gestaltung, Entfremdung von den kulturellen Ausdrucksmitteln der Liturgien oder einseitige Auflösung der Grundspannungen im liturgischen Geschehen: totale

Fixierung des Ablaufs oder völlige Spontaneität, erstarrte Traditionsorientierung oder übertriebene Innovationssucht, reine Schau-Inszenierungen oder ständige Dauerpartizipation der Teilnehmenden, sitzende Unbeweglichkeit oder hektische Umtriebigkeit, überbetonte Emotionalität oder kühle Rationalität etc. Auch kann sich der Sinn der Liturgie als Unterbrechung und Neuausrichtung des Alltags kaum mehr erschließen, wenn von ihr nur mehr eine Verdoppelung der (Pop-)Alltagskultur erwartet wird.

Doch entstehen auch heute immer wieder Liturgien, die ihren Namen verdienen: als lebendiger und lebensfördernder Gottes- und Menschendienst – ein Dienst, der Gott die Ehre gibt und zugleich die heilsame Macht und Menschenfreundlichkeit Gottes mit allen Sinnen erfahrbar werden lässt.

Loslassen

Sylvia Wetzel

In einem sind sich alle Hochreligionen und auch die meisten kosmischen Religionen einig: „Loslassen ist gut, festhalten tut weh." – Hans Jedermann meditiert seit neuestem und leidet kaum noch unter Einsamkeit. Seine Freundin hat sich gerade von ihm getrennt, und er hat beschlossen, sich vorläufig nicht mehr auf Beziehungen einzulassen, da das nur „Anhaftung weckt". Marie Jedefrau überlegt, ob sie dieses Jahr auf ihren Urlaub verzichtet und das gesparte Geld lieber einer tibetischen Schule im nordindischen Ladakh spendet, denn: „Geben ist seliger als nehmen." – Werden wir endlich glücklich, wenn wir Beziehungen aufgeben und unseren Besitz verschenken? Was sollen wir loslassen? Welche Art des Festhaltens tut weh?

Die Faust öffnen – es gibt eine kleine Übung, die den Unterschied verdeutlicht zwischen zwei Arten des Loslassens: Nehmen Sie einen Kugelschreiber in die Hand und halten Sie ihn fest. Jetzt öffnen Sie die Hand und lassen ihn los. Fällt er auf den Boden, verwechseln Sie Loslassen mit Verlieren. Bleibt er in Ihrer nach oben geöffneten Hand liegen, halten Sie nicht fest, können den Stift aber weiter verwenden. Erklärungen nützen wenig, wenn wir sie nicht auf unsere Erfahrungen beziehen können. Nur was wir am eigenen Leib erlebt haben, verstehen wir. Wiederholen Sie die Übung einige Male und schreiben Sie „große" Dinge auf einen Zettel. Halten Sie fest und öffnen Sie dann die Hand, einmal nach unten und einmal nach oben geöffnet. Spüren Sie den Unterschied.

Sinn und Unsinn des Festhaltens können wir gut vom Atem lernen. Ich möchte Ihnen eine nicht-traditionelle Übung vorstellen, die uns die innere Dynamik des Festhaltens und Loslassens leicht verstehen lässt. Sie funktioniert sehr gut, wenn man sie durchführt – darüber nachdenken allein nützt wenig. Setzen Sie sich auf einen Stuhl oder auf das Sofa. Atmen Sie ein, zwei Minuten normal ein und aus. Dann denken Sie an etwas, was Sie im Moment auf keinen Fall loslassen wollen: den Ärger über die unfreundliche Nachbarin; die Meinung, dass die vierzehnjährigen Tochter abends um zehn zu Hause sein muss; die Liste der Dinge, die Sie heute unbedingt erledigen wollen. Dann atmen Sie lang und tief ein und weigern sich, wieder auszuatmen. Halten Sie den Atem so lange wie möglich fest. Nach kurzer Zeit geht das nicht mehr, und Sie atmen schnaufend aus. Das machen Sie zwei, drei Mal. Danach kehren Sie zum natürlichen Atemrhythmus zurück und genießen das sanfte Ein- und Ausatmen. Jedes Mal, wenn ich an etwas festhalte, was ich nicht beeinflussen kann, führe ich diese kleine Übung durch. Bald kann ich über mein vergebliches Festhalten lächeln. Dann schmerzt das Loslassen nicht mehr so sehr. Noch leichter können wir loslassen, wenn wir verstehen, wie innere und äußere Bedingungen zusammen wirken.

Was ist es, woran wir festhalten? Wir mögen bestimmte Menschen und Dinge, Umstände und Ansichten. Wir möchten sie um uns haben, weil sie angenehme Gefühle wecken. Wir treffen uns mit Freundin Gabriele, weil wir uns in ihrer Gegenwart lebendig fühlen. Den Sonntagmorgen verbringen wir mit einer Zeitung und einer Tasse Cappuccino im Bett, weil uns das entspannt. Das tägliche Joggen weckt unsere Lebensgeister, und der Ausblick auf einen blühenden Baum beim Arbeiten streichelt die Seele. Was genau ist es nun, was uns die guten Gefühle beschert? Wir glauben, dass es die Menschen und Dinge, Umstände und Abläufe sind. Stimmt das wirklich? „Gute" äußere Umstände können wunderbare Aufhänger für angenehme Gefühle sein. Aber wir sind alle auch hin und wieder unangenehm überrascht, dass sie das nicht immer tun. Normalerweise „fallen" wir völlig „ins Objekt" und übersehen unseren eigenen Beitrag zu angenehmen Gefühlen. Nur weil wir jetzt Lust auf Kaffee haben und Cappuccino mögen, schmeckt er uns gut. Wer sich gerade zerschlagen fühlt und Joggen nicht mag, dessen Lebensgeister kann Joggen nicht wecken.

Vielleicht ist es gut, zwischen einer Stimmung und ihrem Hintergrund zu unterscheiden. Die aktuelle Stimmung und besondere Vorlieben und Einstellungen tragen meiner Schätzung nach etwa neunzig (!) Prozent zu unseren angenehmen Gefühlen bei. Die äußeren Bedingungen fungieren als gute oder schlechte Aufhänger und tragen in den meisten Fällen nur rund zehn Prozent zu unseren Gefühlen bei. Um das Prinzip zu verstehen, lassen wir für den Moment dramatische äußere Umstände wie Krieg, Gewalt, Hungersnöte und Naturkatastrophen außer Betracht. Wir können einige angenehme Erfahrungen der letzten Tage mit dieser These überprüfen. Was war der Aufhänger? Wie war unsere Stimmung unmittelbar zuvor? Welche Vorlieben haben mitgespielt? Wir stellen schnell fest, dass die Außenwelt nicht alleinige Ursache für angenehme Gefühle sein kann. Schon dadurch fühlen wir uns wohler, weniger abhängig, selbstständiger und sicherer. Dann halten nicht mehr so verkrampft fest und können das, was gehen will, leichter loslassen.

So erfahren wir den Geschmack der Freiheit. Wir werden staunen, wie häufig wir angenehme Gefühle erleben, wenn wir entspannt sind. Dann kann uns auch ein dünner, lauwarmer Kaffee die Stimmung nicht wirklich verderben. Loslassen wird noch leichter, wenn wir bemerken, wie sehr wir an Meinungen und Ansichten, Erwartungen und Befürchtungen hängen. Wir brauchen uns nicht den Kopf zu zerbrechen, wie „die Dinge wirklich sind". Es genügt, überzogene Erwartungen und einseitige Ansichten als Gedankenkonstrukte zu erkennen. Dann können wir sie leichter loslassen. Wir müssen materielle Dinge und Menschen nicht aufgeben oder loswerden, damit wir freier atmen können. Merken wir, dass Erwartungen Gedanken sind und nicht „die" Wirklichkeit, entdecken wir den „Raum, in dem alles geschieht". Gedanken, Menschen, Gefühle, Erfahrungen kommen und gehen, ohne dass wir sie besitzen oder kontrollieren können. Wer das ganz tief begreift, „legt die Bürde ab" und ist frei. Vom Ein- und Ausatmen lernen wir, Dinge und Umstände, Menschen und Gefühle, Ansichten und Meinungen kommen und gehen lassen. Das gibt uns einen „Geschmack", eine Ahnung von Freiheit, denn „eine Sekunde Loslassen ist eine Sekunde Freiheit".

Macht

Fulbert Steffensky

Wer das Leben liebt, wer das Recht will, muss Macht wollen. Er muss es wünschen, mit dem Leben umzugehen. Man kann sich im eigenen Leben nicht auskennen und man kann dem fremden Leben nicht dienen, wenn man in der Ohnmacht verharrt. Es gibt eine Lebensfaulheit, die sich vor dem Handeln drückt und sich damit selber die Lebenszuversicht untergräbt. *Inertia* haben die Alten jene spirituelle Nachlässigkeit genannt, in der der Mensch in lustvoller Selbstqual in Trägheit versank.

Wer liebt, handelt. Wer liebt, will Macht. Vielleicht ist das zu sagen gegen alle Verdächtigungen der Macht und gegen das Lob einer vornehmen Ohnmacht, in der man nie schmutzig und schuldig wird, weil man sich von allen Handlungen dispensiert und der Welt ihren Lauf lässt. Es kommt nicht darauf an, rein und unschuldig zu bleiben. Es kommt darauf an, die Wahrheit Gottes in dieser Welt voranzutreiben. In seinem Lied nennt Gerhard Teerstegen Gott selber „die Macht der Liebe", die er anbetet und preist. Es kommt also nicht auf asketische Enthaltsamkeit von Einfluss, Handlungsmöglichkeiten und Stärke an. Die Frage ist, wofür wir Macht benutzen und in wessen Dienst unsere Stärke steht. Man muss Macht wollen, und man muss Herrschaft ablehnen.

Gerne würde ich weiter das Loblied der Macht singen, aber ihre Verweigerung ist nicht unsere Hauptgefahr. Die Hauptgefahr sind die neuen Möglichkeiten, sich des Lebens zu bemächtigen – der Menschen, der Tiere, der Bäume, der Erde – und ihnen nur noch als große Jagdherren gegenüberzutreten. Eine Grundlage allen spirituellen Lebens ist der herrschaftsfreie Umgang mit dem Leben.

Von Franz von Assisi wird eine kleine Geschichte der Gewaltlosigkeit berichtet: Franziskus hatte angefangen, in allen Dingen Gott zu lieben. Eines Tages kommt er zu einer Quelle und spricht: „Schwester Quelle, erzähle mir von Gott!" Die Quelle sprudelte auf, als ob sie reden wollte. Dann wurde sie still, und auf dem Grund der Quelle sah Franziskus das Bild der Klara, jener Frau, mit der er in Zuneigung verbunden war. Er ging weiter und kam zu einem Mandelbaum. Er bat ihn: „Bruder Mandelbaum, erzähle mir von Gott!" Die Zweige des Mandelbaums rauschten auf, und der Baum fing an zu blühen, obwohl es nicht seine Zeit war. Endlich traf Franziskus einen Mann, der von weit herzukommen schien. Auch ihn bat er: „Alter, erzähle mir von Gott!" Der Alte nahm ihn mit zum Quartier der Armen, er öffnete seinen Sack und verteilte Brot an die Armen, und die Armen verteilten es untereinander. Um so mehr sie es unter sich teilten, desto mehr wurde das Brot. Da sprach der Alte: „Unser Vater!" Und nach einer Weile: „Unser Brot!"

Franziskus sieht das Wasser, und in einem zweiten Gesicht sieht er die Freundin. Er sieht den Mandelbaum, und er hört aus seinen Zweigen das Lob Gottes. Er sieht Menschen das Brot verteilen, und er hört Gott in diesem Vorgang. Franz sieht, aber es ist nicht der berechnende Blick, der den Baum schon als verkaufbares Holz sieht und das Wasser als Transportmittel. Die Bäume, das Wasser und die Menschen sind für sich da und für Gott. Sie haben ein Nichtbenutzbares und Nichtverkäufliches. Das Auge lobt die Dinge, nicht die Verwendbarkeit der Dinge. Und so hat alles eine Nachricht vom Ganzen des Lebens, alles hat Stimme: das Wasser, die Bäume, die Nacht und die Sonne. Alle spielen vor Gott, und sie werden zu Sakramenten Gottes, zu Zeichen seiner Anwesenheit.

Die Stimme der Dinge verstummt, wenn man ihnen nur mit imperialer Geste und als Jäger gegenübertritt. Die Bemächtigung zerstört die Kunde der Dinge. Die Bäume, das Wasser, die Nacht, die Tiere sagen uns nichts mehr, wenn Bemächtigung die vorrangige Weise ist, mit ihnen umzugehen. Man kann nicht an der Alltäglichkeit des Lebens vorbei ein spiritueller Mensch sein. In welcher Weise wir Macht ausüben, entscheidet über unsere Spiritualität. Der todessüchtige Unendlichkeitswahn und der Zwang, alles zu beherrschen, sind die eigentliche Zerstörung unserer Geistigkeit. Welche Freiheit liegt darin, nicht alles sein zu müssen; nicht alles benutzen und kontrollieren zu müssen! Welche Freiheit läge darin, die Stelle anzunehmen, die Franziskus nahe legt: Teil eines Ganzen zu sein in lebendiger Verbundenheit mit allen anderen Teilen!

Es liegt keine Freiheit in der Bemächtigung und in der Angst, das Leben könnte uns entgleiten, wenn wir es nicht beherrschen. Man muss wohl wirklich an Gott glauben, um dem rasenden Bemächtigungswahn zu entkommen. Vom Wurzelstamm hängen Loben, Lieben und Glauben zusammen. Glauben und Loben kann man nur, wenn man zum Leben in einem Verhältnis der Liebe steht und nicht der Herrschaft.

In unserer Gesellschaft sind die passiven Stärken der Menschen bedroht – die Geduld, die Langsamkeit, die Stillefähigkeit, das Hören und die Aufnahmefähigkeit, das Wartenkönnen, das Lassen und die Gelassenheit, die Ehrfurcht und die Demut. Sich ins unendliche Geheimnis sagen zu können, heißt befreit sein zur Endlichkeit; befreit sein von dem Zwang, Gott zu spielen. Nur Wesen, die ihrer Endlichkeit bewusst sind, können geschwisterlich miteinander umgehen und können den eigenen Siegeszwängen entsagen. Eine der schönsten Stellen der Gegenwartsliteratur finde ich in Christa Wolfs *Kassandra*. Die Seherin weissagt den Eroberern Trojas: „Wenn ihr aufhören könnt zu siegen, wird diese eure Stadt bestehen." Im Gespräch mit dem Wagenlenker fügt sie hinzu: „Ich weiß von keinem Sieger, der es konnte." Mit einer letzten Spur von Hoffnung fährt Kassandra fort: „Ich glaube, dass wir unsere Natur nicht kennen. Dass ich nicht alles weiß. So mag es in der Zukunft Menschen geben, die ihren Sieg in Leben umzuwandeln wissen."

Mann sein

Dirk Rademacher

Es gab einmal eine Zeit, da wusste ein Mann, was ein „Mann" ist: Er trug halbhohe Lederstiefel, Jeans und einen Dreitagebart, marschierte meilenweit durch den Dschungel, selbstverständlich alleine, keine Frau störte ihn, und am Ende zündete er sich genüsslich eine Zigarette an. Der Mann war eins mit sich und der Natur. Doch dann verschwand dieser Mann – erst aus dem Fernsehen, dann aus den Zeitungen, schließlich aus dem Kino. Zurück blieben Männer, denen gesagt wurde, dass das verschwundene Vorbild ein egozentrischer Macho gewesen sei, auf den nie eine Frau, sondern bestenfalls Lungenkrebs oder Herzinfarkt warten würden. Fortan ging der Mann nur noch in seinen Träumen und ohne die zwar geliehene, aber doch lieb gewonnene Identität des Camel-Mannes durch sein verlorenes Dschungel-Paradies: Zurück blieb – ein Mann ohne Eigenschaften.

So mussten wir Männer bis 1984 warten, um uns von Herbert Grönemeyer sagen zu lassen, was uns auszeichnet: Wir sind furchtbar stark, allzeit bereit, bestechen nicht nur durch unser Geld, sondern auch durch unsere Lässigkeit, müssen durch jede Wand und immer weiter, können alles, ja, wir sind auf dieser Welt einfach unersetzlich. So etwas hören wir gerne. Dass wir heimlich weinen und keine Kinder, dafür aber dünnes Haar kriegen, können wir unter solchen Zusagen verschmerzen. Doch die nagende Skepsis bleibt: Wie lange werden diese Merkmale unserer Identität dem Zweifel standhalten können? Hat man uns nicht schon einmal den Camel-Mann weggenommen? Wann ist denn nun ein Mann ein „Mann"? Und wenn die Wahrheit die Ewigkeit zur Gefährtin hat: Was sichert ihm seine frisch gewonnene Erkenntnis zur Männlichkeit in Ewigkeit?

Auch in unserem Kulturkreis verbindet sich manchmal der Himmel mit der Erde, das Unendliche mit dem Endlichen. Ist es bloßer Zufall, dass just wir Männer diesen Tag als den unsrigen feiern? An Himmelfahrt inszenieren Männer trotz „Vatertag" selten ihre Vaterschaft; häufiger vergesellschaftet sich der Camel-Mann zum Zwecke der Verdrängung seiner eigenen Identität. Er zieht nicht allein in die Natur, um aus den treibenden Wogen seiner Lebenswelten – auch als Vater – zu sich zu finden, sondern zieht mit Gleichgesinnten, durch berauschende Getränke auf mitgeführten Handkarren sich selbst immer mehr vergessend, durch Wiesen und Wälder. Doch diese (zugegebener Maßen überspitzt dargestellte) Vatertagsstour wird selber mehr und mehr zum Mythos, denn die gesellschaftliche Wandlung hat auch vor ihr nicht Halt gemacht: Immer mehr Frauen und Kinder ziehen mit, der Vater, der vordem zum Mann unter Männern geworden war, wird wieder zum Vater und zum Mann unter der Bestimmung der Geschlechterperspektive. Das Alpha-Tier auf Familienausflug – denn wenigstens am Vatertag muss hierfür Zeit sein.

Archaische Gesellschaften haben uns vorgemacht, wie sich die neuzeitlichen Verunsicherungen vermeiden und der Zuspruch männlicher Identität vergewissern lässt. Sie besaßen noch wirksame Rituale, in denen der Übergang zum Mann-Sein mit einer Bindung an das Unbedingte religiös inszeniert wurde. Im Ritual wurde dem Jüngling seine Identität als Mann schlicht zugesprochen. In der Regel ging dem eine Phase der Einsam- und Enthaltsamkeit voraus, eine Zeit, in der er sich fallen ließ bis auf den Boden seines Ich-Bewusstseins. Was er dort fand, war eine religiöse, beinahe unaufhebbare Gewissheit der eigenen neuen Existenzweise.

In unserer zivilisierten Gesellschaft gibt es ein vergleichbares Ritual nicht. Meine Eltern sagten mir, die Konfirmation sei ein solcher Schritt – allerdings war der nur von begrenzter Reichweite. So lernte ich, dass es nicht den einen großen, sondern viele kleine Trippelschritte in die Welt des „Mannes" gibt. Weder der Beginn der Strafmündigkeit noch die Volljährigkeit konnten daran etwas ändern. Doch schließlich – durch zwei Jahre körperlicher Arbeit gereift – war es soweit: Mit der symbolischen letzten Ohrfeige und der ersten realen Zigarre wurde ich bei der Gesellenfeier in die Männerwelt der Handwerker aufgenommen. Leider hatte dieses Ritual nur Wirksamkeit auf dem Bau. Der Wechsel in eine andere Lebenswelt machte vieles, was mühsam errungen worden war, zunichte. In der neuen Welt hielt man nicht körperliche, sondern geistige Männlichkeitsformung für wesentlich. Und wieder erhob sich drohend die Frage, ob dieser Prozess jemals zur Ruhe kommen wird.

Entscheidend in diesen Phasen wurden für mich männliche Vorbilder. Männer, die in ihrem jeweiligen Bereich als Meister ihres Faches souverän auftraten und sich doch verletzlich wussten, die sich selbst herausforderten und zugleich auch alle anderen, die so kraftvoll waren, dass ich mit ihnen kämpfen musste, um nicht unterzugehen, die sich auf Kämpfe einließen und mich trotz mancher Niederlage nicht als Verlierer dastehen ließen – Männer, die trotz des schon Erreichten noch leidenschaftliche Sehnsüchte hatten.

In manchem waren sie zugleich Negativfolie einer rücksichtslosen, andere verletzenden Männlichkeit – jedoch auch und gerade dies kann helfen, seinen Weg zur eigenen Bestimmung von Männlichkeit zu finden. Ein Mann wurde für mich zum Mann, wenn er das Konzept seiner Männlichkeit in seiner Gesamtheit authentisch lebt. Was für ein Typ „Mann" Mann ist, sagt einem kein Ritual. Ein Ritual spricht einem Menschen ein Dass zu, es enthebt ihn aber nicht, seinen authentischen Gehalt selber zu suchen und zu erproben. Die Versenkung in das eigene Ich erfordert den Abstand von allen äußerlichen Ansprüchen, erfordert Ein-samkeit.

So kam ich zum Angeln: Es war das Alibi, um stundenlang auf den hingeworfenen Steinhaufen am Meer zu sitzen und hinaus zu starren. Die Wellen kommen und gehen, die Gedanken steigen von alleine hinauf und wieder hinab. Vom Ich bis zum Horizont ist es nur ein Augen-Blick. Diesen Augenblick mag man als Gründung von Ich-Bewusstsein beschreiben, für mich ist es männliches Ich-Bewusstsein: ein Punkt im All und doch unendlich, allein und doch vereint. Darum ging der Camel-Mann allein durch den Dschungel. Doch eines frage ich mich noch immer: Wusste er, wohin er wollte? Vielleicht folgte er auch einfach Nietzsche: „Sei ein Mann und folge mir nicht nach – sondern dir! Sondern dir!"

Meditation

Peter Wild

Mit Meditation ist ein Bewusstseinszustand gemeint, der sich als Geschenk einstellen kann – „einfach so" als das intensive Erleben eines Augenblicks, wobei diese Intensität meistens keinen sprachlichen Ausdruck findet –, den man aber auch mit Hilfe von methodischen Schritten herbeiführen kann. Die methodischen Schritte betonen das Spezielle der Meditation: Im Gegensatz zu verwandten Methoden ist die Meditation geeignet, den ganzen Menschen in die Erfahrung mit einzubeziehen, gerade auch seine körperliche Seite und über sie seine konkrete Biographie. Wer meditiert, hebt nicht ab, sondern kommt in seinem Leben an.

Im Sinne dieser Tendenz schaffen die methodischen Schritte einen bewussten Bezug zum Körper, etwa in Form einer Körperreise, der Wahrnehmung der Empfindungen, die von den Nahsinnen (Sensoren in der Haut und im Muskelgewebe, Gleichgewichtssinn) ausgehen, in Form der Atembeobachtung, in Form einer körperfokussierten Stille. Auf der Basis dieses ausgeprägten Körperbezugs entfaltet sich dann die Aufmerksamkeit, die für die Meditation typisch ist: ein waches Wahrnehmen der ganzheitlichen Reaktionen.

Es gibt heute vor allem drei Grundformen der Meditation: die gegenständliche oder thematische, die nicht-gegenständliche beziehungsweise nicht-thematische und die strukturelle Meditation. Diese drei Formen unterscheiden sich in der Ausrichtung der Aufmerksamkeit.

Bei der *gegenständlichen Meditation* wird die Aufmerksamkeit auf einen Gegenstand oder auf ein Thema gelenkt. Ihm gehört der durch die methodischen Schritte aufgebaute Raum der Aufmerksamkeit. Während im Alltag die Aufmerksamkeit selten längere Zeit auf dem selben Gegenstand ruht, ist dies in der Meditation möglich. So können Menschen in der Meditation „neue Zusammenhänge aufgehen", „Dinge einleuchten", „Gegenstände eine unerahnte Kraft gewinnen". Was zum Gegenstand der Meditation wird, ist letztlich beliebig. Die spirituellen Traditionen richten ihre Aufmerksamkeit allerdings vor allem auf Gegenstände wie: Texte aus den heiligen Schriften, Erfahrungsberichte von Mystikern und Mystikerinnen, Symbole, Bilder, eigene spirituelle Erfahrungen, die ausgekostet werden.

Im Gegensatz dazu setzt die *nicht-gegenständliche Meditation* methodische Hilfen ein, die verhindern sollen, dass sich die Aufmerksamkeit an irgendeinen Gegenstand bindet. Die Aufmerksamkeit soll offen bleiben. Die nicht-gegenständliche Meditation ist von der mystischen Erfahrung geprägt, dass Gott durch unsere Sprache (und darum Gedanken, aber auch Bilder) nicht einzufangen ist. Gott entzieht sich unserem Verstehen. Deshalb liegt ihr die Überzeugung zugrunde, dass es besser ist, sich erst gar nicht um ein solches Verstehen zu bemühen. Bei der nicht-gegenständlichen Meditation bleibt man methodisch bei den eingangs skizzierten Schritten (Wahrnehmung der Empfindungen, Atembeobachtung) oder bindet die Aufmerksamkeit an ein Leitwort, das wiederholt wird, ohne dass es zum Gegenstand der Reflexion wird. Eine weitere methodische Möglichkeit liegt im Auftrag, paradoxe Aussagen oder Geschichten zu meditieren, Aussagen und Geschichten, die sich einem rationalen Verstehen verschliessen.

In der christlichen Mystik ist über das Verhältnis zwischen der gegenständlichen und nicht-gegenständlichen Meditation viel nachgedacht worden, meistens unter folgendem Gesichtspunkt: Wie weit kann der Mensch in seinem spirituellen Bemühen selber gehen, und wann beginnt die göttliche Aktivität? Inwiefern kann das menschliche Bemühen zum Hindernis für die göttliche Aktivität werden? Zum klassischen Schema der mystischen Erfahrung gehört die Vorstellung, dass jeder Mensch früher oder später in ein Dunkel geführt wird, in dem er nicht mehr nachvollziehen und verstehen kann, was in seinem Innern an göttlichem Wirken geschieht. Ob der Mensch den Zugang zu diesem Dunkel selber fördern kann oder soll, wird unterschiedlich beantwortet.

In der *strukturellen Meditation* spielen, ähnlich wie bei der gegenständlichen Meditation, die Sinne eine wichtige Rolle. Die Aufmerksamkeit ist dabei auf die Struktur des Gegenstands gerichtet, in der Annahme, dass diese Struktur einen wesentlichen Schlüssel zum Verständnis der eigenen Person bildet. Bestimmte Symbole zum Beispiel werden in ihrer Struktur wahrgenommen und aufgenommen: der Kreis, das Kreuz, die Gerade. Bekannt ist die kabbalistische Meditation der hebräischen Buchstaben, die im *Aleph*, im ersten Buchstaben des Alphabets, eine ganze Kosmologie und Theologie enthalten sieht. Auch die im Hatha-Yoga vollzogenen Körperstellungen können als strukturelle Meditation verstanden werden: In einer bestimmten Körperhaltung zu verweilen ruft bestimmte innere Haltungen hervor. Rituale und Liturgie beruhen auf einem ähnlichen Verständnis. Zur strukturellen Meditation gehören auch die Mantren. Die christliche Tradition hat die strukturelle Meditation wenig genutzt – vielleicht aus Scheu, weil sie oft mit magischen Vorstellungen einhergeht. Am ehesten kann sie vielleicht in der Meditation der Lebensstationen Jesu entdeckt werden, wenn sie als Grundmuster jeder menschlichen Biographie betrachtet werden.

Von *Erholung* bis *Schulung*: Die Meditation ist heute sehr vielfältig präsent. Sie kann Teil eines Entspannungsprogramms sein, ein Ausklinken aus den inneren Zwängen und Programmierungen; sie kann als Erlebnis eingesetzt werden, bei dem mehr oder weniger vorgegeben wird, zu welcher Erfahrung es kommen soll; sie wird heute aber auch als spiritueller Schulungsweg wieder gefördert. Nicht zu unterschätzen ist die Meditation zudem als Begegnungsebene im ökumenischen und interreligiösen Dialog. Wenn Menschen sich auf ihre zentralen inneren Erfahrungen einlassen und einander in diesen Erfahrungen respektieren, im Wissen um das Ungenügen der Sprache und im Vertrauen auf die Kraft der gemeinsamen Sprachlosigkeit, haben Religionen einander wieder etwas zu schenken.

Metaphysik

Christoph Quarch

Der Mensch ist ein metaphysisches Wesen. Er ist es deshalb, weil er unausweichlich nach Sinn sucht. Metaphysik ist Fragen nach Sinn – und die metaphysischen Systeme und Gebäude, die Menschen über die Jahrhunderte entwickelt haben, sind ihre Versuche, auf diese Frage eine Antwort zu geben. Sie sind die – teils bewusst, teils unbewusst erfolgten – Versuche, einen Sinnhorizont einzurichten, ein geistiges Koordinatensystem, das über die Art und Weise des Weltgewahrens und die jeweiligen Wertsetzungen ebenso entscheidet wie darüber, was als wahr oder unwahr zu gelten hat. Metaphysik ist, um es metaphorisch zu sagen, die Einrichtung der Bühne, auf der sich das Drama sowohl der individuellen als auch der Menschheitsgeschichte abspielt.

Nun liegt es auf der Hand, dass die Menschheit eine Vielzahl solcher Bühnen eingerichtet hat, die unterschiedlichen Kulturen und Religionen ihr jeweiliges Gepräge verliehen haben. Es gibt also nicht „die Metaphysik", sondern es gibt und gab zu verschiedenen Zeiten an verschiedenen Orten verschiedene Metaphysiken. Viele von ihnen sind in Vergessenheit geraten, manche von ihnen können rekonstruiert werden, einige wenige haben sich durchgesetzt und fortan das Welt- und Selbstverständnis der Menschen bestimmt.

Die Grundfrage, die sich dem Menschen als metaphysischem Wesen stellt, ist die Frage nach dem Sinn des Seins: Was ist Sein? Warum ist Sein? Was bedeutet „Sein"? Die uns bekannten Antwortversuche auf diese Fragen reichen weit zurück. Im alten China lehrte im dritten oder vierten vorchristlichen Jahrhundert Laotzi, das Sein sei die kosmische Urenergie des Dao und begründete damit den Daoismus, der später zur metaphysischen Grundlage des fernöstlichen Buddhismus wurde.

Das westliche Denken fand seine Metaphysik im Griechenland des 6. bis 4. Jahrhunderts v. Chr. Anaximander, Heraklit und Parmenides waren die ersten europäischen Denker, die sich die Frage nach dem Sinn des Seins vorlegten und Antworten fanden, die sich bei näherem Hinsehen gar nicht so sehr von der östlichen Weisheit unterscheiden. Dies gilt auch für die erste voll entwickelte „metaphysische" Lehre. Wir verdanken sie Platon, der in seinen Dialogen die These entwickelte, der Sinn von Sein sei Lebendigkeit – *psyché*.

Diese Antwort wurde jedoch überschattet durch diejenige seines Schülers Aristoteles. Von ihm stammt nicht nur der Begriff „Metaphysik", in der gleichnamigen Textsammlung hat er darüber hinaus diejenige Deutung des Seins entwickelt, die für das europäische Denken bis auf den heutigen Tag maßgeblich geblieben ist. Ausdrücklich fragt Aristoteles in dieser Schrift nach der Ursache des Seins – und seine Antwort lautet: Sein im eigentlichen Sinne ist substanzielle Anwesenheit (*ousía*) – die Präsenz eines bestimmten oder doch bestimmbaren Etwas.

Nun hat Martin Heidegger gezeigt, inwiefern diese Antwort auf die Frage nach dem Sinn von Sein die „Seinsgeschichte" der westlichen Welt vorgezeichnet hat. Auf dem durch sie gelegten Fundament wurde nicht nur der Bau der gesamten christlichen Theologie mit ihrem personal-substanziellen Gottesbild errichtet, sondern auch unsere politischen Systeme und vor allem das Gebäude einer an Messbarkeit und Empirie orientierten Naturwissenschaft und Technik wurden darauf gegründet. Die aristotelische Auslegung des Seins als Anwesenheit von Substanz wurde, um es noch einmal mit Heidegger zu sagen, zum „Schicksal" Europas.

Aber Metaphysik ist nicht nur Schicksal, sondern auch die Chance, diesem Schicksal zu entkommen. „Die Metaphysik gehört zur ‚Natur des Menschen'", lehrt Heidegger, „sie ist weder ein Fach der Schulphilosophie noch ein Feld willkürlicher Einfälle. Die Metaphysik ist das Grundgeschehen im Dasein. Sie ist das Dasein selbst" (*Was ist Metaphysik?* in: *Wegmarken*, S. 121f). Wenn dies zutrifft – und alles spricht dafür, dass es zutrifft –, dann hört das metaphysische Denken so lange nicht auf, wie Menschen auf der Suche nach dem Sinn des Seins sind. Und wo immer Menschen sich auf diese Suche begeben, wird Metaphysik zu einem spirituellen Weg par excellence.

Sie ist es sicher nicht, wenn in philosophischen Seminaren die Metaphysiken früherer Zeiten studiert werden. Metaphysisches Denken beginnt vielmehr dort, wo diese Lehrgebäude befragt, nachgedacht und kritisch durchleuchtet werden. Metaphysik als spiritueller Weg ist die Anstrengung des Denkens, das seine eigenen Grundvoraussetzungen reflektiert und durchdringt, um auf diese Weise die begrifflichen und geistigen Filter zu Bewusstsein bringen, die „schicksalhaft" unser ganzes Wahrnehmen, Werten und Urteilen vorzeichnen. Indem sie diese Filter freilegt, befreit sie das Denken von deren Diktat und schafft damit die Voraussetzung für eine ursprüngliche Unmittelbarkeit des Weltgewahrens, in der die Sinnhaftigkeit des Seins auf unverstellte Weise einleuchten kann. Metaphysik ist die Schule des Denkens, die unseren Sinn für den Sinn zu wecken vermag, indem sie unsere intellektuellen und kognitiven Schablonen, Raster und Fesseln enttarnt. Sie ist der Weg zur geistigen Freiheit.

Das tiefste und eindrucksvollste Bild für diesen Weg hat Platon in seinem Höhlengleichnis gezeichnet. An Beinen und Füßen gefesselt sitzen Menschen in einer Höhle und starren auf die Schatten, die durch ein rückwärtiges Feuer auf die Wand vor ihren Augen geworfen werden. Diese Höhlenmenschen kennen nur diese Wirklichkeit – ein Bild dafür, dass wir Gefangene unserer metaphysischen Konditionierung sind – ohne alle Kenntnis davon, dass wir uns in einer Schattenwelt bewegen, die nicht einmal von der wahren Lichtquelle – der Sonne – erhellt wird, sondern lediglich von deren schwachem Substitut, einem Feuer.

Das Gleichnis erzählt weiter von dem Aufstieg eines Gefangenen, der unter größten Schmerzen zunächst ins Feuer zu blicken genötigt wird und dann – nachdem er widerwillig den Schattencharakter seiner bisherigen Welt durchschaut hat – aus der Höhle hinaus in die sonnenbeschienene wahre Wirklichkeit geführt wird. Platon beschreibt diesen Weg als äußerst mühsam – so mühsam, wie ein spiritueller Weg nun einmal ist, wenn er uns aus der für selbstverständlich gehaltenen Weise des Weltgewahrens hinausführt in eine lichte Offenheit, die uns zunächst blendet und ängstigt, dann aber mit der innigen Freude dessen erfüllt, der nach langer Wanderschaft in seine Heimat zurückkehrt. Zuletzt blickt er in die Sonne selbst und versteht diese in ihrer Funktion als Lebensspenderin und alles durchwaltende, göttliche Quelle des Seins und Werdens – als Sinn.

Metaphysik ist der spirituelle Weg des Denkens. In einer Zeit, in der Leiblichkeit und Ganzheitlichkeit zu Recht groß geschrieben werden, droht er in Vergessenheit zu geraten. Das wäre schade, denn der Sinn für den Sinn braucht vor allem diese Schule des Geistes.

Mitgefühl

Leonardo Boff

Mitgefühl ist mehr als ein Akt von Nächstenliebe, mehr als die Gesamtheit von Handlungen, die von diesem tiefen Gefühl für den anderen getragen sind. Es ist eine grundlegende Haltung, und als solche innere Einstellung wird sie zur Quelle für die von Mitgefühl gekennzeichneten Handlungen. Sogar die brutalste Person, und sei sie noch so sehr gegen jede Gemeinschaft eingestellt, so Adam Smith, ist nicht immun gegen Mitgefühl. Mitgefühl gehört zum Wesen oder zur Natur des Menschen als Person, zu seiner Art, konkret zu sein. Deshalb können wir sagen, dass der Mensch von Natur aus ein Wesen des Mitgefühls ist.

Tatsächlich ist das ursprüngliche Merkmal des Menschseins nicht die Vernunft und die Verstandesstrukturen, sondern Pathos: das Gefühl, die Fähigkeit, sich dem anderen zuzuwenden und für ihn zu sorgen. Alles fängt mit Pathos (Gefühl) an. Es macht uns sensibel und offen für alles, was uns umgibt. Aufgrund dieser Fähigkeit leiden wir und freuen uns mit denen, die leiden oder sich freuen, was bei uns wiederum Mit-Gefühl auslöst. Durch dieses Pathos schließen wir Menschen in unser Herz oder weisen sie ab. Es ruft in uns Freude über die Großartigkeit des Universums hervor, es ist aber auch der Grund für die Verehrung der Komplexität und Schönheit unserer Mutter Erde und für unsere Rührung angesichts der Zerbrechlichkeit eines neu geborenen Kindes. Erinnern wir uns an einen Satz des Kleinen Prinzen von Antoine de Saint-Exupéry: „Aber die Augen sind blind. Man muss mit dem Herzen [Gefühl] sehen."

266

Viel eher als der Ausspruch von René Descartes *„cogito, ergo sum"* („Ich denke, also bin ich") gilt: *sentio, ergo sum* (ich fühle, also bin ich). Daniel Goleman hat in seinem Bestseller *Emotionale Intelligenz* aufgrund von empirischen Studien zur Neurologie und zur Funktionsweise unseres Gehirns nachgewiesen, was seit Platon über Augustinus, Schleiermacher bis zu Heidegger bekannt war: dass die Dynamik der Menschen Pathos ist, also das Gefühl und die Logik des Herzens, nicht etwa der Vernunft. „Der rationale Verstand braucht ein oder zwei Elemente mehr, um alles registrieren und um reagieren zu können, als der emotionale Verstand; der erste Impuls kommt vom Herzen, nicht vom Kopf …, deshalb müssen Rationalität und Mitgefühl in einem ausgewogenen Verhältnis zueinander stehen."

Mitgefühl ist kein frommes Gefühl, sie ist keine Gefühlsduselei den Leidenden gegenüber. Der Buddhismus und auch Gandhi – im Politischen – zeigen, dass Mitgefühl nicht passiv, sondern aktiv ist. Mit-Gefühl – das Wort an sich suggeriert dies schon – ist die Fähigkeit, die eigenen Gefühle mit anderen zu teilen. Man muss aus sich selbst und aus seinem eigenen Kreis herausgehen und in das Universum des anderen eintreten, um mit ihm zu leiden, für ihn zu sorgen, sich mit ihm zu freuen und ihn auf seinem Weg ein Stück weit zu begleiten. So entsteht ein Leben in Synergie und Solidarität.

In erster Linie bringt diese Art zu sein eine Bereitschaft mit sich, für den anderen zu sorgen, sich ihm zu widmen, um ihm so sein Leid zu erleichtern oder ihn davon zu erlösen. Mit-Gefühl heißt: Sorge für das Leben des anderen empfinden. Es setzt das vollständige Fehlen eines Willens zur Macht über den anderen voraus. So kann es sogar letzten Endes bedeuten, dass wir es ablehnen, Lebewesen zu töten oder der Natur Gewalt anzutun. Albert Schweitzer hat dies in seiner auf Mitgefühl aufbauenden Ethik sehr eindeutig und positiv formuliert. In zweiter Linie verfolgt Mitgefühl die Absicht, eine Verbindung mit denen herzustellen, die am meisten leiden, die aus irgendwelchen Gründen vom Schicksal getroffen worden sind. Nur wenn man anfängt, eine solche Verbindung wirklich herzustellen, öffnet sich die Tür zu einer „inklusiven", integrativen Gemeinschaft, in der die Kooperation stärker sein wird als die Konkurrenz.

Historisch gesehen ist es der Buddhismus gewesen, der mit seinem Verständnis von Mitgefühl als Grundprinzip eines umfassenden Lebenssinns einen großen Beitrag für die Menschheit geliefert hat. Mitgefühl gilt als höchste Tugend Siddharta Gotamas, des historischen Buddhas. Mitgefühl (Karuna) ist die zentrale und grundlegende Erfahrung des Buddhismus. In ihm drücken sich zwei verschiedene, einander ergänzende Bewegungen aus: die totale Abkehr von der Welt und die Sorge um die Welt. Das erste, die Abkehr, wird durch Askese realisiert. Das zweite, die Fürsorge, durch Mit-Gefühl. Durch die Abkehr befreit sich der Mensch von der Sklaverei des Gefühls, besitzen und anhäufen zu wollen. Durch Mitgefühl verbindet er sich emotional mit der Welt, indem er Verantwortung für sie übernimmt. Die Wesen der Natur werden nicht als Konkurrenten in einem Überlebenskampf gesehen, sondern als Partner, mit denen wir uns den Lebensraum teilen.

Im jüdisch-christlichen Kontext drückt sich Mitgefühl in dem Begriff „Rahamim" als Barmherzigkeit aus. Der hebräische Ausdruck heißt so viel wie: „ein Innerstes zu haben" und deshalb den anderen zu verspüren; gemeint sind vor allem aber die Bedürfnisse desjenigen, der leidet. Es bedeutet also: mit-fühlen (nicht: verstehen). Es ist die Fähigkeit zur Identifizierung mit dem anderen. Barmherzigkeit wird als die wesentliche Grundlage der spirituellen Erfahrung Jesu gesehen. Er verband Passion für Gott mit Passion für die Armen. Sein Gott, den er als Vater bezeichnet, hat Eigenschaften einer Mutter, die vergibt und ihr Kind in die Arme schließt. Die Gleichnisse vom barmherzigen Samariter (Lk 10, 30–37) und vom verlorenen Sohn (Lk 15, 11–31) zeigen die Zielrichtung der göttlichen Barmherzigkeit: Es ist ein Aus-sich-Heraustreten und ein Auf-den-anderen-Treffen. Heinz Zahrnt hat dies in Bezug auf die Geschichte vom verlorenen Sohn auf den Punkt gebracht: „Die entscheidende Kehre liegt nicht in der Umkehr des Sohnes zum Vater, sondern in der Hinkehr des Vaters zum Sohn."

Jesus gründet seine Ethik auf die Barmherzigkeit eines als Vater-Mutter erfahrenen barmherzigen Gottes. Und in dieser Barmherzigkeit finden auch die Menschen den Weg zur Erlösung. Vor dem Jüngsten Gericht zählt nur die Barmherzigkeit. Ohne Barmherzigkeit und Mitgefühl gibt es für niemanden ein ewiges Leben (vgl. Mt 25, 36–41).

Psalm 103 drückt die zentrale Bedeutung des barmherzigen Gottes aus: „Barmherzig und gnädig ist der Herr, geduldig und von großer Güte. Er wird nicht für immer hadern noch ewig zornig bleiben … Wie sich ein Vater über Kinder erbarmt, so erbarmt sich der Herr über die, die ihn fürchten. Denn er weiß, was für ein Gebilde wir sind; er gedenkt daran, dass wir Staub sind … Die Gnade aber des Herrn währt von Ewigkeit zu Ewigkeit" (8–17).

Musik

Meinrad Walter

Nikolaus Harnoncourt, weltberühmter Dirigent und Spezialist nicht nur für Barockmusik, sieht den Menschen mit zwei „Instrumenten" ausgestattet: In die eine Hand habe der Schöpfer ihm einen Hammer gelegt, in die andere eine Geige. Mit dem „Hammer" sichert er seine materiellen Bedürfnisse, seine Bequemlichkeit und auch seinen Luxus – aber „die Geige erst macht ihn zum Menschen", denn sie öffnet eine Welt jenseits von Logik, Sprache und Zweckrationalität. Die Musik gilt Harnoncourt als „die Nabelschnur, die uns mit dem Göttlichen verbindet".

Bereits die Bibel des Alten und Neuen Testaments ist voller Musik. Die Psalmen fordern zum Gotteslob mit Stimmen und Instrumenten auf: „Alles, was Odem hat, lobe den Herrn. Halleluja!" (Ps 150), ja das „Neue Lied" wird sogar zum zeitlich-musikalischen Symbol der ewigen Freude. David tröstet und heilt den depressiven König Saul durch sein Spiel auf einem Saiteninstrument (1 Sam 16). Im Neuen Testament klingen dann „Psalmen, Hymnen und geisterfüllte Lieder" auf (Kol 3, 16 und Eph 5, 18ff.), und in der christlichen Tradition reicht das Bedeutungsspektrum der Musik vom schlichten Lied bis zur unhörbar-kosmischen Musik der Planeten (Sphärenharmonie). Selbst die Musik der Natur wird zur kompositorischen Inspiration, etwa in den zahlreichen Vogelstimmen im Werk des französischen Komponisten Olivier Messiaen (1908–1992), zu dessen Spätwerk eine abendfüllende Oper über Franz von Assisi zählt.

Musik bringt Menschen zu sich selbst – und über sich hinaus! Darin liegt ihre humane und zugleich ihre religiöse Komponente. Von allen Künsten ist sie die emotionalste mit Möglichkeiten von mystischer Innerlichkeit bis zu jubelnder Ekstase – und dabei auch die flüchtigste, denn sie spielt nicht nur *in* der Zeit, sondern *mit* der Zeit. Ihr Geheimnis besteht in der transzendierenden Kraft, mit der sie in der Zeit bereits etwas von der Ewigkeit erahnen lässt, als Erfahrung von Ganzheit und Glück, von Spiel und Stimmigkeit, von mathematischer Ordnung gepaart mit höchster Expressivität.

Kein Instrument ist nötig, keine Noten, kein Verstärker, um zu singen. Gesang war bereits Lebenshilfe – und Glaubenshilfe –, längst bevor diese Worte in Mode kamen. Singen ist eine über die eigene Stimme vermittelte Selbsterfahrung und eine soziale Erfahrung zugleich, eine Schule der Kommunikation und letztlich auch eine Säule unserer Kultur. Der Reformator Martin Luther vertrieb mit Singen den Teufel der Trostlosigkeit. Heute würde man sagen: Er brachte sich in eine bessere Stimmung. Und er gab den Menschen Lieder, denn „so sie es nicht singen, glauben sie es nicht". In heutiger Sprache: Lieder stiften und stärken die Identität, und sie machen Gemeinschaft erfahrbar. Deshalb gibt es Nationalhymnen und deshalb wird im Fussballstadion gesungen. Lieder sind aber auch ein Repertoire von Worten und musikalischen Gesten für besondere Situationen, für Freude wie für Trauer. Und dieses Repertoire lebt davon, dass es eingeübt wurde – vielleicht sogar auswendig gelernt, um wirklich inwendig präsent zu sein. Die bedrückende Atmosphäre einer Feier ohne Musik und Gesang ist kaum zu beschreiben.

Bei der Musik spielt der ganze Körper mit. Atem und Ohren spielen die Hauptrollen. Zuhören lernen, sich selbst und den anderen, Achtsamkeit und Teamgeist, geistige und körperliche Konzentration, all das zählt zu den lebenswichtigen Aspekten musikalischer Erziehung, die auch dann noch prägend bleiben, wenn die Geige schon längst im Kasten vor sich hin schlummert und die Klavier-Etüde nicht mehr in den Fingern ist.

Die christlich-spirituelle Tradition kennt Musik als Gotteslob („Singet dem Herrn ..."), als Steigerung der Andacht („Wer singt, betet doppelt") und als klingende Bibelauslegung, vor allem in der predigenden Musik von Heinrich Schütz bis Johann Sebastian Bach, die im Rhythmus des Kirchenjahres zugleich alle Facetten der menschlichen Existenz musikalisch auslotet: adventliche Erwartung, extrovertierte und tief-innerliche Weihnachtsfreude, Leid und Leidenschaft in der Passionsmusik, Osterjubel, pfingstliche Inspiration und schließlich die musikalische Sterbekunst („Komm, o Tod, du Schlafes Bruder"), die sich als Lebenskunst spirituell bewähren will.

Die Verbindung von Musik und Spiritualität ist aber nicht auf Kirchenmusik und auf geistliche Musik begrenzt. In Karl Barths Mozart-Begeisterung wird das gelöste Spiel der Musik zum Gleichnis von Erlösung und zur akustischen Vorahnung des Ewigen: *praeludium vitae aeternae*. Kaum eine Oper, die nicht auch ein „komponiertes Gebet" enthält. Viele Jazzmusiker sprachen über die Verbindung ihrer Musik mit dem Bereich des Transzendenten: „Musiker sind die Architekten des Himmels" (Bobby McFerrin). Rock- und Popmusik ist für viele Jugendliche Ausdruck ihres Lebensgefühls und zugleich ein Weg zu spiritueller Erfahrung im Sinne einer musikalisch artikulierten „Sehnsucht nach mehr".

Kann Musik heilen? Das ist eine ebenso alt-ehrwürdige wie kühne These. In der jüdisch-christlichen Tradition war und ist Musik in der Tat ein Heil-Mittel in der spirituellen Apotheke. Aber sie ist kein rezeptartig anzuwendendes Heilsversprechen! Musik aller Stilrichtungen wird heute als Lebenshilfe propagiert, ähnlich wie andere Fundstücke aus dem christlich-humanistischen Fundus, die sich – etwas abgestaubt und mit neuen Etiketten versehen – gut vermarkten lassen. Doch Vorsicht! Neben der Vernachlässigung der Musik (immer weniger Kinder lernen singen) gibt es auch die Gefahr ihrer rezeptartigen Funktionalisierung, vor deren „Risiken und Nebenwirkungen" gewarnt werden muss. Musik ist und bleibt gerade in ihrer provozierenden Zwecklosigkeit sinnvoll, und in dieser spielerischen Freiheit legt sie Spuren der Spiritualität. Es ist die Musik, die den Menschen mit dem lebensnotwendigen Bereich des Spielerischen, des Kreativen und vordergründig Nutzlosen verbindet.

Was leistet Musik im spirituellen Kontext? Sie vereint vier grundlegende Aktivitäten, nämlich die Bereiche des Kreativen, Emotionalen, Rationalen und Religiösen. Wer Musik macht und aktiv hört, erschafft das musikalische Werk jeweils neu aus eigener Kreativität. Dabei werden Musiker und Hörer ebenso emotional wie rational gefordert und gefördert. Und diese Begegnungen mit Musik und mit sich selbst sind offen für spirituelle Erfahrungen des ernsten Spiels, der universalen Einheit und glückender Stimmigkeit im Medium der Musik als einer „Sprache, wo Sprachen enden" (Rainer Maria Rilke).

Mut

John Rodden

Aristoteles definiert in seiner *Nikomachischen Ethik* die moralische Tugend als Verhaltensweise, bei der man die Mitte *(mesotes)* zwischen Übertreibung und Untertreibung einhält. Ein mutiger Mensch würde also das Gleichgewicht zwischen verwegener Kühnheit und Feigheit wahren. Den Mut zeichnet ferner der entschiedene Widerstand gegen Schmerz, Gefahr oder Schwierigkeiten aus. Der Mutige stellt sich furchtlos dem Bedrohlichen, aber nicht nur, weil ihm – negativ – Furcht unbekannt wäre, sondern weil er – positiv – *Mut* empfindet.

Physischen Mut braucht man, um zu überleben, etwa wenn man zunehmend unter chronischen Beschwerden leidet oder mit bedeutenden Risiken für seine Gesundheit lebt. Zum moralischen Mut bedarf es dazu noch persönlicher Ideale und verantwortungsvollen Handelns. Moralischer Mut erfordert zudem ein solides Grundwissen und eine demütige Zuversicht und Reife. Diesen moralischen Mut braucht man zum Durchsetzen von Wahrheit und Gerechtigkeit.

Ein moralisch mutiger Mensch hält sich an Prinzipien, die ihm wichtig sind, und bemüht sich um Integrität. Er ist bereit, dafür Verachtung, Spott, Ächtung und den Verlust von Besitztum und sogar des eigenen Lebens in Kauf zu nehmen. Im 3. Buch der *Nikoma-chischen Ethik* nennt Aristoteles als Beispiel dafür den moralischen Mut des Soldaten in der Schlacht, der weder aus Angst seine Stellung verlässt noch in törichter Missachtung der Gefahr zum Angriff stürmt. Thomas von Aquin betrachtet als edelstes Beispiel moralischen Mutes den Märtyrer, weil er aus Liebe zu Gott Mühsal, Verlust und den Tod erträgt.

Das Idealbild des mutigen Menschen hat also im Christentum gegenüber demjenigen der klassischen Antike eine ziemliche Wandlung erfahren: Der Schwerpunkt verlagerte sich namentlich von einer innerweltlichen Vorstellung auf eine religiöse, jenseitige. Begriff Plato den Mut noch als die Kraft, ganz allgemein dem Bösen zu widerstehen oder Schlimmes unerschrocken zu ertragen, so definierten ihn Ambrosius und Augustinus als Tapferkeit, mit der man allen Versuchungen durch den Bösen die Stirn biete. Dieser „christliche" Mut wird von den frühen Kirchenvätern auch in „Stärke" umbenannt. Stärke ist für sie eine intensivere Form des Mutes, die als Kraft höherer Ordnung die natürliche Tugend des Mutes vollendet und übersteigt. Sie wird bei ihnen zur Kardinaltugend, die sich durch einen transzendenten, von Gott her gefestigten Willen auszeichne, bedeutet also die von Gott geschenkte Standfestigkeit und Tatkraft der Seele im Unglück und in allen Schwierigkeiten.

Thomas von Aquin schreibt: „Die Stärke geht über die menschliche Kraft hinaus, denn zuweilen sind wir nicht stark genug, den Sieg zu erringen und alle Übel und Gefahren zu überwinden, die uns im Tod erdrücken."

Historisch gesehen war der Mut die erste Tugend, die die Philosophen definierten. Erst von ihr aus wurde der allgemeine Tugendbegriff – als menschliche Stärke – abgeleitet. Die Stärke wird dann gern als die erste der vier Kardinaltugenden betrachtet, weil sie zu den anderen drei befähige: zur Mäßigung, Gerechtigkeit und Klugheit. Ein Mensch, der seine Leidenschaften gut zu zügeln vermöge, habe sich selbst unter Kontrolle und könne angemessen und verantwortlich handeln.

Aus dieser Selbstbeherrschung erwächst jene innere Ruhe, die in den 40er Jahren Reinhold Niebuhr zum Thema eines bekannt gewordenen Gebets machte:

> *„Gott, schenke mir die Gelassenheit, anzunehmen, was ich nicht ändern kann,*
> *den Mut, zu ändern, was ich ändern kann,*
> *und die Weisheit, das eine vom anderen unterscheiden zu können.“*

Man neigt dazu, sich bei diesem Gebet, das ja tatsächlich als das „Gebet um Gelassenheit" bezeichnet wird, auf die erste und dritte Bitte zu konzentrieren, denn die Gabe der Unterscheidung, um dank ihrer gelassen zu werden, wünschen sich viele Menschen ganz dringend.

Aber was ist mit dem Mut, etwas zu ändern? Wie können wir wissen, wann wir uns für eine Veränderung engagieren müssen? Was unterscheidet im Einzelfall den Mut von der Ängstlichkeit oder Tollkühnheit?

Wesensmerkmale des Mutes sind ein fester Wille und die Bereitschaft zum Risiko.

Wenige von uns sind berufen, als Feuerwehrmänner Kinder aus brennenden Häusern zu retten. Aber wir können mit ganz bescheidenen Schritten anfangen: einem Kollegen sagen, was er nicht gern hört, uns weigern, über eine Bekannte öffentlich schlecht zu reden, uns vor einer ablehnenden Zuhörerschaft zu einer unpopuläre Überzeugung bekennen.

Solche kleine Schritte stärken für größere Herausforderungen: energisch das zu vertreten, woran man glaubt, auch wenn man auf feindselige Kritik stößt, oder Unschuldige gegen Bedrohungen zu verteidigen.

Fragen Sie sich: Kann ich das ändern? *Sollte* ich es ändern? Wird mir die Änderung größere Gelassenheit bescheren? Wird sie mich kreativer, ganzheitlicher, liebevoller werden lassen? Wie wird sich diese Änderung auf andere Menschen in meinem Leben auswirken? Möchte ich diese Veränderung wirklich? Bin ich bereit, mich auf alle ihre vorhersehbaren Konsequenzen und Folgen einzulassen?

274

Unser Vorbild ist nicht der Heldenmut in den Action-Filmen, sondern uns geht es darum, Mut in unseren alltäglichen Beziehungen und am Arbeitsplatz zu entwickeln.

Das bedarf am Anfang sorgfältiger, beharrlicher Disziplin. Bringt man sie auf, so erwächst daraus ab einem gewissen Punkt die Fähigkeit, die eigenen inneren Widerstände zu überwinden und spontan direkt und geradeheraus zu sein. Das wird dann zur zweiten Natur, und man fühlt sich dabei in Körper, Kopf, Herz und Seele viel besser als früher.

Wie bei allen Abenteuern lässt man sich beim Einüben von mehr Mut auf Risiken ein und hat keine Erfolgsgarantie. Wer die Kraft dazu aufbringt, erringt unabhängig von allen praktischen oder sichtbaren Ergebnissen einen wertvollen persönlichen und spirituellen Sieg. Der moralische Mut hängt also nicht von „Ergebnissen" ab.

Physischer Mut dagegen kann sogar *in Abwesenheit* von moralischem Mut aktiviert werden. Sind zum Beispiel Kriminelle oder Terroristen „mutige Menschen"? Womöglich sein Leben um einer falsch verstandenen oder verderblichen Sache willen aufs Spiel zu setzen, erfordert genau genommen keinen Mut, sondern vielleicht eher Feigheit. Es ist höchst fragwürdig, ob bei Gewalttätigkeiten, heimlich unternommenen Attentaten und Racheakten tatsächlich Mut im Spiel ist. Dabei mag ein hohes Maß an Schlauheit, Energie, ja sogar Intelligenz aufgeboten werden – aber Fanatismus hat mit Mut nichts zu tun. Furchtlosigkeit allein – bar jeder Gerechtigkeit, Klugheit und Mäßigung – ist nicht Mut, sondern Barbarei.

Mutter sein

Friederike Woldt

Von einem Tag auf den anderen schmeckten die Zigaretten nicht mehr. Zuvor hatte ich gern und viel geraucht und auf einmal ließ sich dieses Laster nicht ohne weiteres fortsetzen. Ein paar Wochen später erst brachte ein Termin bei der Gynäkologin die Erklärung: Ich war schwanger. Mein Körper entschied auf einmal viel deutlicher und ehe ich mir selbst dessen so recht bewusst war, was gut für mich war und was nicht.

Diese Erfahrung brachte mich in die glückliche Lage, alles, was fortan mit mir, mit meinem Körper geschah, voller Spannung und in vorauseilender Akzeptanz zu beurteilen – ohne dass ich zuvor Bücher über das angemessene Verhalten während der Schwangerschaft gelesen hatte. Nicht nur in mir, sondern mit mir, in einem ganz umfassenden Sinne, passierte etwas ganz Besonderes und ließ mich Tag für Tag anders sein, voller Neugier auf das, was noch kommt.

Ich war jung und gesund und erinnere mich nicht an Beschwerden in dieser Zeit, wohl aber daran, dass mein Blick in den Spiegel am Morgen anders war, dass jedes Kilo mehr auf der Waage allgemeine Freude erzeugte und dass ich darauf achtete, feste, stabile Schuhe zu tragen, die mich gut auf dem Boden hielten. Auch meine Sinne arbeiten anders als zuvor. Ich roch anders, schmeckte anders, hörte neue Geräusche, nahm anders wahr. Mir schien, dass ich unbestechlicher und viel präziser wahrnahm. Mit jedem Zentimeter, welches das Kind in mir wuchs, begriff ich, dass nicht nur dieses neue Wesen in mir, sondern auch ich selbst nur ein Teil war. Alles gehörte in einen viel größeren Zusammenhang. Mein Körper war die Verbindung zum Kosmos, zur Unendlichkeit, zur Zukunft.

Rückblickend scheint es mir keinen direkteren, leichteren und auch logischeren Weg zu einer tiefen spirituellen Erfahrung zu geben, als das Erleben von Schwangerschaft und Geburt. Es ist die elementare Begegnung mit dem Leben. Und ich weiß seitdem viel mehr davon, dass ein Ende immer auch Anfang ist und umgekehrt, dass Schmerz und Glück sehr nah beieinander sein können und dadurch gewinnen. Ich weiß seitdem auch, was wirklich Angst ist, aber auch wie stark ich bin.

Und dann kommt die Geburt: Das Erleben der Geburt ist so individuell wie das Kind selbst, und alles, was der Verstand zuvor aufzunehmen bereit war, verstellt den Weg. Wirklich wichtig aber ist die Gewissheit in der Stunde der Geburt: mein Körper, ich allein, weiß, was jetzt zu tun ist, und ich kann das auch.

Im entscheidenden Augenblick ist die Fähigkeit gefragt, den richtigen Zeitpunkt zu erkennen und zuzulassen. In der Spannung, aktiv und zugleich auch passiv zu sein, liegt bei der Geburt eines Menschen das Geheimnis. Wann begann der große Irrtum, Frauen, die gebären, ins Krankenhaus zu bringen? Schwangerschaft ist keine Krankheit und eine Geburt ist – wenn sie normal verläuft – keine Operation. Sie ist im Gegenteil der Ausdruck unglaublicher Kraft und Kreativität. Es gibt nichts, womit das Erleben des Gebärens letztlich verglichen werden kann, aber es gibt ganz einschneidende Erlebnisse, die den Vergleich mit einer Geburt nahe legen.

Meine Großmutter, Esther von Kirchbach, die es für eine Frau des frühen 20. Jahrhunderts weit gebracht hatte, bezeichnet in einem ihrer Gedichte die Geburt ihres letzten Sohnes als die „Ernte des Sommers". Man könnte viel berichten von ihren Büchern, den sozialen Projekten, die auf ihre Initiative hin zustande kamen, und von den sechs Kindern, die sie geboren und großgezogen hat – sehr bewusst gegen ein politisches System. All das ist in diese Begriffe eingeschlossen: Ernte und Sommer. Und es legt die Prioritäten eindeutig fest. Alle, die sie gekannt haben, werden bestätigen: Ihre „Ernte" waren, trotz ihres Engagements, immer die Kinder. Der Sommer ihres Lebens gehörte ihnen. Ernte und Sommer – beide Wörter beschreiben Anstrengung, Kraft und Erfolg, aber auch Geschenk und Gnade und treffen auch heute noch das, was sich für mich hinter dem Begriff Muttersein verbirgt.

Alle Kulturen der Welt sind voller Legenden, die sich um das Gebären ranken. Und die unbestrittenste Macht wurde Frauen über ihre Fähigkeit, Mutter zu sein, zugestanden. Wenn überhaupt jemals das Machtproblem für Frauen geklärt war, dann weil sie Kinder austragen und zur Welt bringen, weil sie fähig sind zur Mutterschaft. Trotzdem hat die Argumentation von Simone de Beauvoir in ihrem Buch *Das andere Geschlecht* (1948) ihre Berechtigung: Die Unterwerfung der Frau begann auf Grund der Tatsache, dass sie die Kinder zur Welt bringt. Nur die Folgerung, sich deshalb gegen Kinder zu entscheiden, geht nicht auf.

Die Diskussion um die Vereinbarkeit von Beruf und Familie hat inzwischen hierzulande durch den europäischen Vergleich an Bedeutung gewonnen. Es ist zu hoffen, dass die sinkende Zahl der Geburten die politischen Entscheidungsträger dazu bringt, bessere Bedingungen für Mütter zu schaffen. Es gilt, die große Zahl von Frauen, die durch die Alternative „Beruf und Karriere" oder „Mutterschaft und Hausarbeit" unter Druck gesetzt werden, deutlich zu verringern.

Und im übrigen bringt das Aufziehen von Kindern soziale Qualifikationen mit sich, die heute dringend gebraucht werden und Anlass zu großem Selbstbewusstsein sein sollten: pädagogisches Geschick, Organisationstalent, Geduld, Selbstlosigkeit, Kommunikationsfähigkeit auf unterschiedlichen Ebenen und Loslassenkönnen.

Loslassen. Hier liegt die Vorausetzung für ein spirituelles Leben, das seine Ereignisse nicht nur in vereinzelten großartigen Begegnungen mit dem Numinosen kennt. Der alltägliche, vertraute Umgang mit den eigenen Grenzen und die Überwindung derselben verlangt von uns, dass wir loslassen können. Und das Leben mit unseren Kindern ist die beste Übung dieser Fähigkeit.

Jeder Tag, den eine Mutter mit ihrem Kind verbringt, ist ein Abschied von den Tagen, die schon waren: Laufen ist ein Abschied vom Krabbeln und von einer bestimmten zärtlichen Nähe. Das richtig deutliche Sprechen ist ein Abschied vom süßen Brabbeln. Wenn ein Kind allein und ohne Stützräder Rad fahren kann, hat das viel mehr als nur das Abschrauben des Kindersitzes am eigenen Rad zur Folge. Wir erziehen und begleiten unsere Kinder bis zu ihrem eigenen Schritt in die Erwachsenenwelt. Und je sicherer und klarer wir dieses Ziel verfolgen, um so besser ist es für uns. Wir bringen Kinder zur Welt, ziehen sie auf mit Liebe und Geduld, um sie am Ende wegzuschicken, um sie loszulassen. Vielleicht liegt darin, bei allem Guten, was über Muttersein zu sagen ist, das größte Rätsel: dass wir jene, die wir in uns getragen, geboren, gepflegt und begleitet haben – dass wir unsere Kinder, die uns am nächsten sind, loslassen müssen. Dies zu lernen – darin liegt das spirituelle Geheimnis des Mutterseins. Es liegt in dem wundersamen Wandel, den wir Mütter mit unseren Kindern erleben: Ob sie gerade geboren sind oder längst schon selbst Kinder haben – sie sind es, die uns erziehen, nicht umgekehrt. Durch Kinder können wir zu dem werden, was wir sind.

Mysterium

Raimon Panikkar

„Das Fragen ist die Frömmigkeit des Denkens" (Heidegger), aber es gibt „das Mysterium der Frömmigkeit", das uns kein Fragen mehr erlaubt – sonst würde die Kette des Warum nie enden. Warum muss es immer ein Warum geben? Wer stellt die Fragen? Wer fragt das Warum? Zweifelsohne unser Intellekt. Solange wir fragen können, stehen wir innerhalb der intellektuellen Dimension – und nicht unter der Obhut des Mysteriums. Erst wenn das Fragen aufhört, erreicht man die „neue Unschuld" – die nicht vom Wollen und Denken abhängt. Dieses Mysterium der Frömmigkeit ist konkret, fleischgeworden, im Geiste anwesend unter den Engeln und den Menschen und aufgenommen in Herrlichkeit (vgl. 1 Tim 3, 16): die ganze kosmotheandrische Realität ist dann da. Es gibt keine Entfernung und Distanz(ierung) mehr, aus der das Fragen entstehen könnte. Die schlechthinnige Endstation des Fragens ist das Mysterium. Diese Endstation hat vier Haltestellen:

Zunächst die individuelle. Etwas ist uns unverständlich, und wir nehmen es als solches an. Es ist ein Mysterium für uns, aber es ist keines an sich. Unser Leben ist voll von Mysterien, die wir langsam, mindestens teilweise, enträtseln: das *Unverstandene*. Es bleibt für uns ein Geheimnis. Luther hat das griechische Wort *mysterion* mit „Geheimnis" übersetzt – vielleicht auch, um mögliche Missverständnisse der lateinischen Übersetzung („*sacramentum*") zu vermeiden. Aus ähnlichen Gründen pflegt man heute das Wort Mysterium wieder einzuführen.

Zweitens ist da die menschliche. Der Intellekt sieht ein, dass es faktische Grenzen gibt, an diesem Punkt weiter zu fragen. Es ist uns nämlich bewusst, dass wir von einer Tatsache nicht wissen können, wenn wir keinen Zugang zu ihr haben. Die geheimen Gedanken eines Mitmenschen kennen wir normalerweise nicht. Seine Gedanken sind ein Mysterium für uns – aber kein endgültiges. Der Zugang zu ihm ist uns nicht versperrt. Der Freund kann uns nämlich seine Gedanken und Gefühle mitteilen. Das ist kein eigentliches Mysterium, sondern nur ein *Unbekanntes*. Wir können verstehen, was uns der Mitmensch verrät – auch wenn uns der Inhalt rätselhaft erscheinen sollte.

Das Mysterium im eigentlichen Sinne taucht drittens erst auf, wenn wir prinzipiell keinen Zugang zu der Informationsquelle haben können. Das klassische Beispiel dafür ist die monotheistische Auslegung der christlichen Dreifaltigkeit. Sie ist uns erschlossen, aber wir hätten sie nie wissen können, wenn Gott sie uns nicht geoffenbart hätte, weil das Geoffenbarte (ungleich den geheimen Gedanken des Freundes) zur Natur eines Wesens gehört, das uns unendlich überlegen ist. Das ist ein Mysterium für uns, das wir von uns aus nicht überwinden können. Es ist etwas, das die Kräfte unseres Intellekts übersteigt, aber die „Rechte" des Intellekts respektiert, sonst könnte es dem Menschen nicht geoffenbart werden. Verstieße die Trinitätslehre gegen das Widerspruchsprinzip, so könnten wir diesem Mysterium keinen Wahrheitsanspruch geben. So nennt Thomas von Aquin zum Beispiel jenes Prinzip „*sacrosanctum*", auch für Gott selbst gültig (von hier zu Hegel sind nur ein paar Schritte). Das ist das Mysterium innerhalb einer monotheistischen Weltanschauung. Der streng monotheistische Gott ist „allwissend"; er offenbart das Mysterium, wem er will, sogar den „Unmündigen", die kein rationales Verständnis dafür haben (Mt 11, 25; Lk 10, 21). Das ist die übliche Auffassung vom Mysterium: Der Mensch weiß es nicht, aber Gott weiß es (2 Kor 12, 2–3). Es ist das „verborgene" und „verschwiegene" Mysterium, das seit Weltzeiten unausgesprochen war (Kol 1, 26; Röm 16, 26). Das *Unerwartbare*. Aber es ist nicht die letzte Haltestelle.

280

Schließlich spricht die Schrift von einem „Mysterium des Glaubens" (1 Tim 3, 9), das man mit „reinem Gewissen", in einem reinen Herzen (1 Tim 1, 5) bewahren soll. Dieses Mysterium ist ein Mysterium des Glaubens und nicht nur der Vernunft. Das zu vollziehen ist für die westliche Kultur schwer. Hier erscheint der Beitrag anderer Kulturen und Religionen als hoffnungsvolle Herausforderung im jetzigen Millennium – nicht nur für das Christentum, sondern auch für die anderen Traditionen. Die christliche Tradition ist keine geschlossene Weitergabe gefrorener Doktrinen und kann sich auf die Befruchtung durch andere Einflüsse einlassen, ohne ihre Kontinuität zu verlieren. Das göttliche Mysterium ist radikale Neuheit (vgl. 2 Petr 3, 13; Offb 21, 5 usw.). Obwohl die christliche Schrift oft von Mysterium im dritten Sinn spricht, lässt sie selbst die Tür offen zu dieser Endstation, aus der niemand aussteigen kann. Der Schlüssel ist hier wiederum die Trinität. Zwischen den „drei Personen" waltet nicht nur Identität, auch der Unterschied zwischen ihnen ist unendlich – wobei sich diese Begriffe aber auf das göttliche Mysterum nicht ohne Gewalt anwenden lassen.

Erinnern wir uns, um besser zu verstehen: Die Rezeption der christlichen Botschaft in den zwei ersten christlichen Jahrtausenden, vor allem als sie in der griechisch-römischen Welt empfangen und ausgelegt wurde, blieb im Schatten jenes genialen Süditalieners namens Parmenides, der die philosophischen Denkformen Europas bis in die Gegenwart prägte: Das Seiende ist, das Nichtseiende ist nicht, weil das Seiende denkbar und das Nichtseiende undenkbar ist; denn „es ist dieselbe Sache, die *gedacht* werden und *sein* kann". Infolgedessen ist Gott als das Sein identisch mit seinem Denken. Er ist an sich absolut denkbar, weil er das absolute Sein ist. Gott ist unbegreiflich nur für uns. Nicht umsonst ist für Parmenides das Nichtsein nicht, das Nichts ist nicht. Diese stillschweigende Voraussetzung hat das Abendland geprägt – aber sie genügt nicht. Darum ist die Herausforderung heute, eine neue Säule zu bauen, die, ohne den Bogen der letzten 26 Jahrhunderte anzutasten, andere Gewölbe trägt: solche, die den Regenbogen des religiösen Friedens erscheinen lassen *und* tragen können.

Ein wichtiger Teil der asiatischen Kulturen und Religionen würdigt nämlich erstinstanzlich die Leere (die nicht mit dem Nichts und noch weniger mit dem Nihilismus zu identifizieren ist) und gibt ihr einen grundlegenden Rang. Mit einem Wort: Das Mysterium ist die Realität selbst – jenseits des Seins. Gott ist ein Mysterium für sich selbst.

Indem wir die *Unbegreiflichkeit* Gottes „begreifen", erfassen wir nicht nur unsere (menschlichen) Grenzen, sondern auch seine „grenzenlose" Natur, das heißt *seine* Unbegreiflichkeit – und eben nicht nur unsere Unzulänglichkeit, ihn zu erfassen. Gott ist kein Begriff – deshalb ist er unbegreiflich.

Daher würde ein hypothetisch gedachtes, göttliches Selbstbegreifen von der Gottheit nur das (von ihm) Begreifliche begreifen und nicht notwendigerweise sein ganzes Wesen – das die mystischen Traditionen als Über-wesen, Über-sein, Über-eins oder ähnlich bezeichnen.

Die Allwissenheit (*omniscientia*) erschöpft seine Realität nicht – weil Gott nicht nur bloßer Intellekt ist. Er „ist" nicht nur *logos*. Er „ist" auch Vater und Geist. Gottes Allwissenheit weiß alles, was da zu wissen ist: das ist alles Wissbare. Aber alles Wissbare braucht – gegen Parmenides – nicht notwendigerweise die ganze Wirklichkeit zu umfassen. Die Mystik hat dies immer geahnt. „Selig sind die, die eine unendliche Unwissenheit erreicht haben", schrieb Evagrius Ponticus. Brahman weiss nicht einmal, dass er Brahman ist; das ist Isvara, sagt die vedantische Scholastik. Es ist ein katholischer Glaubenssatz, dass auch in der unmittelbaren Anschauung Gottes (*visio beatifica*) Gott als unendlich unbegreiflich erscheint.

Zusammenfassend könnte man wiederholen, was am Anfang angedeutet wurde, dass es nämlich nur ein einziges göttliches Mysterium gibt: *Christus* (Kol 2, 2, vgl. 1, 26; 2, 2; Eph 3, 4; usw.), der fleischgewordene *logos* (Joh 1, 14) – der die Dreifaltigkeit voraussetzt und in der Folge unsere *theosis* (Vergöttlichung) wirkt. Das ist das christliche Mysterium schlechthin: das Bindeglied, die Verbindung („*religio*") zwischen Gott und Mensch – einschließlich der Welt –, zwischen dem Endlichen und dem Unendlichen. Wir können Gott nicht begreifen, aber doch von ihm ergriffen werden.

Diese Ergriffenheit transzendiert alles Gewusste und Wissbare – wortwörtlich unfassbar. Das Bewusstsein dessen ist *docta ignorantia* (wissendes Nichtwissen), wie Nikolaus von Kues entfaltet, eine *Epignosis* der besonderen Art. Es ist die eigentliche Armut des Geistes (vgl. Mt 5, 3).

Mystik

Bernard McGinn

Genau wie der Begriff „Religion" sperrt sich auch „Mystik" gegen jede allgemein akzeptierte Definition. Ist *religio* ein altes Wort, so tauchte „Mystik" erst im 17. und 18. Jahrhundert in den europäischen Volkssprachen auf und wurde oft in abschätzigem Sinn verwendet. Sogar heute noch bezeichnet man damit häufig noch etwas Seltsames, Bizarres, das mit Irrationalem oder sogar Okkultem zu tun hat. Aber in den letzten paar Jahrzehnten erhielt das Wort in der Religionswissenschaft und auch im üblichen Sprachgebrauch einen positiveren Sinn. Diese semantische Verlagerung gibt uns die Möglichkeit, ein tieferes Verständnis jenes Aspekts des Christentums zu erschließen, der mit „Mystik" gemeint ist.

Zumindest im Rahmen der Geschichte des Christentums bezeichnet „Mystik" jene Dimension des Glaubens und der Praxis, in der sich dem Menschen intensiver, ja unmittelbarer die Gegenwart Gottes erschließt, durch die er spürbar verändert wird. So ist Mystik ein Bestandteil der Religion, aber nicht alles, was sie ausmacht. Mit „Mystik" wird zugleich ein Prozess bezeichnet. Beim Studium der Mystik bestand weithin die Neigung, sich auf den umwandelnden Kontakt mit Gott zu konzentrieren, der oft als zeitlose Einheitserfahrung beschrieben wurde. Diese für die Mystik zentrale Bewusstseinsverwandlung lässt sich am besten als zentrales Element in eine gesamte Lebens-Geschichte einordnen, in der eine tätige Praxis auf sie vorbereitet und dann das dem Mystiker von Gott geschenkte neue Sein offenbart.

Teresa von Avila liefert uns im 10. Kapitel ihrer Lebensbeschreibung den folgenden Bericht: „Wenn ich mir Christus vor Augen hielt … und zuweilen sogar, wenn ich las, pflegte mich unerwartet eine derartige Erfahrung der Gegenwart Gottes zu überkommen, dass ich überhaupt nicht mehr daran zu zweifeln vermochte, er sei in mir oder ich sei ganz und gar in ihn versenkt. Das war keineswegs eine Vision. Ich glaube, das nennt man mystische Theologie." Was Teresa hier als „mystische Theologie" bezeichnet, ist das gleiche, was wir mit „mystischer Erfahrung" meinen. Wichtig ist dabei die Feststellung, dass ihr Gottesbewusstsein mit ganz bestimmten Praktiken verbunden ist und sie es in einer Schrift mitteilt, die zum Ziel hat, ihre Leserschaft zu inspirieren, zu führen und zu formen.

Anders als Teresa bedienen sich viele Mystiker selten oder überhaupt nicht der autobiographischen Redeweise, sondern formulieren lieber allgemeine Unterweisungen, um ihre Zuhörer zu einer neuen Form der Wahrnehmung des in den Tiefen ihres Bewusstseins verborgenen Gottes einzuladen. Meister Eckhart zum Beispiel lehrte, man solle zum Bewusstsein erwachen, dass der Grund der eigenen Seele mit dem göttlichen Abgrund identisch sei; das ermögliche es jedem Menschen, aus der gleichen Freiheit, Selbstlosigkeit und spontanen Freude heraus wie Gott zu leben – „ohne Warum", wie er sagte. Seiner Überzeugung nach stand die Möglichkeit zu dieser verwandelnden Wahrnehmung grundsätzlich allen Menschen offen. In einer Predigt erklärt er: „Seht, dies kann der Grobsinnigste und der Geringste unter euch allen von Gott empfangen, noch ehe er heute aus dieser Kirche kommt, ja noch ehe ich heute zu Ende predige, in voller Wahrheit und so gewiss, wie Gott lebt und ich Mensch bin! … Diese Freude ist euch nicht fern, wollt ihr sie nur weislich suchen" (Predigt 66, DW III, 526f).

Die Vorbereitung auf die mystische Umwandlung des Bewusstseins war immer mit ganz konkreten Praktiken verbunden: asketischen Übungen (sowohl liturgischer wie privater Art), verschiedenen Formen der Meditation usw. Im Christentum war eine besonders beliebte Methode der Kontaktaufnahme mit Gott das Lesen und Meditieren der Bibel. Origenes, der früheste Theoretiker der Mystik, zeigt besonders deutlich, wie wichtig das Gottsuchen in der Heiligen Schrift ist. Hatten die früheren christlichen Schriftsteller den verborgenen Sinn der Heiligen Schrift als „mystisch" bezeichnet, so nannte er ihn den „anagogischen", das heißt (zu Gott) „emporführenden". Nach ihm ist der Ausleger des Evangeliums jemand, „der, nachdem er die Erzählung von diesen Ereignissen genau studiert hat, weiß, wie man zu den spirituellen Wirklichkeiten ohne Stolpern emporsteigt". Indem man sich in die Tiefen der Bibel versenkt oder, wie, er einmal sagte, „durch die weiten Räume des mystischen und spirituellen Verständnisses galoppiert", steigt man auf und begegnet dem Logos und Erlöser.

Mystik im Sinn eines den Menschen verwandelnden Kontakts mit Gott gab es in der Christenheit von Anfang an. Doch „Mystik" als Begriff, als ausdrückliche, formale Lehre und als religiösen Lebensstil, durchlief bereits ab dem 3. Jahrhundert eine Entwicklungsgeschichte, erfuhr Bereicherungen und auch Missverständnisse und erlebte Verfallszeiten. Von Karl Rahner stammt der bekannte Spruch, „der Fromme von morgen wird ein ‚Mystiker' sein, einer, der etwas ‚erfahren' hat, oder er wird nicht mehr sein". Doch zum besseren Verständnis dessen, was für eine Art Mystiker der zukünftige Christ sein könnte, ist die genauere Kenntnis unerlässlich, was nun eigentlich Mystik in der Geschichte der Christenheit überhaupt war.

Grob gesprochen entwickelte sich die christliche Mystik in drei Bewegungen, die einander wie geologische Schichten überlagern und aufeinander aufbauen. Die früheste Schicht ist diejenige der Mönchsmystik des Zeitraums zwischen Origenes und dem Ende des 12. Jahrhunderts. Diese Bewegung war mönchisch, nicht etwa weil alle Mystiker Mönche oder Nonnen gewesen wären, sondern weil die Mönchsbewegung ihr wichtigster institutioneller Träger war und ihre Hauptvertreter (zum Beispiel Origenes, Gregor von Nyssa, Augustinus, Gregor der Große, Bernhard von Clairvaux) entweder Mönche oder Befürworter des Mönchslebens waren. So vielgestaltig die Mönchsmystik auch war, konzentrierte sie sich doch auf ein Leben voller asketischer und kontemplativer Übungen im Rahmen eines Klosters, die darauf angelegt waren, zum „Einswerden im Geist" mit Gott zu führen (vgl. 1 Kor 6, 17).

Um das Jahr 1200 wurden zahlreiche neue religiöse Bewegungen, wie etwa diejenigen der Bettelorden und Beginen, zu Mitträgern der starken Woge einer Mystik, die weit über die Klöster und die Artikulierung in lateinischer Sprache hinausschwappte und viele in der Welt lebende Menschen erfasste. Diese Formen der Mystik wurden oft in der Muttersprache weitergegeben. Bei der weiteren Verbreitung dieser „Neuen Mystik" spielten die Frauen eine wichtige Rolle (zum Beispiel Mechthild von Magdeburg, Angela von Foligno, Caterina von Siena, Juliana von Norwich und Teresa von Avila). Manche Aspekte der spätmittelalterlichen Mystik, namentlich diejenigen, die die Möglichkeit des Erlangens einer Art von völligem Eins- oder Identischwerden mit Gott vertraten, wurden schließlich als fragwürdig erachtet.

Die Spaltung der abendländischen Christenheit im 16. und 17. Jahrhundert bedeutete nicht das Ende der Mystik, selbst nicht in den Kirchen der Reformation, sondern es entzündeten sich lebhafte Diskussionen über die angemessenen Formen der Mystik. Außerdem verlagerte sich das Interesse zunehmend von dem Anliegen, die Realität der Umwandlung in Gott theologisch zu durchdringen, auf die Beschreibung und Analyse der psychologischen Zustände des Mystikers. Das führte in eine Krise der Mystik, die schließlich gegen 1700 (durch den so genannten „Quietismusstreit") in der Verurteilung bestimmter Formen der Mystik gipfelte. Weil die europäische Aufklärung eine ganz neue Vorstellung von der Vernunft des Menschen vertrat und viele Christen den echten Sinn der Mystik nicht mehr erfassten, sondern nur noch verworrene Vorstellungen über sie hatten oder ihr mit Ängsten begegneten, wurde die Mystik in den folgenden zwei Jahrhunderten ziemlich an den Rand gedrängt. Doch im Lauf des 20. Jahrhunderts trugen die theologische Erneuerung, der interreligiöse Dialog und das Entdecken einer viel größeren Bandbreite der Möglichkeiten der menschlichen Natur dazu bei, das Interesse für die Mystik wieder stark zu beleben. Die Einsicht, dass sich Mystik nicht auf außergewöhnliche psychosomatische Phänomene beschränken lässt (die von den klassischen Mystikern immer als sekundär, ja gefährlich eingeschätzt wurden) und nicht einmal auf bestimmte exaltierte Gebets- und Einigungszustände, hat den heutigen Gläubigen neu den Sinn dafür erschlossen, dass die Mystik als den

Menschen verwandelnder Kontakt mit Gott ganz wesentlich zum Christentum gehört, auch wenn sie heute offensichtlich ihre ganz eigenen Ausdrucksweisen annimmt, wie sie das im Lauf der Jahrhunderte schon immer getan hat und auch weiterhin tun wird.

Mythos

Samuel und Evelyne Laeuchli

Es gibt kein Allerweltsheilmittel, bei Mythen Antworten zu erwarten. Manche Menschen haben zu ihnen längst keinen Zugang mehr und wir möchten sie nicht dazu überreden, von mythischen Visionen spirituelles Leben zu erlangen. Die akademischen wie die kirchlichen Strukturen verbauen nur allzu oft eine tiefe Begegnung mit dieser unserer „Muttersprache", wie Erich Fromm diese Traditionen einmal benannt hat.

Wir möchten daher unseren Beitrag nicht als theoretische Erörterung dessen verwenden, was wir in zwanzig Jahren eines mythischen Spiels entwickelt haben. Statt dessen zeigen wir in einem konkreten Beispiel, wie tief und vielschichtig ein mythischer Zugang wirken kann. Wir schlagen nicht vor, dies bei der nächsten Gelegenheit auszuprobieren, wir haben jahrelang an dieser Aufgabe gefeilt.

Es war ein Workshop im Norden von Deutschland, mit einer Gruppe von Männern und Frauen, die ein Kind durch Suizid verloren hatten, vielleicht die schwerste Aufgabe, die uns in den 20 Jahren unserer Arbeit gestellt worden ist. Wir hatten uns entschieden, an diesem Wochenende Orpheus und Eurydike aufzugreifen – ein Thema, das uns seit unserem ersten öffentlichen Workshop über zwei Jahrzehnte begleitet hat.

Wie immer bereiteten wir die Runde auf die Arbeit vor. Wir spielen, um zu verstehen: Orpheus hat die Geliebte verloren und macht sich auf, sie in der Unterwelt zu finden. Er überredet die Richter der Unterwelt, dass sie zu ihm zurückkehren dürfe, was sie zögernd erlauben – unter der Bedingung, dass er auf dem Weg hinauf niemals zu ihr zurückschaue. Doch kaum oben angelangt, schaut er zurück und verliert sie für immer. Indem wir diese Geschichte wiederholen, begeben wir uns in einen Raum, in welchem uns unser Schicksal nochmals gespiegelt wird und in dem wir unseren Verlust zu bewältigen beginnen.

In der Runde waren zwei Frauen, die Schreckliches erlebt haben. Magda (der Name ist geändert) aus Dessau hatte ihren Sohn durch Selbstmord verloren. Er konnte die Wende nicht verarbeiten und hatte sich in der Kirche, in der er tätig war, erhängt. Die andere Frau, wir nennen sie Gerda, stammte aus Potsdam. Auch ihr Sohn hatte sich erhängt, auch er ein sensibler, gescheiter Mensch, der mit der Umwandlung des Ostens nicht zurecht gekommen war. Magda konnte den Tod ihres Sohnes nicht ertragen. In einem Anfall völliger Verzweiflung versuchte auch sie sich zu erhängen. Sie wurde jedoch gerettet und hatte seither bis zu unserem Workshop längere Zeit in einer Klinik verbracht. Sie weinte in den ersten beiden Tagen fast unaufhörlich, auch in der Gruppe.

Im Zuge unserer Arbeit kamen wir nun dahin, nachvollziehend den Weg des Orpheus in die Unterwelt anzutreten, jenes verzweifelte Suchen nach der verlorenen Beziehung. Wir fragten, wer diesen Weg gehen wolle, und zu unser aller Überraschung meldete sich die Frau aus Dessau – eine völlig intuitive Entscheidung. Aber sie vertraute uns und wollte sich der Aufgabe stellen, abzusteigen, um als Orpheus die Begegnung mit dem Toten zu riskieren. Und so machte sie sich auf den Weg, begegnete dem Charon, der sie über die Wasser der Lethe fuhr. Sie kam am Höllenhund vorbei, erlebte ihren Zorn und ihren Mut, die sie auf diesen Weg gebracht hatten, von dem sonst keiner zurückkommt.

Dann sollte sie dem Richter der Unterwelt begegnen, um mit ihm darüber zu verhandeln, dass Eurydike – der verlorene Partner – wieder auf die Erde zurückkehren darf. „Wer möchte diesen Richter spielen?", fragten wir. Und nun erhob sich jene Frau aus Potsdam, die seit der ersten Stunde kaum ein klares Wort auszusprechen vermochte. Wir schauten uns an: Dürfen wir dies erlauben? Wir hatten ein solches Zutrauen zu diesem Mysterienspiel von Leben und Tod, dass wir sie nicht abhielten.

288

Orpheus redete den Richter sofort an: „Ich will meinen Sohn zurück!" Es war die verständliche Bitte der trauernden Mutter. Die Richterin zögerte kurz mit der Antwort, dann sagte sie mit einer erschreckenden Ruhe: „Du bekommst den Sohn nicht zurück!" Die Frau, die seit unserer Ankunft nicht imstande gewesen war, ihre und ihres Sohnes Tragödie zu bewältigen, hatte sofort die Haltung des Todes eingenommen: „Ich gebe dir den Sohn nicht mehr zurück!" Es war die radikale, die totale Identifizierung mit ihrer eigenen Tragödie.

„Bitte, du musst ihn mir zurückgeben", bat Magda aus Dessau inständig. „Nein!", antwortete die Potsdamerin: es gibt ein Gesetz, nach dem müssen wir leben, und das Gesetz erlaubt uns nicht, eine Ausnahme zu machen!" Magda versuchte es noch einmal. „Kannst du mir nicht eines sagen: ob es meinem Sohn gut geht", fragte sie. „Nicht einmal dies vermag ich dir zu bestätigen", antwortete Gerda. „Es gibt Grenzen zwischen Leben und Tod, die wir nicht durchbrechen dürfen." Es war ein erschütterndes Gegenüber, die unerbittliche Weisheit in unserem Ringen um die Grenzen von Leben und Tod.

Das Erstaunliche an jenem Nachmittag war, dass diese Szene für beide Frauen heilend wurde. Gerda, die versucht hatte, sich das Leben zu nehmen, war wie befreit; sie sprach von da an mit uns, mit andern, am Tisch, in den Pausen. Magda fand große Kraft darin, dass sie diesen unerschütterlichen Richter mit ihrem Leid konfrontiert hatte. Wir sind keine Vertreter des Wahns, dass ein Spiel alles sofort heilen kann. So leicht geht es nicht. Aber an jenem Nachmittag geschah etwas – da war eine spirituelle Kraft.

Es gibt eine Präsenz des Mythos, die uns mit unserer Vergänglichkeit konfrontiert, die unbewusste Kräfte hervorruft und ihnen eine Stimme verleiht. Ob vom Mythos der sumerischen Liebesgöttin Inanna oder von Dantes *Göttlicher Komödie*: vom Mythos werden wir mitgerissen in einen Gang durch die Unterwelt, wo uns so etwas wie eine Erleuchtung packt – wo durch archetypische Erfahrungen, gewiss oft verdrängt oder entstellt, eine Art Initiation geschieht, in der wir die Dunkelheit in unserer Seele erfahren und durcharbeiten. Ein leichter Weg ist dies nicht. Ob Persephone, Christus oder Psyche, die Geliebte des Amor: Wir werden in eine

Nacht geführt, aus der wir nicht oberflächlich zurückkehren. Der Weg in diese Dunkelheit ist einer der Bereiche, in denen sich Heilung ereignet; nicht als Manipulation – der Mythos kann sich irren, wie wir uns alle irren können – aber als Moment der Gnade. Und als Auftrag:

Gerda erhielt eine neue Aufgabe in ihrem Leben. Sie stellte sich zur Verfügung, in Schulen darüber zu sprechen, wie wir mit dem Tod und unserem Verlangen nach dem Tod umgehen. Sie wagte es, mit Jugendlichen über Suizid zu sprechen. Magda empfing uns Jahre später mit einem tiefen Schmerz, den sie in jener Zeit durchgearbeitet hatte, und einer erstaunlichen Fähigkeit, Konflikte anzusprechen.

Wir verstehen, warum die amerikanischen Indianer, mit denen wir oft gearbeitet haben, den Mythos von Orpheus und Eurydike in über siebzig Variationen entwickelten. Er ist eine ihrer größten Visionen von Verlust und Bewusstwerden. Was die beiden Frauen aus dem Osten Deutschlands erfahren hatten – den Verlust eines geliebten Kindes – hatte die indianische Kultur, von den Weißen auf brutalste Weise vernichtet, in unvorstellbaren Dimensionen erfahren. Der Gang in die Unterwelt ist auch ihr spiritueller Weg geworden.

Natur

Ludwig Frambach

„Du wirst kein Buch finden, da du die göttliche Weisheit könntest mehr finden zu forschen, als wenn du auf eine blühende Wiese gehest; da wirst du die wunderliche Kraft Gottes riechen und schmecken, wiewohl es nur ein Gleichnis ist", schrieb der protestantische Mystiker Jakob Böhme (1575–1624). Wie bei ihm, so ist allgemein in der Mystik aller Religionen eine „mystische Liebe zur Erde" (Johannes Thiele) zu finden. Die Natur wird in ihrer Schönheit und Vielfalt als Ausdruck der Schöpferkraft Gottes erfahren. Die mystische Spiritualität besingt die geheimnisvolle Schönheit der Natur, der Schöpfung, in der sich die schöpferische Kraft und Liebe Gottes manifestiert.

Der Ursprung der spirituellen Naturverehrung liegt in den oft als „Naturreligionen" bezeichneten Religionsformen schamanistischer Prägung. In ihnen wird im Sinne des Animismus die Natur als vom Geist oder von Geistern beseelt erfahren, was das Gefühl einer lebendigen Verbundenheit mit ihr auslöst. Wenn zum Beispiel die nordamerikanischen Lakota die Bäume als das „Stehende Volk" bezeichnen, so kommt darin eine Achtung vor den Mitlebewesen zum Ausdruck, die wir heute fast ganz verloren haben, mit den entsprechenden ökologisch destruktiven Folgen.

Auch in den so genannten Hochreligionen wie Hinduismus, Buddhismus, Judentum und Islam findet sich eine Vielzahl von Beispielen, wie die Natur in ihren unterschiedlichsten Erscheinungsformen zur Quelle und zum Medium der Transzendenzerfahrung werden kann. Insbesondere der auf Laotzi zurückgehende Daoismus betont die spirituelle Bedeutung eines Lebens im Einklang mit der Natur, das er in paradox anmutender Weise als „Wu-wei", „Handeln durch Nicht-Handeln", bezeichnet.

Ebenso wären aus der christlichen Tradition hier viele Namen zu nennen, vor allen anderen der des Franz von Assisi (1182–1224). Viele Legenden ranken sich um sein inniges Verhältnis zur Natur, insbesondere zu den Tieren, die ohne Scheu vertrauensvoll seine Nähe suchten. Der „Sonnengesang" des Franziskus, in dem er die Schwester Sonne, den Bruder Mond, Schwester Wasser, Bruder Feuer, Mutter Erde und auch den Bruder Tod besang, ist das wohl beeindruckendste Beispiel einer christlichen Schöpfungsspiritualität.

Die mystische Visionärin Hildegard von Bingen (1098–1179) pries in ihren Schriften nicht nur die „Grünkraft" Gottes, sondern nutzte sie konkret zu heilkundlichen Zwecken.

Im 20. Jahrhundert formulierte der Jesuit und Paläontologe Teilhard de Chardin (1881–1955) in neuer Weise eine kosmische Spiritualität der Schöpfung, nämlich im Sinn einer evolutionären „Mystik der Materie": „Gesegnet seist du, universelle Materie, grenzenlose Dauer, uferloser Äther – dreifacher Abgrund der Sterne, der Atome und der Generationen – du, die du, unsere engen

Maße überflutend und auflösend, uns die Dimension Gottes offenbarst."

Es ist keineswegs so, dass die Naturwissenschaft mit all ihren Erkenntnisfortschritten die Geheimnisse und Rätsel der Natur gleichsam gelöst hätte und damit kein Raum mehr wäre für eine religiöse Verehrung des schöpferischen Geheimnisses der Welt. Gerade herausragende Naturforscher wie Einstein oder Heisenberg wurden durch ihre Erkenntnisse zu einer spezifischen Art von kosmischer Religiosität geführt. Der Grund für die fatale „Naturvergessenheit" (Altner) des heutigen Menschen liegt nicht in der wissenschaftlichen Enträtselung der Natur, sondern darin, dass die Natur durch die konkreten Errungenschaften der Technik gleichsam überblendet und in den Hintergrund gedrängt wird. Wie berauscht von der Potenz seiner eigenen Produkte, nimmt der technisierte Mensch die Bedeutung der Natur als allgemeine Lebensgrundlage nicht mehr wahr und ist dabei, das ökologische Gleichgewicht zu zerstören. Angesichts dieser destruktiven Dynamik ist es von kaum zu überschätzender Bedeutung, dass wir wieder ein spirituelles Verständnis der Natur entwickeln.

Das religiöse Verhältnis zur Natur wurde in der Spiritualität, auch in der Mystik, jedoch nicht nur in positiver Weise gesehen. „Es sterbe die Natur, es lebe Jesus nur", heißt es beim Mystiker und Dichter Gerhard Tersteegen (1697–1769), von dem es durchaus auch anrührende poetisch-spirituelle Naturbetrachtungen gibt. In prägnanter Kürze bringt er hier ein anderes, gegenläufiges Naturverständnis zum Ausdruck: Natur als die triebhaft egozentrische, „animalische" Gegenbewegung zur spirituellen Hingabe an Gott. Aus dieser Sicht kann „Natur" geradezu ein Synonym für das werden, was sich dem Göttlichen entziehen will und was es darum zu zähmen und zu beherrschen gilt. Aus einer solchen Perspektive konnte der Auftrag des Schöpfers im Buch Genesis „Machet euch die Erde untertan" eine destruktive Interpretation und Wirkungsgeschichte entwickeln, auch wenn man ihn nicht allein und hauptursächlich für die ökologische Destruktivität der westlichen Industriegesellschaften verantwortlich machen kann.

„Natur" ist ein durchaus ambivalenter Begriff, der nicht romantisierend idealisiert und ästhetisiert werden darf. Die Natur hat auch ihre dunklen, destruktiven, „gnadenlosen" Aspekte, wie etwa bei Naturkatastrophen oder im nicht selten grausamen selektiven Überlebenskampf von Tieren zu beobachten ist.

Auch wenn man diese problematischen Aspekte nicht ausblendet, überwiegt aus spiritueller Sicht natürlich bei weitem die positive Einschätzung der Natur: Sie ist nicht nur unsere „Umwelt", sondern ist als unsere „Mitwelt" (Meyer-Abich) die Grundlage allen Lebens, auch des menschlichen. Darum gilt es eine Geisteshaltung der „Ehrfurcht vor dem Leben" zu kultivieren, wie das Albert Schweitzer (1875–1965), der „Franziskus unserer Zeit" (N. Katzanzakis), formuliert und gelebt hat. Das ist eine Haltung ethischer Mystik oder mystischer Ethik, die aus der Erfahrung mystischen Verbundenseins mit allem, was existiert, erwächst.

Dass die ökologische Destruktivität des Menschen, vor allem in den hochtechnisierten Industriegesellschaften, nicht nur ein technisches und organisatorisches Problem darstellt, sondern im Grunde eine geistige und spirituelle Frage ist, wird zunehmend wahrgenommen. Die Bewegung der „Tiefenökologie" (Gottwald/Klepsch) zum Beispiel bezieht ausdrücklich spirituelle Aspekte ein, um ein Verständnis der „Entfaltung des ökologischen Selbst" zu entwickeln. Eine mystisch geprägte „Schöpfungsspiritualität", für die sich etwa der amerikanische Theologe Matthew Fox seit Jahren engagiert, ist ein wesentlicher Beitrag zur Überwindung der ökologischen Krise, die unser aller Lebensgrundlage bedroht, und könnte einem notwendigen neuen Verständnis der Natur den Weg bereiten.

Nichts

Gotthard Fuchs

„Ich habe das Nichts nicht geliebt, und so habe ich die Bekannt-
schaft der Leere gemacht, die tiefe Leere der blauen Tiefe ... Ich
halte es für sicher, dass es im Herzen der Leere wie auch im menschlichen Herzen brennende Feuer gibt" – so notiert Yves Klein 1961
in sein Tagebuch, so malt er lebenslang monochrome blaue Bilder.
Zusammen mit Malewitsch, Kandinsky, Paul Klee und vielen anderen gehört er zu den Künstlern der Moderne, die das Unsichtbare
sichtbar machen wollen und im Sichtbaren das Unsichtbare zur Erscheinung kommen lassen (wie etwa auch Paul Newman und Roth-
ko). Das, was (empirisch) ist, ist weder alles noch das ganze Wahre.
Kunst, Wissenschaft und nicht zuletzt Religion(en) berühren im
Sagbaren das Unsagbare, im Sichtbaren das Unsichtbare – das, was
die Welt und jeden Menschen im Innersten zusammenhält, begreif-
bar nur im Modus des Ergriffenwerdens.

Was aber ist die Wirklichkeit hinter den Wirklichkeiten, der tra-
gende Grund und die innere Mitte von allem und jedem – und wie
ihm eine Sprache geben, ein Bild, ein Schweigen, eine Gestalt? Leer
werden, um zu erfahren, was Fülle und Erfüllung ist; im Fragment
sein, um zu erfahren, was Ganzheit, Er-gänzung und Vollendung ist –
das ist der Lockruf Gottes. Ebenso wie „Leere" ist das Kunstwort
„Nichts" mindestens ambi-, wenn nicht gar polyvalent: Leere als ver-
schlingende Gefahr und als beglückende Erfüllung, Nichts als destruktive Vernichtigung oder als Aufschein des Absoluten, in dessen
Licht alles andere in den Schatten, ins Dunkel, ins Nichts gerät.

Vor allem in der Praxis von Kontemplation und Meditation wird
diese abgründige und abgrundtiefe Durchschreitung aller Bilder und
Begriffe in den Raum des Unbegreiflichen, des Unfassbaren, des Unsagbaren geübt und „erfahren". Alle Religionen und Kulturen gestalten dies in Symbolen, Riten und Lehren – freilich in höchst unterschiedlicher Weise. Warum ist überhaupt etwas und nicht nichts?
Was aber ist das, was nicht ist? Woher denn ich? Wohin denn ich?
Inter-esse: was ist dieses „Da-Zwischen" in schöpferischen Pausen,

in emergenten und entropischen (sich selbst verzehrenden) Prozessen, in den Ekstasen und Transzendierungen in der Naturgeschichte, den Abgründen und Trassen in der Menschheitsgeschichte? Individual wie sozial, biographisch wie kosmisch stellt sich die Frage nach dem, was ist beziehungsweise nicht ist, nach dem, was bleibt und nicht bleibt, nach dem, was gilt und letztendlich ohne Geltung ist – im Horizont von Herkunft und Zukunft, von Augenblick und Ewigkeit.

„Sein oder Nichtsein, das ist hier die Frage" – Hamlets berühmte Formulierung markiert die typisch abendländische Grunderfahrung: eine harte Alternative zwischen Sein und Nichts. Seit Parmenides' Zeiten ist genau diese problematische Wegkreuzung markiert: hier Sein und Denken als Fülle der Wirklichkeit – dort Nichts als Schatten und Bedrohung derselben, also Ontologie und Nihilismus. Ganz anders ist die Perspektive des Buddhismus. Hier ist Nichts eine höchst „positiv" besetzte Kategorie und Perspektive, ein „eher ortloser Ermöglichungsgrund von raumfüllenden Dingen und Ereignissen". *Sunyata* ist die „Fülle des Nichts" und darin die Erfüllung von allem. Lama Anagarika Govinda übersetzt entsprechend *sunyata* mit „prächtige Leere", also „schwangeres Nichts". Es geht auch hier um den Ur-grund und Ur-sprung von allem, was ist und was, bevor und in dem es ist, darin eingefaltet bleibt und doch ist: *Nirvana*. Das mathematische Zeichen für „Null" (0), das aus Indien stammt, ist ursprünglich nichts anderes als ein Symbol für *sunyata*: „Null heißt in sankrit *sunya*, welcher ‚Begriff' vielleicht die größte Entdeckung Indiens ist, die so vielseitig zur Weltkultur beigetragen hat."

Biblisch wird der Unterschied zwischen Sein und Nichts im gleichermaßen geheimnisvollen wie verlässlichen Wirken des Schöpfer-Gottes verankert. Die Welt und das Dasein hier und jetzt sind demnach kein Betriebsunfall und kein Chaosunternehmen, sondern Ausdruck eines schöpferischen Wohlwollens. „Schöpfung aus Nichts" heißt dann: aus nichts anderem als ausschließlich aus dem Wohlwollen dieses schöpferischen Gottes selbst und seiner zuvorkommenden Liebe. Die griechische und die biblische Perspektive haben zu jener Art von Weltbejahung geführt, die tendenziell das Gesamt der Wirklichkeit identisch setzt mit dem Da-Sein hier und jetzt. Nichts ist dann nur Bedrohung, eine Art „Minus-Substanz", Leere, ein Mangel und Defizit. Im Diskurs der Wissenschaften und im interreligiösen Dialog gilt es aber, ergänzend die Traditionen negativer Theologie neu zu entdecken – auf der Linie des biblischen Bilderverbots.

Gerade im Christentum, also im Raum griechisch-jüdischer Synthese, gibt es ein tiefes Erfahrungswissen davon, dass „Nichts" nicht unbedingt nur die Negation dessen ist, was ist, sondern Ausdruck des Überschwangs, der Fülle, der Überbietung. In diesem Sinne haben die platonisch geprägten großen Weisen der Christenheit vom Nichts als der Fülle Gottes gesprochen, vom blendenden Dunkel des Lichts, von der Ein-Faltung aller Gegensätze im All-Einen göttlicher Schöpferkraft. Entsprechend muss eine religiös wie theologisch angemessene Rede alle positiven Aussagen von Gott und der Wirklichkeit durchkreuzen und negieren, um in Absetzung und Überbietung jenes „nichtig Nichts und einig Eins" (Meister Eckhart) zu ergreifen (besser: sich von ihm ergreifen zu lassen), das die Mitte der Wirklichkeit ist, das Geheimnis Gottes selbst. In solchen Aussagen gipfelt jene mystische Theologie, die etwa bei Meister Eckhart und Nikolaus von Kues einen Höhepunkt der Vermittlung fand. Sie sprechen vom „lauteren Nichts der Kreatur". Geschöpf sein ist demnach nichts anderes als jene Fülle, die im göttlichen Nichts gründet und dieses konkretisierend bezeugt. Lebenslang gilt es dies auszuarbeiten und auszugestalten. Die Bilder durch Bilder austreiben, die vergegenständlichenden und „affirmativen" Aussagen übersteigen auf das hin, was dahinter, darüber und darunter ist: all-eins im (trinitarischen) Dreiklang der Wirklichkeit.

Gerade im christlichen Glauben, der sich zur Menschwerdung Gottes in Jesus Christus bekennt, ist dieses Wissen um die Verborgenheit, Unbegreiflichkeit und Unsagbarkeit der göttlichen Wirklichkeit in allen Dingen zentral. Maria – Inbild aller, in denen Gott zur Welt kommt – sei „schwanger vom Nichts wie eine Frau mit einem Kinde, und in diesem Nichts ward Gott geboren, der war die Frucht des Nichts", so kann Meister Eckhart förmlich paradox formulieren (Predigt 71, DW III, 224, 6–7). Diese Perspektive gewinnt christlich eine besondere Radikalität, weil von der Selbstentäußerung, ja der Selbstvernichtigung Gottes in Jesus Christus und seinem Geist, von der *Kenosis*, zu reden ist. Deutlich also gilt es, im Religionsgespräch zu unterscheiden zwischen dem (vernichtenden) Nichts im Nihilismus und dem „erfüllten" Nichts in der Erfahrung (und Nicht-Erfahrung) Gottes in allen Dingen.

Nüchternheit

Bernardin Schellenberger

Verhielten sich die meisten Menschen nüchtern, so wäre das für unsere Wirtschaft verheerend, und es hätte für unsere Politik unabsehbare Folgen. Daher scheint eine gigantische Maschinerie in Gang gesetzt worden zu sein, die in erster Linie dem Zweck dient, die Menschen emotional aufzureizen und in Rausch zu versetzen, in Kaufrausch zum Beispiel, also in Besinnungslosigkeit, denn Besinnungslose lassen sich leichter manipulieren und ausbeuten. Folglich wird heute fast nichts mehr nüchtern präsentiert.

Die modernen Medien fördern diese Entwicklung. Der Umstand, dass sie sich zunehmend vom Wort auf das Bild verlagern, vom Beschriebenen auf das Gezeigte, drängt das nüchterne Denken zurück. An die Stelle des schriftlichen Symbols, auf das man mit nüchterner Analyse eingehen kann, tritt immer öfter das visuelle Bild, das sofort eine emotionale Antwort provoziert und einem gar keine Zeit zu nüchterner Auseinandersetzung lässt: *Raison* wird durch *sensation* ersetzt, wie ein französischer Autor (Georges Charpak) formuliert hat, wobei das französische Wort *sensation* die entscheidende Doppelbedeutung von Sinneswahrnehmung und emotionaler Erregung enthält.

Diese Verlagerung wirkt sich auch auf das Gebiet der Spiritualität aus: Denken wird immer öfter als kalte, seelenlose Rationalität abgewertet, Erfahrungen und Gefühle stehen im Vordergrund. Das Kriterium, ob eine bestimmte Tradition oder Methode richtig sei, ist, ob man ein gutes Gefühl dabei hat und ob sie einem wohl tut.

Dagegen muss man sagen: Bei allen Stimmungen, Erfahrungen und Bewusstseinszuständen, die sich methodisch regelmäßig herbeiführen lassen (sei es mittels der zahlreichen Spielarten der Meditation oder in „charismatischen" Gottesdiensten) handelt es sich höchstwahrscheinlich *nicht* um eine Wahrnehmung des grundsätzlich unverfügbaren „Ganz Anderen" und folglich nicht um „Spiritualität" im strengen Sinn, sondern bestenfalls (sofern man sich dabei darum bemüht, alle seine Erwartungen und sogar „Erfahrungen" loszulassen) um die Einübung in die Bereitschaft, für diesen „Ganz Anderen" offen und empfänglich zu sein, normalerweise aber um Zustände der eigenen Psyche. Man mag sie genießen – warum auch nicht? –, sollte sie aber nicht vorschnell als „spirituelle" Erfahrungen deklarieren.

Die Nüchternheit, griechisch *nepsis*, galt den frühen Pionieren der christlichen Spiritualität, den Wüstenvätern, als hohes Ideal. Weil sie aus praktischer Erfahrung wussten, wie subtil und raffiniert sich der Mensch immer wieder selbst an der Nase herumführt, verstanden sie darunter ein kategorisches Misstrauen gegen alle „schönen" Erfahrungen und Gefühle und betonten, was zähle, sei die Praxis des Lebens, gemäß dem Wort im Evangelium: „An ihren Früchten werdet ihr sie erkennen" (Mt 7, 16). In der Neuzeit nahm dieser Grundsatz namentlich in einer Richtung des Protestantismus die Form der Polemik gegen die „Erleberei" (Friedrich Gogarten) an. Auch der katholische Theologe Hans Urs von Balthasar betonte immer wieder, die christliche Mystik sei nicht eigentlich eine *Erfahrungs-*, sondern eine *Gehorsams*mystik im Sinn einer Haltung totaler Offenheit und Bereitschaft für eine „innere" Führung, die den Menschen nicht unbedingt alsbald in erfreuliche äußere und innere Zustände versetze. Tatsächlich kennen alle großen spirituellen Traditionen lange Phasen der „Wüste" oder „Nacht" oder des „Zunichtewerdens", in denen der Mensch seinen selbst konzipierten Gott „um Gottes willen verlieren" muss (Meister Eckhart), oder seine „Erfahrung" oder „Erleuchtung" um der tatsächlichen Erfahrung oder Erleuchtung willen. Der um Nüchternheit bemühte Mensch nimmt solche „trockenen" oder „dürren" Phasen als eine Art Meta-Erfahrung wahr, an deren Sinn er glaubt und den er spürt, und er widmet sich in Frieden seinen Alltagsaufgaben.

Die *sobria ebrietas*, das „nüchterne Trunkensein" von der Erfahrung des „Ganz Anderen" gilt in der christlichen Tradition nicht als Ziel und Dauerzustand, sondern eher als selten kurz aufblitzendes Geschenk auf dem Weg, auf dem der Mensch allmählich ein Anderer wird und sich gelassen dem widmet, was ihm als Tagesaufgabe ansteht. Ganz ähnlich endet die berühmte Zen-Parabel von der „Suche nach dem Ochsen" damit, dass der Erleuchtete „mit helfender Hand in der Stadt wirkt". „Er denkt nur noch daran, anderen Freude zu machen. Und was trägt er in seiner Trinkflasche? Vielleicht den Wein des Lebens" (Katsuki Sekida).

Nun ist lange über der Betonung von Praxis und (vorwiegend institutionellem) Gehorsam die lebendige Erfahrung sträflich vernachlässigt und die Religion veräußerlicht oder in Aktivismus umgewandelt worden – und man muss nüchtern sagen, dass auch manche Spielarten der „Nächstenliebe" eher Äußerungen eines ungezügelten „Helfersyndroms" als praktizierte Spiritualität sind. So dürfte im Pendelschlag dieses dringende Bedürfnis nach Erfahrung entstanden sein. Dennoch – oder gerade deshalb – darf darüber nicht die Nüchternheit vernachlässigt werden, denn der Verlust wäre verheerend, würde sogar „Spiritualität" die Menschen nicht mehr über sich selbst und ihre Psyche in eine faszinierendere andere Wirklichkeit hinausreißen.

Ökumene

Elisabeth Raiser

Über ökumenisches Engagement lässt sich mindestens in zweierlei Hinsicht sprechen. Erstens: Was bedeutet das ökumenische Engagement in Bezug auf die Welt? Und zweitens: Was bedeutet es in Bezug auf die Beziehungen der Kirchen zueinander beziehungsweise zu andern Religionsgemeinschaften?

Dass beide Fragen im wirklichen Leben nicht zu trennen sind, zeigt uns schon das von Johannes überlieferte Gebet Jesu, in dem er seinen Vater für alle bittet, die an ihn glauben, „damit sie alle eins seien" – und fortfährt: „Wie du, Vater, in mir bist und ich in dir, so sollen auch sie in uns sein, damit die Welt glaube, dass du mich gesandt hast" (Joh 17, 22). Im griechischen Urtext steht für dieses Wort „glauben" *pisteuein*, was ursprünglich „vertrauen" bedeutet. Vertrauen kann die Welt dann haben, wenn die Nachfolger Jesu so leben und handeln, dass man es ihnen abnimmt, dass Jesus mit seinem Leben und seiner Botschaft von Gott herkam und dieser Welt die göttliche Liebe gebracht hat. Das gilt für alle, ganz gleichgültig, welcher Kirche sie angehören, in welchem Erdteil sie leben, ob sie reich sind oder arm, einflussreich oder ohnmächtig; ob sie voller Kraft und Mut sind oder verletzlich und schwach, aber von der Hoffnung nicht lassen.

Die Einheit der Christen ist nach diesem Wort des Johannes also nicht Selbstzweck, sondern ein Zeugnis für die Welt. Die Welt, die damals wie heute gespalten ist in Arm und Reich, in der Krieg herrscht, die voller Angst ist, soll miterleben, dass die Christen über alle kulturellen, politischen und gesellschaftlichen Grenzen hinweg Gemeinschaft pflegen – so möchte ich dieses „eins sein" übersetzen. Das hat Konsequenzen für das christliche Leben, und zwar für das spirituelle wie für das weltliche Leben.

Wenn wir im „Vater unser", diesem ökumenischsten aller Gebete, um das tägliche Brot oder um die Vergebung der Schuld bitten, bitten wir nicht für uns individuell. Wir bitten um *unser* tägliches Brot, nicht um meines oder deines. Es geht um die Gemeinschaft, die leben soll, und Jesus hat es uns vorgelebt, dass diese Gemeinschaft nicht eng zu denken ist, sondern weit – so weit, dass sie die in der Gesellschaft Ausgeschlossenen mit einbezieht. Wir beten also rund um den Erdball nicht für unsere kleine Gemeinde, auch nicht nur für alle Christen, sondern für alle Menschen.

Es gibt einen in der Ökumene gern zitierten Satz des russischen Philosophen Nikolaj Berdjajew: „Mein Brot ist eine materielle Frage, das Brot meines Nächsten ist eine spirituelle Frage." Denn ob er oder sie zu essen hat, ist eine Frage der gerechten Beziehung der Menschen untereinander. Der Blick von den Rändern her wird dabei wichtig – denn an den Rändern fehlt es meist an Brot und am Frieden. Wenn ein Glied am Leib Christi leidet, und sei es nach unsern Maßstäben das unbedeutendste, dann leiden alle mit. In diesem Sinn ist das Volk Gottes die ganze Menschheit. Das „Vater unser" ist der einfachste und bewegendste Ausdruck dieses ökumenischen Grundansatzes des Christentums.

Was nun den zweiten Aspekt der Ökumene betrifft – die Beziehung der Kirchen untereinander –, sei an die ursprüngliche Bedeutung des Wortes „Ökumene" erinnert. In seiner biblischen und urchristlichen Verwendung bedeutet es: der bewohnte Erdkreis. Biblisch verstanden ist der Erdkreis bewohnt von all den verschiedenen Völkern mit ihren unterschiedlichen Sprachen und Kulturen, die sich nach dem Turmbau zu Babel in alle Lande zerstreuten. Nach dieser Gründungserzählung von der Vielfalt der Kulturen hatte Gott das Projekt einer Einheitskultur mit seinem Machtanspruch und seinem Machtsymbol des bis in den Himmel reichenden Turmes scheitern lassen und diese Einheitsfanatiker eines Besseren, nämlich des Reichtums der Vielfalt belehrt. Über die dabei entstandenen vielen Völker und Geschlechter in ihrer Unterschiedlichkeit, ihrem Sprachen- und Kulturreichtum spricht Gott im nächsten Kapitel der Genesis den Segen aus. So sagt er zu Abram: „Du sollst ein Segen sein ... und in dir sollen gesegnet sein alle Geschlechter auf Erden." Das ist die Ökumene: alle Völker auf Erden. Sie ist vielfältig und sie ist gerade in ihrer Vielfalt gesegnet.

Bei der Frage nach den Beziehungen der Kirchen untereinander kann es also nicht um Vereinheitlichung gehen. Das Ziel der ökumenischen Bewegung im Sinn der „sichtbaren Einheit der Kirche" gibt vielleicht manchmal zu Missverständnissen Anlass. Zum besseren Verständnis wurde in der ökumenischen Diskussion deshalb von der versöhnten Verschiedenheit gesprochen. Diese Vorstellung respektiert die Unterschiede und will nicht vereinheitlichen; aber sie trägt nur, wenn wir das Wort „Versöhnung" in seiner Dynamik ernst nehmen, die jede Kirche in ihrer Identität in Frage stellt und zur Erinnerung einerseits, zur Umkehr und Erneuerung andererseits ruft. Andernfalls ist diese Zielvorstellung zu statisch. Es kann ja in den ökumenischen Beziehungen nicht darum gehen, den Status quo „abzusegnen" und zu sagen: „Gut, wir sind verschieden, wir anerkennen uns, wir heben die Lehrverurteilungen auf, sind damit versöhnt und dabei bleibt es."

Vielmehr sollte es darum gehen, eine Gemeinschaft von Kirchen zu werden, die sich gegenseitig voll anerkennen, auch im geistlichen Amt – die anerkennen, dass die anderen Kirchen genauso auf dem Weg der Wahrheitssuche sind und der eigene Weg nicht der einzig wahre ist. Jesus verspricht in seinen Abschiedsreden den Jüngern das Kommen des Heiligen Geistes. Er sagt (Joh 16, 13): „Der Geist der Wahrheit wird den Weg in der Wahrheit mit euch gehen", sie also begleiten in ihrem Weg der Wahrheitssuche. Unsere Übersetzungen sind meist nicht genau genug, wenn sie sagen „der Geist wird euch in alle Wahrheit leiten". Das suggeriert, dass wir die Wahrheit erreichen werden. Dann kann natürlich eine Kirche behaupten, die Wahrheit erkannt zu haben und sie daher gegen alle Irrlehren verteidigen zu müssen. Das aber kann nicht gemeint sein. Denn der Geist der Wahrheit ist bei allen, die sich zu Jesus Christus bekennen und ihm nachzufolgen versuchen. Das Johanneswort benutzt dafür das Bild des Weges in der Wahrheit.

Der Heilige Geist begleitet uns dabei. Der Weg liegt vor uns; er ist offen nach vorne; wir können uns gegenseitig getragen wissen von der Vorstellung, dass der Weg der anderen genauso offen ist und genauso vom Geist der Wahrheit begleitet wird wie der unsere. Daher muss unser Interesse an ihnen sehr groß sein. Wir können von ihnen lernen! Wir können sie sogar begleiten und uns begleiten lassen. Dabei wird es auch zu gegenseitigen Korrekturen kommen, immer in dem Bewusstsein der Erweiterung unseres Horizontes, nicht etwa in einem Geist der Abgrenzung. Vielleicht gelingt es ja, uns gegenseitig aus unseren Bequemlichkeiten und Verfestigungen zu lösen und uns wieder in Gang zu setzen. Dann wird die ökumenische Bewegung wieder das, was ihr Name sagt und was sie zu Beginn war: eine wirkliche Bewegung des Volkes Gottes.

Prophetie

Peter Zimmerling

Prophetie stellt in den großen Kirchen immer noch ein fremdes Thema dar. Das sollte bei der großen Bedeutung, die prophetische Phänomene in der Bibel und auch in anderen Religionen besitzen, nachdenklich stimmen. Prophetische Erfahrungen werden heute von Gruppen reklamiert, die mehr am Rand der Kirche anzusiedeln sind: auf der einen Seite von charismatischen Bewegungen, auf der anderen Seite von politisch orientierten Nachfolgegruppen. Dazu kommt ein zweites Problem, das den Zugang erschwert: Der Begriff des „Prophetischen" leidet unter begrifflicher Unschärfe. Seine Übertragung auf Phänomene außerhalb des religiösen Bereiches hat zu einer regelrechten Begriffsinflation geführt. Es empfiehlt sich daher, den Begriff an der alttestamentlichen Prophetie als dem – zumindest für unsere Kultur – Prototyp des „Prophetischen" zu orientieren. Grund für das Auftreten der Schriftpropheten im Judentum war ihre unmittelbare Berufung durch Gott, die ihnen durch das Wort Jahwes in Form von Auditionen und Visionen widerfuhr (vgl. z. B. Am 3, 8). Die Begegnung mit Gottes Wort hatte für das persönliche Geschick der Propheten tiefgreifende Konsequenzen. An ihrer Existenz zerbrach die traditionelle Gleichung von Religion und Glück. Im Neuen Testament steigerte sich die Bedeutung der Prophetie gegenüber dem Alten Testament noch. Die dort *verheißene* Demokratisierung des Geistes (Joel 3, 1–5) *erfüllte* sich nach Lukas in der Verleihung der Gabe der Prophetie an alle Nachfolger und Nachfolgerinnen Jesu (Apg 2, 17f). Neben der Auferbauung, Ermahnung und Tröstung der Gemeinde umfasste die urchristliche Prophetie die Aufdeckung von Schuld aufgrund geistgewirkter Einsicht und die Ankündigung zukünftiger Ereignisse. Sie konnte also sowohl unspektakuläre als auch spektakuläre Erscheinungsformen annehmen; immer jedoch war der Bezug auf die Verkündigung des Evangeliums von Jesus Christus prägend. Im Verlauf der weiteren Geschichte des Urchristentums kam es bald zu einer *Institutionalisierung* der Prophetie: Neben Aposteln und Lehrern wurden Propheten zu einem festen Stand.

In der weiteren Geschichte des Christentums wurde – aus Angst vor falscher Prophetie – das Prophetische mehr und mehr zu einem umstrittenen Phänomen. Vereinzelt sind im Verlauf der Kirchengeschichte trotzdem immer wieder Propheten aufgetreten. So wird im Rahmen des *Mönchtums* von Wüstenvätern berichtet, dass sie die Gabe der Prophetie besaßen. Auch für Franz von Assisi wird sie schon in der frühesten Lebensbeschreibung bezeugt. Luther und die anderen *Reformatoren* waren der Ansicht, dass die primäre Funktion der Prophetie in der von der Bibel inspirierten und an ihr ausgerichteten Predigt des Wortes Gottes bestehe. Aber auch im Protestantismus verschwand sie nicht völlig. Im *Pietismus* mit seiner praktischen Umsetzung der reformatorischen Neuentdeckung des Priestertums aller Gläubigen trat die prophetische Gabe in *einzelnen* Gestalten wie Michael Hahn wieder auf. Im neuzeitlichen Katholizismus erregte das prophetische Auftreten vor allem von Mystikerinnen Aufsehen. Eine breitere Wiederentdeckung der Prophetie für die Spiritualität erfolgte erst im 20. Jahrhundert. Zunächst in der in den USA Anfang des Jahrhunderts entstandenen Pfingstbewegung, dann in den 60er Jahren in den innerkirchlichen charismatischen Bewegungen. Schließlich wurde die prophetische Dimension des Glaubens auch von der Theologie wiederentdeckt. Ausgelöst durch die Studentenunruhen von 1968 war die Frage nach dem – prophetisch verstandenen – politischen Wächteramt der Kirche in den Vordergrund theologischer Überlegungen getreten.

Der Blick in Bibel und Kirchengeschichte hat gezeigt, dass die Prophetie im Christentum eine bewegte Geschichte hinter sich hat. Ich plädiere für ihre Reintegration in die Spiritualität der Großkirchen. Dabei geht es nicht um eine numinose, übernatürliche Begabung, die letztlich unverbunden mit dem übrigen christlichen Leben bleibt, auch nicht um eine Beschränkung des Prophetieverständnisses auf den Bereich der individuellen Frömmigkeit. Die christliche Spiritualität besitzt insgesamt eine prophetische Dimension. Diese kann sehr verschiedene Formen annehmen. Dazu abschließend einige exemplarische Konkretionen.

– Seit dem Kommen Jesu Christi besteht das zentrale Anliegen der prophetischen Dimension christlicher Verkündigung und Existenz nicht mehr – wie im Alten Testament – in der Ansage des *Gerichts* über die Welt. Kern des Evangeliums ist die voraussetzungslose *Annahme* des Sünders durch Gott. Daneben lässt sich auch aus psychologischen Gründen plausibel machen, dass eine in der Ankündigung eines unabänderlichen Gerichts über die Welt gipfelnde prophetische Verkündigung Menschen in der Gegenwart kaum noch erreicht und, wenn überhaupt, dann höchstens in die Resignation führt. Prophetische Verkündigung heute wird Sünde und Ungerechtigkeit im Horizont der *Rettung* des Menschen und der endgültigen Durchsetzung der *Gerechtigkeit Gottes* in der Welt zur Sprache bringen.

– Wenn deutlich wird, dass es sich bei spontanen prophetischen Beiträgen im Gottesdienst nur um *einen* Aspekt der Prophetie handelt, ist gegen unterschiedliche Formen von „Tagesprophetie" nichts einzuwenden. Zu überlegen wäre, wo im herkömmlichen Gottesdienst oder an anderer Stelle im Gemeindeleben Raum für die Artikulation solcher prophetischer Beiträge durch Gemeindeglieder geschaffen werden könnte. Unerlässlich ist, dass ein solcher prophetischer Beitrag nicht als unkritisierbares Wort Gottes ausgegeben wird, sondern dass er bewusst zur Prüfung in einen gemeindlichen prophetischen Kommunikationsprozess eingebracht wird.

– Ein Beispiel dafür, wie die prophetische Dimension des christlichen Glaubens zur Ausübung eines prophetischen Wächteramts gegenüber ungerechten gesellschaftlichen Strukturen führte, stellte die Friedensbewegung der DDR dar, deren Aktionen zur politischen Wende von 1989 beigetragen haben. Die Friedensvision des Micha „Sie werden ihre Schwerter umschmieden zu Pflugscharen" (Mi 4, 3) wurde zu ihrem Symbol und wirkte unmittelbar politisch. Als Aufnäher oder Aufkleber getragen, betrachteten es die Staatsorgane der DDR als Affront. Hier wurde ein alttestamentliches Prophetenwort in der Öffentlichkeit unmittelbar verstanden, trotz eines vom Atheismus geprägten gesellschaftlichen Kontextes.

– Dietrich Bonhoeffers Engagement in der Bekennenden Kirche zeigt, dass sich das prophetische Wort auch gegen die Kirche selbst richten kann. Das wurde in dem Moment notwendig, als das Evan-

gelium durch das Schweigen der Kirche angesichts staatlichen Un-
rechtshandelns an den jüdischen Mitbürgern verraten wurde.

– Schließlich besitzt auch die *Existenz* der Orden und Kom-
munitäten eine *prophetische Dimension.* Als verbindliche Lebens-
gemeinschaften stellen sie eine Herausforderung gegenüber der Ver-
weltlichung und Verbürgerlichung weiter Teile der westlichen
Christenheit dar. Als Veranschaulichungsfelder gelebter Nachfolge
sind sie Zeichen des Reiches Gottes inmitten des praktischen Atheismus und Konsumismus der Gegenwart. Als Experimentalsiedlun-
gen haben sie die Chance, zu Anregern neuer Gestaltungsformen
von Christsein zu werden. Indem sie anschaulich vorleben, dass
Christsein auch unter den Bedingungen der Moderne möglich ist,
werden sie zu Hoffnungsträgern für die Kirche.

Reisen

Ilija Trojanow

Noch nie zuvor sind so viele Menschen freiwillig gereist wie heute.
Kaum ein Fleck der Erde ist vor unserer postmodernen Mobilität si-
cher. Nicht nur überfallen wir heuschreckenhaft die Sonnenländer,
wir tauchen zur Titanic, wir schweben im Heißluftballon über die
Savanne, wir brechen uns einen Weg durch das ewige Eis. Unsere
Reise beginnt auf Landkarten und Prospekten, ist schraffiert mit
den Farben des Sonderangebots, des Geheimtipps, der Drei-Sterne-
Sehenswürdigkeit.

Wenn wir ankommen, überprüfen wir, ob die Fremde den Fern-
sehbildern entspricht. Oft sind wir enttäuscht angesichts einer lauten Reisegruppe, eines aufdringlichen Straßenverkäufers, eines jegli-
che Gotik verdeckenden Gerüsts. Der Stau nervt, ebenso die kalten
Füße oder der obligate Durchfall. Aber auch diese Enttäuschungen
entsprechen meist unseren Erwartungen – schließlich wurden wir
vom Reiseführer vorgewarnt. Also ziehen wir uns in jene Höhle zurück, die uns die Sicherheit der Gewohnheit bietet: den klimatisier-

ten Bus, das renommierte Hotel, das erfrischende Schwimmbecken. Wieso also überhaupt reisen?

Wir fahren durch die Welt, aber wie viel erfahren wir von ihr? Fast jeder ist unterwegs, aber wer ist wirklich auf Reisen? Denn Reisen ist keine Produktlinie des ADAC, Reisen geht über die Veränderung der Lokalität hinaus – Reisen kann ein metaphysischer Akt des Erkennens und Erfahrens sein. Nur der Reisende, sagt ein arabisches Sprichwort, kennt den wahren Wert des Menschen.

Vielleicht erfahren wir etwas von den Ur-Gründen des Reisens von unseren bewegten Ahnen. Ein solcher Reisender war der frühe deutsche Dichter Heinrich von Morungen, ein Zeitgenosse Walters von der Vogelweide, der um 1200 einer Einladung ins Heilige Land folgte. Bis dahin hatte er auf der Wartburg provenzalische Poesie übersetzt und seine eigenen Gedichte, wie bei den Minnesängern üblich, in Musik gefasst. Da er im Wesentlichen von den Troubadouren beeinflusst war, flossen arabische (Sufiya), jüdische und osteuropäische (Katharer) Elemente in seine Lieder ein. Nun reiste er diesen Einflüssen entgegen. Doch seine ziellose Reise führte ihn weit über Jerusalem hinaus.

Überall fand er Entsprechungen zu seiner Kunst, Inspirationen. Er reiste nach Süden und dann nach Osten. Viele Jahre lang, auf der Suche nach dem Klang und dem Wort, das seiner Sehnsucht nach Liebe gerecht werden würde. Er tauchte ein in die Welt der Templer, er tauschte sich aus mit äthiopisch-koptischen Sängern. In Vorderasien traf er auf die Mystik der Sufis, die sangen: „Ich bin du, und du bist ich". In Indien begegnete er dem Bhakti-Kult, mit seinen ekstatischen Hymnen, die die Grenze zwischen Gott und Mensch verwischen. Vermutlich endete seine Reise im indischen Madras, wo sich das Grab des heiligen Thomas befindet. Kaum eine Reise ist so prototypisch für die Möglichkeiten des Reisens. In sieben Jahren auf staubigen Wegen entwickelte Heinrich von Morungen seine Kunst, bereicherte er seinen Glauben.

In den meisten Religionen gilt das Reisen als richtige Lebensführung, als Instrument der Katharsis, als Mittel zur Erleuchtung. In dem hinduistischen Lehrbuch *Aitareya Brahmana* steht: „Es gibt kein Glück für den Menschen, der nicht reist. In menschlicher Gesellschaft wird auch der Beste zum Sünder. Gott ist der Freund der Reisenden. Also breche auf." Ähnlich den christlichen Wandermönchen von einst ziehen noch heute die indischen Asketen, *Sadhus* genannt, durch das Land. Die Orthodoxeren unter ihnen verbringen keine zwei Nächte am selben Lagerplatz. Denn die Sesshaftigkeit trägt potenziell alle Sünden in sich, sei es Gier, Egoismus, Materialismus oder Gewalt.

Ähnlich im Islam. Reisen gehörte zu der Lebensform der Gelehrten, *ulama* genannt. Al-Ghazzali, einer der bedeutendsten Theologen, der den Sufismus in den Islam integrierte, verließ seine persische Heimat, um nach Bagdad, Damaskus, Jerusalem zu reisen, von der obligatorischen Pilgerreise nach Mekka und Medina ganz zu schweigen. Ibn Al-Arabi reiste – wie auch Ibn Khaldun – von Cordoba über Sevilla, Fez, Tlemeen, Tunis, Kairo, Jerusalem, Mekka, Bagdad, Mossul und Konya nach Damaskus, wo er als Ketzer umgebracht wurde.

Was unterscheidet unsere unergiebige Rastlosigkeit von einer Reise, die den Menschen verändert? Ich möchte versuchen, einige Elemente eines anderen Reisens zu skizzieren: alleine Reisen, ohne Gepäck, zu Fuß, hinter der Fassade des Offensichtlichen!

Allein Reisen: In Mopti am Fluss Niger begegnete ich einer großen Reisegruppe, die sich schwer tat, durch die Gassen zu schlüpfen und den Schmuck an den Ohren der Pheul-Frauen klirren zu hören. Und die nahe zusammenrückte, um sich in der milchigen Luft des Harmattan nicht zu verlieren. Ich musste an Mungo Park denken, den jungen Schotten, der von mehr als 200 Jahre alle Geheimnisse des Niger lüften wollte. Bei seiner ersten Expedition begleitet ihn nur ein Dolmetscher und ein Diener. Es war eine erlebnis- und erfolgreiche Reise, über die er einen aufregenden Schmöker verfasst hat. Bei seiner zweiten Expedition führte er dreißig britische Soldaten ins westafrikanische Inland. Er kehrte nie wieder zurück. Denn wer in großer Gruppe reist, stellt per se eine Bedrohung für die anderen dar. Nur wer alleine reist, setzt sich völlig aus: einer unbekannten Welt, einer unverständlichen Sprache. Alleine ist man beständig wach und aufmerksam, biegsam und zugleich angespannt wie eine Bogensehne.

Ohne Gepäck: Wenn dein Gepäck in Gefahr ist, schreibt V. S. Naipaul, hast du einen Hinweis erhalten, dass du in Indien angekommen bist. Im Gepäck befinden sich nicht nur die materiellen Garanten der Bequemlichkeit und Vertrautheit, sondern auch das eigene System von oft unerschütterlichen Paradigmen, von Annahmen, Vorurteilen und Erwartungen. Genau das also, was man beim Reisen in Gefahr bringen sollte. Wenn man mit leichtem Gepäck reist, legt man irgendwann einmal auch seine Sorge, seine Befangenheit ab.

Zu Fuß: Die rasanten Fortbewegungsmittel fressen den Horizont auf. Anstatt Triumph verspürt der Reisende Ermattung. Entfernung wird in Stunden gemessen, in Jetlags wahrgenommen. Weit entfernt sind wir von der berühmt gewordenen Gewohnheit mancher Naturvölker, eine Rast einzulegen, damit die Seele nachkommen kann.

Hinter der Fassade des Offensichtlichen: Der starre Blick erfolgt durch die Linse des Reiseführers. Man gleitet dahin auf der Autobahn des Offensichtlichen und Allgemeinbekannten. Man cremt sich ein, um sich vor Überraschungen zu schützen. Selbst der beste Reiseführer hat einen Sonnenschutzfaktor, der die vornehme Blässe der Ignoranz zurücklässt. Dabei ließen sich die Entdeckungen so einfach machen: eine „falsche" Biegung, ein Blick in die „falsche" Richtung, schon fällt man aus den virtuellen Schauplätzen des Tourismus heraus.

Und noch etwas zum Schluss: Reise nicht von der Heimat in die Fremde und wieder zurück, sondern verwandele die Fremde in Heimat. Stelle dir vor, du müsstest ein Leben lang an dem fremden Ort verbringen. Wurzeln können auch in die Zukunft wachsen. Definiere deine eigenen Wurzeln. „Unternimm eine Reise", sagt der Sufi-Dichter Rumi, „vom Ich zum Selbst." – So eine Reise verwandelt die Welt in eine Goldmine.

Rezitation

Bekir Alboga

Ein schöner, angenehmer, spiritueller und himmlischer Klang; durch und durch göttlich, ebenfalls schlicht und einfach menschlich, auf jeden Fall sehr meditativ und kunstvoll; herzensbewegend und angenehm berauschend – die Rezitation. Der schönen Stimme schenkt sie eine göttliche Qualität und Bedeutung, sie wirkt durch eine schöne und angenehme Stimme berauschend und macht die Zuhörer nachdenklich glücklich. Sie bringt mit Gott in unmittelbare Beziehung und schenkt ihnen das Gefühl der Berührung Gottes. Die Engel sind ihre Zuhörer. Sie umgeben den Rezitator mit ihren Flügel bis in die sieben Sphären der Himmel. Die Tiere und Pflanzen schenken ihr Aufmerksamkeit. Die neugeborenen Kinder hören ganz ihrer Naturanlage entsprechend der Rezitation des Gebetsausrufes so intensiv zu, als ob sie sich an die Stimme ihres Schöpfers erinnern würden, der sie in der Welt der Seelen ansprach, indem Er sagte: „Bin ich nicht euer Herr?" Worauf sie antworteten: „Ja!"

Die sich drehenden Derwische geraten während ihrer meditativen Tänze in Ekstase – begleitet von einer spirituellen Musik mit dem schmerzvollen, klagenden und tiefen, doch sehr irdisch-natürlichen, wiederum irgendwie göttlicheren Klang der Nay – der Querflöte aus dem nackten Bambus-Zweig. Sie sind dabei völlig aufgeregt und erregt von der Begegnung mit der Göttlichkeit während ihres Tanzes. Dann ruhen sie in der wunderschönen, erhebenden und beruhigenden Rezitation eines Rezitators, und ihre Herzen erleben zum Abschluss ihrer Drehungen ihre Ruhe in Gott. Der Stellvertreter Gottes wiederholt die Worte seines Schöpfers. Und wer weiß schon, wie der Rezitator sich dabei fühlt, wenn er Seine Worte zitiert oder rezitiert. Das Auge des Herzens wird geöffnet, und er erhält Anteil am Segen Gottes als der geistigen Nahrung seiner Seele.

Wer das Glück hat, in einem Stadtteil zu wohnen, in dem ein *Muadhdhin* – ein Gebetsrufer – zur Morgendämmerung mit einer sanften und vom Herzen kommenden Seidenstimme den *Adhan* – den Gebetsruf – ruft, und wer dann der herzensbewegenden Melodie und Einladung des Rufers folgt, um in der Moschee das Frühgebet zu verrichten, der weiß, dass auch er von den Engeln umgeben ist, die der Koran-Rezitation des Frühgebets beiwohnen, des ersten von fünf Gebeten des Tages. Und ebenso weiß es, wer in einem Wald sein heiliges Buch aufschlägt, unter einem schönen Sternenhimmel, von Bäumen umgeben, die in ihrer Sprache Gott loben und preisen, und in einer tiefen Hingabe Zwiesprache mit dem Barmherzigen hält, indem er seinem Angebot folgt: „Trag vor, im Namens deines Herrn."

Was soll vorgetragen werden? „Die Lesung", das heißt: der *Qur'an*, die Urkunde der göttlichen Offenbarung. Die Rezitation oder das zu Rezitierende. Das Vorlesen oder das Lesebuch. Das Buch.

Lesen und nachdenken – rezitieren und seiner Barmherzigkeit gedenken: stehend, sich vorbeugend, sich niederwerfend, sitzend oder auf der Seite liegend. Hauptsache lesen, rezitieren und zuhören. Laut oder leise. Lauschen und empfangen. An das Herz und Gehirn weiterleiten. Die Stimme des für Augen Unsichtbaren, des sich versteckenden Rezitators hinter der des sichtbaren und hörbaren Rezitators: *Allahu akbar! Allahu akbar!* Gott ist größer! Immer größer und immer anders und immer bedeutender, als man sich vorstellen kann. Wenn seine Liebe seinen Stellvertreter auf der Erde berührt, dann weiß er nicht mehr, wie liebevoll, barmherzig und friedfertig er sich Ihm und Seiner Schöpfung gegen über zu verhalten hätte. Ihm zuliebe.

Dann fängt man an zu lieben, zu dichten, zu singen und zu rezitieren. Man rezitiert die Natur, das offene Buch und den Koran, das verschlüsselte Buch der Geheimnisse der Weisheit des Allgnädigen.

In Mekka und Medina bringen Millionen dieses offene Buch jedes Jahr während der Wallfahrt zum Haus Gottes – *der Ka'ba*. Wie die Rose und die Blumen und Pflanzen, wie die Fische, Vögel und Tiere, so machen sie in ihrer absoluten Vielfalt und Vielfältigkeit in Farbe, Rasse und Sprache eine unvorstellbare Einheit aus. So wie die Sterne und Planeten durch ihre Gesamtheit das gemeinsame Universum, ihr einziges All ausmachen. Aus den Minaretten hören sie den Gebetsausruf, eilen in die Moscheen und lassen sich von Rezitationen von Millionen und ihrer Stimme beeindrucken. Alle rezitieren: „Da bin ich, Herr. Ich bin in meiner absoluten Wenigkeit bei Dir zu Gast." Seine Worte und seine schönen Namen werden in der Stadt, auf dem Berg, auf den Autobahnen, in den Autos, in den Wohnungen laut vorgetragen. Man hört und hört, bis man selber zu einer Rezitation oder wenigstens zu einem Rezitator wird. Die Hände, die Münder, die Füße rezitieren. Der Mensch rezitiert. Der Stellvertreter Gottes rezitiert die Worte seines Herrgotts.

In etwa 2000 Moscheegemeinden erfahren in Deutschland an jedem Donnerstagabend, an jedem Freitag und mittlerweile auch an jedem Sonntag über die Mittagszeit die Gläubigen die Kostbarkeit dieser Rezitationen in ihren Moscheen. Sie genießen die gemeinsame meditative Atmosphäre, wie sie durch eine kunstvolle, aber nicht künstliche Rezitation eines Meisters erzeugt wird. Im Gebetssaal der Moschee werden sie vom Eindruck einer Raum gewordenen Spiritualität überwältigt. Sie entsteht zum einen durch die meditative Architektur, andererseits durch die historisch hoch entwickelte islamische Kunst der Kalligraphie. Und sie entsteht durch die wunderbare Rezitation, die Vortragskunst eines *Qur'an*-Rezitations-Lehrers: einer Person, die die Aufgabe hat, eine Leseform zu entwickeln, die sich der göttlichen Offenbarung dieser ehrwürdigen Schrift als so würdig erweisen sollte wie die Kalligraphie.

Ein Rezitator, der seine Verehrung dieser göttlichen Lesung zum Ausdruck bringen will, muss diese Wissenschaft und meditative Kunst studieren und beherrschen. Es sind nämlich nicht nur Inhalt und Bedeutung, was man als *Qur'an* wahrnimmt. Vielmehr ist es auch die Verehrung als Gotteswort. „Seine Verehrung besteht aber nicht allein darin, dass man ihn (den *Qur'an*) im Bücherregal an einen besonderen, erhöhten Platz stellt, küsst und von islamisch rituell unreinen Händen fernhält, sondern vor allem darin, dass man ihn häufig rezitiert. Da dies nur im arabischen Originaltext geschehen kann, ist es für den Muslim erforderlich, soweit möglich die richtige, vom Umgangsarabischen abweichende Aussprache zu lernen und auch die Regeln, nach denen die Qur'an-Rezitation festgelegt ist, zu verstehen", heißt es in den „Regeln der Qur'an-Rezitation" von Bubenheim und Elyas.

So haben die Meister und Lehrer der Qur'an-Rezitation elegante Lesearten und unterschiedliche Leseschulen hervorgebracht. Sie sind sich alle jedoch darüber einig, dass die Qur'an-Rezitation die edelste der islamischen Wissenschaften ist, weil sie sich unmittelbar mit der ehrwürdigen Schrift des Allerbarmenden befasst.

Rituale

Pierre Stutz

Ein heißer Sommerabend am Neuenburgersee. Wir stehen im Kreis, ganz nah am Ufer. Philippe will hier Abschied von uns nehmen, nachdem er einige Monate in unserem „offenen Kloster" gelebt und gearbeitet hat. Wie viele von uns tut er sich schwer mit Abschieden: „Bis jetzt habe ich mich meistens einfach davongeschlichen." Neben dem Schmerz macht ihm Mühe, dass er beim Abschied im Mittelpunkt steht. Wir reden vorher darüber, und er sah in der Möglichkeit eines Abschiedsrituals eine Gelegenheit, bei der ihm und uns nochmals mit Leib und Seele bewusst wird, was in dieser gemeinsamen Zeit wachsen konnte. Nun stehen wir aufrecht im Kreis, jede und jeder hält eine Kerze in der Hand und ist eingeladen, sich für einen Moment in die Mitte des Kreises zu stellen, um von den anderen „erleuchtet" zu werden.

Was ich in diesen einfachen Gesten und Bewegungen erleben durfte, gehört zum Eindrücklichsten dieses Sommers. Beschreiben lässt sich die Kraft eines Rituals kaum; nur im Erleben wird spürbar, wie sich das Leben verdichtet, wie Tränen und Lachen, Dankbarkeit und Schmerz ganz nahe beieinander sind. Beim Liebhaber des Lebens aus Nazaret habe ich gelernt, wie heilende Kräfte geweckt werden können, wenn Menschen zugemutet wird, sich in die Mitte zu stellen. Rituale berühren drei menschliche Urwünsche, die sich in allen Kulturen, Märchen und Religionen finden lassen:

– An-sehen und An-erkennung zu erhalten; zu erahnen, dass ich vor aller Leistung von Gott anerkannt bin.

– Räume der Verwandlung zu eröffnen, damit die Spirale der Angst und der Gewalt durchbrochen wird und der solidarische, aufrechte Gang eingeübt werden kann.

– Beheimatung und Verwurzelung zu finden, weil ich nie Einzelne, Einzelner bin, sondern Teil eines Ganzen, eingebunden in Schöpfung und Kosmos.

Ein Ritual ist kein magischer, sondern ein symbolischer Akt. Ein Akt der Erinnerung daran, dass das Wesentliche im Leben schon da ist. Ich kann diesen Geschenkcharakter des Lebens mit Ritualen nicht heraufbeschwören – Gott kommt all unseren Ritualen mit seiner Zuwendung, seiner Gnade zuvor. Im Ritual er-innern wir uns an diese Wirklichkeit, indem das äußerlich Dargestellte zur inneren Realität wird. Was Leonardo Boff als Merkmale für sakramentales Denken umschreibt, gilt auch für ein Ritual:

– Ein Ritual braucht eine ganzheitlich-sinnliche Erfahrung. Es geschieht wirklich etwas: im Kreis stehen, Ringe austauschen, einander segnen, eine Rose ins Grab legen, mit Weihrauch durch die Wohnung gehen, bewusst aufstehen. Ein Ritual ist *immanent*.

– Ein Ritual übersteigt aber gleichzeitig die Erfahrung, es weist über sich hinaus, es hat einen *transzendenten* Sinn. Da „Außenstehende" diesen Charakter, der Erde und Himmel verbindet, oft nicht verstehen, braucht es als drittes eine sinnstiftende Deutung.

– Ein Ritual wird verstanden, wenn es *transparent* ist: Wir ziehen am Ostermorgen mit nur einer Kerze in die dunkle Kirche, weil wir damit unserer Hoffnung Ausdruck verleihen, dass unser Dunkel, unser Schatten durch das göttliche Licht erhellt und so jedem Menschen Verwandlung zugestanden wird. Damit ein Ritual wirklich gefeiert werden kann, braucht es die offensichtliche Deutung vorher und auf keinen Fall während der Feier, weil sonst die Tiefendimension zerredet würde.

Nicht immer wirken Rituale befreiend; sie können zwanghaft und krank machend wirken und religiösen Leistungsdruck ausüben. Damit sie nicht nur Gewohnheit werden, braucht es zwei existenzielle Grundhaltungen, die durch den wiederholenden Vollzug belebt werden: Geborgenheit und Freiheit.

In der Geborgenheit begebe ich mich hinein in ein Geschehen und lasse mich mit Geist-Leib-Seele berühren. In der Freiheit erneuern auch kritische Worte uralte Gesten.

Besonders wichtig sind Rituale in Situationen des Überganges – der Geburt, dem Übertritt ins Erwachsenenalter, der Eheschließung und der Beerdigung. Dazu kommen im Kreislauf des jahreszeitlichen Geschehens Übergangsrituale wie Schulbeginn, Erntedank, Nationalfeiertage, Geburtstage, Gedenktage, religiöse Feiern wie Divali (hinduistisches Lichterfest), Chanukka (jüdisches Lichterfest), Advent-Weihnachten (christliche Lichterfeste), Ramadan (islamischer Fastenmonat), Rohatsu (Feier des Todestages des Buddha im Mahayana-Buddhismus).

Hat ein Ritual keinen spirituellen Hintergrund, sollten wir von Gewohnheiten, Traditionen oder Bräuchen sprechen – nicht als Wertung, sondern als klärende Zuweisung, auch, um niemanden zu vereinnahmen. Das bedeutet jedoch nicht, dass Rituale nicht auch ihren Ort im alltäglichen Leben haben. In einer Zeit, in der wir immer mehr durch Hektik und Ansprüche von außen gelebt werden, entdecken viele Menschen den Zugang zu einem wohltuenden Rhythmus in ihrem Alltagsleben, wie Rituale ihn schaffen können. Indem ich mich entscheide, eine Gewohnheit, eine Geste, die sowieso zu meinem Alltag gehört, bewusster, achtsamer, langsamer, entschiedener zu tun, schaffe ich ein Alltagsritual und spüre seine Kraft. Für mich selbst ist das achtsame Aufstehen wichtig geworden. Darin verdichtet sich die Aufgabe eines jeden Menschen: geradestehen für das eigene Leben, aufstehen und Widerstand leisten für eine zärtliche Gerechtigkeit. Diese Gewohnheit verwandelt sich für mich als christlichen Menschen in ein Ritual, weil ich diese Geste in Verbindung bringe mit der Auferstehungskraft. Wenn ich auf den Bus warte, wenn ich anstehen muss beim Einkaufen, wenn ich aufstehe in der Kirche, schließe ich für einen Moment die Augen und erinnere mich, dass in diesem Moment überall – auch in schlimmsten Kriegsgebieten – Frauen und Männer widerstehen und einstehen für Frieden. Durch mein bewusstes Dastehen verstärke ich die Friedenskraft auf der Welt, die zusätzlich durch Protestbriefe, Demonstrationen, solidarisches Teilen glaubwürdig gefördert wird.

Ein Ritual ist ein mystischer Moment, in dem Raum und Zeit wie aufgehoben erscheinen und ich in Berührung komme mit dem Atem Gottes, der mich mit Schöpfung und Kosmos verbindet.

Ein Ritual ist eine heilende Erfahrung, weil die Seele als das Lebendige im Menschen (C. G. Jung) aufatmen kann und ich meine Erfahrungen rückverbinden kann (*re-ligere*) an Gott, die Quelle des Lebens. An jenem Abend im Kreis am See, im Horchen auf die Wellen, erfuhr ich, was jeden Tag zum Leben gehört: kommen und gehen; sterben und werden.

Schalom

Albert H. Friedlander

Israel muss an Gott und an die Menschheit glauben; und der Weg zu Gott und zum Mitmenschen ist der Friede. Der Friede, als zentraler Bestandteil des Gottesbundes, erfüllt das jüdische Leben durch die Jahrtausende – gründend auf der Urquelle des jüdischen Glaubens, der Bibel. Von außen mag man dies mit Erstaunen betrachten: Die Bibel als das Friedensbuch? Krieg erscheint auf so vielen Seiten der Heiligen Schrift; doch gerade dies birgt die Erkenntnis, dass der Friede sich im Kampf gegen die Ungerechtigkeit, die Unvollkommenheit der Menschheit bewährt.

In den Jahrtausenden der Machtlosigkeit lebte Israel in diesem Text und versuchte die Welt zu verändern. Es gelang nicht. Der Mensch, auch Israel, lebt in Unvollkommenheit. Der große Friede der Endzeit, Jesajas Traum, ist noch weit entfernt. In der Macht-losigzeit konnte Israel im Friedenstraum leben. Heute, im Heiligen Land, sieht man auch das Volk Israel als Kriegspartei. Einst war es die Aufgabe Israels und des Judentums, im Bund mit Gott die Frie-densbotschaft an alle Völker zu verkünden.

Es ist eine traurige Tatsache, dass in vielen Religionen, auch im Judentum, der Glaube an den Krieg mit dem Gottesglauben stär-ker wurde. Dies ist die tiefste Krankheit des Menschen. Der „Hei-lige Krieg", der religiöse Fanatismus der Terroristen auf beiden Sei-ten ist die eigentliche Blasphemie unserer Zeit. In jeder Zeit hat der Krieg hinter den Begriffen Schalom, Pax, Salaam zerstörende Eingriffe im Leben geschaffen: Der „Heilige Krieg" in den Religio-nen verschließt den Weg des Friedens zum Mitmenschen und zu Gott.

Man muss den Weg zurück zur Bibel finden. *Schalom* hat eine lange Entwicklung in der hebräischen Bibel. *Schalom* war nicht nur die wesentliche Beziehung zwischen Mensch und Gott, sondern auch die Verbindung mit dem Mitmenschen. Noch heute sind die Wörter *schalom aleychem* ein Versprechen an den anderen: „Friede sei mit dir, zwischen uns." Es verspricht etwas; es sollte als ein Bund gelten. So spricht der alte Mann im Richterbuch (19, 20) den reisenden Leviten an: „*Schalom lach*" („Friede sei mit dir") und bietet ihm auf diese Weise Schutz und Sicherheit – er wird ein Teil der Familie. Doch ist bezeichnend, dass der Schutz vor der Bosheit der Nachbarn zerbricht, die das Haus angreifen – der Friede des Einzelnen muss auf die Bereitschaft der Gesellschaft bauen. Aber die Welt ist noch heute unvollkommen.

Dennoch lebt der Gedanke *schalom* als Begriff eines gesicherten, guten Lebens in der Bibel weiter. Als Jakob den Joseph zu seinen Brüdern schickte, sagte er zu ihm (Gen 37, 14): *lech na, r'eh et sch'lom acheycha v'et sch'lom ha-tzohn* („Geh, und schau nach dem *schalom* deiner Brüder und dem *schalom* der Herden"). Das heißt: „Schau, ob es ihnen und ob es dem Vieh gut geht."

Ein Missverständnis der Brüder, die Joseph aus der Ferne nur als Spion erkennen, führt zur Gewalttat gegen den Bruder. Hätten sie gewartet, um zum Gespräch, zum Dialog zu kommen, hätten sie erkannt, dass Joseph in Frieden kam. Ohne Dialog kann kein Frieden existieren.

Der biblische Text führte Israel zur Erkenntnis, dass auch das Leiden ein Friedensweg zu Gott ist. Der „leidende Gottesknecht" Israel hatte die Aufgabe, „blinde Augen zu öffnen und Gefangene aus dem Kerker zu bringen" (Jes 42, 7 und die „Knecht-Dichtungen" in Jes 42, 49, 50, 52, 53). Von Anfang an sahen die Propheten, dass der Friede nur in einer Welt der sozialen Gerechtigkeit existieren kann. Nach der Schoah wurde Jesaja 40: *Nachamu, nachamu Ammi* („Tröste dich, mein Volk") ein Tor zu einer Welt des Friedens nach dem großen Leiden. Der *Hurban* – die Zerstörung Jerusalems und des Tempels der babylonischen Zeit – wiederholte sich im Holocaust. In den heutigen Gebeten der Synagoge lebt ein zaghafter, zweifelnder Glaube wieder auf.

In der hebräischen Bibel ist das Wort *Schalom* – Friede – ein Ausdruck des Göttlichen: Es ist das *perfectum*, das sich am Ende der Zeit, im messianischen Königsreich, vollständig realisieren wird. *Schalem* bedeutet „vollständig", „ganz", aber auch „sicher". Der sich immer wiederholende Platz der Sicherheit im jüdischen Leben ist der *Schabbat*, zu Hause und in der Synagoge. Eine Dimension des Friedens umgibt uns für diese von Gott gegebene Zeit. Man erkennt Spuren der messianischen Endzeit; der perfekte Friede wird greifbar in Gebeten und Vollzügen. Gebete führen uns zu Gott und zum Mitmenschen; sie öffnen den Weg zum Innersten unseres Lebens. Gebete des Schweigens in der Synagoge und auch tröstende Gebete für die Leidenden und Trauernden bringen uns zusammen. Auch Tischgemeinschaften am Ende des Schabbats, aber vor allem das Haus als Friedensstätte sind etwas Existenzielles auf dem Weg zur inneren Ruhe. Heinrich Heine beschrieb die Freude und Ruhe des häuslichen Schabbats in seinen „Hebräischen Melodien". Schabbat bleibt die große Begegnung mit dem Frieden. Leo Baeck beschrieb den Versöhnungstag wie folgt: „Der Tag, der völlig Sabbat ist und Ruhe des Lebens der Ewigkeit. Es ist der große Friede. Der Lebende sucht und geht ‚zum Frieden'; der, der heimgegangen ist, ist ‚im Frieden'".

Martin Bubers „Der Weg des Menschen" zeigte, dass jede Reise zum Mitmenschen immer auch eine Reise nach innen, in die eigentliche Existenz ist: „Rabbi Bunam lehrte: Unsere Weisen sagen: ‚Suche den Frieden an deinem Ort.‘ Man kann den Frieden nirgendwo anders suchen als bei sich selbst, bis man ihn da gefunden hat. Es heißt im Psalm: ‚Es ist kein Friede in meinem Gebein meiner Sünde wegen.‘ Erst wenn der Mensch in sich selber den Frieden gefunden hat, kann er daran gehen, ihn in der ganzen Welt zu suchen."

Der Friede im Menschen und der Friede mit den Menschen kommen hier zusammen. Der Bund mit Gott bleibt das Leitmotiv des Lebens. Für das Judentum ist Aaron das Vorbild des Friedensmenschen: „Werdet die Nachfolger Aarons: liebt den Frieden und strebt nach dem Frieden", lehren die Rabbiner. Für die Mystiker des Judentums, die sich durch die biblischen Kommentare näher zu Gott bringen wollen, bleibt die große Lehre in Lev 19 das Hauptprinzip: *K'doschim t'hiju, ki kadosch Adonai eloheychem* („Seid heilig, denn Gott ist heilig"). In einer späteren Zeit lehrte Isaac Abravanel: „Und warum ist Gott ‚Schalom‘ benannt? Er bindet die Welt zusammen und sortiert alles durch ihre Besonderheiten. Denn wenn alles im richtigen Platz ist, wird der Frieden eintreten ... So wie das Licht der Gegensatz zum Dunklen ist, so steht der Friede gegenüber dem Bösen" (Kommentar zu *M. Avot, 2, 12*).

Schalom ist das Wesen von *Schelemut*, dem Perfekten: Gott. In der Kabbala ist *Schalom* eine Emanation des Göttlichen, mit der *sefirah* des *Yesod*, wo die Verbindung zwischen der göttlichen und menschlichen Sphäre stattfindet. Für den Menschen in seiner Unvollkommenheit bleibt der Weg, in der Synagoge, in der Familie und in der Begegnung mit dem Mitmenschen, durch den Frieden vollkommener zu werden. Dies kann nur geschehen, wenn wir uns durch *schalom* in den Dialog mit uns selbst, dem Anderen und Gott hineinfinden.

Schicksal/Karma

Michael von Brück

Schicksal und Karma sind Begriffe, mit denen der Mensch die Un-
vorhersagbarkeit des Lebens, des Scheiterns und Gelingens, des
Schmerzes und der Freude, des Sinnes und des Widersinnes, zu fassen versucht. Schicksal kann als „blind" erlebt werden, etwa wenn
Arthur Schopenhauer hinter allem Geschehen eine nicht-zielge-
richtete Kraft, einen „blinden Willen" annahm, oder wenn alles Geschehen als zufällig gedeutet wird. In den Religionen wird diese
Deutung meistens nicht akzeptiert. Hier ist Schicksal etwas „Ge-
schicktes", von Gott oder den Dämonen oder beiden. Hinter allem
Geschehen wird dann nicht blinder, sondern absichtsvoller Wille
vermutet. In dualistischen Religionssystemen kommt das Gute von
Gott, das Böse von widergöttlichen Kräften oder einem Gegengott.
Im Monotheismus wird als Quelle allen Geschicks meistens ein Gott
angenommen, der das Gute dem zuteilt, der es verdient, oder das
Üble als Schicksal zur Bestrafung sendet. Der Mensch kann sich
nur demütig vor der Allmacht Gottes beugen und hoffend auf seine
liebende Güte vertrauen, die letztlich – so das biblische Zeugnis –
über das Dunkle, das auch in Gott ist, triumphieren wird. Christen
glauben, dass dieser Triumph im Tod und der Auferweckung Jesu
von den Toten gleichsam dokumentiert ist.

In vielen Religionen wird das Problem der Spannung zwischen
dem, was Gott dem Menschen als Schicksal zuteilt, und dem eigenen
verantwortlichen Handeln des Menschen thematisiert. Ist der
Mensch selbst verantwortlich für sein Schicksal? Das bejaht die klassische indische Lehre vom Karma. Hat Gott jedem Menschen das
Schicksal vorherbestimmt, so dass der Mensch keinen Einfluss darauf nehmen kann? Das bejahen strikte Prädestinationslehren, wie
sie in radikalen Interpretationen des calvinistischen Christentums
und auch des Islam vorkommen. Die meisten Religionen, und hier
besonders volksreligiöse Glaubensvorstellungen, streben eine Balance zwischen beiden Extremen an, was zu vielfältigen religiösen Antworten geführt hat, die keineswegs immer logisch schlüssig sind.

Schicksal (*vidhi*), das Gott oder die Götter dem Menschen zuteilen, ist auch im Hinduismus eine Deutungskategorie des Lebens und des Leidens, die neben der Vorstellung von Karma existiert. Gott spielt in seiner Überfülle an Kreativität, und was dem Menschen widerfährt, ist dieses überschäumende Sprudeln von Kreativität, die er, auf sich bezogen, als *vidhi* erfährt. Im volkstümlichen Hinduismus werden nicht selten als positiv gedeutete Lebensumstände dem *vidhi* zugeschrieben, die negativen aber dem Karma. (Ayrookuzhiel, S. 142ff.) Der Grund ist nur schwer zu ermitteln, könnte aber auch damit zusammenhängen, dass man das Negative dem eigenen Handeln zuschreibt, das Glück aber nicht, um nicht als stolz oder selbstgefällig zu erscheinen, was den Zorn der Götter hervorrufen könnte, die wiederum aus Eifersucht schlechtes Schicksal schicken könnten.

Karma(n) bedeutet ursprünglich „Tat", in früher indischer Zeit vor allem das Handeln beim rituellen Opfer, durch das ein Ausgleich zwischen unterschiedlichen Vorgängen in der Welt geschaffen und die Harmonie in der Welt wiederhergestellt werden soll. Etwa seit 700 – 600 v. Chr. wird *karman* zum reziproken Kausalprinzip überhaupt. Alle Ereignisse erzeugen Wechselwirkungen. Jedes Tun im physischen wie im geistigen Bereich wirkt auf den Täter zurück, indem es sein Wesen beziehungsweise seinen Charakter verändert und prägt. Das ist besonders spürbar im moralischen Bereich. Die Welt ist der Raum zur moralischen Reifung. Sie ist der Ort, in dem die Vergeltung des *karman*, der Wirkungen der Taten, stattfinden kann. Die *karman*-Theorie besagt, dass jede Tat und ihre Wirkung einen unauflöslichen Zusammenhang bilden, dass also jede Tat ihre unvermeidliche Wirkung in sich trägt, so dass das gesamte Weltgeschehen als Netz von Beziehungen erscheint.

Das karmische Netz hat keinen Anfang, wohl aber ein Ende. Die zeitliche Existenz geht dann ihrem Ende entgegen, wenn alles *karman* aufgebraucht ist, weil die das Zeitliche transzendierende Wirklichkeit erkannt wurde. Die phänomenale Welt ist gekennzeichnet durch den kosmischen Zusammenhang aller Dinge im *karman*: Jede Wirkung, jedes Ereignis ist verwoben in den Gesamtzusammenhang. In jeder Tat steckt notwendigerweise eine bestimmte Wirkung, die nicht verloren geht. Die Gegenwart ist somit Folge des Vergangenen, und Zukunft ist nichts anderes als Explikation des gegenwärtigen *karman*. *Karman* ist unerschöpflich, und somit entsteht der Eindruck einer kreisförmigen Zeitbewegung.

Dass die Wirklichkeit dem *karman* unterworfen ist, bedeutet, dass es keine absolute Freiheit gibt. *Karman* ist weniger ein universales Gesetz, dessen Struktur statisch wäre, sondern die akkumulierte Kraft der *Gewohnheit*, die ihre Eigengesetzlichkeit im Verlaufe ihrer Wirkung entwickelt. Wenn eine Handlung (etwa das Rauchen) ständig wiederholt wird, ist die Folge davon, dass die Wahrscheinlichkeit zunimmt, mit der sich das Handlungsmuster entsprechend der Gewohnheit verstärkt – man wird dann das Rauchen immer schwerer aufgeben können. Nicht nur im Bereich menschlichen bewussten Handelns schafft habituelle Disposition unumkehrbare Strukturen, sondern die Gesetzmäßigkeit der Wirklichkeit als solche beruht auf dem Werden des *karman*. *Karman* kann somit als das formende Prinzip schlechthin gelten, das den materiellen wie den geistigen Bereich betrifft. Ein Ende der karmischen Wechselwirkungen ist dann abzusehen, wenn der Kreislauf der Gewohnheit durch eine tiefe geistige Einsicht durchbrochen ist, weil kein neues *karman* mehr erzeugt wird. Wie ist das möglich?

Karman, so argumentieren der Buddhismus und viele Strömungen im Hinduismus, hängt an der Intention zum Handeln, die normalerweise von der Begierde gelenkt wird, weil der Mensch sein Ich durch Handeln stabilisieren will. Wird aber in tiefer Einsicht (etwa durch Meditationserfahrung) erkannt, dass es kein Ich gibt, das sich durch Zugewinn oder Abgrenzung von Anderem stabilisieren könnte, sondern dass auf einer tieferen Ebene der Wirklichkeit alle Lebewesen und Erscheinungen eins sind, verliert das Handeln sein karmische Wirkung – es ist nicht mehr gebunden. Bindung an *bestimmte* Formen (Gewohnheiten, Dinge, Ideen) wird überwunden durch Partizipation an der Ganzheit. Das Ende des *karman* ist der Beginn der Freiheit.

Die im *karman* eingeprägten Handlungspotenziale müssen ausgeglichen werden. Da dies nicht in diesem Leben allein möglich ist, besteht die Notwendigkeit zu besserer Wiedergeburt für den

Fall, dass Verdienste und gute Taten, zu schlechterer Wiedergeburt für den Fall, dass Strafe und böse Taten abgegolten werden müssen. Die *karman*-Theorie ist der wichtigste Grund für die Lehre vom *saṁsāra* und der Wiedergeburt. Wer, um das Problem in der Sprachform des nicht-dualistischen (*advaita*) Vedānta auszudrücken, die Nicht-Dualität von *ātman/brahman* und der gesamten Wirklichkeit erfahren hat, stellt seine Existenz in den alles umfassenden Zusammenhang und ist deshalb dem logisch wie zeitlich begrenzten *saṁsāra* nicht mehr unterworfen. Für ihn ist alles Nicht-Dualität, und das heißt auch, dass es für ihn keinen Unterschied zwischen dem Sein im *brahman* und dem Sein im *saṁsāra* mehr gibt. Das bedeutet, dass im Advaita-Vedānta die populäre Lehre von der Wanderung individueller Seelen, die ruhelos im Kreislauf der Geburten ihre Taten abgelten und dabei immer neues *karman* anhäufen, uminterpretiert wird: *Saṁsāra* gehört zum Bereich der *māyā* (schöpferisches Spiel der göttlichen Kraft), ist aber letztlich Illusion.

Weil die Vorstellung vom *karman* die geordnete Beziehung zwischen allen Erscheinungen beinhaltet, kann sie als Inbegriff der Historizität beziehungsweise der sich selbst organisierenden Wirklichkeit, als Kausalitätstheorie schlechthin betrachtet werden. Sie hat fast alle Philosophien des Hinduismus und den Buddhismus geprägt.

Schweigen

Raimon Panikkar

In Anlehnung an die Mandukya-Upanishad (1–7) können wir ein Geviert im Schweigen unterscheiden:

Erstens die Repression der Worte. Man schweigt, obwohl man vieles zu sagen hätte. Man schweigt aus Vorsicht, Klugheit oder Angst.

Zweitens die Verblüffung der Worte. Man schweigt aus Mangel an passenden Worten. Man schweigt aus Verlegenheit, Unfähigkeit oder Unkenntnis.

Drittens die Unfähigkeit der Worte. Man schweigt, weil man erkennt, dass es sich um etwas Unaussprechbares handelt. Man schweigt aus der Unmöglichkeit, das Erfahrene auszusprechen. Man spürt das Unsagbare, und man ist sich dessen bewusst.

Und viertens die Abwesenheit der Worte. Man schweigt nicht, weil man nichts zu sagen hat, sondern weil es nichts zu sagen gibt – oder, wie eine dritte Upanishad (Ken U I, 5) erklärt, „das, was das Wort nicht sagt". Das Wort ist hier der Wucht der Wirklichkeit nicht gewachsen. Dies ist das Schweigen des Wortes. Das Wort ist nicht mehr da. Es bleibt allein das Schweigen. Es ist dies nicht die Verneinung des Wortes, sondern seine Abwesenheit – weil es keine Wesenheit ist. Von dieser vierten Art des Schweigens ist fortan die Rede: „Wovon man nicht sprechen kann" (Wittgenstein), das muss man als das Schweigen erfahren.

Dieses Schweigen übt keine Gewalt über das Wort aus. Es tritt erst auf, wenn es nichts (mehr) zu sagen gibt. Es spricht, wenn man keinen Urteilssatz mehr zu bilden imstande ist, weil nichts Sagbares da ist – und infolgedessen auch nichts Unsagbares. Das Unsagbare ist mindestens als Unsagbares sagbar. Schweigen ist nicht nur „Stille halten"; inmitten des größten Tumults können wir schweigen. Das Schweigen ist nicht das, was wir als das Unsagbare entdecken, sondern das, was wir als das Ungesagte nur nachträglich einholen können. Diese Wiederholung gehört zum „Logos des Schweigens", wie Plotin schreibt (Enneaden III, 8, 6, 11). Aber was wir dort wieder-holen – mit dem *logos* allerdings – ist nicht das Wort, sondern das Schweigen. Auf dieser tiefsten Ebene gehören Wort und Schweigen zusammen – sonst könnten wir nicht einmal darüber reden.

Einige Meditationsschulen sprechen von der Abwesenheit der Gedanken, die freilich nur vorübergehend sein kann, weil der Mensch ein denkendes Wesen ist. Ein leeres Bewusstsein ist ein Bewusstsein ohne gedankliche Inhalte, aber immer noch ein Bewusst-Sein. Das echte Schweigen hat mit dem Sein nichts zu tun. Das ist die größte Herausforderung und gleichzeitig die höchste Offenbarung des Schweigens. Christlich gesprochen schweigt das Sein nicht. Das Sein ist der *logos*, das Wort, und das Wort ist Wort, weil es spricht. Der *logos* schweigt deshalb nicht, weil er aus dem Schweigen kommt. Diese innerliche Beziehung ist das, was uns ohne Widerspruch über das Schweigen reden lässt.

Innerhalb eines strengen Monotheismus ist dieses Schweigen das Nichtsein, eine Gotteslästerung, weil Gott *ist* – und letzten Endes eine Unmöglichkeit. Das mag erklären, weshalb das mystische Schweigen so oft als verdächtig, wenn nicht gar als bedrohlich erscheint. Nur innerhalb einer trinitarischen Anschauung der Wirklichkeit kann man von diesem Schweigen sinnvoll – widerspruchlos – reden.

„Am Anfang war das Wort", sagen die Veda, das Evangelium und einige afrikanische Traditionen. Aber das göttliche Wort war – ist – nicht der „Anfang", der Ursprung, die *arche*. Die Quelle des *logos* ist nicht das Sein. Der *logos* ist das Sein, weil „durch ihn alles geworden ist" (Joh 1, 3). Er ist das Sein, das er allem Dasein erst zuteilt. Die Quelle des Flusses ist nicht der Fluss; die Quelle des Seins ist das Nichts, aus dem das Wort geboren wird. Aus dem Schweigen des Vaters ist das Wort entsprungen. Wie Ignatius von Antiochien sagt, „ist Christus, der *logos* Gottes, aus dem Schweigen gekommen" (Ad Magn. 8, 2-PG 5, 669). Wort und Schweigen stehen also nicht in dialektischer, sondern in dialogischer, in trinitarischer Beziehung. Sie schließen sich nicht gegenseitig aus, sondern gerade ein. Das ist die *Perichorese* der Patristik: das Ineinandersein. Das Nichts ist nicht das Nicht-sein (trotz des Ausdrucks „ne-wicht": „nicht-Ding"). Das Nichts ist nicht *niente*, *néant*, *nothingness*, sondern eher das *Noch-nicht*, wie das spanische Wort *nada* etymologisch andeutet: das *non natum*, noch nicht geboren, eine ur-sprüngliche Abwesenheit des Seins.

Nur eine trinitarische oder a-dualistische (*advaita*) Erfahrung kann das „einsehen". Das Nichts ist nicht das Nicht-Sein, die Verneinung des Seins, nicht sein Widerspruch, sondern seine Abwesenheit. Es ist der andere Pol, der andere „Drehpunkt" (*polus*), ohne den es den ersten nicht gibt. Wir können einen Pol nicht ohne den anderen „sehen". Das heißt, dass die *reductio ad unum*, die Rückführung der Vielfalt in die Einheit, als bloße Forderung des Intellekts nicht vollziehbar ist. Deshalb sprechen so viele Traditionen von der Notwendigkeit eines „dritten Auges", um die Wirklichkeit nicht zu verzerren. Das erst ermöglicht die a-dualistische (*advaita*) Erfahrung der ganzen Wirklichkeit – ohne die die Erfahrung der Trinität nicht mitvollziehbar ist.

Das Schweigen ist die Erfahrung des „Nichts", der Quelle „vor" der Geburt des Logos. Diese Erfahrung kann nur im Heiligen Geiste geschehen, das heißt im trinitarischen Beziehungsreichtum des Ineinanderseins – denn jenes „vor" der Geburt des Logos ist gewiss nicht zeitlich zu verstehen.

Die Vermählung von Schweigen und Wort ist gerade heute die vielleicht wichtigste Herausforderung für eine fruchtbare Begegnung zwischen den abrahamischen und den asiatischen Formen der Spiritualität. Die „Anstrengung (Anspannung) des Begriffes" bedarf einer Ent-spannung des Geistes, um viele Missverständnisse wegzuräumen und einer gegenseitigen Befruchtung dieser zwei großen Traditionen der Menschheit zu dienen. Diese ontologische Abwesenheit ist eine homöomorphe Ent-sprechung der ostasiatischen *Sunyata*. Diese „Leere" hat nichts mit dem westlichen Nihilismus zu tun. Nur im Schweigen kann man das Göttliche spüren, darin sind sich fast alle spirituellen Traditionen einig. „Die Worte der Weisen sind im Schweigen vernommen", übersetzt die Septuaginta Koh 9, 17. Die christliche Überlieferung fasst die hier beschriebene Haltung mit Worten der Bibel zusammen: „Als tiefes Schweigen das All umfing und die Nacht bis zur Mitte gelangt war, da sprang dein allmächtiges Wort vom Himmel … herab" (Weish 18, 14–15, Vulgata) – und die christliche Liturgie bezieht das auf Weihnachten. Das Schweigen ist der leere Raum innerhalb unseres Selbst, der der *Theosis*, der Vergöttlichung, freien Raum lässt. „Im Schweigen und in der Hoffnung wird eure Stärke liegen", sagt das lateinische Jesajabuch (30, 15 Vulgata). Das Schweigen ist die Kraft der Mystik – ohne sie ist der Mensch nur ein rationales Tier, und die Religion nur ein Gedankensystem.

Sexualität

Regina Ammicht-Quinn

„Ich weiß, dass ich in einen sehr schweren Stand trete, darin ich viel leiden und große Gefahren werde ausstehen müssen …" – so beginnt ein Gebet, das der Kapuzinerpater Martin von Cochem, 1712 gestorben, Bräuten vor ihrem Hochzeitstag empfiehlt: „Du mein Gott weißt, dass ich nicht aus Geilheit, sondern vielmehr aus Notwendigkeit in diesen Stand trete, damit ich nämlich der Schwachheit meiner Natur zu Hilfe komme und auch die zeitliche Nahrung in diesem Stand erwerbe … O Christe Jesu! der du dem Ehestand zu Ehren auf die Hochzeit zu Cana gegangen und allda Wasser in Wein verwandelt hast, würdige dich auf unsere Hochzeit zu kommen und das Wasser der Trübseligkeit unseres Ehestandes in den Wein der Fröhlichkeit zu verwandeln."

Die Bußbücher des Mittelalters kennen ausführliche Zeiten, in denen der Geschlechtsverkehr zwischen Eheleuten (von jedem anderen ganz zu schweigen) verboten war: je 40 Tage vor Weihnachten und Ostern, während des Herbstfastens, in allen Nächten von Samstag auf Sonntag, drei Nächte vor Kommunionempfang.

Das Gebet und die Regelungen des Intimlebens eines Ehepaar erscheinen uns völlig fremd. Die heutige Popularkultur proklamiert eine Sexualität, die nicht mit „Trübseligkeit", sondern vor allem mit Spaß und immer wieder auch mit Leistung verbunden wird. Als Leistung gilt die Quantität und Qualität der Sexualität – nicht die Enthaltsamkeit. Über die Tatsache hinaus, dass das Los einer Ehefrau um die Wende zum 18. Jahrhundert tatsächlich schwierig und – durch die zu erwartenden Geburten – lebensgefährlich war, wird in diesem Gebet eine bestimmte Haltung der Sexualität gegenüber deutlich, wie sie in den Bußbüchern des Mittelalters vorbereitet ist. Die Forderungen nach sexueller Enthaltsamkeit sind nicht nur eine Form der Geburtenregelung; sie sind vielmehr eine Möglichkeit, den Bereich des Religiös-Spirituellen und den Bereich des Sexuellen so weit wie möglich voneinander zu trennen.

Der Ausgangspunkt dieser Versuche der Trennung von Sexualität und Religion ist das aus der Spätantike erwachsene Misstrauen gegenüber der Triebstruktur des Menschen. In dieser menschlichen Bedürfnisnatur erscheint seine Armseligkeit und zugleich seine Sündhaftigkeit ver-körpert. Mittel und Möglichkeiten, dieser Sündhaftigkeit zu begegnen, setzen darum an den körperlichen Bedürfnissen und am Versuch ihrer Überwindung an – den Bedürfnissen nach Schlaf und Nahrung, aber, vor allem, den Bedürfnissen nach Nähe, Berührung, Zärtlichkeit, Sexualität.

Untermauert wird diese Haltung von einer Theologie, die eine enge Verbindung von Sexualität und Tod beschreibt: Kirchenväter wie Gregor von Nyssa oder Augustinus gehen davon aus, dass erst aus dem Sündenfall der Tod des Menschen folgte, aus dem Tod dann die Notwendigkeit der Sexualität. Sexuelles Begehren ist damit eine Strafe Gottes, die die Eltern bei der Zeugung als Erbsünde an die Kinder weitergeben. Sexualität ist nur dann sündenfrei, so Augustinus, wenn sie der Zeugung von Nachkommen dient. Dann, und nur dann, darf die mit Sexualität verbundene Lustempfindung hingenommen werden.

Diese historische Form der Theologie und des pastoralen Handelns setzte eine große und gewaltige Säkularisation in Gang: Sexualität wird so weit als möglich aus dem Bereich des Christlich-Religiösen entfernt und nur unter genau kontrollierten Bedingungen zugelassen. Damit entwickelte sich im christlichen Abendland Sexualität außerhalb, häufig auch im Gegensatz zu und im Streit mit Religion.

Das Ergebnis dieser groß angelegten Säkularisierung der Sexualität erfahren wir heute. In der zeitgenössischen Alltagskultur ist Sexualität zugleich verflacht und überhöht. Sie ist verflacht, wo sie allgegenwärtig, „normal", herstellbar und kontrollierbar ist; sie ist überhöht, wo sie zugleich das komplette Glück eines Menschen produzieren soll. Mit diesem doppelten Bild aber zeigt sich, dass die Säkularisierung der Sexualität, ihre Abtrennung vom Bereich des Religiösen, unvollständig geblieben ist. Denn dieser wechselseitige Ausschließungsmechanismus – *entweder* Sexualität *oder* Spiritualität, beides keinesfalls – scheint eine gesellschaftliche Leerstelle produziert zu haben, in der die Sehnsucht nach einer Verbindung von Spiritualität und Sexualität präsent wird. Die Popularität östlicher Religionsformen, die diese Verbindung in sich tragen und die esoterisch überformt und westlich angeglichen werden, ist eines der Indizien dafür; deutlich wird die bleibende unterschwellige Verbindung auch dort, wo auf Sexualität Verheißungen von Heil und Rettung lasten, die vormals Teil der Religion waren und denen die Sexualität auf Dauer nicht gerecht werden kann.

In dieser Situation liegt eine große Chance: Es ist die Chance, Sexualität neu zu sehen und neu zu leben – nicht im Gegensatz, sondern im Einklang mit Religion.

Zu lernen wäre dafür zuallererst von den säkularen Wissenschaften, die den Begriff von Sexualität erweitert und neu verortet haben. Sexualität ist seit Freud nicht mehr reduzierbar auf Geschlechtsverkehr; Sexualität ist nicht etwas, das man „hat" oder nicht „hat". Sexualität ist ein wesentlicher Bestandteil jedes menschlichen Lebens, des zölibatären und des nicht-zölibatären Lebens, denn Sexualität ist die Möglichkeit und Aufgabe, die Last und das Glück, die eigene Geschlechtlichkeit zu leben.

Zu lernen wäre genauso von den biblischen Schriften, die von der ursprünglichen und schöpfungsgemäßen Zweigeschlechtlichkeit des Menschen von Anfang an erzählen – nicht von einer Zweigeschlechtlichkeit als Folge der Sünde; die in den biblischen Heilungsgeschichten das Heil mit der Wiederherstellung glückender Körperlichkeit, auch mit der Befriedigung körperlicher Bedürfnisse verknüpfen. Zu lernen wäre genauso von den Mystikerinnen und Mystikern der christlichen Geschichte, die immer einen eigenen Sinn dafür hatten, dass intensive Glaubenserfahrung den ganzen Menschen auch in seiner Geschlechtlichkeit ergreift und verändert.

Auf diesen Lern-Wegen könnte deutlich werden, dass Sexualität nicht der eigenen spirituellen Entwicklung entgegensteht, sondern dass Sexualität und Spiritualität zusammengehörige Gestalten menschlicher Reifung sind: Gestalten des Zu-sich-Kommens des Menschen.

Spiel

Christoph Quarch

Rechtzeitig zur Fußballweltmeisterschaft 2002 in Japan und Korea startete die Evangelische Kirche in Deutschland eine groß angelegte Werbekampagne, in der sie zum Gespräch über die Frage einlud: „Sind Fußballer unsere wahren Götter?" – eine fragwürdige Frage, weil sie, oberflächlich verstanden, natürlich nur mit „nein" beantwortet werden kann (und wohl auch soll), bei näherem Hinsehen aber doch in die Tiefe des Denkens zu locken vermag. Denn warum wird so eine Frage überhaupt gestellt? Offenbar doch deshalb, weil tatsächlich ein Zusammenhang zwischen Fußball und Gott besteht, der dadurch problematisiert werden soll. Es lohnt sich, über diesen Zusammenhang nachzudenken.

Nun wäre es zu weit gegriffen, wenn man mit Dirk Schümer behaupten wollte: „Gott ist rund". Und doch ist es nicht abwegig zu vermuten, dass Gott beim Fußball mit im Spiel ist – nicht in dem Sinne, dass er ins Spiel eingreift (wie fromme brasilianische Fußballer meinen), aber doch so, dass im Spiel – und zwar in jedem – etwas von der Wirklichkeit Gottes in Erscheinung tritt. Fußballer sind zwar nicht unsere wahren Götter, aber der wahre Gott zeigt in ihrem Spiel sein Gesicht – oder wenigstens ein Augenzwinkern. Dies wäre zumindest eine plausible Erklärung dafür, warum 1,5 Milliarden Menschen auf der ganzen Welt ein WM-Finale im Fernsehen verfolgen.

„Der Mensch ist nur da ganz Mensch, wo er spielt", notierte einst Friedrich Schiller. Und schon lange vor ihm wagte Nikolaus von Kues in seiner Schrift über das Ballspiel (*De ludo globi*) die These, dass die eigentliche Würde des Menschen in seiner Fähigkeit zum Spiel zu finden sei: in seiner kreativen Potenz, eigene Welten zu erfinden. Darin bewähre er sich als wahres Ebenbild Gottes. Wenn dies zutrifft, dann wäre das Spiel eine Praxis, in deren Vollzug der Mensch – vielleicht ohne es recht zu wissen – mit der Wirklichkeit Gottes in Berührung kommen kann; dann wäre das Spiel ein spiritueller Weg und Gottesdienst zugleich.

Tatsächlich hat das Spiel über Jahrhunderte hinweg unbefragt diesen Charakter besessen. Die großen Spiele der alten Welt – vom Mysterienspiel über das Drama bis zu den olympischen Spielen – waren selbstverständlich kultische Veranstaltungen, die zu Ehren eines Gottes oder mehrerer Götter stattfanden. Ähnliche Befunde lassen sich aus allen Kulturen der Welt zusammentragen, so dass Johan Huizinga in seinem Buch *Homo Ludens* feststellen konnte, dass man mit gutem Grund die „heilige Handlung als Spiel bezeichnen" könne. Damit ist freilich noch nicht gesagt, dass auch umgekehrt das Spiel eine heilige Handlung ist. Aber die strukturelle Nähe und historische Identität beider legt doch den Verdacht nahe, dass einem jeden Spiel zumindest latent eine religiöse Potenz innewohnt.

Was ist ein Spiel? Der Philosoph Hans Georg Gadamer gibt folgende Antwort: Ein Spiel ist „eine Selbstbewegung, die durch ihre Bewegung nicht Zwecke und Ziele anstrebt, sondern die Bewegung als Bewegung – die sozusagen ein Phänomen des Überschusses, der Selbstdarstellung des Lebendigseins, meint". Diese Definition entspricht im Kern der Erfahrung eines jeden Spielers: Im Spiel fühlen wir uns in einem höheren Grade lebendig; und dies um so intensiver, je mehr wir in das Spiel eintauchen und uns von ihm mitnehmen lassen. Für Fußballer, Zocker und Schachspielerinnen gilt gleichermaßen: Je mehr es gelingt, das Wollen des eigenen Ich auszuschalten und sich der Dynamik des Spiels zu überlassen, desto sicherer wird das Spiel gelingen. Am Ende spielt das Spiel durch den Spieler hindurch: „Es kämpfte um den Ball, es schoss, es spielte" – wie der fußballbegeisterte Zen-Lehrer Willigis Jäger gerne von einem mystischen Erlebnis auf dem Klosterbolzplatz berichtet. Ähnliches erleben Schauspieler und Musikerinnen, wenn in ihrem Spiel jener wundersame Wechsel stattfindet, nach dem nicht mehr sie eine Rolle oder eine Symphonie spielen, sondern sie selbst zum Instrument des Spiels werden. Ja, selbst für gewiefte Glücksspieler gilt – wie Paul Auster auf wunderbare Weise in seinem Roman „Die Musik des Zufalls" erzählt –, dass sie nur dann gewinnen, wenn sie sich ganz und gar in das Spiel versenken können und diese Versenkung durch nichts gestört wird.

Diese Art der Versenkung oder Einlassung in das Spiel ist nicht zu erzwingen. Sie gelingt nur demjenigen, der sich dem Spiel anvertraut. Das aber bedeutet zu allererst, seiner Logik zu folgen und kein Spielverderber zu sein – indem er das Spiel entweder zu ernst oder zu wenig ernst nimmt. Spielverderber zerstören das Spiel, weil dessen Wesen in einer eigentümlichen Mischung aus Spiel und Ernst besteht. Diese Mischung lässt sich nur deshalb durchhalten, weil das Spiel, wie in der Definition Gadamers dargestellt, zwecklos ist. Es hat seinen Sinn ausschließlich in seinem eigenen Vollzug. Selbst Fußballprofis verfolgen, während sie im Spiel sind, nicht das Interesse des Geldverdienens, sondern sie folgen der Logik des Spiels und versuchen Tore zu schießen (wenn es anders ist, dann sind sie schlechte Fußballer). Diesem Ziel folgen sie mit allem gebotenen Ernst, aber es ist doch ein Ziel, das durch das Spiel selbst gesetzt ist und sich in ihm erschöpft. Nach dem Ende des Spiels hat dessen Ziel und Zweck ein Ende – und Fußball ist wieder die schönste Nebensache der Welt. Wirklich?

Das Spiel ist vollkommen zwecklos, aber genau darin ist es überaus sinnvoll. Es hat seinen Sinn allein in seinem eigenen Vollzug – und dieser Vollzug hat das Vermögen, dem Leben eine Intensität und Tiefe zu geben, die es so lange nicht freisetzt, wie es in zweckhafte Kontexte eingebunden ist. In dieser sinnvollen Zwecklosigkeit ist das Spiel eine Einübung ins Leben überhaupt, da ja auch dieses seinen Sinn und Zweck einzig in seinem eigenen Vollzug hat. „Das Leben ist ein spielendes Kind" (*Aion pais esti paizon*), lehrte einst Heraklit und brachte damit die Wahrheit zum Ausdruck, dass wir dem Leben dann am ehesten gerecht werden, wenn wir es spielerisch nehmen: uns seiner Dynamik anvertrauen, unser Wollen loslassen und es gerade darin doch mit allem Ernst leben. Bei Kindern können wir es beobachten, im Spiel können wir uns darin üben – und wo ein Spiel gelingt, wird es zur Metapher auf das gelingende Leben überhaupt. Da sind wir ganz Mensch, und eben darin blitzt etwas von der Wirklichkeit Gottes in unserem Leben auf. Das sicherste Indiz dafür ist das Glück, das das Spiel uns bereitet.

Dieses Glück erfasst nicht nur den aktiven Mitspieler, sondern auch den Zuschauer. Er ist mehr als ein Beobachter, denn er nimmt

332

ebenso wie der Spieler am Spielgeschehen teil. Sofern er sich wirklich auf das Spiel einlässt, transzendiert auch er darin sein Wollen und seine Zwecke. Auch ihm wird damit das gesteigerte Gefühl der Lebendigkeit zuteil – vorausgesetzt, er bewahrt sich die erforderliche Balance zwischen Spiel und Ernst. Nicht umsonst heißt es: Dabei sein ist alles. Wer nicht im Spiel sein, sondern nur gewinnen will, dem wird sich die spirituelle Kraft des Spiels nicht erschließen. Er wird in seinem ichhaften Wollen gefangen bleiben – und wo es nicht erfüllt wird, schlimmstenfalls zum Hooligan mutieren. Wer sich hingegen sich selbst loslassend ins Spiel einlässt, vermag auf diese Weise kathartische Prozesse zu durchleben, wie sie auch anderen spirituellen Wegen eignen: er wird zittern, bangen, trauern, jubeln ... Am Ende wird er sich lebendiger fühlen, und vielleicht sogar wird etwas von der Gelassenheit in seinem Leben Raum greifen, die einen großen Spieler auszeichnet – und vom Wissen darum, dass am Ende alles „nur" ein Spiel ist.

Staunen

Andrea Pichlmeier

Es ist gut, auf das Kind zu schauen. Wir sagen: Ein Kind kommt zur Welt. Und die Welt nimmt es auf. Das ist unsere erste Aufgabe überhaupt: dass wir zur Welt kommen. Das Kind weiß noch nichts von der Welt, es weiß noch nichts von sich selbst. „Jeder aufgehende Tag ist für sein Erwarten wie ein Land, das noch kein Fuß betrat, wie ein weiter blauer Himmel für den beginnenden Vogelflug", schreibt Heinrich Spaemann in seinen Meditationsskizzen zu jener Stelle im Matthäusevangelium, in der es heißt: „Wenn ihr nicht umkehrt und wie die Kinder werdet, könnt ihr nicht in das Himmelreich kommen" (Mt 18, 3). Aber wie soll das geschehen? Die Bewegung des Lebens geht ja in eine andere Richtung, weg vom Ursprung, hin zu einem Ziel. Und was ist das Ziel? Es gilt, erwachsen zu werden, haben wir gelernt. Jesus ruft die erwachsen Gewordenen in die umgekehrte Richtung, hin zum Ursprung und hinein in den Anfang. Er ruft den Menschen in die Haltungen hinein, die Voraussetzung dafür sind, dass der Mensch (wieder) staunen kann. Das mag nicht leicht sein für jemanden, der viel erfahren hat und dem viel widerfahren ist, in dem das Leben seine Spuren hinterlassen hat, Narben und Erinnerungen. Der erwachsen gewordene Mensch schaut auf die Welt durch die Brille seiner Erfahrungen. Das Kind besitzt eine solche Brille noch nicht. „In sein Sehen der Menschen und Dinge trägt es nicht eine vorgefasste Absicht hinein. Sein Blick ist still, objektiv, unvoreingenommen." Spaemann nennt den Blick des Kindes objektiv: weil es nichts Eigenes, also Subjektives hineinlegt, keine Erwartung und kein Wissen. Nur sein Staunen.

Am Anfang nicht nur des einzelnen Menschen, sondern der Menschheit überhaupt steht das Staunen. Und es hat immer schon mit dem Schauen zu tun. Der Mensch in seiner Frühzeit schaut hinauf in den gestirnten Himmel wie das Kind in die Augen seiner Eltern. Beide schauen sie auf zu etwas, das größer ist als sie selbst und das vor ihnen war. Die Blickrichtung ist entscheidend: nach oben. Wer hinaufschaut, erfährt, dass er oder sie selber weiter unten ist, dem Erdboden näher. Von ihm, dem *humus*, leitet sich die Tugend der *humilitas* ab, der Demut. Die Demut ist eine nahe Verwandte des Staunens. Es gibt auch den Hochmut, sein Blick geht von oben herab, und er ist erst möglich, wenn der Mensch ein gutes Stück erwachsen geworden und eingetreten ist in die Welt der Vergleiche. Das Staunen aber entzündet sich an der Begegnung mit Unvergleichlichem und Einmaligem.

In der alten griechischen Dichtung wird von Menschen erzählt, die dem Göttlichen begegnen und darüber ins Staunen geraten. Was immer ihnen in solcher Begegnung widerfahren sein mag – mit dem Staunen, so heißt es, habe die Philosophie ihren Anfang genommen. Denn das Staunen weckt die Neugierde. Und die Neugierde fragt, wie nur ein Kind fragen kann: beharrlich und geradezu leidenschaftlich. Der griechische Philosoph Platon nennt das Staunen daher die Leidenschaft der Philosophie. Am Staunen hat sich die Liebe zur Weisheit, *sophia*, entzündet, und es wird kein Zufall sein, dass beide, das Lieben und das Erkennen, auch in einem anderen

Kulturkreis so nahe beieinander liegen: Das hebräische Wort für „erkennen" bedeutet auch „lieben": Adam „erkannte" Eva, seine Frau, lesen wir im Buch Genesis (Gen 4, 1), und sie wurde schwanger.

Als die Philosophie älter und sozusagen „erwachsener" geworden ist, beginnt sie die Leidenschaft zu verachten und will sie vermeiden. Die Stoiker setzten sich das Nichtstaunen zum Ziel. Denn wer staunt, liefert sich aus und lässt sich überwältigen. Wer staunt, gibt sich selbst aus der Hand, berührt und lässt sich berühren. Der leidenschaftliche Mensch weiß nicht, wohin seine Leidenschaft ihn führen wird. Nur eines ist sicher: dass sie ihm das Leiden nicht ersparen wird. Die Stoiker wollten frei sein vom Leiden, denn nur wer frei ist und sich von nichts und niemandem überwältigen lässt, so meinten sie, könne das Glück finden. Für ihre sprichwörtlich gewordene stoische Ruhe zahlten sie einen hohen Preis: eine große Distanz zur Welt und zum Leben – und eine grundlegende Täuschung: weil das Glück ohne das Leiden nicht zu haben ist.

Diese Versuchung hat sich bis heute durchgehalten. Wer will sich schon gerne so sehen lassen: wenn man überrascht ist und nichts zu sagen weiß, wenn einem der Mund offen stehen bleibt – vor Staunen. Andere könnten darüber lächeln, ein wenig von oben herab: Hast du so etwas denn noch nie erlebt? Kennst du das nicht? … Wer staunt, entblößt seine Naivität.

Und genau die gilt es wieder zu entdecken, sagt Jesus, als er ein Kind in die Mitte stellt (vgl. Mt 18, 2). Denn zum Menschen gehört das Staunen, gehört die naive Freude ebenso wie die archaische Angst. Martin Heidegger gibt seiner Verwunderung darüber Ausdruck, „dass überhaupt etwas ist und nicht vielmehr nichts". Diese Verwunderung mag einen schaudern lassen beim Blick in den tiefen nächtlichen Himmel, und sie mag einen beglücken beim Anblick eines neugeborenen Kindes. Wer staunt, kann an Wunder glauben. Nicht in dem Sinn, dass man die Naturgesetze für aufgehoben erklärt. Das wäre kein Wunder, sondern eben eine Erklärung, die jederzeit auch durch eine andere ersetzt werden könnte. Wer staunen kann, dem mag alles zum Wunder werden, unabhängig davon, ob es eine Erklärung dafür gibt oder nicht. Dem menschlichen Staunen entspricht die göttliche Offenbarung, die Erfahrung, dass Gott sich zeigt. Vielleicht ist es aber auch so, dass in dem, was sich dem Menschen im Laufe seines Lebens zeigt, die Züge eines Gesichtes ansichtig werden, Augen, die einen anschauen, gütig und geduldig. Und der so angeschaute Mensch mag dann Du sagen und: Gott.

In seinem berühmten Werk *Ich und Du* unterscheidet Martin Buber „zwischen Du und Es: zwischen Gegenwart und Gegenstand". Es ist nicht eine Unterscheidung zwischen Menschen und Dingen, sondern eine Frage der Haltung, die der Mensch den anderen Menschen und den Dingen gegenüber einnehmen kann: Auch einen Menschen kann ich zum „Es" machen, wenn ich über ihn rede oder ihn festlege auf das Bild, das ich mir von ihm gemacht habe. Das wäre, einmal wieder, der Blick „von oben herab". Anders verhält es sich mit dem Du: Es will mir begegnen. Es lässt sich nicht festlegen; man kann es nicht „wissen", man kann nur darüber staunen, dass es da ist, jetzt, in der Gegenwart.

Etwas von dieser Gegenwart mögen die Menschen gespürt haben, die über Jesus staunten – sie ahnten etwas von dem göttlichen Ursprung des Menschen Jesus. Und wenn es zum Menschen gehört, dass er staunt, dann muss wohl auch Gott daran gelegen sein, staunen zu können, denn Mensch ist er geworden und zur Welt gekommen als ein Kind. „Staunen die Natur befällt", singt die Kirche in einem alten Weihnachtslied (GL 137), „denn vom Geist empfangen / ist Gott Sohn in diese Welt / leibhaft eingegangen." Das Eintreten Gottes in die Welt am Beginn und der offene Himmel am Ende des menschlichen Weges sind der tiefste Grund des Staunens überhaupt: „Die ganze Erde staunt und bebt, / weil Gottes Herrlichkeit anhebt; / der Tod ist tot, das Leben lebt", so das Osterlied (GL 224). Wenn die Erde, wenn die Natur selber staunen kann, dann muss das Staunen ihre ureigenste Lebenskraft sein und eine göttliche Gabe. Und nur der Mensch kann es über seinem Erwachsenwerden verlieren. Er kann es aber auch wiederfinden.

Sterben

Heinrich Pera

Sterben ist ein Teil des Lebens, das immer ein Leben vor dem Tod ist. Sterben ist nicht zeitlich begrenzt auf letzte Tage, Wochen oder Monate, sondern von Geburt an erfahren wir viele Sterbeprozesse. So ist eine *ars vivendi* (eine Kunst des Lebens) nur möglich, wenn zu ihr die *ars moriendi* (die Kunst des Sterbens) hinzukommt.

Im Mittelalter, als die meisten Menschen relativ früh starben, entwickelte man eine eigene Kunst des Sterbens. Durch Bilder wurden die großen Gefahren beim Sterben und zugleich die Tröstungen aus dem Glauben an einen Gott, der uns im Tod barmherzig begegnet, vor Augen geführt. Sterben, Tod und Trauer gehörten zum Leben. Heute herrscht die Tendenz vor, das Sterben und den Tod an das äußerste Ende des Lebens zu verlagern und, wo eben möglich, zu verdrängen.

Die *ars moriendi* besteht darin, die eigene Geburt zu vollenden. Die Geburt ist ein Vorgang, nicht ein Entstehen, denn entstanden sind wir vorher: In der Geburt kommt ans Licht, was in der Geborgenheit gewachsen ist; das Entstandene wird sichtbar. Dieser Vorgang ist mit großen Anstrengungen, Ängsten, Freuden, Licht, Dunkelheit, Zweifel und Hoffnung verbunden. Wir „Längstgeborene" können unsere Geburt vollenden. Vollenden kann ich nur etwas, was noch nicht abgeschlossen ist. Der Geburtsvorgang mit allen Anstrengungen und Erschöpfungen, mit Abschieden und Neuanfängen bleibt ein Thema des ganzen Lebens.

Zum Leben, zur Ich-werdung ist ein Du not-wendig. Ein afrikanisches Sprichwort sagt: „Den Acker deines Lebens kannst du nicht allein bestellen. Den Dschungel in deinem Herzen kannst du nicht allein roden. Das Wort, das dir weiterhilft, kannst du dir nicht allein sagen."

Gerade im Gespräch kann man immer wieder erleben, wie sich die beiden „Künste" der *ars vivendi* und der *ars moriendi* gegenseitig fordern und fördern.

Unlängst erzählte mir ein Patient im stationären Hospiz die folgende Erfahrung: Als junger Soldat (Funker) habe er im Kessel bei

Danzig gelegen, eingeschlossen, im Stich gelassen und ohne Aussicht auf Befreiung. Am Karfreitag 1945 habe er sich in einen Granattrichter gelegt, um sich zu schützen, und sei in einen Erschöpfungsschlaf gesunken. Er habe seine Rettung geträumt und sich zu Hause gesehen. Da hätten ihn seine Mitsoldaten geweckt und ihm mitgeteilt, er solle mit den anderen Funkern in einem Boot nach Deutschland gebracht werden. Tatsächlich hätten sie den rettenden Hafen erreicht, und er sei nach Hause gekommen. Ich bin der erste Mensch, dem er diese Erfahrung erzählte, und ich bin dafür sehr dankbar. Wir haben dann besprochen, wie dieses Erlebnis sein Leben, die *ars vivendi*, und seine Verluste, namentlich das Sterben von Mitmenschen, die *ars moriendi*, beeinflusst habe. Er berichtete vom Sterben seiner Eltern und seiner vor drei Jahren vom Krebs dahingerafften Frau – schmerzvollen Abschieden, die jedoch zugleich mit dem Traum der Rettung verbunden gewesen seien. Also immer wieder: Mitten in der steinigen Wirklichkeit der Traum von Erlösung und Befreiung.

Martin Buber schrieb einmal: „Ich habe keine Lehre. Ich zeige nur etwas. Ich zeige Wirklichkeit, ich zeige etwas an der Wirklichkeit, was nicht oder zu wenig gesehen worden ist. Ich nehme ihn, der mir zuhört, an der Hand und führe ihn zum Fenster. Ich stoße das Fenster auf und zeige hinaus. Ich habe keine Lehre, aber ich führe ein Gespräch."

In den Begegnungen mit diesem Mann habe ich sehr intensiv erlebt, wie die *ars vivendi* und die *ars moriendi* zusammengehören. Er, der Patient, hat mich an die Hand genommen und zum „Fenster" geführt. Aus diesen Begegnungen ist eine Freundschaft erwachsen.

Das Sterben ist immer einmalig, wie das Leben und wie der Mensch selbst. Zum Leben gehören Abschiede, Verluste, Erfüllungen, Erwartungen, Ängste und Zuversicht.

Endlich leben möchte jeder Mensch. Das ist möglich, wenn ich diese beiden Worte genauer betrachte und auseinander lege. Zum Leben gehören Enden. Sie wahrzunehmen, anzunehmen ist Voraussetzung dafür, dass ich das ganze Leben gestalten kann.

Wahrnehmen kann ich Wirklichkeiten, wenn mir ein Raum eröffnet wird. Bei uns ist in den letzten Jahrzehnten die alte Hospizidee, aus dem Christentum kommend, neu entdeckt und mit Leben gefüllt worden. Menschen, besonders Frauen, engagieren sich für Menschen an ihrem Lebensende. Sie bieten Begleitung und einen Raum an, damit die Patienten bis zuletzt leben können: einen Raum von Schutz, Geborgenheit, helfender Nähe und heilender Distanz.

Das erleichtert die zweite Aufgabe: *Annehmen.* Annehmen ist ein sehr aktives Handeln. Es bedeutet, sich seinen letzten Lebensabschnitt zu Eigen machen, damit jeder „seinen eigenen Tod" (R. M. Rilke) bestehen kann, dieses „für alle vorgeschriebene und auch wirklich zu bewältigende Ereignis" (P. Noll).

Für dieses Wahrnehmen und Annehmen ist ein Begleiter von unschätzbarem Wert, jemand, der/die an meiner Seite geht, mich nicht irgendwo hinzieht oder -schiebt, sondern sich müht, mit mir Schritt zu halten. Er/sie soll nicht sagen, wo es langgeht, sondern mittragen, mitsuchen und gelegentlich auch fragen: „Was ist dein Ziel? Wo bist Du?" Solche Begleitung bringt nichts Fremdes dazu und nimmt nichts Eigenes weg. Sie ist Unterstützung eines fremden Weges, voller Respekt gegenüber seiner Andersartigkeit.

Trotz des Raumes der Zuwendung und Geborgenheit kann es sein, dass Menschen wie im Schock sind und nicht hören können. Aber wer nicht hören kann, kann fühlen. Auch geht es nicht nur friedlich zu, sondern es wird geschrien, geflucht und geklagt, und das ist gut so. Verhinderte Klage behindert das Leben; ein Mensch, der sein Sterben wahrnimmt und annimmt, spürt Trauer. Eine nicht gelebte Trauer wäre das Tor zur Depression.

Aus dem Wahrnehmen und Annehmen kann das *Gestalten* erwachsen, das Abschließen des irdischen Lebens in Bewusstheit und Umsicht und mit versöhntem Herzen.

Für mich bleibt der Tod – wie Gott – letztlich ein Geheimnis. Verstehen können wir diese Geheimnisse nicht. Wir können nur versuchen, sie zu bestehen. So gelingt die *ars moriendi* nur im Zusammenspiel mit der *ars vivendi*, und diese ist ohne Begegnung nicht möglich. Wo wir einander begegnen, sind wir Lebende und Hoffende.

Stille

Silvia Ostertag

Es ist längst gesagt, aber man achtet es kaum. In Ausführlichkeit wird von denkenden Menschen der verschiedensten spirituellen Richtungen erörtert und abgehandelt: woher es komme, dass das Leid in der Welt wächst und wächst, bis es lauter nicht mehr schreien kann.

Es kommt daher, dass wir offenbar noch immer nicht den Sinn gefunden haben, den Sinn des Aus-dem-Paradies-gefallen-Seins. Es kommt daher, dass wir darum immer noch – unbewusst – zurückkehren möchten in eine Art Paradies, so dass wir uns dieser und jener paradiesischen Illusion hingeben, als ob ein Mehr an Macht und damit an Konsum die verlorene Paradiesesfülle ersetzen könnte; als ob ein Mehr an Gleichheit – meist künstlich konstruiert – für den Verlust der Einheit stehen könnte; als ob ein Mehr an bürokratischer Regelung an der Stelle lebendiger Ordnung wirken könnte.

Aus Sehnsucht nach einstigem Ganzsein suchen wir mehr und mehr und verpassen damit den Weg zu dem Ganzwerden, das uns in allen Religionen verheißen wird. Indem wir Paradiesisches im Außen suchen, als müsse dieses ein Schlaraffenland sein, ein Selbstbedienungsladen ohne Preis, verpassen wir mehr und mehr, im Innen zu erkennen, wie wir alle nichts anderes sind als das eine Ganze, das sich ohne Unterlass in jedem von uns und in allem Einzelnen offenbart.

Oder sieht man es, ES, das Eine, sieht man es, während man seine alltäglichen Wege geht, im Büro am Computer sitzt oder im Supermarkt an der Kasse steht? Schmeckt man ES, während man isst oder ruht, während man liebt oder hasst? Während man große Pläne macht oder kleine Pflichten erfüllt?

Man achtet ES kaum. Von daher kommt es, dass wir in unbändiger Triebhaftigkeit – die man gerne „wirtschaftliches Denken" nennt und die längst Politik und Kirche und damit Schule und Erziehung durch und durch bestimmt – einer Illusion nach der anderen nachjagen; auf Kosten all dessen, was nicht ich selber bin: auf Kosten unserer Kinder, unserer Älteren, auf Kosten unserer Erde, unserer Pflanzen, unserer Tiere, und letztlich doch auf Kosten unserer selbst.

Man achtet es kaum. ES, das erfüllen und ordnen und versöhnen könnte in allem, was Pflicht und Vergnügen ist, in allem, was uns angeht. ES, das tiefste Sehnsucht stillen könnte, so dass die Sucht nach Ersatz verstillte. ES, das in allem und jedem auf uns selber wiese, so dass man nicht anders als wohlwollen könnte.

Man achtet es kaum. Wie sollte man auch, wann ist wo Zeit dafür? Man kann das Achten auf das Eine nicht einfach hinzufügen zu dem, was einem ohnehin immer schon zu viel ist. Man kann es nicht ohne weiteres hinzufügen zu dem, wie man automatisch denkt, fühlt und handelt.

Zum Achten, das mit der Zeit hineinwirken soll in alles, was man erlebt und tut, findet man nur, wenn man erst einmal nichts anderes tut als achten. Wenn man alles gewohnte Tun und Schauen und Hören – auch und vor allem das gewohnte Denken – für eine Weile beiseite lässt, für eine kleine Weile möglichst an jedem Tag. Dafür gibt es viele Möglichkeiten. Die dichteste ist wohl das Sitzen in der Stille.

Sitzen in der Stille meint, sich in aufrechter, gelöster Haltung an einen stillen Platz zu setzen und ohne die geringste Bewegung auf nichts anderes zu achten als auf den still fließenden Atem. Allerdings: Wenn man auf seinen Atem achtet, geht es dem Atem manchmal wie den Menschen, die lange nach Beachtung hungerten, so dass sie diese, wenn sie ihnen schließlich geschenkt wird, gar nicht verkraften. Kaum fühlen sie sich – endlich – angeschaut, bewegen sie sich hektisch oder scheinen zu erstarren oder wissen nicht, wohin mit Hand und Fuß.

So kann es sein, dass unser Atem, sobald wir auf ihn achten, sich beschleunigt, sich verhaspelt oder blockiert und uns in Unruhe versetzt, wo wir doch in aller Ruhe auf ihn achten wollten. Für gewöhnlich wandelt Achtung sich dann schnell in *Verachtung*, dann eben, wenn das Beachtete nicht so funktioniert, wie wir es uns gedacht hatten. Warum geht das nicht „so wie ich will"? Genau darum geht es in der Übung: Auf den Atem achten – nicht wie ich will, sondern wie er von selber kommt und geht. Nur auf den Atem achten. Sonst nichts. In dem „sonst nichts" kommt Stille auf, mit der

341

Zeit, mehr und mehr, wenn man bereit ist zu dem Preis, den Stille fordert.

Stille fordert einzusehen, dass ich sie nicht machen kann. Stille fordert, an der Grenze des eigenen Einsatzes und damit des Machbaren weiterzumachen, indem man aufhört mit dem Machen. Nur auf den Atem achten. Nichts machen, nicht urteilen, nicht kommentieren. Nur auf den Atem achten, wie er gerade kommt und geht. Bis man mit jedem Atemzug Stille atmet, ein und aus. Bis, Atemzug für Atemzug, die eine Stille ganz erfüllt. Bis diese eine Stille, vollkommen unabhängig von meinem Atmen, unabhängig auch von Bewegung oder Nichtbewegung, von Laut oder Nichtlaut, alles ist. Bis man – aus Stille kommend – mehr und mehr, ohne jedes willentliche Achten, diese hört und sieht in jedem und in allem, was begegnet, als Antlitz der einen Wirklichkeit in jeder Form. So dass sie sich wiedergibt, ohne jedes Wollen, in alles, was man denkt und tut, mehr und mehr, diese Stille, deren Liebeskraft man sich kaum entziehen kann.

Auf dem Weg zu diesem „bis" und parallel zu dem „mehr und mehr", nimmt man allerdings um so schärfer wahr, wie und wodurch in einem selbst das Achten immer wieder verloren geht. Aus solchem Leid, ohne Selbstmitleid, vergeht die Verachtung für den Anderen, den man dumm und bös' gemeint. Und wenn man auf dem Grund des eigenen Verfehlens wieder und wieder die eine Stille findet, ahnt man dankbar etwas vom Sinn des Aus-dem-Paradies-gefallen-Seins – ahnt, dass sich nur vor dem Hintergrund des Dramas, das uns in dualistisches Erkennen mit der Folge fruchtbarer Entwicklung einerseits und abgründiger Vernichtung andererseits geführt hat, dass sich nur auf Grund dieses Dramas das ursprünglich Eine uns offenbaren kann.

In solcher Ahnung wird das Achten auf das Eine in allem, was einen angeht, zum Dienst am Andern – mehr und mehr.

Sünde

Klaus Berger

Es empfiehlt sich, über Sünde nicht abstrakt und dogmatisch, sondern auf die Erfahrung bezogen zu reden. Das ist auch deshalb nötig, um dem Einwand auszuweichen, Sünde werde den Menschen durch „die Kirche" eingeredet, um damit die Notwendigkeit einer späteren Erlösung zu begründen. Sünde hängt zusammen mit der Erfahrung des „schlechten", anklagenden Gewissens. Und die Dimension der Schuld trifft sich mit der Alltagsweisheit über den Zusammenhang von Tun und Ergehen, nach dem der Mensch durch sein Tun irgendwann „eingeholt" wird. Die im Bild der Erynnien gefasste Erfahrung der Griechen sagt Entsprechendes.

Die christliche Religion klärt und erfasst erstens diese Erfahrung, stellt zweitens eine Verbindung zu Gott her und weist drittens die Möglichkeit der Befreiung – Vergebung – auf.

Von Sünde zu sprechen, bedeutet Erfahrung zu klären. Dies hat der christliche Glaube zur Klärung beizutragen: Sünde ist maßlos gewordener Egoismus. Sünde ist, wo der Mensch die geschaffene und lebensnotwendige Lust ins Maßlose übersteigert – und die Maßlosigkeit ihn egoistisch werden lässt. Es gibt sie erst dann, wenn aus der notwendigen vitalen Lust die maßlose Begierde wird.

Nach Paulus nistet sich die Sünde beim Menschen ein. Das setzt voraus: Sünde kommt von außen in den Menschen hinein. Sie gaukelt ihm etwas vor, nämlich Lebensgewinn und Erfüllung der vitalen Bedürfnisse. Und weil wir schwach sind, vergessen wir unsere Grenzen, werden wir maßlos. So lassen wir uns mit der Sünde ein und verfallen dem, was wir eigentlich gerade nicht wollen: dem Tod. Denn nicht mehr Leben, nicht größere Vitalität ist die Folge maßlos übersteigerten Verhaltens – sondern das Gegenteil. Sünde ist eine wilde Sucht zum Tod. Der erste Schritt war noch freiwillig. Dann wird die Sünde Herrin über unser Inneres und nimmt unser Wollen in Besitz.

Sünde ist ein religiöses Phänomen. Sünde hat etwas mit Gott zu tun. Durch diese Erklärung, die das Christentum gibt, wird die ungewisse Dumpfheit, sich irgendwie verfehlt zu haben, eindeutig in eine bestimmte Richtung hin gedeutet. Das hat durchaus etwas mit Spiritualität zu tun, denn Spiritualität heißt: Das Leben des Menschen und er selbst gewinnen Gestalt von innen her. Dabei geht es dem Menschen, der sich verfehlt hat, wie dem verlorenen Sohn in dem Gleichnis, das Jesus erzählt, der plötzlich einsieht: „Ich habe gesündigt vor dem Himmel und vor dir." „Vor dem Himmel": das meint Gott – und zwar nicht als den, der den Menschen belastet, sondern der den Schrei des Bekenntnisses hört. An Gott ist dieser Schrei gerichtet – und er hörte diesen Urschrei am Anfang eines neuen Lebensabschnittes.

Einen anderen, erstaunlichen Aspekt bietet das Hiob-Buch in 14, 6. Dort bittet Hiob Gott: „Blicke doch weg vom Menschen, damit er Ruhe hat, dass er sich wie ein Tagelöhner seines Tages freue." Während sonst Beter um Zuwendung Gottes bitten, gilt hier das Gegenteil. Hiob bittet Gott, er möge von ihm wegblicken, ihn vor seiner die Sünde aufdeckenden Gegenwart verschonen. Dieses Gebet Hiobs steht zwischen Vergessen und Gejagtwerden. Solange der Mensch betet, darf er hoffen, dass Gott die Prozessvorbereitung wenigstens unterbricht. Das ist die Hoffnung Hiobs: Gott bewahrt vor der Unerträglichkeit ständiger Erinnerung und gibt die Möglichkeit des Betens. Zwischen Gottes Größe und der Schuld des Menschen liegt also auch die Gnade der Alltäglichkeit. Ein Weiterleben ohne die ständige Angst vor dem Gejagtwerden ist nur möglich, wenn Gott darum gebeten wird, die Verantwortung zu übernehmen.

Sünde kann vergeben werden. Sünde hat schließlich etwas mit Vergebung zu tun. Oft hat man dieses vergessen: Von Sünde und Schuld ist im Christentum überhaupt nur deshalb die Rede, weil es hier die Instanz gibt, die Vergebung gewähren kann. Die Rede von Sünde und Schuld gibt es nicht, um Menschen mit Freudlosigkeit zu belasten. Von der Sünde wird nur gesprochen anlässlich der Möglichkeit, von ihr befreit zu werden. Sie wird in ein Drama eingebaut, an dessen Ende sie verschwunden ist.

Man kann dies einen österlichen Hauch der Befreiung nennen, denn am Ostermorgen haucht Jesus nach Johannes die Jünger mit dem Heiligen Geist an, indem er sagt: „Empfangt den Heiligen Geist. Wenn ihr Menschen ihre Sünden vergebt, dann sind diese vergeben."

Wilhelm von Saint-Thierry, der Freund des Bernhard von Clairvaux aus dem 12. Jahrhundert, fasst den Zusammenhang zwischen Sündenvergebung, Freude und Heiligem Geist in die Wortes eines Gebets (*Orationes meditativae* 4,19): „Lehre mich also, heiliger Geist, ununterbrochen zu beten (vgl. 1 Thess 5,17), damit ich mich, verbunden mit dir, ununterbrochen freuen kann. Denn auch wenn dein armer Beter beim Beten wehklagt, weil er ganz wenig Heiligen Geist hat und an seine Sünden denkt oder Angst hat, wird seine Freude um so größer sein, je heftiger der Schmerz ist, den er verspürt. Und auch umgekehrt: Wer in der Welt nur Freude kennt, der wird, je heftiger er sich freut, doch durch sein verborgenes Gewissen umso heftiger gequält und gepeinigt. Das bescheidene und reine Gebet bedeutet immer ganz viel Freude."

Man kann die Vergebung jedoch auch mit dem Kreuz Jesu verbinden. Der schon genannte Wilhelm von Saint-Thierry sagt das im 5. Kapitel seiner Orationes meditativae: „Wo gibt es ein Gebet für diejenigen, die bewusst gesündigt haben? Solange sie so bleiben, wie sie sind, gilt für sie die Umarmung durch den Gekreuzigten nicht, der am Querbalken des Kreuzes die Arme ausbreitet, so dass es den Anschein hat, als umarme er alle, für die er gestorben ist ... (9) Ach, mein Gewissen klagt mich an. Aber auch die Wahrheit spricht mich nicht frei, denn sie kann nichts sagen. Er wusste nicht, was er tat. Vergib mir also, Herr, um deines kostbaren Blutes willen, alle meine Sünden, in die ich, wissentlich oder unwissentlich, hineingestolpert bin. Gib mir, deinem zerknirschten Sünder, doch einen Rat, sag mir, was ich tun kann, um sie wieder gut zu machen, besonders wenn sie wissentlich begangen wurden." (Übers.: K. Berger / Chr. Nord). Nach dem Neuen Testament kann Vergebung der Sünden auch ohne Jesu Kreuz erfolgen, und so sehen es auch die Psalmen des Alten Testaments. Doch durchgehend wird der Kreuzestod so gedeutet: Gott hatte ihn nicht „nötig", um zu vergeben. Aber da Jesus nun einmal gewaltsam umgebracht wurde, ist dieses historische Ereignis für Gott ein Anlass gewesen, um so heftiger seine Feindesliebe zu uns Menschen zu erklären und den Hass der Mörder mit Liebe zu beantworten. Dass schon Jesus beim letzten Mahl dieses als Bund (der Vergebung) deutet, erwirkt diesem Zeichen den Charakter unumstößlicher Gewissheit.

Symbole

Uwe Wolff

Symbole sind Türöffner: Sie öffnen die Pforten der Wahrnehmung zur Innenwelt. Symbole stiften sinnhafte Erfahrungen und innere Gewissheit. Sie sind Wegbegleiter. – Am Strand haben wir eine Muschel aufgelesen und in die Hosentasche gesteckt. Jetzt ist sie mehr als eine Muschel. In ihr rauschen die Erinnerungen an warme Sommertage, Gespräche am Strand und zärtliche Stunden in der Nacht. Alles kann zum Symbol werden: die ersten Kinderschuhe, der Teddybär, ein Kieselstein oder eine Feder. Symbole erschließen eine Tiefendimension der Wirklichkeit. Sie verweisen auf etwas Geheimnisvolles, etwas, das nur angedeutet werden kann. Worte dienen der genauen Bezeichnung. Das Symbol aber ist mehr als eine Benennung. In ihm schwingt etwas mit: Lächeln, Zuwendung, eine versteckte Liebeserklärung, ein Augenblick aus Ewigkeit, das Lachen Gottes oder die Musik des Himmels. Symbole sind keine Zeichen. Zeichen sind eindeutig. Sie schenken uns Orientierung im Alltag: Verkehrszeichen oder mathematische Zeichen etwa. Das Symbol aber ist immer vieldeutig. Das Kreuz bezeichnet Leben und zugleich Tod, das Feuer wärmt und vernichtet, die Rose steht für Schönheit und Schmerz. Das Symbol ist die Sprache der Spiritualität. Es verweist aus der sinnlichen in eine geistliche Welt, vom Sichtbaren zum Unsichtbaren, aus der Immanenz in die Transzendenz. Die Sprache des Unsagbaren sind Symbole. Sie können nicht erklärt werden. Sie wollen still betrachtet und meditiert werden. Symbole wollen erlebt, getanzt, gemalt und gestaltet werden. Symbole sind sinnlich, sie schenken Erfahrungen.

Auf dem Fensterbrett steht ein kleiner Engel aus Bronze. Die Augen hält er geschlossen, als konzentrierte er sich ganz auf die Innenwelt. Er ist nur sechs Zentimeter groß. Fünf Finger können ihn mühelos umschließen. Dennoch liegt er schwer in der Hand. Er hat Gewicht. Der kleine Engel gehört zu einer Sendung von Bronzeengeln, die für eine Entlassungsfeier von Abiturienten bestellt worden waren. Was gibt man jungen Menschen mit auf den Weg ins Leben? Gute Ratschläge, kluge Sprüche, letzte Ermahnungen? Nein, all das nicht. Vielleicht den Glauben an die Zukunft, das Vertrauen auf die eigenen Kräfte und den Zuspruch: Du wirst deinen Weg nicht allein gehen. Du hast einen unsichtbaren Freund an deiner Seite. Wie in Worte fassen, was Jugendliche, Eltern, Freunde und Lehrer beim Aufbruch in ein neues Lebens bewegt? Dann standen die jungen Menschen vor dem Altar. Der Geistliche zeichnete mit dem Finger ein Kreuzzeichen in ihre geöffneten Hände und legte anschließend jedem einen kleinen Bronzeengel hinein. Warum waren die jungen Menschen von dieser Segenshandlung bewegt? Warum standen einigen Eltern die Tränen in den Augen? Kreuzzeichen und Engel haben einen spirituellen Raum erschlossen, und alle Beteiligten spürten die Botschaft, die aus seiner Tiefe erklang.

Das Wort „Symbol" kommt aus der griechischen Sprache. *Symballein* bedeutet „zusammenfügen". Ursprünglich war ein Symbol ein Erkennungszeichen, mit dem sich der Besitzer eindeutig ausweisen konnte. Seine Herstellung war einfach: Man nahm beispielsweise eine Tontafel, zerbrach sie in zwei Hälften und gab eine davon dem Freund, die andere behielt man im eigenen Besitz. Wollte nun etwa der Freund aus der Ferne eine Mitteilung schicken, so gab er dem Boten als Erkennungszeichen die zweite Hälfte der Tontafel mit. Symbole sind also wie zwei Puzzleteile. Das *symbolon* ist „das Zusammengefügte". In dem Grimmschen Märchen „Der Bärenhäuter" wird ein Ring zum Symbol. Der Bärenhäuter hat einen Pakt mit dem Teufel geschlossen – sieben Jahre darf er sich nicht waschen und nicht die Haare schneiden. Seine wahre Gestalt ist nicht mehr zu erkennen, er sieht aus wie ein Untier. Doch er findet eine Frau, die ihn trotz seiner schrecklichen äußeren Erscheinung liebt. Beim Abschied von ihr nimmt er einen Ring, bricht ihn entzwei und schreibt seinen Namen in ihre Hälfte, ihren in die seine. Als er drei Jahre später wieder zurück kommt, gewaschen, rasiert und mit ordentlichem Haarschnitt, erkennt die Braut ihren Bräutigam erst wieder, als dieser ihr seine Hälfte des Ringes zeigt.

In Träumen, Märchen, Mythen und Religionen verweisen Symbole auf etwas Unsichtbares, auf eine Wirklichkeit hinter der Oberfläche. Symbole folgen keinem *Entweder-oder*, sondern einem *Sowohl-als-auch*. Sie verknüpfen verschiedene Bereiche der Wirklichkeit. Sie sind zugleich Sprache der Seele und Sprache Gottes. Deshalb sind auch die Religionen der Menschheit voller Symbole. Baum, Garten, Berg, Wasser, Feuer, Tür, Weg, Labyrinth, Muschel, Wein, Brot gehören dazu. Wer die heiligen Texte der Religionen ohne einen spirituellen Spürsinn für Symbole liest, bleibt an der Oberfläche stehen. Beispiele aus den ersten Kapiteln der Bibel: Da ist etwa zu lesen, Gott habe in sechs Tagen die Welt erschaffen und am siebten Tag geruht. Man könnte darüber den Kopf schütteln und schmunzeln über einen erschöpften, ruhebedürftigen Gott. Doch in der spirituellen Optik erschließt sich die Tiefendimension. Dann wird deutlich: Die Zeitangaben sind Symbol für den Rhythmus des Lebens, das Gleichgewicht von *vita activa* und *vita contemplativa*. Dann liegt es klar vor Augen. Es geht gar nicht um das, was am Anfang war, sondern um das, was immer sein wird. Der Sinn des Lebens erschöpft sich nicht im tätigen Leben, sondern in der Ruhe, dem Schauen, der stillen Betrachtung, der Meditation. Auch der Garten Eden, die Sintflut oder der Turmbau von Babel sind Symbole für die Mitte des Lebens und seine Gefährdungen. Das Ursymbol aber sind wir Menschen selbst. Schon Platon erzählt, wie aus einem Urmenschen Mann und Frau geschaffen wurden. Aus der ursprünglichen Einheit wurde die Zweiheit. Das Symbol ist ein Bild für das Mysterium der Beziehung zwischen den Geliebten, für die sexuelle, erotische und spirituelle Sehnsucht nach der anderen Seite, der verlorenen Hälfte. Es ist zugleich eine Ermutigung: Für jeden Menschen gibt es eine Ergänzung. Mache dich auf und suche sie! Nur zu zweit kannst du wirklich eins sein!

In jedem Symbol stecken ungeahnte Kräfte. Erst im Zusammenleben entfalten sie sich. Symbole wollen erfahren und erlebt sein. – Nach dem Abiturgottesdienst lag ein Bronzengel allein im Körbchen. Lange Zeit stand er unbeachtet in einem Bücherregal. Doch eines Tages entdeckte ich ihn vor dem Kaninchenstall meiner Tochter Hannah. Der Marder hatte ein Kaninchen gerissen. Nun sollte der Engel das andere „bewachen" wie der Cherub das Paradies. Kinder kommen mit einem Symbolsinn zur Welt. Sie sind Meister des spirituellen Spürsinns. Der Bronzeengel ist ein Symbol für die guten Mächte, die – Mensch und Tier auf ihrem Lebensweg schützend, bewahrend und begleitend – unsichtbar zur Seite stehen. Symbole schenken Mut, sie helfen heilen, haben eine therapeutische Funktion. Deshalb werden auch andere Symbole wie das Labyrinth oder die Muschel in Kliniken und Selbsthilfegruppen mit Erfolg eingesetzt. Das Symbol bedarf keiner Erklärung. Wer sich dem Symbol gegenüber öffnet, der wird die heilende Kraft spüren, auf die es verweist.

In einer erlösten Welt wird es keine Symbole mehr geben. Deshalb münden die Erlösungswege der Religionen immer wieder in Stille und Schweigen. Vom Nirwana lässt sich auch in Symbolen nicht mehr sprechen, und der Sufi verstummt beim Anblick des Symbols der Rose, die auf den himmlischen Rosenhag verweist.

Tanz

Maria-Gabriele Wosien

In einer Zeit, da welterschütternde Ereignisse wie ein furioser Totentanz über den Globus fegen, spiegelt auch der Tanz diese Wirklichkeit wider. Im 20. Jahrhundert haben die Stammestänze Schwarzafrikas als Schütteltänze und Totalvibrato des Körpers die Welt erobert. Ursprünglich Teil von Beschwörungspraktiken und Fruchtbarkeitsritualen, werden sie heute, fern jeden religiösen Anspruchs, gleichsam als Therapie getanzt: Weltweit werden die durch die Zwänge des Zivilisationsapparates angestauten Energien tanzend herausgeschleudert, -gestampft, -gebrüllt und durcheinander gerüttelt. Jeder Tanzende ist dabei für sich, und doch nicht allein, im wogenden Menschenpulk. Das künstliche Angebot eines Wohlfühlchaos lädt ein, aus dem Korsett der Alltagszwänge auszubrechen.

Antworten auf die Fragen nach dem Sinn, nach dem Platz des Menschen, nach Identität, Wiedergeburt und der Ordnung des Kosmos finden sich in den symbolischen Bewegungsbildern der großen Kulturepochen der Vergangenheit. Mosaikhaft haben sie die Zeiten überdauert als Urbilder von Bewegungszusammenhängen und ihren Abläufen. Sie sind auch die Basis für die traditionellen Zeichencodes. Ideogramme wie Kreis, Halbkreis, Mäander, Spirale, Quadrat und Kreuz bilden als Symbole eine synthetische Zeichensprache.

Von der tanzgleichen Natur des Universums als einer Welt letztendlich geordneter Verbundenheit, in der Bewusstsein koexistent ist mit dem Ursprung der Schöpfung, erzählen die Mythen der Völker. Das Schicksal des Universums verkörpert im indischen Mythos der Tänzergott *Shiva-Nataraja*. Die Schöpfung ist Tanz – doch so, wie der tanzende *Shiva* die Welt im Tanz erschaffen hat, zerstört und verwandelt er wieder alle Formen und Namen und schenkt neuen Frieden.

In der Geschichte der Tanzkulturen hat der Mikrokosmos Mensch seinen Körper und sein Leben immer als Symbol komplexerer Beziehungszusammenhänge verstanden, als Abbild und Spiegel großer Zeitzyklen und göttlichen Schicksalswillens. So hat im Leben der Naturvölker und der alten Hochkulturen der Tanz als Ritus (sanskrit. *rta*: Rad, Gesetz) in alle Erfahrungsbereiche hinein gewirkt. Indem der Tänzer die Offenbarungsspuren der verehrten Gottheit wahrnimmt und nachahmt – als Pflanze, Tier, Planet oder Großer Geist –, wird er gleichzeitig auch zur Zentralfigur des Ritus. Dabei ist der menschliche Körper das Medium der Verwandlung und auch sein ursprüngliches Instrument. Mit rhythmischer Bewegung, mit Rufen, Singen, Klatschen, Stampfen, stimmt sich der Tänzer auf die verehrten Mächte des Kosmos ein. Für die Dauer des rituellen Tanzes wird der Tänzer selbst zum Symbol dessen, was er darstellt: Indem er tanzend die Kraft des verehrten Gottes inkarniert, ist dieser durch ihn körperlich anwesend.

Gebärden und Tanz als integraler Bestandteil der religiösen Riten sind die bewegten Symbolformen für das Unsichtbare. Sie haben zum Ziel, sich immer neu mit dem Wunder des Lebens, das heißt mit der Gottheit des Anbeginns, zu verbinden. Die Struktur des Ritus basiert auf dem Prinzip der Steigerung, ausgehend von Stille und Sammlung, bis hin zum Höhepunkt, der Katharsis, als dem Ergriffensein von dem verehrten Gott, was die Griechen *en-theos-iasmos* – Gottinnerlichkeit – nannten. Die Verwandlung im Tanz beruht auf der Einsicht, dass die körperliche Geburt nur den physischen Menschen hervorbringt und dass *„der Geist, der lebendig macht"* erst durch einen Akt der Hingabe, das heißt des Selbstopfers als einer zweiten Geburt, geboren wird.

Die Läuterung der Seele – „stirb, bevor du stirbst" – ist der Erfahrungsweg im Tanzreigen der *Mevlevi-Derwische* als einem symbolischen Auferstehungsritual. Für den Ordensgründer Rumi (13. Jahrhundert) war der rituelle Reigen „ein Zweig vom Himmelstanz", der den Übenden auf einer Stufenleiter bis hin vor das Angesicht Gottes führte. Diese Gotteserfahrung ermöglicht es dann dem Derwisch, als ein Dienender wieder in die Welt der Schöpfung zurückzukehren.

Für die Griechen der Antike war die stille Natur belebt von göttlichen und halb-göttlichen Wesenheiten – den Nymphen, Satyrn, Musen –, die er als tanzend, singend und musizierend erlebte. Die so unmittelbar naturhaft geschaute göttliche Gegenwart rief wiederum beim Menschen Gesang und Tanz hervor. So war das Merkmal griechischer Kultur die vollendete Lebendigkeit und harmonische Gelöstheit des Körpers und war auch das Kriterium der seelisch-geistigen Läuterung. Erst die parallele Bildung von Körper *und* Geist schuf das Idealbild des Menschen.

Nach dem Vorbild antiker Mysterienkulte ist das älteste überlieferte christliche Tanzritual, der „Reigen Jesu" aus den *Johannesapokryphen*, die symbolische Darstellung eines rituellen Opfers des inkarnierten Logos im Kreise seiner Jünger: „ ... Er selber trat in die Mitte ... begann einen Hymnus zu singen ... und wir umkreisten ihn und respondierten mit ‚Amen'."

Vorbild für das bewegte Gebet der frühchristlichen Kirchen war nach Gregor von Nazianz der Tanz Davids vor der Bundeslade, denn „er birgt das Geheimnis, wie man vor dem Angesicht Gottes wandeln soll". Bis heute hat die Tradition dieses Tanzes in der äthiopisch-orthodoxen Kirche als Priestertanz der *Däbtära* überlebt. Zu den Hochfesten der Kirche, vom Jubel des Kirchenvolkes begleitet, führen die Priester mit Gesang und Trommelspiel ihre streng formalen Ritualgebärden im feierlich bewegten Prozessionsritual aus.

Mit dem Untergang der Götter Griechenlands gewinnt die Mystik im christlichen Abendland als reine Innerlichkeit der Gotteserfahrung zunehmend an Bedeutung. Bischof Ambrosius von Mailand bezeichnet im 4. Jahrhundert die mystische Erfahrung als „den geistigen Tanz in der Ekstase des Glaubens". Die höchste Wahrheit wird nun gewertet als jenseits jeder Äußerung. Die Negierung alles Körperhaften in diesem rein innerlichen ,Tanz' bedingt auch seine Marginalisierung in der Geschichte des Christentums, als Erfahrungsweg menschlicher Ganzheit, zugunsten quietistischer Meditationspraktiken. Der einzige im kirchlichen Bereich noch lebendig gebliebene Tanz ist die dem Marsch verwandte Prozession als Wegbegehung hin zum Ort göttlicher Epiphanie (zum Beispiel die Echternacher Springprozession).

Erst das Abendland hat einen unbekannten, gestaltlosen Gott gesucht – gefunden hat es die Geheimnisse der Materie. Von den vergangenen Ereignissen unserer Welt erfahren wir nur etwas durch die Spuren, die diese hinterlassen haben. Einst schaute man diese Bewegungen im kosmischen Raum als leuchtende Wirbel eines kreisenden Tanzes, und in ihrer konstanten Bezogenheit auf ein Zentrum, mit dem sie sich harmonisch verbanden, wurden sie zum Modell vieler Tanzkulte. Bis heute überlebt haben diese Modelle in den in der Folklore tradierten Kreisreigen. In ihnen „wird die Welt immer neu eingerundet und in der Gemeinschaft von Hand zu Hand weitergereicht … jeder Punkt ist ein Wendepunkt" (Bernhard Wosien).

Das Modell des Kreisreigens ist auch die choreografische Basis für den *Tanz als Gebet*, der religiöse und tänzerische Elemente neu zu verbinden sucht. Dass der Tanz den ganzen Menschen erzieht, hat man heute wieder erkannt, als das Zu-Fuß-Unterwegssein zu sich selbst, als Annäherung an den eigenen inwendigen, ursprünglich-schöpferischen Wesenskern. So ist auch das neuerliche weltweite Interesse an dem Archetypus Labyrinth symptomatisch für den tief verspürten Impuls nach Wandlung, Umkehr und Neugeburt. Der *Tanz als Gebet* hat auch die Kraft, der Sehnsucht nach der eigenen Auflösung in die Gestaltlosigkeit durch die Zerstreuungsmechanismen unserer Zeit zu widerstehen.

Im Ganz-gegenwärtig-Sein, in der Einheit von Herz, Kopf und Fuß, durch den entscheidenden Schritt der Umkehr hin zur Mitte, liegt die Erfahrung des *Kairos* als des günstigen Augenblicks. Der Tanz bietet die Möglichkeit einer totalen Präsenz – körperlich-geistig-seelisch – so dass das Bewusstsein nicht mehr nur polarisiert ist durch lähmende Erinnerung und zukunftsorientierte Sehnsüchte. Wenn im Tanz in Augenblicken – Lichtblicken – die Konturen eines neuen Seelenkosmos aufleuchten „am ruhenden Punkt der kreisenden Welt" (T. S. Eliot), steht das Tor in die Freiheit weit offen.

Tod

Dorothee Sölle

In unserer Kultur lernen wir nur das Siegen, darum fällt es uns schwer, mit dem Tod umzugehen. „Wenn ihr aufhören könntet zu siegen, so würde diese eure Stadt bestehen", sagt Christa Wolf in *Kassandra*. Aber gerade das ist Siegern unmöglich, nicht nur in Troja.

Wir leben in einer Welt, die alle Grenzen überwinden will. Ich besuchte einen wissenschaftlichen Kongress über „Grenzen" und wunderte mich, dass das Wort „Tod" an keiner Stelle des riesigen Programms auftauchte. Grenzen müssen fallen.

Das, was bisher das menschliche Leben wesentlich bestimmte – die Endlichkeit des Raumes –, soll abgeschafft werden. Wir stehen heute vor der zweiten Phase einer totalen Aufrüstung des Weltraums, es gab schon vor dem 11. September eine neue „*Vision for 2020*", die sich den Weltraum zu Eigen macht, kontrolliert, ausbeutet und beherrscht („to own, control, exploit and dominate outer space"). Und was ist mit der Endlichkeit der Zeit? Sollten wir etwa nicht stärker sein als der so genannte Schöpfer und auch diese Panne namens Tod abschaffen können?

In der Tradition war der Tod nie nur Feind, nur Sensenmann, und er war erst recht nicht nur ein zu verdrängendes und zu vergessendes Nebenereignis, sondern er stand „mitten im Leben", wie Luther singen konnte. Er war „Schlafes Bruder", oder gar mit einem Liebeswort der mystischen Tradition „süßer Tod" (bei Bach). Die religiöse Tradition hat den verrückten Versuch unternommen, Annahme der Endlichkeit und Ewiges Leben zusammen zu denken. Sie ist nicht notwendig jenseitssüchtig und fixiert auf die Unsterblichkeit der Seele, es ist nicht ihr Interesse, die Individualität zu einer ewigen Kategorie zu machen.

Bei uns haben die Menschen gelernt, was in anderen Welten nicht selbstverständlich ist und was auch in unserer eigenen Geschichte nicht selbstverständlich war: dass man die eigene Welt nur durch Aktivität gewinnt, durch Machen, durch Gestalten. Aber das ist eine zwiespältige Kunst, die wir uns da erobert haben. Das Freiheitsmoment in ihr ist dieses: Wir sind nicht mehr nur Erdulder unseres Geschicks. Wir brauchen uns nicht mehr in stummem Einverständnis unter alles zu beugen, was ist und was kommt. Die Menschen sind Täter geworden. Sie haben gelernt, die Gesetze von Vorgängen zu durchschauen, Distanzen zu überwinden, Einfluss zu nehmen, Rollen zu durchschauen, Krankheiten zu vertreiben, das Leben zu verlängern. Sie haben gelernt, Macher des eigenen Lebens und Schicksals zu sein, wie es für einige Generationen vorher noch undenkbar war.

Diese reine Täterschaft bringt ihr eigenes Unglück mit sich. Es verkümmern die pathischen Begabungen der Menschen, also die Begabungen, die mit dem Leiden, dem Annehmen, dem Dulden, dem Ertragen zusammenhängen, ihre Fähigkeit, das Leben anzunehmen, Grenzen zuzugeben, das Leben auch im Fragment oder auch in der Gebrochenheit „zu loben", wie die Tradition das nennt, also als sinnvoll zu betrachten.

Wer nur gelernt hat, im Aktionsmodus zu leben, wer sich selber nur als Macher gerechtfertigt sieht, kann nicht mit Situationen umgehen, in denen er nichts mehr machen kann und in denen er als Täter an seine Grenzen stößt. Kann denn ein Macher machtlos sein? Kann er seine Humanität in den Niederlagen des Lebens behalten, wenn sich Sein in der Aktivität und der Herstellung des Lebens erschöpft? Kann er krank sein? Kann er sterben? Oder sind Krankheit und Tod nur noch die Orte dramatischer Sinnlosigkeit, an die man am besten nicht denkt, die man übersieht oder die man verleugnet? Die Verleugnung von Niederlagen, von Grenzen ist in der Warengesellschaft erwünscht. Der Tod gehört nicht in die Lebenslandschaft der Macher und Sieger. Darum stirbt es sich so schwer bei uns.

Solange wir der Welt und uns selber gegenüber keine anderen Gesten haben als die der Sieger und Macher, also die imperiale Deutung des Lebens, kann es keine Schwäche geben, die eine Botschaft für uns enthielte, dann sind Krankheit und Tod ohne Fingerzeig, sinnlos, ohne jeden Segen. Sie bleiben Feinde, und wir lernen niemals, dass wir Fragment sind und unser Sinn nicht nur in unseren Aktivitäten liegt. Vielleicht aber ist es möglich, widersprüchliche Stimmen zu hören angesichts der Schmerzen. Protest und Fügung, Rebellion und Bejahung, Aufruhr und Demut – ich brauche dieses altmodische Wort gern – gehören zusammen, sie können, so merkwürdig das klingt, Geschwister werden. Was die Demut ohne Aufruhr anrichtet, haben wir seit der Aufklärung gelernt. Ich denke, es ist jetzt an der Zeit zu lernen, was Aufruhr ohne Demut anrichtet. Der Tod ist Feind und Bruder zugleich. Wir mögen mit Hiob das Entsetzen vor den Schmerzen, den Schrecken von Krankheit und Vereinsamung fühlen und sagen: „Ausgelöscht sei der Tag, an dem ich geboren bin" – und zugleich mit dem heiligen Franz den Tod als unsere Schwester loben.

Alle Religionen sind, das ist eine Erkenntnis der Religionswissenschaft, am Totenkult entstanden, haben mit den Toten zu tun und bearbeiten diese entscheidende Erfahrung der Grenze: Totenbräuche, Essen für die Reise, Erinnerung an die Toten, Nennung der Namen, Einheit der Toten und der Lebenden als eine Einübung in die Sterblichkeit. Dies brauchen wir.

Auf einer friedensversammlung

Wir sind nicht nur zehntausend
Sagte ich wir sind mehr
Die toten der beiden kriege
Sind bei uns
Ein journalist kam fragen
Woher ich das wissen wolle
Hast du sie nicht gesehen
Frag ich den ahnungslosen
Hast du deine großmutter
Nicht jammern hören
Als sie wieder anfingen
Wohnst du denn ganz allein
Ohne dass tote mal vorbeischaun
Einen zu trinken mit dir
Bildest du dir wirklich ein
Du wärst nur du
(aus: Dorothee Sölle, *Zivil und ungehorsam*)

Diese Art von Einheit der Toten und der Lebenden ist etwas, was in unserer Kultur abwesend ist, so dass die Barbarei, diese Zunahme von Gewalt, die wir gerade erleben, eigentlich kein Wunder ist. Religion hat die Rolle, die Menschen in Grenzen einzuüben, an Grenzen zu erinnern, die Grenzen natürlichen Existierens bewusst zu machen, sie nicht zu verleugnen, und gegen die technizistischen Wahnvorstellungen an die wirklichen Grenzen von Leben und Lebenserfahrung zu erinnern.

Die Religion sagt auch, dass wir gottesfähig sind, transzendenzfähig, liebesfähig. „Nichts kann uns scheiden von der Liebe Gottes." Dass wir liebesfähig sind, ist ein im Protestantismus oft verdunkelter Grundgedanke. Vor lauter Sündenbekenntnis fiel oft nicht mehr auf, dass wir tatsächlich zur Liebe fähig sind, dass die Liebe lernbar ist, dass sie vorkommt, auch in unserem Leben.

Endlichkeit und Ewiges Leben gehören in einem tiefen Sinn zusammen, wir müssen sie nicht zerreißen. Genau das teilt uns der alte

Lehrer namens „Tod" mit. Er lehrt beides, lieben und sterben, er lehrt Gehen-können und die Liebe zu dem, der nicht vergeht.

der schnitter

Ich weiß zwar nicht
wo er hingehört
der feind
mit dem ich mich aussöhnen will
und frieden machen
mit diesem entfernt verwandten
und an das ewige leben glauben
nicht meines

Aber dessen
bei dem er angestellt ist
(Aus: Dorothee Sölle, *Loben ohne zu lügen*)

Tradition

Raimon Panikkar

Tradition im Allgemeinen meint die wirkende Gegenwart der Vergangenheit, die aktive Über-lieferung des Dagewesenen in die durch die Tradition selbst gestaltete Gegenwart. Im engeren Sinne handelt es sich aber um jene Vergangenheit, die durch die „Ablagerung" der Geschichte bis in die Gegenwart prägend durchgedrungen ist. Kultur ist kristallisierte Tradition. In einem noch engeren Sinne ist Tradition die Anwesenheit jener wirkenden Kräfte, die durch das kritische Urteil des Geistes imstande sind, Gegenwart und Zukunft zu gestalten. Ohne Tradition wäre die Vergangenheit bloß vergangen.

Die normale Trägerin der Tradition ist die Sprache. Auch wenn die Apostel nichts geschrieben hätten, sagt Irenäus um 200, wäre es genug, dem *ordo traditionis*, dem Gefüge der Überlieferung zu folgen, den sie den Gemeinschaften hinterlassen haben, um ein christliches Leben zu führen (Adv. haer. III, 4, 1). Er fügt hinzu, dass selbst die schriftlosen Völker die Glaubensüberlieferung bewahren können, weil der Heilige Geist in ihren Herzen sprechen kann (ebd. III, 4, 2). Die Tradition muss buchstäblich „tradiert" – weitergeleitet – werden, aber sie muss gleichzeitig mehr als Buchstaben überliefern. Ohne Tradition wäre das Wort nur Buchstabe, und „der Buchstabe tötet" (2 Kor 3, 6). Die Überlieferung setzt Überlieferer als Personen voraus. Ohne sie wäre Überlieferung nur Übergabe toten Materials (vgl. Apg 8, 30–31). Entsprechend sehen Christen in Jesus den „treuen Zeugen" (Apk 1, 5), der nicht nur etwas überliefert, sondern sich selbst. In seiner Selbsthingabe ist er der Ver-Mittler und „Tradent" des göttlichen Geheimnisses. In dieser inter-personalen Dimension wurzeln dann auch der Sinn des Lehramtes und die Funktion des „Guru" oder des Meisters. Hier liegt ihre Verantwortung und Autorität – eine delikate Aufgabe: Einerseits muss der Meister die Tradition übermitteln, andererseits darf er sie nicht als ein abgeschlossenes Wahrheitspaket weitergeben. Echte Tradition ist ein lebendiger Prozess. Thomas von Aquin betont deshalb, dass Jesus, wie andere große Gestalten der Vergangenheit wie Pythagoras und Sokrates (Buddha kannte er wahrscheinlich nicht), keine schriftlichen Weisungen hinterlassen hatte: Er wollte unmittelbar die Herzen der Menschen erreichen (Summa Theologiae 3, 42, 4). Die Vorsehung hat dazu beigetragen, da uns kaum ein Originalwort Jesu geblieben ist und die „Schrift" selbst Übersetzung (Überlieferung) ist. Im christlichen Bekenntnis ist Jesus gerade deshalb der Christus, weil er nicht aus sich selbst spricht, sondern ausschließlich das zu Gehör bringt, was er von Gott, dem Vater, hört – wie vor allem das Johannes-Evangelium reflektiert.

„Das Organ der Tradition ist die Sprache" (Friedrich Schiller): Sprache aber ist im Ursprung stets gesprochene Sprache. Die gegenwärtige Krise der Tradition hängt damit zusammen, dass in der Neuzeit die Lebendigkeit aller Wirklichkeit vergessen wurde. Die Tradition als Brücke und Vermittlung zwischen Vergangenheit und Gegenwart stellt eine geschichtliche Grundkategorie der Philosophie dar. Herrschte im Westen bis zur Renaissance eine gewisse Harmonie zwischen Wort und Schrift, weil der Tradition eine besondere

Autorität zuerkannt wurde, so entwickelte sich seit der Aufklärung eine oft unversöhnliche Dialektik zwischen Tradition und Vernunft, zwischen Autorität und Freiheit.

In der Religion spielt die Tradition eine besondere Rolle. Ohne sie wäre eine Religion nur Exegese eines mehr oder weniger alten Buches oder Interpretation der Taten und Spuren eines Gründers beziehungsweise das Gedächtnis eines anfänglichen Ereignisses. Paradoxerweise ist die Tradition, indem sie die Vergangenheit vergegenwärtigt, das, was die Religion davor bewahrt, bloße Archäologie zu sein (ein Missverständnis, das manche Theologien nahelegen). Es ist die Tradition, die religiöse Erfahrung ermöglicht, denn jede Erfahrung wird in einem Kontext bewusst erfahren – und dieser Kontext wird durch die Tradition vermittelt. Ohne Tradition gibt es keine geschichtliche Kontinuität. Diese Fortdauer aber muss eine lebendige Präsenz sein – also keine nur schriftliche, wie man nach Gutenberg zu glauben geneigt ist. *Sola scriptura* bildet keine Tradition, und entsprechend meint der lutherische Satz nicht ein geschlossenes Buch, sondern eine lebendige Auslegung – eigentlich ein glaubendes Horchen, Er-hören lebendig verkündigter Worte. Der Glaube „kommt vom Hören" (Röm 10, 17). Das göttliche Wort, die Offenbarung, ereignet sich im Zusammenklang von äußerem und innerem Wort, von Verkündigung und Einleuchtung: und beides ist Wirken des Heiligen Geistes. Die Redeweise von einer „Religion des Buches" hieße besser „Religion des Wortes", des gehörten und lebendigen Wortes – wobei „Hören" keinen bloß biologischen Prozess, sondern menschlich verwandelnde Aktivität meint. Die Veda sind nur Veda oder Offenbarung, wenn sie als solche uns an-sprechen.

Tradition meint – vom Wortsinn wie von der Sache her – also immer einen kreativen und kommunikativen Überlieferungszusammenhang in einer Erzählgemeinschaft. Diese freilich ist durchaus fragil und pervertierbar: Tradition heißt Überlieferung *und* Verrat – und jede Eucharistie- und Abendmahlsfeier wird begangen „in der Nacht, in der er verraten wurde". Die Auslegungsgeschichte der Religionen ist durchzogen von ständigen Bemühungen um Selbstkorrektur, um Ergänzung und Klärung. Besonders zum christlichen

Überlieferungszusammenhang gehört dieses Wissen um das Geheimnis der zugleich göttlich verlässlichen und menschlich gebrechlichen Tradition des Glaubens und seiner Wahrheit. Jene etwa, die „traditionalistisch" die Überlieferung einfach „feststellen" und als Norm absolut setzen wollen, übersehen diesen „verräterischen" Aspekt aller menschlichen Überlieferung, in der freilich das Geheimnis von Gottes Treue und absoluter Verlässlichkeit umso einleuchtender ist.

Mit anderen Worten: Religion ohne Glaube ist ein totes Gebilde. Der Glaube aber muss persönlich vollzogen werden. Der rettende Glaube ist kein bloßes Vertrauen auf den Glauben der anderen, mögen sie auch Apostel heißen. Der Glaube ist, christlich gesprochen, Glaube an Christus, der auch heute lebt (Hebr 13, 8). Dieses *Heute* ist durch die Tradition vermittelt – und die Tradition ist, innerhalb des Christentums, durch die Kirche aufbewahrt. *In* der Überlieferungsgemeinschaft der Glaubenden zeigt und offenbart sich das Wirken des dreieinigen Gottes, der „Dreiklang der Wirklichkeit". Inmitten menschlicher Treulosigkeiten erscheint Gottes Treue, inmitten menschlicher Abgründigkeiten offenbart sich das Geheimnis seiner schöpferischen Liebe – Gestalt geworden in Jesus Christus und in der Gemeinschaft derer, die seine geringsten Brüder und Schwestern sind (vgl. Mt 25, 31–36).

Was aber wird vermittelt? Die Antwort darauf muss kategorisch sein. Sicherlich keine Lehre im Sinne einer Doktrin; was die christliche Tradition übermittelt, ist Jesus Christus: „In ihm und mit ihm und durch ihn" wird Gott „alles in allem" sein.

„*Wie* soll das geschehen?" (Lk 1, 34). Die Antwort auf diese entscheidende Frage ist kategorisch: durch den Glauben! Die Tradition vermittelt den Glauben nicht. Sie ermöglicht die bewusste Aktualisierung des freien Glaubensaktes. Die Tradition ermöglicht die bewusste und freie Vergegenwärtigung des christlichen Mysteriums, das heißt: Christi. Im Lichte dieses Geheimnisses kommt es zur Unterscheidung der Geister – dank der und in der gemeinschaftlichen Tradierung des Glaubens. In der Kraft des Heiligen Geistes und im Lichte des Glaubens an ihn kann im Ensemble der Überlieferungen unterschieden werden, welche Traditionen dem Geheimnis Gottes entsprechen und dienen und welche von Menschen gemacht sind und dadurch gar den „göttlichen Weisungen" widersprechen können oder diese verdunkeln (vgl. Mk 7, 5.9; Mt 15, 2). Tradition ist (wie Geschichte) keine absolute Größe – und doch sind beide für uns unentbehrlich, bis Gott auch manifest und überall „alles in allem" ist (1 Kor 15, 28).

Die christliche Offenbarung ist, wie jede religiöse, keine Enthüllung von Geheimlehren, sondern ein Ans-Licht-Bringen des Mysteriums – christlich gesprochen des menschgewordenen Gottes: „Jetzt sind wir Kinder Gottes. Aber was wir sein werden, ist noch nicht offenbar geworden. Wir wissen, dass wir ihm ähnlich sein werden, wenn er offenbar wird; denn wir werden ihn sehen, wie er ist. Jeder, der dies von ihm erhofft, heiligt sich, so wie er heilig ist" (1 Joh 3, 2f). Alle authentische Tradition ist Abglanz, Resonanz und Erscheinung dieser – in Glauben, Hoffnung und Liebe – erfahrenen göttlichen Realität.

Transzendenzerfahrung

Ludwig Frambach

Mit Transzendenzerfahrung oder Transzendieren im spirituellen Sinn ist ein Überschreiten der gewöhnlichen Qualität der Erfahrung gemeint, in der zumindest ansatzweise die Dimension des Göttlichen, des Absoluten, erfahren wird. Worin besteht nun aber die neue Qualität der Transzendenzerfahrung gegenüber der „gewöhnlichen" Erfahrung?

Für unsere gewöhnliche Weise der Erfahrung ist das Moment der Unterscheidung grundlegend: Das Eine wird vom Anderen unterschieden, und eben dadurch bekommt es seine Identität, durch die es erfahrbar und erkennbar wird. Alles ist „in seiner quantitativen und qualitativen Beschaffenheit dadurch bedingt und bestimmt, dass etwas anderes da ist, das ihm als Gegenpol gegenübersteht", schreibt der protestantische Theologe Karl Heim (1874–1958), und der deutsch-jüdische Philosoph Salomo Friedlaender (1871–1946) sagt über diesen grundlegendsten Sachverhalt: „Das allerallgemeinste Merkmal jedes irgend möglichen Phänomens ist der Unterschied, die Differenz, welche bis ins Extreme gehen kann."

Beide führen also die Unterschiedlichkeit aller Phänomene auf den Urunterschied zurück, den Urgegensatz der Polarität etwa zwischen hell und dunkel, hoch und tief, kurz und lang. Kein Phänomen sei ohne seinen Gegensatz denkbar, erkennbar, erfahrbar.

Das gilt für die Dimension der Erscheinungen, der Phänomene, oder des Relativen, um es mit einem weiteren philosophischen Grundbegriff auszudrücken. Anders sieht es aus, wenn wir uns dem Göttlichen, dem Geist oder, philosophisch ausgedrückt, dem Absoluten zuwenden. Gott, das Absolute, kann kein Phänomen neben anderen Phänomenen sein, das sich von diesen in der gleichen Weise unterschiede. Das Absolute ist das allumfassende Ganze, das nichts getrennt neben sich haben kann, denn sonst wäre es ja nicht das Ganze. Andererseits kann Gott, das Absolute, auch nicht einfach unterschiedslos identisch mit den Phänomenen sein, sonst wäre alles Reden über das Absolute genau genommen sinnlos. Folglich transzendiert, übersteigt Gott, der schöpferische Geist, das grundlegendste Merkmal aller Phänomene, nämlich den Unterschied, den Gegensatz, und ist darum für den unterscheidenden Intellekt, unseren dominierenden Erfahrungs- und Erkenntnismodus, nicht fassbar. Darum führen tiefere Aussagen über das Wesen des Göttlichen in allen Religionen, insbesondere in der Mystik, immer zu paradoxen Formulierungen wie etwa: das „überhelle Dunkel", das „stille Geschrei", der „Fernnahe". Damit soll ausgedrückt werden, dass das Göttliche kraft seiner Transzendenz die Gegensätze, die Polaritäten, übersteigt und in einer höheren Einheit aufhebt. „Gott ist überpolar" (Karl Heim).

Dieser Wesenszug der überpolaren Transzendenz Gottes, des Absoluten, ist in der westlichen Geistesgeschichte besonders prägnant von Nikolaus von Kues (1401–1464) thematisiert worden. In seiner berühmten Formulierung von der *coincidentia oppositorum*, dem Zusammenfall der Gegensätze, findet sich eine logische Entsprechung zur Überpolarität Gottes. Gottes Sein übersteigt alle Gegensätzlichkeit des Relativen. Im Zusammenfall der Gegensätze kann Gottes Wirklichkeit in einer *docta ignorantia*, einem „belehrten (wissenden) Nichtwissen", kontemplativ geschaut werden.

Auf die Überpolarität Gottes weist treffend ein weiterer Begriff der „Theologik" des Cusanus hin, der sich auch bei Meister Eckhart findet: Gott, der Geist, sei *non aliud*, das Nicht-Andere, das alles allgegenwärtig durchdringe und erschaffe. Auch dieser Begriff des Nicht-Anderen übersteigt radikal jeden Gegensatz. Das Nicht-Andere steht ja nicht im Gegensatz zur Welt des Anderen, denn dann wäre es ja selbst etwas Anderes und nicht das Nicht-Andere. So wird auch mit diesem Begriff das logisch unterscheidende Denken in polaren Gegensätzen an seine Grenze geführt, ins Paradox.

Verknüpft man dieses zentrale Motiv des Cusanus mit dem für Karl Barth ganz wesentlichen theologischen Satz „Gott ist der Ganz-Andere", so lässt sich formulieren: „Gott ist der Ganz-Andere, weil er der Nicht-Andere ist." Die Transzendenz, die Ganz-Andersheit Gottes, fällt nämlich zusammen mit seiner Nicht-Andersheit, seiner Immanenz. Das Absolute, Gott, unterscheidet sich vom Relativen nicht im gleichen Genus, sondern es „unterscheidet sich durch Ununterschiedenheit", wie es Meister Eckhart treffend paradox ausdrückt. Die Transzendenz der Wirklichkeit Gottes besteht gerade in ihrer radikalen Immanenz.

Dieses Verständnis von Transzendenz der letzten absoluten spirituellen Wirklichkeit, das man auch als Non-Dualität, Nicht-Zweiheit, bezeichnen kann, findet sich prinzipiell auch in den anderen Religionen. Im Hinduismus wäre hier die Lehre des Advaita-Vedanta von Shankara (788–820 n. Chr.) zu nennen, die wesentlich von Nagarjuna (2./3. Jahrhundert n. Chr.), dem Begründer der buddhistischen Lehre des Mittleren Weges (Madhyamika), beeinflusst ist. Auch die taoistische Lehre vom schöpferischen Urgrund Tao und der Urpolarität Yin/Yang zeigt ganz offensichtlich dieses überpolare Transzendenzverständnis, ebenso wie auch die jüdische Mystik der Kabbala.

Wenn C. G. Jung sagt: „Es handelt sich eben nicht darum, dass etwas anderes gesehen wird, sondern dass man anders sieht", so bringt er damit treffend zum Ausdruck, dass in einer spirituellen

Transzendenzerfahrung nicht ein neuer Inhalt, etwas anderes, vom Bewusstsein entdeckt wird, sondern dass das Bewusstsein selbst grundlegend verändert, also anders, wird. Diese grundlegende Bewusstseinsveränderung, in der christlichen Tradition als *metanoia* bezeichnet, kann spontan auftreten, doch lassen sich auch durch spirituelle Übungen „Wege zur Transzendenzerfahrung" beschreiten. Allerdings kann sie der Mensch nicht von sich aus herbeiführen, denn beim Öffnen des „Auges der Kontemplation" (Bonaventura) bleibt immer ein unverfügbares Moment der Gnade, des Geschenkhaften.

Wesentlich für eine Transzendenzerfahrung ist, dass sich der Mensch aus der Fixierung auf sein Ich löst und seine Identität in einer grundlegenden Verbundenheit mit allem, was existiert, neu erfährt. Denn wer Gott, den schöpferischen Geist, der in seiner Allgegenwart „alles in allem wirkt" (1 Kor 12, 6), erfährt, wird eben dadurch in radikaler Weise mit allem in liebender Solidarität verbunden. Es gibt keine Transzendenz ohne Immanenz, keine Gotteserfahrung ohne Welterfahrung.

Träume

Ingrid Reckziegel

Jeder Mensch träumt, ob er es weiß oder nicht; auch Gemeinschaften haben ihre Traumziele, Gesellschaften ihre Visionen. Zu allen Zeiten waren und sind solche Träume – am Tag und vor allem in der Nacht – eine besondere Herausforderung zu Deutung und Gestaltung, je nach Zeit und Epoche verschieden. Für alle, die sich ihnen öffnen, sind Träume wichtige Ratgeber und Begleiter. Sie richten sich nicht gegen uns, auch wenn es zum Beispiel bei Angst- und Alpträumen so scheinen mag. Sie kommen aus einer „anderen" Welt und wollen uns mit ihrer „Transzendenz nach innen" etwas sagen. Durch sie überschreiten wir die so genannte Normalität und konstruieren eine größere Wirklichkeit.

Im Altertum wurden Träume und Orakel im Tempel gedeutet. Sie wurden als numinose Botschaften von Ahnen, Geistern, Dämonen oder Göttern verstanden, besonders an Führergestalten wie Priester und Priesterinnen, Seher und Seherinnen, Könige und Königinnen. Im biblischen Monotheismus ist es dann Gott selbst, der Träume schickt und deutet (oder durch seinen Stellvertreter deuten lässt), wie eindrucksvoll etwa die Josefsgeschichte zeigt (vgl. Gen 40f) Immer ist die spirituelle Dimension des Träumens ganz selbstverständlich.

Diese Traumkultur ging in der neuzeitlichen Aufklärung weithin verloren. Erst Sigmund Freuds *Traumdeutung* von 1900 brachte die therapeutische Kraft der Träume, ihre Psychodynamik wieder deutlich zu Bewusstsein, jedenfalls grundsätzlich. Aber viele haben den Kontakt zu ihren Träumen immer noch verloren und können deren sinnstiftende Funktion nicht wahrnehmen. Immerhin gibt es inzwischen eine Fülle von therapeutischen und inzwischen auch spirituellen Wegen der Traumarbeit. Die zwei wichtigsten Ansätze sind der „archäologische" und der „teleologische": Träume werden „zurück" als Verschlüsselungen früher Konflikt- und Wunschkonstellationen gedeutet, oder „nach vorn" als Versprechen und Verheißung (C. G. Jung und anders Ernst Bloch).

Träume sind also keine Schäume, sondern Potenziale menschlicher Entfaltung, Seismographen der Seele, Bildersprachen (oft mit Tagesresten) für die Lebensgestaltung, Alphabete gesellschaftlicher Visionen. Sie wollen uns weiterführen, sie haben spirituelle Bedeutung, sie können zur Glaubensfrage, zur Botschaft Gottes werden.

Mein Blick fällt oft auf das Bild eines Träumers, das über meinem Schreibtisch hängt. In wunderbaren Blau- und Pastelltönen hat ein in Farben träumender Maler einen Träumer gemalt. Der Schlafende sieht den Himmel offen. Auf einer Leiter steigen Engel auf und nieder: die Jakobsleiter – ein Bild von Marc Chagall, das die Sehnsucht nach solchen Himmelsträumen weckt. Ursprünglich die Erzählung von der numinosen Erfahrung eines heiligen Ortes, wurde sie monotheistisch zur Theophanie des einzigen Gottes, der im Stammvater Jakob sein Volk Israel erwählt.

Die Bibel ist voller Träume. Erinnert sei weiter nur noch an die Propheten mit ihren Visionen und an die Bilder der Apokalypsen.

Und: „Jesus war ein wilder Träumer" (Jean Paul) – mit seinen Bildern und Geschichten von der Weltherrschaft Gottes, vom himmlischen Gastmahl, vom verlorenen Sohn und all den vielen anderen. In den Evangelien spielen Träume eine zentrale Rolle als Sprache Gottes, als Initiation ins wahre Leben (z. B. Mt 2; Apg 10; 12, 6–19a). Wer träumt hier wen? Menschen Gott, Gott uns Menschen? Die Träume – Gottes Lockruf, seine vergessene Sprache in der Intimität menschlichen Lebens und Verhaltens. Gerade für die geistliche Entschlüsselung der Träume gilt das Pauluswort: „Noch blicken wir nur durch einen Spiegel in Rätselgestalt, dann aber von Angesicht zu Angesicht. Noch erkenne ich nur zum Teil, dann aber werde ich voll erkennen, wie ich selbst voll erkannt ward" (1 Kor 13, 12 in der Übersetzung von F. Stier). Glauben heißt auch träumen, denn Glauben bedeutet: „Feststehen in dem, was man erhofft, überzeugt sein von Dingen, die man nicht sieht" (Hebr 11, 1) – und die man doch sieht, nämlich mit den Augen des Herzens, mit der Vorstellungskraft der Liebe, mit der Sehnsucht religiöser Leidenschaft und Erwartung.

Auch die Geschichte christlicher Spiritualität ist voll von Zeugnissen folgenreicher Träume (zum Beispiel bei Heinrich Seuse, Nikolaus von Flüe). Daher wird die geistliche Begleitung mit ihren Regeln zur Unterscheidung der Geister ganz wichtig: An ihren Früchten werdet ihr sie erkennen.

Damit Träume ihren Sinn erschließen und ihre volle Kraft entfalten können, bedürfen sie der bewussten Pflege. Dafür einige praktische Anregungen:

– Träume wollen (mit)geteilt werden. Wenn Träume nicht ausgesprochen werden, entschwinden sie in die Tiefen und Untiefen unserer Seele. Hilfreich kann es sein, sie in einem Traumtagebuch aufzuschreiben. Eine dringliche Aufgabe ist es, die Kultur des Erzählens wieder zu entdecken.

– Es braucht dafür kommunikative Räume – schon im alltäglichen Leben, und erst recht in ausdrücklichen Übungen. Nicht minder wichtig sind erfahrene Begleiter und Begleiterinnen: Sie helfen, die Bilder, Symbole, Gestalten, Gefühle der Träume zu entschlüsseln.

– Die spirituelle und die therapeutische Traumarbeit sind zu unterscheiden, gehören aber untrennbar zusammen: Achtet letztere

366

auf die Wunsch- und Triebdynamik der Träume im Kontext der Lebensgeschichte, so richtet erstere die Aufmerksamkeit auf den geistlichen Weg und die religiöse Botschaft in biografischen und gesellschaftlichen Prozessen.

– „Wir träumen, um wach zu sein für das Leben" (Senegal) – das gilt für die Gestaltung persönlichen Lebens, das gilt für gesellschaftliche Visionen, das gilt für ökumenische und interreligiöse Aufbrüche. Träume verändern! Man denke an Martin Luther Kings folgenreiche Rede „Ich habe einen Traum" oder Helder Camaras Ermutigung: „Wenn einer alleine träumt, ist das nur ein Traum. Wenn viele gemeinsam träumen, so ist das der Beginn einer neuen Wirklichkeit. Träumt euren Traum".

Der folgende Liedtext fasst gut zusammen, welche Rolle Träume im spirituellen Leben spielen können: „Deine Leere schreit nach Fülle, du ersehnst Veränderung. Komm, wir fangen an zu träumen. Träume werden Wirklichkeit. In dir schläft die alte Sehnsucht, steckt ein Funke Energie. Schließ die Augen, schau nach innen, Bilder einer neuen Welt. Zeig, was alles möglich wäre, füll mit Bildern unsere Leere. Gib als Kraft zu neuem Leben, *Träume*, die uns Hoffnung geben. Alte Wunden lass vernarben, füll das Alltagsgrau mit Farben. Unsere Sehnsucht mache weit, dass sie werde Wirklichkeit."

Vater sein

Gernot Candolini

Als ich bei der Geburt meiner Tochter dabei war, bewunderte ich meine Frau zutiefst. Ich war Beobachter eines Kampfes um das Leben, der bis ans Äußerste ging. Als meine Frau ihr Gesicht an das der Hebamme presste und sich die Kraft der beiden Frauen vereinte, dachte ich bei mir: „Da kommst du nie hin."

Nur am Rande erlebte ich mit, wie anspruchsvoll der Weg der Geburt ist, wie viel er an Kraft, Schmerz und letzter Energie kostet.

In meiner Familie, wie bei den meisten anderen auch, ist heute etwas grundsätzlich anders geworden als früher. Die Rollen sind nicht genau verteilt und festgeschrieben. Es ist für uns selbstverständlich geworden, gemeinsam das Geld zu verdienen und uns auch gemeinsam im Haushalt zu engagieren. Die Lebensentwürfe von Mann und Frau sind sich ähnlicher geworden. Dadurch entstehen immer wieder Situationen, in denen ich mir sage, dass meine Frau der bessere Mann ist als ich. Zum Beispiel, wenn sie im Beruf erfolgreicher ist als ich oder die Dinge auf den Punkt bringt, die Richtung vorgibt und das letzte Wort behält, und zwar nicht aus Prinzip, sondern weil sie es wirklich kann und es nichts mehr zu sagen gibt.

Immer wieder spüre ich die Unsicherheit meines Mann-Seins, da es kaum noch eine unhinterfragte Rollenverteilung gibt, an der ich mich orientieren könnte, und ich gebe zu, manchmal heilfroh zu sein, wenn das eine oder andere Klischee doch noch funktioniert.

Aber es ist gut, dass die Klischees hinterfragt werden und viele, sobald sie ehrlich betrachtet werden, aufgegeben werden müssen. Dazu gehört auch, dass es kein allgemeines Rollenbild mehr gibt, das für alle gleich gelten muss. Unsere Zeit stellt uns vor die Herausforderung und bietet zugleich die Chance, ein Leben zu suchen, das sich gemäß den eigenen und individuellen Gaben und Talenten entfalten kann. So muss und darf sich jeder, ausgehend von dem, was er vom Vater, Großvater und der Gesellschaft gelernt hat, seinen Platz als Mann in dieser Welt suchen und die Aufgaben wahrnehmen, die sich für ihn herauskristallisieren. Dadurch entstehen manchmal sehr große persönliche Unterschiede im Lebensentwurf. Ich nütze einerseits diese angebotene Freiheit, meinen ganz eigenen Weg zu gehen, gleichzeitig spüre ich aber auch, wie sehr mich das Althergebrachte prägt und ich es auch schätze.

Mann zu sein bedeutet für mich in erster Linie, meiner Familie ein Zuhause zu ermöglichen; ausreichend Geld zu verdienen, um meinem Kind in der Gesellschaft, in der es lebt, ein adäquates Leben zu schaffen, zunächst vor allem die Rahmenbedingungen für eine gute Ausbildung; Frau und Kind zu schützen und uns allen ein möglichst gutes Leben zu ermöglichen.

Aber ich spüre auch eine innere Unruhe und ein Ahnen, dass mein Leben als Mensch und Mann noch mehr sein müsste.

Die größten Herausforderungen sind dabei für mich die Beziehungen von Elternschaft, Partnerschaft und Gesellschaft. Da hat sich mir zum Beispiel ein Satz eingeprägt: „Als Mann bist du dafür verantwortlich, deiner Tochter die Welt zu zeigen." Das ist keine leichte Aufgabe, aber eine schöne. Und es ist eine beständige Herausforderung.

Ich habe den Familienrat eingeführt. Immer wenn ein Thema auftaucht, das heikel ist, wird er einberufen, und wir versuchen, darüber ins Gespräch zu kommen. Als die Türme des World Trade Centers in New York fielen, merkte ich, wie wichtig das ist. Meine achtjährige Tochter wusste nicht, was da eigentlich geschehen war. Sie sah die Bilder und hatte Angst, dass auch unser Haus getroffen werden könnte. Sie verstand nicht, was eigentlich passiert war. Ich kann zwar nicht behaupten, dass ich es verstehe, aber es hat gut getan, einen Abend lang darüber zu sprechen und zumindest das Kind mit den Bildern nicht allein zu lassen.

Manchmal tauchen auch ganz unerwartete schwere Gedanken auf. Als ich einmal länger wegfuhr, überraschte mich meine Tochter mit dem Satz: „Ich habe Angst, dass du nicht wiederkommst und ihr euch trennt." Mir war unvorstellbar, dass meine Tochter überhaupt so etwas denken konnte, aber dann entdeckte ich, dass rund um uns gerade einige Trennungen geschehen waren und mein Kind keine Ahnung hatte, was eigentlich die Ursachen und Auslöser solcher Trennungen sind. Es war höchste Zeit für einen Familienrat.

Ich möchte meinem Kind die Welt zeigen, einerseits die vor ihrer Haustüre, aber auch die „große, weite Welt". Reisen nach Wien, nach Mauthausen, nach Berlin, nach Jerusalem und Chartres sind fest eingeplant, ebenso ein Dreitausender-Alpengipfel, eine Flussfahrt am Inn und eine vierzehntägige Fußwanderung.

Noch ein Satz ist für mich eine permanente Herausforderung: „Wer von Projekt zu Projekt eilt, findet die Liebe nicht." Ich bin einer, der gern etwas aufbaut, der gern arbeitet und manchmal auch in das Rad hineingerät, so dass neben all dem zu Erledigenden auf einmal keine Zeit mehr übrigbleibt. Ich mag es auch, sich in ein Projekt so hineinzubegeben, dass es einem wirklich alles abfordert. Aber wenn ich dann merke, wie sehr die Familie, die Freunde, das Genießen, die Freizeit darunter leiden, dann merke ich auch, dass es einen Ausgleich geben muss und dieses hektische Eilen von Aufgabe zu Aufgabe dazu führen kann, dass weitaus wichtigere Dinge zu kurz kommen.

Nach der Geburt meiner Tochter habe ich eine Diskussion, die von Jesus überliefert ist, mit neuen Ohren gehört. Jesus philosophiert mit Nikodemus über höchste Dinge und sagt dann zu ihm: „Wenn du nicht von neuem geboren wirst, kannst du das Reich Gottes nicht sehen" (Joh 3, 3.5).

Ich weiß, dass es auch zu meinem Leben gehört, mich auf einen spirituellen Weg zu begeben und das Reich Gottes zu suchen. Diese Suche ist offenbar mit einem ähnlichen Einsatz wie bei einer natürlichen Geburt verbunden. Der Blick ins Reich Gottes verlangt einen anspruchsvollen Weg, der die Bereitschaft einschließt, dafür ebenfalls alles das zu investieren, was bei einer Geburt zu investieren ist: höchste Konzentration, alle Energie, ganzes Engagement und die Bereitschaft, bis zum Letzten zu gehen.

Unser Menschsein, die Welt und der Kosmos sind ein großes Geheimnis. Viel zu viel Altkluges wird von viel zu vielen altklugen Männern erzählt. Mir eine eigene Meinung, eigene Erfahrungen, eigenes Wissen anzueignen ist keine leichte Arbeit. Mich auf einen spirituellen Weg einzulassen, ist tatsächlich wie eine Geburt. Es gibt viel zu lernen, viel, auf das ich mich einlassen muss, und es braucht viel Offenheit und viele mutige Entscheidungen. Es gehört auch viel Demut dazu, etwas wachsen zu lassen, dessen Herr ich nicht bin. Etwas zu nähren, das ich nicht wirklich kenne, das zwar ein Teil von mir ist, aber sich auch löst, wann es will. Das Gewinnen von spiritueller Tiefe und geistigem Wachstum ist immer auch ein Loslassen meiner Kontrolle, meiner Vorstellungen und meiner Klugheit. Aber ich möchte es mir als Mann nicht zu einfach machen. Ich weiß im Innersten, dass ich Verantwortung habe für mich, für meine Lieben, meine Freunde und auch für die ganze Welt. Ich weiß auch, dass jede kleine Entscheidung zum Guten einen Unterschied ausmacht. Ich möchte mich der Herausforderung stellen, die Jesus Nikodemus und auch mir gegeben hat. Es geht um nicht weniger als um das Leben.

Vergebung

Bert Hellinger

Vergebung, die verbindet, ist verborgen und still. Sie wird nicht ausgesprochen, sondern geübt. Im Grunde ist sie nichts anderes als Nachsicht. Sie übersieht einen Fehler, ein Unrecht, eine Schuld und vergisst sie. Auf diese Weise bleiben der Fehler oder das Unrecht oder die Schuld ohne schlimme Folgen für eine Beziehung. Im Gegenteil. Durch die stillschweigende Nachsicht vertieft sich die Beziehung. Das gegenseitige Vertrauen wächst, vor allem auf Seiten dessen, der Nachsicht erfahren durfte. Sie lässt auch ihn, wenn die Reihe an ihm sein sollte, bei anderen Fehler und Unrecht und Schuld übersehen und vergessen.

Anders ist es, wenn jemand einem anderen sagt: „Ich vergebe dir." Wenn er das sagt, spricht er den anderen zugleich schuldig. Er überhebt sich über ihn und erniedrigt ihn. Diese ausgesprochene Vergebung hebt die menschliche Beziehung von gleich zu gleich auf. Sie gefährdet die Beziehung, statt dass sie sie rettet.

Wie ist es aber, wenn der andere uns um Vergebung bittet? Wenn diese Bitte aus dem Schmerz kommt, uns betrübt oder verletzt zu haben, lässt sie den Fehler oder das Unrecht oder die Schuld leichter vergessen. Umso mehr, wenn auch wir auf unsere Weise dem anderen gegenüber schuldig wurden. Dann gestatten wir uns beide vielleicht einen neuen Anfang, ohne auf Früheres zurückzukommen. Das ist eine sehr menschliche Weise der Vergebung, bei der beide ebenbürtig und zugleich unten bleiben.

Es gibt aber Situationen, wo die Nachsicht sich verbietet, weil die Schuld so groß ist, dass sie vom Schuldigen nur anerkannt und vom Betroffenen nur erlitten werden kann. Der Extremfall einer solchen Schuld ist der Mord, denn diese Schuld kann nicht mehr gutgemacht werden. Hier muss der Schuldige zu seiner Schuld und ihren Folgen stehen, ohne Vergebung zu erwarten. Und die Betroffenen, die Angehörigen dürfen sich nicht anmaßen, ihm zu vergeben, als könnten und dürften sie das.

Was geht in der Seele eines Schuldigen vor, wenn er nach solcher Schuld Vergebung erwartet und erbittet? Er verliert die Opfer aus dem Blick, denen er auf eine nicht mehr gutzumachende Weise geschadet hat. Er kann dann nicht mehr um sie trauern. Statt dessen sucht er den Folgen seiner Schuld zu entgehen, indem er sie anderen aufbürdet und sie in deren Verantwortung legt. Vielleicht wird er ihnen sogar böse, als schuldeten sie ihm die Vergebung. Damit verliert er seine Würde und seine Größe, und wer ihm vergibt, nimmt ihm diese Würde und Größe. Vor allem aber nimmt er ihm die Kraft, die ihm durch die Anerkennung seiner Schuld und ihrer Folgen zufließt. Wer aus dieser Kraft etwas Besonderes für andere Menschen auf sich nimmt und leistet, gewinnt seine Würde und auf gewisse Weise seinen Platz unter den anderen Menschen wieder zurück.

Und was geht in der Seele jener vor sich, die einem solchen Schuldigen Vergebung gewähren? Auch sie verlieren den Blick auf die Opfer und können nicht mehr um sie trauern oder mit ihnen leiden. Vor allem aber überheben sie sich über den Schuldigen und machen ihn erbärmlich und klein. Und sie machen den Schuldigen durch ihre Vergebung sogar böse, weil sie ihn und seine Tat nicht ernst nehmen. Dann gibt ihre Vergebung dem Bösen neue Nahrung und Kraft, statt dass sie ihm ein Ende setzt.

Vor allem aber maßt sich jemand durch solche Vergebung etwas an, was nur einer höheren Macht zukommt, der Täter und Opfer ausgeliefert sind und in deren Dienst sie stehen, alle auf ihre Weise. Wer hier vergeben will, weigert sich, dieser Macht die Ehre zu geben. Er stellt sich neben oder sogar über sie.

Wenn beide, Täter und Opfer, anerkennen, dass sie den Folgen dieser Tat nicht entrinnen können, weil sie beide an Grenzen kommen, die für sie unüberwindlich bleiben, müssen sie ihre Ohnmacht anerkennen und sich vor ihrem Schicksal verneigen. Das verbindet sie auf eine tiefe, menschliche Weise und ebnet ihnen im Angesicht dieses Schicksals den Weg zur Versöhnung.

Und wie können andere sich den Tätern und Opfern gegenüber menschlich verhalten? Die demütige Antwort darauf ist die Barmherzigkeit. Sie ist eine Bewegung und Haltung des Herzens von Mensch zu Mensch, aber auch von Mensch zu Tier, zu jeder Krea-

tur. Wir fühlen sie im Angesicht von ausweglosem Leid und ausweg-
loser Schuld, suchen sie zu lindern durch Werke der Barmherzigkeit
und wissen doch, dass dieses Leid und diese Schuld im Tiefsten un-
aufhebbar bleiben.

Und wie können wir barmherzig werden? Wenn wir im Angesicht der eigenen Not, der eigenen Schuld, der eigenen oft ausweglosen Lage inne werden, wie sehr auch wir auf die Barmherzigkeit
und Nachsicht anderer angewiesen sind. Daher teilen die Barmherzigen mit den Schuldigen und mit den Leidenden deren Ohnmacht.
Aus dieser Ohnmacht richten sie nicht und vergeben auch nicht.
Sie bleiben demütig und unten. Diese Barmherzigkeit ist still.

Damit habe ich auch etwas über Liebe gesagt, die versöhnt.
Dies ist eine besondere Liebe, über und jenseits jener Liebe, die
noch etwas will. Liebe heißt hier: anerkennen, dass alle anderen
mir vor etwas Größerem gleichen. Demut heißt das Gleiche. Vergeben und Vergessen auch.

Verlust

Bernardin Schellenberger

Da sind die alltäglichen, die kleinen und dennoch emotional zuweilen schmerzlichen Erlebnisse der Trennung: etwa von der guten alten
Jacke, die man nur schweren Herzens in die Altkleidersammlung gibt,
oder von den verschlissenen Bergschuhen, den Gefährten zahlloser
Abenteuer. Dann die Trennung von lieb gewordenen, kostbaren Gegenständen, die zerbrechen, gestohlen werden oder verloren gehen;
die Trennung von Lebensumständen und Gewohnheiten; von Sta-
tussymbolen und Rollen. Schließlich, am schmerzlichsten: die Trennung von Menschen durch Entfremdung oder Tod, wobei es sein
kann, als „wär's ein Stück von mir", was da unwiederbringlich verloren geht.

Mit der Aufforderung an Abraham, sich zu trennen, beginnt die
biblische Heilsgeschichte: Er soll sich trennen von seinem Land, sei-

ner Verwandtschaft und seinem Vaterhaus. Sind Geschichte und Trennung nicht geradezu innerlich verwandt miteinander, ja bedingen sich gegenseitig? Schließlich löst, trennt sich bei jedem Schritt voran der Fuß vom Boden, auf dem er kurz stand, um sich einen Schritt voran auf ein anderes Stück Boden zu setzen, und so endlos fort. Sogar bleibende, als „solide" bezeichnete Beziehungen bedürfen dieser Bewegung – gerade sie. Bei Max Frisch war es ein wichtiges Thema, dass man den Anderen auf kein definitives Bild festlegen könne, weil man ihn gerade dadurch verliere. Zu Maria Magdalena sagt der Auferstandene am Ostermorgen: „Halte mich nicht fest" (Joh 20, 17). Er trennte sich von ihr, damit sie auf dem Weg blieb.

Abraham vollzog die Trennung aktiv, weil ihm ein neues Land und eine ruhmvolle, segensreiche Zukunft verheißen wurde. Wenn eine derartige Vision den Anstoß zur Trennung gibt, ist das der Glücksfall. Sie mag trotzdem schwer fallen; aber die Aussicht auf das Neue, Größere verleiht die Kraft, ja den zuweilen gegenüber allen anderen davon Betroffenen ziemlich rücksichtslosen Schwung, den Schritt zu vollziehen.

Bei vielen Trennungen und Verlusten fehlt jede Vision; es gähnt nur ein Abgrund. In dieser Form stellt die Erfahrung von Trennung und Verlust eine der wesentlichen spirituellen Herausforderungen an den Menschen dar. Er stellt sich ihr nicht bereitwillig. Im Gegenteil: In der modernen abendländischen Gesellschaft ist man eher energisch, ja empört darum bemüht, sich mit allen nur erdenklichen Mitteln gegen Verluste zu stemmen und abzusichern und lieber einer Philosophie des grenzenlosen Wachstums und Behaltens zu huldigen. Dabei häufen sich gerade die Verlusterfahrungen in ihrer intensivsten Form: die Erfahrungen, einen Menschen, dem man sehr eng verbunden war, wieder zu verlieren. Denn eigenartigerweise gelingt es ausgerechnet in dieser Gesellschaft, die so sehr auf Erhalt und Steigerung alles einmal Gewonnenen versessen ist, den Menschen immer weniger, ihre Beziehungen langfristig aufrechtzuerhalten. Dass sich Lebensgefährten wieder trennen und Ehepartner wieder scheiden lassen, geschieht seit einigen Jahrzehnten immer häufiger – so oft, dass das scheinbar fast schon „normal" ist. Dabei rührt die Erfahrung der Trennung von einem Menschen, mit dem man sich einmal in der Liebe eins empfand, immer noch an die tiefsten Schichten der menschlichen Seele. So sei sie hier ausdrücklicher besprochen, als zentrales, radikalstes Muster, das in mehr oder weniger abgemilderter Form allen anderen Erfahrungen der Trennung zugrunde liegt.

Ehescheidungen werden in den meisten Fällen als traumatischer Prozess erlebt; was die Menschen bei der Trennung und Scheidung erfahren – den Schlusspunkten eines immer schmerzlichen Prozesses –, kann von sehr unterschiedlicher Intensität sein: Das Spektrum der Gefühle reicht von dem der lange ersehnten Erlösung aus einer destruktiv gewordenen Beziehung über die Gleichgültigkeit angesichts einer beiderseits erloschenen Liebe bis zum abgrundtiefen Schmerz des einen Partners, der nicht begreifen kann, weshalb ihn der andere abstößt oder verlässt. „Die Liebe weiß um ihre eigene Tiefe erst zur Stunde der Trennung", heißt es in den *Spiritual Sayings* von Khalil Gibran. Diese Erfahrung des Verlustes eines geliebten Menschen kann eine ganz ähnliche Trauer auslösen, wie sie der Tod dieses Menschen ausgelöst hätte. Sie durchläuft auch ungefähr die gleichen Stadien: Ahnen der Krise, Verdrängen, Wahrhaben, Protest, Wut, Verzweiflung und schließlich Annahme. In einer Hinsicht kann sie sogar noch grausamer sein: Menschen erfahren dabei den Tod einer Liebe. Trennt der Tod zwei Liebende, so kann der Hinterbliebene trotz alles abgrundtiefen Schmerzes immer noch an den Fortbestand ihrer beider Liebe glauben; oder sie kann sich vorstellen, der Geliebte sei unsichtbar immer noch nahe bei ihr und sie kann ihn „mit der Seele suchen" und finden; ja, es kann sich sogar die Hoffnung auf ein Sich-Wiederfinden hinter dem geheimnisvollen Vorhang des Todes – in welcher Form auch immer – regen. Anders beim einseitigen Tod einer Liebe: Er muss verkraftet werden; da gibt es keinen Trost bleibender unsichtbarer Nähe; da gibt es kein fernes Herz mehr, das man mit der Seele suchen könnte. Vielmehr ist dieses Herz erkaltet oder würde sogar verächtlich, höhnisch oder aggressiv auf solche Annäherungen reagieren; da gibt es keine Hoffnung auf ein sich Wiederfinden in einer Ewigkeit.

Die spirituelle Krise einer solchen Trennung ist eine tödliche Krise. Wer nicht mehr an die Liebe – seine konkrete Liebe – glauben kann und darf, kann von Gedanken bewegt werden, seinem Leben ein Ende zu setzen, weil es ihm ohne Liebe sinnlos erscheint. „Ob Rosen, ob Schnee, ob Meere, / was alles erblühte, verblich; / es gibt nur zwei Dinge: die Leere / und das gezeichnete Ich" (Gottfried Benn).

In dieser absoluten Nacht kann man nichts tun als stillhalten und warten. Wichtig sind Menschen, bei denen man sich aussprechen kann. Sie können einem nicht helfen, nichts Erlösendes sagen. Aber ihr Zuhören und Dasein ist hilfreich. Man muss neu das Leben lernen, auf einer ganz elementaren Stufe: Sich körperlich wohl fühlen – sich sportlich ertüchtigen, ins Bad, in die Sauna gehen, Wärme und Licht auf der Haut spüren, sich etwas Gutes kochen oder essen gehen –; sich etwas Schönes gönnen, das ein wenig Freude macht – ein Schmuck- oder Kleidungsstück, ein Kunstwerk oder einen Gegenstand für die Wohnung –; bewusst seine Kapsel der Trauer verlassen und zu Konzerten, Vorträgen, kulturellen Veranstaltungen gehen; sich an eine kontinuierliche Arbeit wie an ein Geländer halten. Darin findet man zwar nicht Trost oder Ersatz, sondern es ist eher so, als schaue man sich selbst zu mit der skeptischen Frage im Kopf, was das denn alles noch soll, aber dennoch tastet man sich damit behutsam neu an die Erfahrung heran, das Leben, die Wirklichkeit, das Dasein trage und verfüge noch über mehr Sinn und Kontinuität, als man bislang hatte wahrhaben können. Und langsam, ganz langsam, lernt man wieder Freude am Leben und Vertrauen, entdeckt deutlicher den tragenden Grund, kann eines Tages vielleicht sogar mit dem Psalmendichter beten: „Besser, sich zu bergen beim Herrn, als auf Menschen zu bauen ... Ich werde nicht sterben, sondern leben, um die Taten des Herrn zu verkünden" (Ps 118, 8.17).

Erfahrungen schmerzlicher Trennungen und Verluste sind mühsame Prozesse der Individuation, des Erwachsenwerdens zu einer eigenständigen Persönlichkeit, die in ihrer eigenen Mitte zu ruhen vermag. Der Mensch kann daraus gestärkter und mit mehr eigenem Profil hervorgehen. Ist die Phase der Kränkung, Wut und Enttäuschung und des Nicht-mehr-vertrauen-Könnens überwunden – die viel Zeit und Geduld braucht –, so kann er sich in größerer innerer Freiheit auf Beziehungen einlassen, ohne diese mit der infantilen Erwartung zu überfordern, sie könnten ihn endgültig „ganz" machen, „erlösen", aufgehen lassen in einem bleibenden Einssein. Trennungen und Verluste setzen, ja stoßen den Menschen immer wieder auf den Weg, auf dem ihm alle Gewissheiten und Sicherheiten zerbrechen, auf den Weg ins Unbegreifliche, das „noch kein Auge gesehen und kein Ohr gehört hat" (1 Kor 2, 9) und unendlich mehr und weiter ist als alles, was er je erreicht und gekannt hat.

Vertrauen

Franziska Stocker-Schwarz

„Spring runter!", so ruft es von unten. Oben auf der zwei Meter hohen Mauer steht ein kleiner dreijähriger Steppke. Der zögert nicht lange, sondern lässt sich daraufhin fallen und springt hinunter – in die Arme des Vaters. Das ist Vertrauen.

Vertrauen ist ein Grundphänomen des menschlichen Lebens. Jedes Kind, das auf die Welt kommt, lebt vom totalen Vertrauen zu der Welt, in die es hineingeboren wird. Voller Vertrauen ist es seinen Eltern gegenüber. Am Kind wird deutlich, was Vertrauen im engeren Sinne meint: ein Angewiesensein auf ein Gegenüber. Das Kind bringt solch ein Vertrauen mit. Die Lebenserfahrungen modellieren dann dieses Urvertrauen. Das Kind erlebt in der Ambivalenz von Ohnmacht und Macht in der Beziehung zu den Eltern die Breite der Erfahrung mit geglücktem Vertrauen und durch Enttäuschung gewachsenem Misstrauen.

Auch Erwachsene leben in ihren Beziehungen vom Vertrauen, das sie anderen Menschen schenken. Jedes Gespräch wird in der Erwartung eröffnet, dass der Angeredete meiner Rede Vertrauen schenkt. Und selbst wenn ich meinem Gegenüber misstraue, weil ich ein negatives Bild seines Charakters in mir trage, eröffnet die persönliche Begegnung eine neue Möglichkeit der Beziehung: So reichlich fließt die Quelle des Vertrauens zum Dasein. Nur bei „eingefleischtem" Misstrauen versiegt diese Quelle.

Die Ambivalenz zwischen Vertrauen und Misstrauen spiegelt sich auch in den spirituellen Erfahrungen von Menschen wider. Jaques Lusseyran, ein französischer Gelehrter und Schriftsteller, der im Alter von sieben Jahren aufgrund eines Unfalls erblindete, erzählt in seiner Autobiographie, wie sein Grundvertrauen durch die Liebe und Fürsorge seiner Eltern gefestigt wurde. Die Eltern redeten mit ihm auch über Gott. Und er konnte trotz seiner schweren Lebenserfahrung Vertrauen zu Gott haben.

Diesen Glauben beschreibt Lusseyran so: „Meinem Glauben entsprang auch meine Verwegenheit. Ich lief unaufhörlich; meine ganze Kindheit war ein einziges Laufen. Ich lief nicht etwa, um etwas zu erlangen (das ist die Vorstellung der Erwachsenen, nicht die eines Kindes), ich lief, um all den sichtbaren – und noch nicht sichtbaren – Dingen entgegenzugehen. Wie in einem Staffellauf bewegte ich mich vorwärts von Vertrauen zu Vertrauen."

Ganz anders erlebte der Psychoanalytiker Tilmann Moser seine Erziehung. In ihm wurde das Grundvertrauen zerstört. Gott erscheint ihm als die Gehorsam fordernde, strafende Instanz, der er nie genügen konnte.

Gerade an solchen Erfahrungen wird deutlich, dass Vertrauen zu Gott abhängig ist von der Offenbarung Gottes in Jesus Christus. Denn Jesus hat uns Gott als vertrauenswürdig offenbart. Er zeigt uns Gott als den (all)mächtigen und barmherzigen, als den heiligen und zugleich liebenden. Wir können Gott so erkennen, wie er uns in Jesus Christus sich selbst geöffnet hat. Und darum ist der geistgewirkte Glaube vor allem die unbedingte Zuversicht zu diesem Gott, Leben im Vertrauen auf die Treue seiner Selbstzusage, so wie ein Kind dem Vater traut: „Nicht den Geist von Knechten habt ihr empfangen, dass ihr euch fürchten müsstet, sondern den Geist von Kindern, durch den wir rufen: Abba, lieber Vater!" (Röm 8, 15).

Vertrauen ist die religiöse Lebensäußerung des Christen, ist wesentlicher Aspekt des Glaubens.

Jesus selbst fordert dazu auf: „Wahrlich, ich sage euch: Wer das Reich Gottes nicht empfängt wie ein Kind, der wird nicht hineinkommen" (Mk 10, 15). Er fordert auch die Erwachsenen zu diesem sich hingebenden Glauben heraus. Dafür steht die Geschichte von

Petrus auf dem See: Eines Abends hatte Jesus den Jüngern befohlen, schon ohne ihn mit dem Boot die Heimfahrt anzutreten. Mitten in der Nacht erschien ihnen dann Jesus auf dem See. „Es ist ein Gespenst", schrien sie vor Furcht. Doch Jesus sprach: „Seid getrost, ich bin's; fürchtet euch nicht! Petrus aber wollte es wagen und antwortete: „Herr, bist du es, so befiehl mir, zu dir zu kommen auf dem Wasser." Und Jesus sprach: „Komm her!" Und Petrus stieg aus dem Boot und ging auf dem Wasser und kam auf Jesus zu. Als er aber den starken Wind sah, erschrak er und begann zu sinken und schrie: „Herr, hilf mir!" Jesus aber streckte sogleich die Hand aus und ergriff ihn und sprach zu ihm: „Du Kleingläubiger, warum hast du gezweifelt?" Und sie traten in das Boot, und der Wind legte sich (nach Mt 14, 22ff).

Petrus steht für den sich ausliefernden Glaubenden. Er will sich mit ganzer Hingabe der Macht Jesu ausliefern. Er will ganz vertrauen. Zugleich steht Petrus mit seinem Sinken für die angefochtenen Glaubenden. Er zeigt, dass das Vertrauen zu Gott immer wieder angefochten wird, dass Mut und Glaube sinken können. Die Geschichte zeigt, wie Jesus hilft: Auf das Stoßgebet hin greift Gott ein: „Herr, hilf mir!" Vertrauen wird von Gott nicht enttäuscht. Doch was, wenn das Grundvertrauen zum Dasein durch schlimme Lebenserfahrungen schon zerstört wurde?

Es ist möglich, die Fähigkeit zu vertrauen wieder aufzubauen – in kleinen Schritten. Das zeigt exemplarisch das Neuwerden im Leben der Maria Magdalena: Zerbrochen von den Erfahrungen des Lebens, weinend über die eigene Schuld, salbt sie Jesus die Füße. Und sie wird die erste Osterzeugin: Neues Vertrauen, neues Leben wächst ihr zu. (Lk 7, 36ff; 8, 2; 24, 10)

Verwandlung

Peter Schellenbaum

In heimlicher Tiefe ist keinem Menschen das transformatorische Erleben fremd, das Verzauberung und Furcht verbindet, jenseits vom alltäglichen Licht und Dunkel die Welt in ein hellseherisches Licht taucht und in eine höhere unzerstörbare Ordnung eintreten lässt. Ein gemeinsamer, nicht erklär- und beweisbarer Sinn blitzt auf. Er umfängt heilend Leben und Tod, Individuum und Welt, das Einzelne und das Ganze. Schauerlich und befreiend, unerwartet und doch im Tiefsten vertraut, ein Wunder und gleichzeitig natürlich und selbstverständlich. Eine Verwandlung ereignet sich, und ich ahne bloß, dass ich mich seit jeher nach ihr gesehnt habe. Solches Erleben ist nicht vergleichbar mit dieser oder jener Veränderung in Beruf oder Partnerschaft. Es lässt sich nicht vergleichen mit Zielen, die ich lange anstrebe und schließlich erreiche. Auch wenn ich den Weg zur Verwandlung hin geebnet habe, hat sie doch, wenn sie geschieht, mit diesem Weg nichts Entscheidendes mehr zu tun. Sie ist nichts Neues und nichts Altes, nicht vorher und nicht nachher, sondern das Offenbarwerden von etwas, das schon immer da war. Auf beunruhigende und befreiende Art ist Verwandlung anders, überhaupt anders als alles Erstrebenswerte und Erreichbare. Auch wenn sie in der Zeit geschieht, ist sie doch ein Augenblick, der jenseits von Zeitabläufen ewig ist. Auch wenn sie sich im Raum an einem unter vielen Orten situieren lässt, bedeutet sie doch jenen Punkt, der das Ganze ist. Sie enthüllt den Kern einer Sehnsucht, die nicht dieses oder jenes und immer mehr will. Sie ist Erwachen in völliger Verbundenheit, in selbstverständlicher All-Einheit, All-Zeitigkeit, All-Gegenwärtigkeit.

Religionen und Mythologien bemühen sich, das Erleben existentieller Verwandlung in einen allgemeingültigen Prozess zusammenhängend einzugliedern und ihn so darstellbar, beschreibbar zu machen. Daran ist viel Wahres, aber den Schrecken und das Entzücken im ganz Anderen, nicht Einzuordnenden können sie ihm nicht nehmen. Das Wesentliche in der Verwandlung vermag keine Verbildlichung einzufangen. Höchstens wenn Verwandlung bereits geschehen, mir also bereits ein wenig entschwunden ist und ich wieder versuche, in dieser Welt der Räume und Zeiten, der Mittel und Ziele, der Veränderungen und Anpassungen neu Fuß zu fassen, kann mich die Botschaft beruhigen: „Es war alles schon vorgesehen." Die Weisheit des Mythos ermutigt vielleicht, das Leben im Sinne der erfahrenen Verwandlung neu zu orientieren, doch übersteigt die Verwandlung jede durchaus richtige und angezeigte Veränderung, nicht so, als wäre sie mehr als diese, sondern weil sie ganz anders ist. Der neue Adam, von dem Paulus schreibt, befindet sich nicht auf der gleichen Zielgerade wie der alte; er war schon im alten Menschen da und ist auch dem neuen Menschen nicht ein für allemal gesichert. Der Bericht vom sterbenden und auferstehenden Gott, heiße er nun Jesus, Osiris, Zagreus oder Balder, kann nicht durch magische Rituale in eigenes Erleben verwandelt werden, auch wenn dieser Bericht eine Ahnung vom Gemeinten gibt. Der erdumspannende Mythos der Nachtmeerfahrt erzählt, wie der Held, ähnlich der am Abend im Westen sterbenden Sonne, von einem Meeresungeheuer, der Großen Mutter, verschlungen und schließlich nach vielerlei zu bestehenden Prüfungen im Osten nackt und haarlos als Neugeborener wieder ausgespuckt wird und sonnenhaft dem Wasser entsteigt. Er vermittelt ein uraltes Wissen, das jedoch im Moment der Verwandlung selber ohne Bedeutung ist. Die Unmittelbarkeit des Erlebens lässt keine Bilder zu. Wenn Verbildlichungen und Worte dazu im Nachhinein auftauchen, befinden wir uns bereits wieder in einer leichten Distanz zur Verwandlung, notwendig zwar, um weiterzugehen, doch nicht im glühenden Brennpunkt des numinosen Geschehens.

„Du sollst dir kein Bild machen": eben dies gilt für das existentielle Erleben in der Verwandlung. Es kann nicht in Bilder umgesetzt, wohl aber vom betroffenen Einzelnen in Andeutungen beschrieben werden. Es ist grenzenlose Ergriffenheit, ausgelöst durch alles, was uns widerfahren kann: eine existentielle Krise, eine Begegnung, eine Krankheit, ein Glück oder Unglück, eine kurze Tonfolge, die Spiegelung des Vollmondes im Wasser, das Lächeln oder Weinen eines Kindes, einen Stein oder Baum, durch alles Mögliche, Banales oder Besonderes. Vorher meinten wir gespalten in vielerlei Regungen und Überlegungen zu sein. Jetzt, in der einen Ergriffenheit, merken wir, dass wir eins sind, schon vorher eins waren: mit uns selbst und der Welt, einfach eins und verbunden, nichts als verbunden, bei allen nach wie vor differenzierten, vielleicht noch differenzierteren Wahrnehmungen. Schuppen fallen uns von den Augen: Wir sind identisch mit der Welt: ungespalten und unvermittelt, vielfältig und eins: Identität von *Atman* und *Brahman*, die wesentliche Aussage der indischen Philosophie.

Im Zentrum des orthodoxen Christentums steht das Geheimnis der *metamorphosis* (griechisch) oder *transformatio* (lateinisch), das heisst wörtlich der Umformung, Umgestaltung, Verwandlung: Die Welt ist Geist, reine Verbundenheit, reine Form, wie auch der Physiker Hans-Peter Dürr betont, und dieser Tatsache werden wir im Moment der Verwandlung gewahr. Die gebräuchliche deutsche Übersetzung „Verklärung" in Bezug auf das Geschehen auf dem Berge Tabor verpasst das Gemeinte. Sie beschränkt sich auf das innere Licht, ausgestrahlt von den drei Männern Jesus, Mose und Elija. Doch *metamorphosis* meint das, wessen wir in der Verwandlung innewerden: nicht-zweihaftes, ungespaltenes Sein, von dem wir ganz ergriffen, mit dem wir eins sind, Offenbarung im Ganzen durch unverstelltes, unmittelbares Erleben. – Ähnliches ist von der so genannten Wandlung in der katholischen Messe zu sagen. Das Dogma bezeichnet sie als *transsubstantiatio*, das heisst als Wandlung der Substanz bei gleich bleibenden *accidentia* (nicht-wesentlichen Eigenschaften): Alle Einzelheiten sind Zufälligkeiten, die sich nicht ändern müssen, aber der Sinnkern wird ein anderer: nicht mehr gewöhnliches Brot, sondern Christus, mit dem wir im Abendmahl, in der so genannten Kommunion, eins werden. Welchen Namen wir immer diesem verbindenden Sinnkern geben, Christus, Buddha, Tao, Selbst, Gott: die Verwandlung selber ist namen- und sprachlos.

Es mag wundern, dass ein Psychotherapeut solche Sätze schreibt. Sollte er sich nicht auf die Heilung konkreter seelischer Leiden beschränken und sich in nüchterner Professionalität den psychischen Störungen seiner Patienten zuwenden? Bedeutet die Beschäftigung mit Spiritualität nicht Flucht vor alltäglicher Knochenarbeit? – Meine Erfahrung zeigt das Gegenteil: Die Vermeidung spiritueller Grundtatsachen verunmöglicht psychische Heilung, ganzheitliches Heilwerden. Einige dieser Grundtatsachen habe ich bereits erwähnt: All-Verbundenheit und All-Einheit, Ungespaltenheit, Ergriffenheit, Unmittelbarkeit. Andere werden nun noch kurz zur Sprache kommen: Sich-Wundern, Staunen, Leere, existentielle Nacktheit, Schwellenerfahrung, Ekstase, Communitas, und in meiner Begrifflichkeit: Spürbewusstsein und Resonanz.

Verwandlung ist immer überraschend und unerwartet: ein inneres Wunder, das wie die so genannten Wunder im Neuen Testament plötzlich eintritt, so dass wir uns darüber nur wundern können, ein Erwachen im Unmittelbaren und Selbstverständlichen, in der nicht weiter zu hinterfragenden Wahrheit. Ihm voran geht ein manchmal unbewusster Zustand von Leere und zunehmender Verfügbarkeit. Wir waren auf dem Nullpunkt und erleben uns jetzt im Punkt Null, im zeitlosen Moment, von dem aus die Zeit wieder neu einsetzt. Kein Status, keine Rolle, keine äußere Stütze ist uns hier eigen. Die existentielle Nacktheit kennt nur einen einzigen Schutz, den der ungeschützten Wahrhaftigkeit. Aus dem Alten treten wir heraus (*ek-stasis*) und sind nun weder das Alte noch das Neue, sondern nur das, was Meister Eckhart das *Nun* nennt: Ewigkeit, die im Augenblick offenbar wird.

Ich habe bereits erwähnt, dass wir Verwandlung zwar nicht machen, wohl aber ihr den Weg bereiten können, auch wenn es nicht ein Weg ist, der zu ihr hinführt. Eine besondere Art von Bewusstsein macht uns für die Verwandlung empfänglich. Im Unterschied zum reflexiven, Distanz nehmenden Bewusstsein nenne ich es Spürbewusstsein: ein von innen heraus kommendes, direkt leibliches, das heißt sowohl körperliches als auch emotionales Bewusstsein, vorherrschend in allen Sinneseindrücken und sogar im Denken. Einübung ins Spürbewusstsein bildet das eigentliche Anliegen meiner psychotherapeutischen Arbeit, sowohl mit Einzelnen als auch mit Gruppen, und auch in der von mir begleiteten Weiterbildung in Leib-Psychotherapie.

Wir sind „Beziehungswesen". Deshalb nehmen wir unser Eigenstes nur in Verbindung mit anderen und dem Ganzen wahr. Zum Spürbewusstsein gehört also auch die Fähigkeit zur Resonanz in der Mitwelt. In Ursprungsgesellschaften geschehen Initiationen immer innerhalb einer Communitas, das heißt im Zusammenhang einer Übergangsgemeinschaft (Victor Turner). Die Verbindung mit anderen macht es leichter, die zur Verwandlung notwendige Leere so lange als nötig auszuhalten und von alten Rollen, Abhängigkeiten, Meinungen frei zu werden. Die Erfahrung spürbewusster Resonanz anderer mit uns selber bringt bisher ungespielte Saiten der eigenen Seele zum Klingen, und die eigene spürbewusste Resonanz mit individuell verschiedenen anderen Menschen bewirkt, dass All-Einheit nicht zu einem schwärmerischen Gefühl der Verschmelzung ausartet, sondern eine existentielle Grundtatsache wird. In sensiblen, kritischen Momenten unseres Lebens öffnen wir uns so für die mögliche Verwandlung.

Verzicht

Bernardin Schellenberger

Theoretisch, als formuliertes Verhaltensideal, hat das „Verzichten" in unserer abendländischen Gesellschaft derzeit schlechte Karten, denn wer will schon freiwillig auf etwas verzichten? Im Gegenteil: Weil sie auf nichts verzichten wollen, stürzen sich immer mehr Menschen in Schulden und leben über ihre Verhältnisse. Da in unserer Wohlstandsgesellschaft offensichtlich unendlich viele Güter und Möglichkeiten in Hülle und Fülle verfügbar sind, ist nicht einzusehen, weshalb man auf etwas verzichten, also „Konsumverzicht" üben sollte. Hinzu kommt, dass sich in der Logik unseres Wirtschaftssystems der Verzicht volkswirtschaftlich schädlich auswirkt: Würden zu viele Menschen auf zu viel verzichten, so hätte das verheerende Folgen für Produktion, Arbeitsplätze, Handel, Gewerbe, Steuern.

Praktisch allerdings spielt auch im Leben unserer Zeitgenossen das „Verzichten" eine bedeutende Rolle. So treibt zum Beispiel der Wunsch, sich gängigen Schönheitsidealen anzunähern, unzählige

Menschen zum Verzicht auf bestimmte Nahrungsmittel und viele sogar in den exzessiven Verzicht auf eine angemessene Ernährung. Oder viele Eltern und Großeltern nehmen wie eh und je beträchtliche Verzichte auf sich, um den Kindern und Enkeln eine optimale Ausbildung oder ein gutes Leben zu ermöglichen. Bei genauem Hinsehen entdeckt man allenthalben Formen des Verzichts: aus beruflichen, sportlichen, gesundheitlichen, weltanschaulichen Ambitionen heraus, und paradoxerweise sogar um spezifischer Formen des Genusses willen. Verzicht wird auf vielerlei Weise spontan geleistet, wo man sich daraus einen Gewinn auf anderem Gebiet für sich selbst oder andere erhofft.

Der deutsche Begriff „Verzicht" stammt aus der Rechtssprache: Er bezeichnet die Aufgabe eines Rechtsanspruchs, eine „Entsagung", also den Rücktritt vom Recht, über etwas das „Sagen" zu haben und folglich darüber verfügen und es gebrauchen zu können. Wer auf etwas verzichtet, nimmt es nicht in Anspruch, obwohl er „rechtmäßig" darauf Anspruch hätte. Juristisch sind viele Verzichte erzwungen (als ein kleineres Übel), praktisch ebenfalls von irgendeinem anderen Zwang (etwa dem Ehrgeiz, besonders schlank oder besonders leistungsfähig zu sein oder bestimmte Genüsse zu erlangen). Dennoch steckt im Begriff des Verzichts auch das Element der Freiheit, und dieses Element ist es, was auf dem Gebiet der Spiritualität entscheidend ist: Man verzichtet auf bestimmte Ansprüche und Möglichkeiten, um frei zu sein für das, was man für sinnvoller, spannender, wesentlicher und lohnender hält; vielleicht auf einen einträglicheren Job oder eine Vollzeitbeschäftigung, um mehr Zeit für sich selbst und Gott zu haben, oder auf bestimmte Medien, um sich mehr dem Gespräch und direkten sozialen Kontakten widmen zu können.

Anspruchsvoller als das ist es, Verzichte zu üben, die wie eine Minderung der eigenen Lebensqualität wirken, jedoch anderen Menschen oder der Umwelt oder der Gesellschaft helfen. Im christlichen Ethos des Verzichts spielt dieser soziale Aspekt eine zentrale Rolle. Viele, die sich darauf eingelassen haben, erfahren in der Praxis, dass „weniger mehr ist" und ihr soziales wie inneres Leben dadurch neue Qualitäten gewinnt. Dieses Phänomen, dass oft „weni-

ger mehr" sein kann, lässt sich leicht auf ästhetischem Gebiet aufzeigen: Wenn etwa Picasso das Bild eines Stiers oder eine Taube
auf wenige Striche reduziert, vermag er das „Stier-" oder „Taube-
Sein" genialer vor Augen zu führen, als das ein naturalistisches Gemälde je vermöchte. Oder in der Architektur vermag die Reduktion
auf knappe, elementare Formen eine überwältigende Wirkung von
Monumentalität zu erzeugen.

Die spirituelle Tradition der großen Religionen kennt jedoch
noch andere Dimensionen des Verzichts: Über die persönliche Befriedigung und auch die Gestaltung eines für alle Menschen befriedigenden, gerechten irdischen Lebens hinaus sucht sie Gott oder jedenfalls eine transzendente Dimension und leitet deshalb zu
Formen des Verzichts an, die weit über alle Spielarten des sozial motivierten und erst recht des „epikureischen Verzichts", also einer raffinierten ästhetischen oder Ich-Kultur, hinausgehen: Hier ist von einem spezifischen „Verzicht" auf das eigene Ich oder Selbst die Rede,
das man allerdings erst in Freiheit loslassen kann, wenn man es gefunden hat. Alle äußeren Verzichte sollen hier diesem Ziel dienen
und Ausdruck des Strebens danach sein. Jedoch, schreibt Gregor
der Große (gest. 604), sei „es viel leichter, auf alles zu verzichten,
was man hat, als auf sich selbst zu verzichten". Gemeint ist damit
der radikale Verzicht auf alle eigenen Wünsche, Vorstellungen und
Bilder, aus der Überzeugung, ein seinem Ich verhafteter Mensch
laufe Gefahr, letztlich doch nur immer sich selbst und seine eigenen
Projektionen zu suchen und zu finden und folglich nie zur Dimension des „ganz Anderen" vorzustoßen, der das Ziel der spirituellen Suche und Bestimmung des Menschen sei.

Der spirituelle Weg stelle einen fortschreitenden Prozess der Reduktion und Vereinfachung (und folglich des Verzichts) dar, lehrte
bereits der große Theoretiker der christlichen Mystik Pseudo-Dionysius (um 500 n. Chr.), und auf ihre je persönliche Weise folgten
ihm darin so gut wie alle Mystiker, die von der Erfahrung des „ganz
Anderen" gekostet hatten. Als Thomas von Aquin gegen Ende seines Lebens diese Erfahrung zuteil wurde, verzichtete er darauf, seine
Summa theologica zu vollenden, weil ihm alles, was er geschrieben
habe, im Vergleich damit „wie Stroh" vorkomme. Die Mystiker spra

chen vom „Sterben, um zu leben", vom „Verzicht auf alle sinnlichen und sogar spirituellen oder göttlichen Vorstellungen", von der völligen „Nacktheit der Seele, um die göttliche Wirklichkeit zu verkosten", von der „Schau Gottes im leeren, reinen Spiegel der Seele", von der „Nacht der Sinne und des Geistes" und vom „désintéressement", einem von aller Erwartung gereinigten absoluten Offensein. Heinrich Herpius (gest. 1478) fasste die klassische christliche Tradition so zusammen, dass er von drei Stufen des Verzichts sprach: dem äußeren, dem inneren und dem spirituellen. Diese Vorstellung von Verzicht dürfte die extremste Alternative zur Bilder- und Informationsflut unseres Zeitalters darstellen. Vielleicht gewinnt sie nach einer Zeit der Übersättigung und Ernüchterung neue Anhänger.

Yoga

Peter Wild

Der Yoga-Sutra des Patanjali, ein Lehrtext, der vermutlich im 2. Jahrhundert n. Chr. entstanden ist, macht die umfassende Vielfalt der Yoga-Tradition deutlich. Der indische Gelehrte Patanjali gibt darin in acht großen Kapiteln die Hauptthemen des Yoga wieder. Die ersten beiden Kapitel sind ethisch-moralischen Verhaltensweisen gewidmet. Sie betonen, wie streng und konsequent der Mensch, der nach der Vereinigung mit Gott sucht, zu leben hat: Ehrlichkeit, Gewaltlosigkeit, Reinheit, Beherrschung der egozentrischen Wünsche, Studium, Gehorsam und Hingabe an Gott stehen im Mittelpunkt des Ringens. Das dritte Kapitel beschreibt die Körperbeherrschung im Hinblick auf die Meditation: Der Yogi übt eine Sitzhaltung, die es ihm erlaubt zu meditieren, und zwar beliebig lang und ohne durch körperliche Regungen abgelenkt zu werden. Übungen zur Atempraxis stehen im vierten Kapitel: Wie kann der Yogi die kosmische Energie des ihm zufließenden Atems gewinnen, im Körper zurückhalten und sich aneignen? Das fünfte Kapitel beschäftigt sich mit den Sinnen und den Sinneserfahrungen. Da der

Yogi sich immer mehr von der ihn nach außen lockenden Welt abwenden und der inneren göttlichen Realität zuwenden sollte, muss er lernen, sein Selbstverständnis, seine Identität nicht mehr an den Sinneserfahrungen festzumachen. Das fünfte Kapitel instruiert ihn deshalb, wie er verhindern kann, dass er sich weiterhin mit den Sinneserfahrungen identifiziert. Die Kapitel sechs, sieben und acht schließlich gehen auf unterschiedliche Formen und Intensitätsgrade der Meditation ein, angefangen von einfachen Konzentrationsübungen bis hin zu unterschiedlichen Erfahrungen der Ekstase.

Die meisten Yoga-Strömungen praktizierten allerdings nie die ganze im Yoga-Sutra dargestellte Vielfalt, sondern legten Wert auf eine bestimmte Auswahl von Praktiken. Dass es dabei auch zu Übertreibungen und Verirrungen kommen konnte, dokumentiert zum Beispiel die Lebensgeschichte Gotamas, des Buddha, des Begründers der buddhistischen Praxis. Bevor er zu seinem eigenen, einem ausgeglichenen Weg fand, dem Mittleren Pfad, folgte er den Praktiken verschiedener extremer Yogis; in seinen Unterweisungen schildert er entsprechende Beispiele.

In Indien werden bei der Auswahl und Deutung der Yoga-Praktiken folgende Akzente gesetzt beziehungsweise unterschieden: der *Jnana-Yoga*, der *Bhakti-Yoga*, der *Karma-Yoga*. Der *Jnana-Yoga* ist philosophisch ausgerichtet. Im Vordergrund stehen das Studium und die Meditation im Sinne einer ganzheitlichen, erfahrenen Integration der religiösen Lehre. Der *Bhakti-Yoga* ist der Yoga der Hingabe an Gott. Ein Yogi dieser Ausrichtung vollzieht alles, was er tut und lässt, als Ausdruck seiner Liebe Gott gegenüber. Diese Richtung des Yoga hat glühende Mystiker hervorgebracht. Der *Karma-Yoga* schließlich betrachtet die alltäglichen Verpflichtungen im Rahmen der Familie und des Berufes als die entscheidenden Aufgaben: Sie absichtslos (ohne Gewinn für die eigene Person) und voller Hingabe zu vollziehen führt zur eigentlichen Reifung der Person.

Der Yoga, der bei uns in den letzten Jahrzehnten am meisten Popularität gefunden hat, ist der *Hatha-Yoga*. Er stammt aus der tantrischen Tradition. Wie aus der kurzen Darstellung des Yoga-Sutra deutlich wurde, war der Yoga in seinem Ursprung ganz auf die geistige Entwicklung des Menschen ausgerichtet. Der Körper spielte höchstens insofern eine Rolle, als es galt, ihn zu beherrschen und als Instrument im Dienst der geistigen Entwicklung gefügig zu machen. Die tantrische Tradition, die ungefähr seit dem 5. und 6. Jahrhundert n. Chr. in Erscheinung tritt, ist geprägt durch Umwertungen. Das heißt: Elemente, die in der spirituellen Praxis bisher keine Rolle spielten oder sogar verpönt waren, werden nun zum eigentlichen Weg. In diesem Zusammenhang wurde auch dem Körper eine positive, ja überragende Bedeutung zugeschrieben. Ihn zu trainieren und zu formen, zu entdecken, wie sehr er an den kosmischen und göttlichen Energien teilhat (Chakrenlehre), rückte in den Mittelpunkt. Aus einer solchen Umwertung ist der *Hatha-Yoga* hervorgegangen, der Bewegungen, Körperstellungen, Atempraktiken und verschiedene Meditationstechniken umfasst.

Da auch in der christlichen Tradition der Körper negiert und verachtet wurde, hat der *Hatha-Yoga* seit dem Beginn des 20. Jahrhunderts in Europa ein großes Echo gefunden. Er bietet die in der christlichen Tradition vermisste Möglichkeit, den Körper kennenzulernen und in einen spirituellen Weg zu integrieren. Die Aufnahme des *Hatha-Yoga* in Europa durchlebte allerdings verschiedene Zeitströmungen: Er konnte als Weg der eigenständigen Selbstverwirklichung (bis hin zur Selbsterlösung) angepriesen werden, das Machbare und die eigene Leistung standen im Vordergrund, oder es wurde die Entspannung oder der gesundheitliche Aspekt hervorgehoben. Heute wird vor allem auf die therapeutischen Möglichkeiten geachtet und betont, dass der Yoga in psychosomatischer Hinsicht ganzheitlich wirkt.

Auch in der christlichen Spiritualität wurde man auf den *Hatha-Yoga* aufmerksam und integrierte ihn in das Ringen um ein neues Verständnis für den Körper. Wichtige Vermittler des Hatha-Yoga waren etwa der Benediktiner Jean-Marie Déchanet, Francis Acharya und die Tänzerin Michaëlle. Dank solcher Vermittlungen sitzen heute viele europäische Christen und Christinnen während der Meditation selbstverständlich im Lotus- oder Fersensitz, und dank solcher Vermittlungen ist heute der Sinn für die Gebetsgebärde und die Gebetshaltung, für das Beten mit dem Körper wieder lebendig.

Zeit

Stefan Kiechle

„Alles fließt" – wie nie zuvor scheint Heraklits Wort gegenwärtigem
Empfinden zu entsprechen. Moden wechseln, Entwicklungen be-
schleunigen sich, die Zeit zerrinnt, das Rad der Geschichte dreht
sich schneller, und nicht nur ältere Menschen tun sich schwer,
dem Lauf der Dinge hinterherzuhecheln. Die Erfahrung ist jedoch
eine doppelte: Überfüllte Zeiten, hektisch durcheilt von einem
zum übernächsten Erlebnis, wechseln sich ab mit leeren Zeiten, in
zäher Langeweile durchlitten. Wenige tun in immer weniger Zeit
immer mehr, viele tun in immer mehr Zeit immer weniger. Die einen fühlen sich durch die Zeit getrieben, die anderen in die Leere
der Zeit fallengelassen.

Äußere Zeitabläufe sind uns vorgegeben. Bisweilen sind sie uns
Stütze und Halt. Bisweilen empfinden wir sie als allzu enge Korsetts,
die uns die Luft abzuschnüren drohen. Die Seele geht anders: Eine
innere Uhr sagt uns, wann etwas dran ist. Innere Zeit folgt inneren
Schwankungen. Wir haben über sie so wenig Macht wie über die
äußere Zeit. Von innen her treiben uns Sehnsüchte um, Bedürfnisse
verlangen nach Stillung. Wir empfinden Ängste und Freuden, die
wir jedoch unterdrücken müssen, weil wir in der äußeren Zeit zu
funktionieren haben. Doch wir ahnen, dass die innere Zeit mehr
mit dem wahren Leben zu tun hat. Der Geist scheint mehr von innen her zu bewegen. Doch wie können wir ihm seine Zeit geben, in
einer perfekt durchgetakteten und funktionalen äußeren Ordnung?

„Alles hat seine Stunde. Für jedes Geschehen unter dem Himmel gibt es eine bestimmte Zeit: eine Zeit zum Gebären, eine Zeit
zum Sterben, eine Zeit zum Pflanzen, eine Zeit zum Ernten, eine
Zeit zum Töten, eine Zeit zum Heilen, eine Zeit zum Niederreißen,
eine Zeit zum Bauen, eine Zeit zum Weinen, eine Zeit für die Klage,
eine Zeit für den Tanz ..." (Koh 3). Kohelet, der „Prediger Salomo",
spricht hier von abgegrenzten und erfüllten Zeiten. Sie sind dem
Menschen vorgegeben, er kann sie nicht bestimmen, nur wählen.
Indem er sie mit dem Inhalt lebt, der schon in ihnen liegt, füllen

sie sich mit Sinn und werden ihm zum Geschenk. Leben heißt: Gegebenes anzunehmen und sich von ihm herausfordern zu lassen. Die äußere Zeit wird zur inneren, die innere zur äußeren. Der unerbittliche Fluss der Lebenszeit wird zur Abfolge von Ereignissen, die beginnen, Sinn zu tragen.

Jugendliche empfinden den Schmerz der unerfüllten Sehnsucht – sie wird uns ein Leben lang quälen. Ältere empfinden den Schmerz der verpassten Gelegenheiten – wir müssen sie ein Leben lang betrauern. Schmerzzeiten sind oft Reifezeiten; sie treiben uns über uns hinaus, öffnen uns für Größeres, wecken Hoffnung auf bessere Zeiten. Freudige Augenblicke verführen dazu, sie festhalten zu wollen – wodurch sie uns umso schneller entgleiten. Wir können die Kunst einüben, den Schmerz zu tragen und die Freude zu genießen, ohne uns auf die Zeit zu fixieren. Zeiten sind Herausforderung und Gabe. Wir müssen sie annehmen und dann lassen, um weiterzugehen. Alles Irdische vergeht in der Zeit. Ist seine Vergänglichkeit nur bedrohlich?

In unserem abendländischen, jüdisch-christlichen Verstehen hat die Zeit ein Ende, auf das sie zuläuft. Das Ende ist sowohl ein persönliches wie ein weltgeschichtliches. Es ist absolut. Nach dem Ende kommt nicht einfach etwas anderes, nicht einmal überhaupt *etwas*. Was kommt, ist nicht bekannt, nicht vorstellbar oder denkbar, nicht zeit- oder raumhaft. Es ist die reine Fülle, die Fülle Gottes. Schmerz und Trauer, Unrecht und Tod werden am Ende vernichtet und erfüllt. Wissen können wir darüber nichts, nur erahnen und erhoffen. Sprechen können wir darüber kaum, nur zart andeuten. Jedoch entlastet das Ende der Zeit unsere Zeit: Wir sind nicht gezwungen, jetzt alles erleben, leisten und erfüllen zu müssen. Wir sind freier, das Jetzt anzunehmen, wie es ist, weil wir wissen, das seine Mängel am Ende erfüllt werden. Wir können das Fragmentarische des Jetzt bejahen und uns darin engagieren, weil wir im bruchstückhaft Guten erahnen, was danach in Fülle kommt. Aus dieser Ahnung *leben* wir, bedrängt in der Zeit, sehnsüchtig nach dem Ziel. Der Weg in der Zeit ist einmalig. Er hat seinen Ernst und seine Würde, auch wenn er nicht das Ziel ist. Das Ziel ist das Leben in Fülle.

In anderen Zeit-Verständnissen kommt nach dem Ende nichts mehr. Nun geraten wir unter Druck: Nur *jetzt* haben wir die stetig zerrinnende *letzte* Chance, uns das Leben zu erfüllen. Ist es das, was uns *Stress* macht, uns atemlos hetzen lässt nach dem erfüllenden *Event* – in einer Welt ohne Geist und ohne Gott?

Wieder andere Zeit-Verständnisse denken die Zeit kreisförmig, zyklisch: Wie in einer Spirale, eventuell durch mehrere Geburten oder Welten hindurch, nähern wir uns kreisend, schrittweise dem Zustand der Erlösung. Auch hier ist das Leben des Einzelnen entlastet, weil es noch weitere Chancen gibt. Befreit wird man auf dem Weg, indem man aus dem Kreislauf aussteigt, irgendwann.

Was bleibt für den Umgang mit der Zeit? Weil im freien Menschen der Durst nach *allem*, das heißt nach dem Ewigen angelegt ist, während er andererseits in den engen Grenzen der Zeit- und Geschöpflichkeit lebt, muss er wählen lernen. Die Wahl schmerzt, weil sie neben dem Ja zum Gewählten ein Nein zum nicht Gewählten erfordert. Wer sich das Nein erkämpft, grenzt sich Zeiten aus. Er bevorzugt wenige und erfüllte gegenüber vielen und unerfüllten Zeiten. Erfüllte Zeiten sind nach Kohelet *gegeben*. Sie unterbrechen den Zeitfluss und schaffen intensive *Gegenwart*. Sie enthalten verdichtetes Leben: Schmerz *und* Freude. Den Schmerz können wir annehmen, erleiden und dabei verwandeln lassen – in der Sehnsucht auf seine endzeitliche Überwindung. Die Freude können wir verkosten und genießen – in der Erwartung der vollendeten Freude. In erfüllten Zeiten erahnen wir die Ewigkeit. Unser Tun in der Zeit ist bescheidenes Mitwirken an der Vollendung, nicht mehr und nicht weniger.

Wir leben verschiedene Zeiten: mit Inhalten angefüllte Zeiten, die ein direktes Thema, einen Zweck, eine Funktion, ein Ergebnis haben – und leere Zeiten, die zweckfrei sind und dem Ästhetischen dienen können, der Kontemplation, dem Wehen des Geistes … Wir leben Zeiten für *das Du* – und Zeiten für *das Es*. Wir leben Zeiten der Krise, des namenlosen Schmerzes, der Wut und Trauer – und Zeiten des Trostes, der klaren Freude, der Hoffnung und Zuversicht. Wir leben beschleunigte und entschleunigte Zeiten, Eile und Geduld, Gelassenheit und Leidenschaft. Zeiten mit ihren Grenzen anzunehmen, sie klug auszukosten, ohne sie zu über- oder unterfordern, ist ein Kennzeichen wahrer Spiritualität. Erfahrene Gegenwart lässt uns auf die Ewigkeit vorausblicken, in welcher die Sehnsucht dieser Zeit in zeitloser Fülle erfüllt sein wird. Wir können Gottes Zukunft jetzt schon erleben. Das „Alles fließt" des antiken Philosophen muss uns nicht ängstigen, sondern es befreit uns dazu, in der Zeit das Ewige zu erahnen.

Zen

Gundula Meyer

Was ist Zen? Exoterisch ist die Antwort nicht schwer: Zen ist eine Schule des Mahayana-Buddhismus, die sich im alten China aus der Begegnung mit dem Daoismus entwickelte. Charakteristisch für Zen ist, dass es sich als eine besondere Überlieferung außerhalb der orthodoxen Lehre versteht, die, unabhängig von heiligen Schriften, unmittelbar auf des Menschen Herz deutet und zur Selbstwesenschau führt. Man könnte auf Bodhidharma hinweisen, auf Huineng, auf Rinzai und Dogen, Hakuin (den Reformator des Zen in Japan) und schließlich auf Sambokyodan und Zen im Westen. Das sind Fakten, die jede und jeder nachlesen kann, die man lernen, beschreiben, weitergeben kann; dazu reicht ein gutes Wörterbuch.

Was ist Zen? Esoterisch ist die Antwort auch nicht so schwer: Zen ist die nicht-definierbare, nicht verbal vermittelbare Wirklichkeit, die nur von jedem einzeln erkannt werden kann; die auch dann, wenn sie erkannt worden ist, nicht in Namen, Bezeichnungen, Begriffen zu fassen ist.

„Das Wort ‚Buddha' auszusprechen,
heißt sich mit Schlammwasser übergießen.
Und das Wort ‚Zen' zu sagen,
treibt Schamröte ins Gesicht"
(Engo zu Hekiganroku).

Im Grunde kann man über Zen nicht schreiben, schon gar nicht vor der breiten Öffentlichkeit. „Man kann mit einem Brunnenfrosch nicht vom Ozean reden, er ist beschränkt auf sein Loch. Man kann mit einem Sommerinsekt nicht vom Eis reden, es ist begrenzt durch seine Jahreszeit. Man kann mit einem Bücherwurm nicht über den Lauf des Dao reden, er ist eingeschnürt von seiner Schulweisheit" (Zhuangzi, Kap.17). Ähnlich auch das Neue Testament: „Werft eure Perlen nicht vor die Säue" (Mt 7, 6).

Was also ist Zen? Das ist die wichtigste Frage schlechthin, die durch die Jahrhunderte durch alle Zenklöster widerhallt. „Was ist das Wesen des Zen?"

„Kakua wurde vom Kaiser in Japan aufgefordert, über Zen zu sprechen. Kakua stand schweigend vor dem Kaiser. Dann holte er eine Flöte aus den Falten seines Gewandes und blies eine kurze Melodie. Dann verneigte er sich und verschwand" (Paul Reps, *Ohne Worte, ohne Schweigen*, S. 68).

Als Dogen Zenji im 13. Jahrhundert nach einigen Jahren des Zen-Trainings in China nach Japan zurückkam, soll er gesagt haben: „Ich komme mit leeren Händen. Ich weiß nur: meine Augen sind waagerecht und meine Nase ist senkrecht." Was brachte Dogen von China nach Japan? Was kommt heute von Japan in den Westen?

„Weder beschrieben kann es werden noch gemalt.

Kein Lob kann es erreichen.

Hör auf, es mit dem Kopf begreifen zu wollen.

Das uranfängliche Angesicht ist nie verborgen.

Selbst wenn die Welt zugrunde geht, bleibt es unzerstörbar" (*Mumonkan*, Vers 23).

Was ist das, was nicht beschrieben, wohl aber realisiert werden kann? Was ist das, was nie verloren ging und sich nirgends verbergen kann? Was ist das, „was nicht schwer zu erreichen, aber unmöglich zu vermeiden ist" (Ken Wilber)?

Das ist Zen – und darüber lässt sich nichts sagen.

Wenn das so ist, was ist dann so faszinierend am Zen, dass Menschen sich in ein Zendo setzen, die Beine verschränken und stundenlang gegen die Wand gekehrt hocken? Und das Jahr um Jahr? Die Übung des Zazen (Sitzen) widerspricht allem, was die Großstadtmentalität heute ausmacht: „Es muss schnell gehen, es muss mir gut tun, es darf nichts kosten!"

Was ist also so faszinierend an der Übung des Zazen? Vielleicht kann man sagen „es liegt in der Luft". „Mit dieser schnöden und verärgerten Herkunftsangabe bezeichnet man die unerkannte Wirksamkeit des Unsichtbaren" (Jean Gebser V/2, S. 116).

Es ist an der Zeit, den Weg nach innen zu gehen, aus der Exoterik mit all ihren ehemals authentischen Dogmen und Traditionen hin zur Esoterik (nicht zu verwechseln mit New Age). Noch einmal Jean Gebser: „Erst waren wir glücklich, dass die Erde das Zentrum war, dann wurden wir schon etwas beunruhigt, als wir um die Sonne herum kreisten, und nun ist der Mittelpunkt, der durch die Heliozentrik noch gegeben war, neuerlich in Frage gestellt (durch die Entdeckung außergalaktischer Nebel und Sternsysteme). Wo ist da noch Halt, wo gibt es da noch Mitte? Wir werden gezwungen, die Sicherheit wieder in uns selbst zu entdecken" (*Einbruch der Zeit*, S. 28).

Dorothee Slle bezeichnete den Hunger nach Mitte, nach Sinn als Symptom einer „spirituellen Magersucht". Viele wollen heute nicht mehr belehrt, angepredigt, gespeist werden, sondern wollen die Eine Wirklichkeit selbst realisieren. Genau das ist die große Sache des Zen-Weges.

Als ich vor vielen Jahren meine ersten Schritte auf dem Zen-Weg machte, da hatte dieser Weg etwas zu bieten, was ich sonst nirgends fand:

– die Entdeckung, dass es nicht darum geht, noch mehr zu lernen, zu verstehen, zu glauben, sondern weniger;
– die Entdeckung des Schweigens;
– die Entdeckung eines systematischen Trainings – nicht nur vage Anweisungen, sondern eine lang bewährte, noch lebendige Tradition von Lernenden und Lehrenden;
– die Entdeckung einer Lehre, die von Herz zu Herz, „von warmer Hand zu warmer Hand" weitergegeben wurde (nicht durch heilige Schriften);
– die Entdeckung, dass etwas von mir gefordert, dass mir etwas zugetraut wurde …

– die Entdeckung einer Vision – nicht für später, sondern für jetzt.
„O du, die du mir dienst, wo suchst du mich?
Ich bin weder im Tempel noch in der Moschee
weder in der Kaaba noch auf dem Kailasch.
Weder bin ich in Riten und Zeremonien,
noch in Yoga oder Entsagung.
Wenn du wahrhaft suchend bist,
wirst du mich sogleich sehen,
mir begegnen im gleichen Augenblick.
Kabir sagt:
O Sadhu, Gott ist der Atem allen Atems" (Kabir).

Was wird gefordert, was wird zugetraut? Was ist die Übung des Zazen? Es geht darum, Zen freizusetzen; das große Potential des menschliches Geistes freizugeben. Dazu braucht es keinen Kraftaufwand, kein systematisches Schulungsprogramm. Es ist immer gegenwärtig („auf wessen Türen scheint der Mond nicht?!"). Zazen ist nichts anderes als Sitzen in offener, von jeglicher Vorwegnahme, von jedem Erreichen-wollen oder Erfolgsstreben befreiter Empfänglichkeit. Könnten wir uns von Erinnerungen und Erwartungen ganz befreien, würden wir der lebendigen Gegenwart direkt begegnen. Daher ist Zazen nichts anderes als sitzen und vergessen – Sitzen wie ein Berg: mit der standhaften, unerschütterlichen Würde und Majestät eines Berges. Das kann auf dem Kissen sein oder auf dem Stuhl.
„Hocke dich hin
Und überlass dich
Ohne alle Künstlichkeit
Einfach
Mit Leib und Seele
dem Wirken des Dao" (Dogen).

Es ist so einfach: der ruhige Atem, der beruhigte Körper, die absichtslose Hingabe und Überantwortung all dessen, was man selber ist, ohne Selbstaufgabe, wohl aber in aller Ich-Freiheit – und doch: „Diese bedingungslose Hingabe ist außerordentlich schwer. Sie ist die conditio sine qua non. Es bedarf der Ausdauer und der inneren

Zucht; vor allem dieser" (Jean Gebser V/2, S. 140). Wer mehr wissen will, suche sich einen Lehrer oder eine Lehrerin ...

Zufall

Angela und Theodor Seifert

Viele Menschen kennen das: Ich will mit jemandem telefonieren – da klingelt es, und der gewünschte Gesprächspartner meldet sich. Oder: Der Gedanke an eine alte, lange nicht gesehene Freundin macht mich ein wenig traurig darüber, dass in der letzten Zeit kein Kontakt mehr zustande kam – wenig später steht diese Freundin vor meiner Haustür.

Es gibt Menschen, die von einer Fülle solcher Erlebnisse berichten können. Sie lassen uns staunen oder schmunzeln, wecken Verblüffung und Freude, manches Mal ergreift uns ein kleiner Schauder – auf alle Fälle regen sie uns zu vielen Fragen an. Wo kommen sie her, diese erstaunlichen, komischen oder bedeutsamen Zufälle? Wer oder was „arrangiert" sie? Was wollen sie uns vermitteln? Erlebt jeder Mensch so etwas? Oder sind es nur ein paar „Spinner", Menschen, die sich häufig etwas einbilden, das es gar nicht gibt?

Nein: es sind ganz gewöhnliche Menschen, die solche „besonderen Zufälle" erleben. Sie haben nichts mit Okkultismus zu tun, können nicht „hellsehen" und leiden auch nicht unter einem gestörten Verhältnis zum Alltag. Sie sind so gesund und „normal" wie wir alle – dass sie sich oft nicht trauen, darüber zu sprechen, hängt mit der Sorge zusammen, für „Spinner" gehalten zu werden. Sehr viele Menschen erleben solche erstaunlichen Zufälle. Und: Beginnt man auf solche Ereignisse zu achten, häufen sie sich – als hätten sie nur darauf gewartet, gesehen, erkannt und in das persönliche Leben einbezogen zu werden. Sie vermitteln Botschaften, die sonst unbeachtet bleiben. Wichtige Informationen gehen uns verloren, wenn wir die bedeutsamen Zufälle aus unserem Leben ausklammern.

C. G. Jung, der Schweizer Arzt und Psychologe, hat sich einge-

397

hend mit diesen Phänomenen beschäftigt. Er kam schließlich zu der Überzeugung, dass es neben dem Gesetz der Kausalität, der uns so vertrauten Verbindung von Ursache und Wirkung, ein weiteres Prinzip geben müsse, das Phänomene erfasst, die offensichtlich nicht durch Ursache und Wirkung, sondern durch einen gemeinsamen Sinn miteinander verbunden sind. Diese Ereignisketten nannte er „Synchronizitäten". Da er sich damit zunächst in einem eklatanten Widerspruch zum gängigen wissenschaftlichen Weltbild befand, ist es verständlich, dass er mit einer Veröffentlichung seiner Erkenntnisse lange zögerte. Auch wer sich heute mit diesen Phänomenen befasst, erlebt Ähnliches. Wir sind so daran gewöhnt, unser Leben im Kontext von Ursachen und Wirkungen zu sehen, dass uns eine andere Sichtweise zunächst befremdet. Wir fallen gewissermaßen aus dem gewohnten Rahmen heraus. Und das macht Angst.

Dass wir Zufälle als sinnvoll erkennen und solche besonderen Momente als Verbindung, als Einheit mit dem Göttlichen wahrnehmen können, hat mit der Überzeugung von der Synchronizität zu tun, die C. G. Jung als Erster formuliert hat. Jung hat die grundlegende Erkenntnis, dass Psyche und Materie eins sind, dass beide lediglich unterschiedliche Erscheinungsformen aufweisen, erstmalig mit dem Verständnis psychischer Prozesse in Verbindung gebracht. Er nannte diese Einheit *„Unus Mundus"* – diese Erkenntnis wird heute insbesondere von Quantenphysikern bestätigt. Das ist die Grundlage, auf der wir die Phänomene der eigenartigen Zufälle betrachten.

Jung musste – wie mit ihm viele andere Vertreter der Psychotherapie – immer wieder feststellen, dass Menschen seelisch und körperlich erkranken, wenn sie keinen Sinn (mehr) in ihrem Leben finden können. „Die Psychoneurose ist im letzten Verstande ein Leiden der Seele, die ihren Sinn nicht gefunden hat", stellt er fest und: „das Bedeutende erlöst". Diese Bedeutung muss ich als Einzelne und Einzelner meinem Leben und seinen verschiedenen Ereignissen zumessen. Ich erkenne einen Sinn, den ein anderer Mensch vielleicht gar nicht nachvollziehen kann, der mir aber für mein Verständnis des Lebens wichtig ist und mir hilft, auch schwierige Zeiten zu bestehen.

Zum Beispiel: Eine Frau, deren Ehemann etwa zwei Jahre vorher gestorben war, fühlte sich bei einem Spaziergang wieder einmal ganz allein und sehr traurig; sie kam zurück in das leere Haus, und eine trostlose Einsamkeit ergriff sie. Sie stellte das Radio an – und was hörte sie? Ein Klavierkonzert von Mozart: das Lieblingskonzert ihres Mannes, und in diesem Augenblick auch noch genau seine Lieblingssequenz dieser Musik. Welch ein Zufall! Sie war getröstet, für sie war es kein Zufall, sondern ein sinnvoller, ja, ein mystischer Moment.

Die Mystiker haben es schon immer beschrieben. Meister Eckhart spricht vom „ewigen Nun", zu dem wir Zugang finden können, wenn wir die mystische Einung mit der Gottheit erleben wollen. So lange es noch ein Vorher und ein Nachher gibt, sind wir davon noch weit entfernt. Ursache und Wirkung geschehen im Nacheinander, in der linearen Folge der Zeit. Synchronizitäten schließen die Zeit aus, in ihnen fallen Geist und Materie in eins zusammen.

Dieses „ewige Nun", den *Unus Mundus* erleben wir über die sinnvollen Zufälle. Wir können für Augenblicke aus der Zeit und ihren Abfolgen „aussteigen" und Zugang finden zu dem zeitlosen Raum, von dem alle Weisen und Mystiker sprechen. Und das Besondere der Synchronizitäten ist: Wir gelangen im Alltag dorthin, der Weg ist voller Überraschungen und schöpferischer Momente, immer sinnstiftend und überzeugend, bedarf keiner großartigen Vorbereitung, nur einer Offenheit und Bereitschaft, sich diesen Erlebnissen auszusetzen, sie in das Leben hineinzunehmen.

Das heißt konkret: Wenn wir die scheinbar kleinen Zufälle, die uns wirklich Tag für Tag „zufallen", nicht beiseite schieben, sondern voller Interesse anschauen und auf ihren Sinn hin abtasten, können wir feststellen, dass sie uns öfter „heimsuchen" als bisher gedacht. Wir brauchen dazu allerdings ein erhöhtes Maß an Aufmerksamkeit. Gerade wenn sich Menschen in einer schwierigen oder gar aussichtslos scheinenden Lebenssituation befinden, wenn sie eine schwer wiegende Entscheidung treffen müssen, aber auch wenn eine größere Veränderung ansteht, dann erlebt man in der Regel mehr Synchronizitäten als zu ruhigen Zeiten. Eine stärkere Emotionalität, eine höhere innere Energiespannung also, bewirkt in der

Regel auch, dass sinnvolle Zufälle in den Alltag „einbrechen". Wir wissen dann, dass wir von einer „höheren Instanz", einer geistigen Kraft, „gesehen" werden, die uns in den Synchronizitäten Zeichen ihrer Präsenz sendet. Wir sind also nicht allein mit unseren Anliegen, unseren Ängsten, unserem Kummer und Schmerz, auch nicht mit dem, was uns sonst tief bewegt. Wir werden – so die Erfahrungen vieler aufmerksamer Menschen – sinnvoll begleitet und erhalten immer die Hinweise, die wir gerade brauchen, um uns weiter auf unserem Weg zurechtzufinden.

Literaturhinweise

Achtsamkeit
Mahathera Gunaratana, Die Praxis der Achtsamkeit. Eine Einführung in die Vipassana-Meditation, Heidelberg 1996
Claudio Hofmann, Achtsamkeit. Anleitung für ein sinnvolles Leben, Stuttgart 2002
Nyanaponika, Geistestraining durch Achtsamkeit. Ein Praxisbuch für das Leben im gegenwärtigen Moment, Konstanz 1993
Charles T. Tart, Die innere Kunst der Achtsamkeit. Ein Handbuch für das Leben im gegenwärtigen Moment, Freiamt 1996

Alltag
Charlotte Joko Beck, Zen im Alltag, München 1990
Karlfried Graf Dürckheim, Der Alltag als Übung, Bern 1977
Bernard Glassmann, Anweisungen für den Koch. Lebensentwurf eines Zen-Meisters, Hamburg 1997
Margrit Irgang, Zen-Buch der Lebenskunst, Freiburg i. Br. 2001
Shunryu Suzuki, Zen-Geist, Anfänger-Geist, Berlin 2001
Thich Nhat Hanh, Das Wunder der Achtsamkeit. Einführung in die Meditation, Berlin 2001
Thich Nhat Hanh, Schritte der Achtsamkeit. Eine Reise an den Ursprung des Buddhismus, Freiburg i. Br. 1998
Gary Thorp, Zen oder die Kunst, den Mond abzustauben, Freiburg i. Br. 2001

Alter
Alfons Auer, Geglücktes Altern. Eine theologisch-ethische Ermutigung, Freiburg i. Br. 1996
Hans Ebeling, Über das Alter und das Ende der Torheit, Würzburg 1999
James Hillman, Vom Sinn des langen Lebens. Wir werden, was wir sind, München 2001

Altern
Anselm Grün, Lebensmitte als geistliche Aufgabe, Münsterschwarzach 2001
Carl Gustav Jung, Die Lebenswende, in: ders., Gesammelte Werke, Bd. 8, Olten 1973

Ingrid Riedel, Die gewandelte Frau. Vom Geheimnis der zweiten Lebenshälfte, Freiburg i. Br. 1999

Jörg Zink, Wie die schöne Lau das Lachen lernte und was beim Älterwerden sonst noch zu gewinnen ist, Stuttgart 1984

Angst

Eugen Drewermann, Strukturen des Bösen, Bd. 1: Die jahwistische Urgeschichte in exegetischer Sicht, Paderborn 2000

Eugen Drewermann, Die Spirale der Angst. Der Krieg und das Christentum, Freiburg i. Br. 1998

Andrea M. Hesse, Schatten auf der Seele. Wege aus Depression und Angst, Freiburg i. Br. 2002

Sören Kierkegaard, Der Begriff der Angst, Hamburg 1984

Paul Tillich, Der Mut zum Sein, Stuttgart 1953

Arbeit

Hannah Arendt, Vita activa oder Vom tätigen Leben, München 1983

Axel Braig/Ulrich Renz, Die Kunst, weniger zu arbeiten, Berlin 2001

Angelika Daiker, Über Grenzen geführt. Leben und Spiritualität der Kleinen Schwester Magdeleine, Ostfildern 1999

Michael Klöcker/Udo Tworuschka (Hg.), Ethik der Religionen – Lehre und Leben, Bd. 2: Arbeit, München 1985

Dorothee Sölle, Lieben und arbeiten. Eine Theologie der Schöpfung. Stuttgart 1985

Armut

Leonardo Boff, Schrei der Erde – Schrei der Armen, Düsseldorf 2002

Justitia et Pax. Deutsche Kommission, Gerechtigkeit für alle. Vorwort von Franz Kamphaus und Leo Schwarz, 1991

Franz Kamphaus u. a., … und machen einander reich. Beiträge zur Arm/Reich-Problematik reflektiert am Lukas-Evangelium, Essen 1989

Dorothee Sölle, Mutanfälle. Texte zum Umdenken, Hamburg 1993

Askese

Rudolf Fischer-Wollpert, Die alternative Lebensform. Christliche Askese heute, Freiburg/Schw. 1991

Josef Heinzmann, In der eigenen Haut daheim. Loblied auf die Selbstliebe oder Plädoyer für eine menschenfreundliche Askese, Freiburg/Schw. 1989

Peter Lippert, Wer sein Leben retten will. Selbstverwirklichung und Askese in einer bedrohten Welt, Mainz 1978

Klaus Traube, Wachstum oder Askese? Kritik der Industrialisierung von Bedürfnissen, Reinbek 1979

Atmen

Udo und Regina Derbolowsky, Atem ist Leben, Ein Einführungsbuch zum Atemgeschehen, Paderborn 1996

Ralph Jordan, Atem des Lebens, Villmar 2001

Dennis Lewis, Das Tao des Atmens. Atem als Weg zu Gesundheit und innerem Wachstum, Reinbek 1999

Thich Nhat Hanh, Das Wunder des bewussten Atmens, Berlin 2000

Begehren

Regina Ammicht-Quinn, Leben mit allen Sinnen, in: Eugen Biser u. a. (Hg.), Der Glaube der Christen, Bd. 1: Ein ökumenisches Handbuch, München 1999, S. 130–155

Regina Ammicht-Quinn, Das 9. Gebot. Sinne und Sinnlichkeit – Was begehren Männer und Frauen? in: Susanna Schmidt (Hg.), Anstöße zum Glücklichsein. Was die zehn Gebote heute bedeuten können, Stuttgart 2000, S. 214–228

Philippe Ariès/André Béjin/Michel Foucault u. a., Die Masken des Begehrens und die Metamorphosen der Sinnlichkeit. Zur Geschichte der Sexualität im Abendland, Frankfurt a. M. 1986

Mechthild von Magdeburg, Das fließende Licht der Gottheit, Stuttgart 1995

Caroline Walker Bynum, Fragmentierung und Erlösung. Geschlecht und Körper im Glauben des Mittelalters. Frankfurt a. M. 1996

Begleitung

Isidor Baumgartner, Pastoralpsychologie. Einführung in die Praxis heilender Seelsorge, Düsseldorf 1990

Anselm Grün, Geistliche Begleitung bei den Wüstenvätern, Münsterschwarzach 1992

Wunibald Müller, Ganz Ohr. Grundhaltungen in der seelsorglichen Beratung, Mainz 1994

Johannes Pausch/Gert Böhm, Was der Seele gut tut. Im richtigen Rhythmus leben, Freiburg i. Br. 2002

Klemens Schaupp, Gott im Leben entdecken. Einführung in die geistliche Begleitung, Würzburg 1994

Beziehung

Jutta Bauer, Selma, Oldenburg 1999

Martin Buber, Alles wirkliche Leben ist Begegnung, München 1998

Mihaly Csikszentmihalyi, Flow – das Geheimnis des Glücks, Stuttgart 2001

Bert Hellinger, Die Quelle braucht nicht nach dem Weg zu fragen. Ein Nachlesebuch, Heidelberg 2002

Hans Jellouschek, Beziehung und Bezauberung. Wie Paare sich verlieren und wiederfinden, gespiegelt in Märchen und Mythen, Stuttgart 2000

Hans Jellouschek, Wie Partnerschaft gelingt – Spielregeln der Liebe. Beziehungskrisen sind Entwicklungschancen, Freiburg i. Br. 1999

Verena Kast, Paare. Beziehungsphantasien oder Wie Götter sich in Menschen spiegeln, Olten 1984

Henri J. M. Nouwen, Im Haus des Lebens. Von der Angst zur Liebe, Freiburg i. Br. 1987

Böses

Eugen Drewermann, Strukturen des Bösen, Bd. 1: Die jahwistische Urgeschichte in exegetischer Sicht, Paderborn 2000

Ivone Gebara, Die dunkle Seite Gottes. Wie Frauen das Böse erfahren, Freiburg i. Br. 2000

Hans Kessler, Gott und das Leid seiner Schöpfung. Nachdenkliches zur Theodizeefrage, Würzburg 2000

Georg Langenhorst, Hiob unser Zeitgenosse. Die literarische Hiob-Rezeption im 20. Jahrhundert als theologische Herausforderung, Mainz 1994

Meister Eckart, Die deutschen und lateinischen Werke, hrsg. von Josef Quint, München 1963

Raimon Panikkar, Das Göttliche in Allem. Der Kern spiritueller Erfahrung, Freiburg i. Br. 2000

Georg Steins (Hg.), Schweigen wäre gotteslästerlich. Die heilende Kraft der Klage, Würzburg 2000

Charismen

Richard Giesriegl, Die Sprengkraft des Geistes. Charismen und Apostolischer Dienst des Paulus im 1. Korintherbrief, Thaur 1989

Ernst Käsemann, Amt und Gemeinde im Neuen Testament, in: ders., Exegetische Versuche und Besinnungen, Bd. 1, Göttingen 1964, S. 109–134

Ernst Käsemann, Der gottesdienstliche Schrei nach Freiheit, in: ders., Paulinische Perspektiven, Tübingen 1972, S. 211–236

Wolfram Kopfermann, Charismatische Gemeinde-Erneuerung. Eine Zwischenbilanz (Charisma und Kirche, Heft 7/8), Hochheim 1983

Lumen Gentium, in: Karl Rahner/Herbert Vorgrimler, Kleines Konzilskompendium. Sämtliche Texte des Zweiten Vatikanums, Freiburg i. Br. 1994, S. 105–200

Jürgen Moltmann, Der Geist des Lebens. Eine ganzheitliche Pneumatologie, München 1991

Norbert Baumert (Hg.), Jesus ist der Herr. Kirchliche Texte zur Katholischen Charismatischen Erneuerung, Münsterschwarzach 1987

Karl Rahner, Das Charismatische in der Kirche, in: Stimmen der Zeit 160 (1957), S. 161–186

Walter Rebell, Alles ist möglich dem, der glaubt. Glaubensvollmacht im frühen Christentum, München 1989

Dankbarkeit

Niklaus Brantschen, Erfüllter Augenblick. Wege zur Mitte des Herzens, Freiburg i. Br. 1999

Willi Lambert, Aus Liebe zur Wirklichkeit. Grundworte ignatianischer Spiritualität, Mainz 1993

Bernardin Schellenberger, Spirituelle Wendezeit. Grundlinien einer neuen Lebenskultur, Freiburg i. Br. 1997

Angelus Silesius, Cherubinischer Wandersmann, hrsg. von Louise Gnädinger, Stuttgart 2001

David Steindl-Rast, Staunen und Dankbarkeit. Der Weg zum spirituellen Erwachen, Freiburg i. Br. 1998

Peter Wild, Die äußeren Meister und der innere Meister. Führung auf dem spirituellen Weg, Stuttgart 2001

Demut

André Louf, Demut und Gehorsam bei der Einführung ins Mönchsleben, Münsterschwarzach 1979

Anton Rotzetter, Von Demut, Frieden und anderen Torheiten. Franziskanische Texte gedeutet für die Menschen unserer Zeit, Freiburg/Schw. 1990

Ehrfurcht

Eugen Drewermann, Der Mensch braucht mehr als nur Moral. Über Tugenden und Laster, Düsseldorf 2001

Ludwig Frambach, Identität und Befreiung in Gestalttherapie, Zen und christlicher Spiritualität, Petersberg 1994

Claus Günzler, Albert Schweitzer – Einführung in sein Denken, München 1996

Rudolf Otto, Das Heilige, München 1917

Albert Schweitzer, Gesammelte Werke in fünf Bänden, München 1974
Albert Schweitzer, Die Weltanschauung der Ehrfurcht vor dem Leben. Kulturphilosophie III, Teil 1/2, Teil 3/4, München 1999/2000
Paul Tillich, Die verlorene Dimension, Hamburg 1969

Einfachheit
Adolf Exeler, Mut zu Umkehr, Einfachheit, Tugend, Stuttgart 1985
Günther Harnisch, Das Glück im Sandkorn. Ein neues Lebensgefühl entdecken, Stuttgart 2000
Manfred Koch/Angelika Overath, Die Kunst des Einfachen, Freiburg i. Br. 2000
Werner Küstenmacher mit Lothar J. Seiwert, Simplify your Life. Einfacher und glücklicher leben, Frankfurt a. M. 2002
Marsha Sinetar, Die Sehnsucht, ganz zu sein, Freiburg i. Br. 1991
Pierre Stutz/Vreni Merz/Andreas Baumeister, Einfach leben, Gossau 2001

Einsamkeit
Sylvia Boorstein, Retreat – Zeit für mich. Das Dreitageprogramm, Freiburg i. Br. 2000
Thomas Merton, Meditationen eines Einsiedlers, Zürich 1976
Thomas Merton, Ein Tor zum Himmel ist überall. Zeiten der Stille, Freiburg i. Br. 1999
Dieter Oberndörfer, Von der Einsamkeit des Menschen in der modernen amerikanischen Gesellschaft, Freiburg i. Br. 1958
David Riesman u. a., Die einsame Masse, Darmstadt 1956

Ekstase
Karlfried Graf Dürckheim, Vom doppelten Ursprung des Menschen, Freiburg i. Br. 1985
Stanislav Grof, Die stürmische Suche nach dem Selbst, München 1991
Stanislav Grof, Das Abenteuer der Selbstentdeckung, Hamburg 1994
Gitta Mallasz, Die Antwort der Engel, Einsiedeln 1998
Ken Wilber, Die drei Augen der Erkenntnis, München 1988

Engel
Peter L. Berger, Auf den Spuren der Engel, Freiburg i. Br. 2000
Anselm Grün, 50 Engel für das Jahr, Freiburg i. Br. 1997
Anselm Grün, 50 Engel für die Seele, Freiburg i. Br. 2000
Anselm Grün, Jeder Mensch hat einen Engel, Freiburg i. Br. 1999

Irmtraud Tarr Krüger, Schutzengel. Boten aus dem Raum der Seele, Freiburg i. Br. 2001

Alfons Rosenberg, Engel und Dämonen. Gestaltwandel eines Urbildes, München 1986

Ellen Stubbe, Die Wirklichkeit der Engel in Literatur, Kunst und Religion, Münster 1995

Uwe Wolff, Alles über Engel, Freiburg i. Br. 2001

Erinnern

Aleida Assmann, Erinnerungsräume. Formen und Wandlungen des kulturellen Gedächtnisses, München 1999

Ursula Baltz-Otto (Hg.), Mit Erinnerungen leben, Düsseldorf 2002

Wilhelm von Boddien u. a., Lob des Vergessens – Kunst des Erinnerns, München 1999

Basilius Doppelfeld, Erinnern, Münsterschwarzach 1998

Henri J. M. Nouwen, Von der geistlichen Kraft der Erinnerung, Freiburg i. Br. 1986

Daniel L. Schacter, Wir sind Erinnerung. Gedächtnis und Persönlichkeit, Reinbek 2001

Christa Thomassen, Der lange Weg zu uns selbst, Kronberg 1977

Christa Wolf, Nachdenken über Christa T., Neuwied/Berlin 1970

Elie Wiesel, Den Frieden feiern, Freiburg i. Br. 1991

Erleuchtung

Paul Demiéville, The Mirror of the Mind, in: Peter N. Gregory (Hg.), Sudden and Gradual. Approaches to Enlightenment in Chinese Thought, Honolulu 1987, S. 13 – 40

Heinrich Dumoulin, Geschichte des Zen-Buddhismus, Bd. 1 und 2, Bern/München 1985

Luis O. Gomez, Purifying Gold, in: Peter N. Gregory (Hg.), Sudden and Gradual. Approaches to Enlightenment in Chinese Thought, Honolulu 1987, S. 67–165

Hermann Kochanek (Hg.), Die Botschaft der Mystik in den Religionen der Welt, München 1998

Michael von Brück, Weisheit der Leere. Sūtra-Texte des indischen Mahāyāna-Buddhismus, Zürich 1989

Erlösung

Martin Ebner u. a. (Hg.), Klage, Neukirchen-Vluyn 2001 (Jahrbuch für Biblische Theologie 16)

Hans Kessler, Gott und das Leid seiner Schöpfung. Nachdenkliches zur Theodizeefrage, Würzburg 2000

Dorothea Sattler, Beziehungsdenken in der Erlösungslehre. Bedeutung und Grenzen, Freiburg i. Br. 1997

Jürgen Werbick, Soteriologie, Düsseldorf 1990

Erotik

Regina Ammicht-Quinn, Körper – Religion – Sexualität, Mainz 2000

Bruno Borchert, Mystik, Freiburg i. Br. 1997

Louise Gnädinger (Hg.), Deutsche Mystik, Zürich 1994

Franz Grillparzer, Der arme Spielmann, Frankfurt a. M. 1984

Anselm Grün/Gerhard Riedl, Mystik und Eros, Münsterschwarzach 1993

Kurt Marti, Zärtlichkeit und Schmerz, Frankfurt a. M. 1986

Platon, Symposion. Philosophische Psychoanalyse des Eros. Übertragung in heutige Sprech- und Verstehensweisen von Joachim Widmann, Neuried 1994

Fulbert Steffensky, Ein Ort für Träume – was die Christenheit von sich selbst erwarten kann, in: Christoph Quarch/Friederike Woldt (Hg.), In Vielfalt glauben – in Würde leben – in Freiheit bestehen, Gütersloh 2001, S. 24–42

Ewigkeit

Karl Barth, Kirchliche Dogmatik II/I, Zürich 1946, S. 685–764

Martin Heidegger, Sein und Zeit, Halle 1931

Antje Jackelén, Zeit und Ewigkeit. Die Frage der Zeit in der Kirche, Naturwissenschaft und Theologie, Neukirchen-Vluyn 2002

Bernhard Lang, Der Himmel. Eine Kulturgeschichte des ewigen Lebens, Frankfurt a. M. 1990

Karl Rahner, Ewigkeit aus Zeit, in: ders., Schriften zur Theologie, Bd. 14, Einsiedeln 1980, S. 422–432

Raphael Schulte, Zeit und Ewigkeit, in: Franz Böckle u. a. (Hg.), Christlicher Glaube in moderner Gesellschaft, Bd. 22, Freiburg i. Br. 1982, S. 117–186

Bernhard Welte, Zeit und Geheimnis. Philosophische Abhandlungen zur Sache Gottes in der Zeit der Welt, Freiburg i. Br. 1975

Exerzitien

André Derville, Ignace de Loyola, in: Marcel Viller (Hg.), Dictionnaire de Spiritualité, Ascétique et Mystique. Doctrine et Histoire, Bd. 7/2, Paris 1971, S. 1266–1319, bes. S. 1270–1272

Ignatius von Loyola, Geistliche Übungen, Würzburg 1998

Franz Jalics, Kontemplative Exerzitien. Eine Einführung in die kontemplative Lebenshaltung und in das Jesusgebet, Würzburg 1995

Peter Köster, Zur Freiheit befähigen. Kleiner Kommentar zu den Großen Exerzitien des hl. Ignatius von Loyola, Leipzig 1999

Alex Lefrank, Der Dreiklang in der Gebetsdynamik der Exerzitien, in: Korrespondenz zur Spiritualität der Exerzitien 45 (1995), S. 3–16

Charles Schmerber, Exercices Sp03rituels, in: Marcel Viller (Hg.), Dictionnaire de Spiritualité, Ascétique et Mystique. Doctrine et Histoire, Bd. 4/1, Paris 1960, S. 1902–1949

Josef Sudbrack, Exerzitien, in: Christian Schütz (Hg.), Praktisches Lexikon der Spiritualität, Freiburg i. Br. 1988, S. 363–366

Ignacio Tellechea, Ignatius von Loyola. Allein und zu Fuß. Zürich 1991

Fasten

Niklaus Brantschen, Fasten neu erleben, Freiburg i. Br. 1992

Otto Buchinger, Geistige Vertiefung und religiöse Verwirklichung durch Fasten und meditative Abgeschiedenheit, Bietigheim-Bissingen 1988

Rüdiger Dahlke, Bewusst fasten, München 1980

Anselm Grün, Fasten – Beten mit Leib und Seele, Münsterschwarzach 2001

Martin Heidegger, Der Feldweg, Frankfurt a. M. 1991

Pie-Raymond Régamey, Wiederentdeckung des Fastens, Wien/München 1963

Bernhard Scherer, „Ich übe". Geistliche Übungen, Leibhaftige Spiritualität, Beuron 2000

Bernhard Scherer, Über meine Grenzen hinaus … spüren, was mich trägt. Ein spiritueller Übungsweg in 14 Schritten, München 2001

Fitness

Regina Ammicht-Quinn, Jung, schön und fit: Körperkult und Körperverachtung aus theologischer Perspektive, in: A. Binnenkade/B. Bowald/S. Büchel-Thalmaier/M. Jakobs (Hg.), KörperSinnE. Körper im Spannungsfeld von Diskurs und Erfahrung – Interdisziplinäre Zugänge, Bern 2002

Kathryn Grover, Fitness in American Culture, Amherst (Massachusetts) 1989

Herbert Jost, Laufen. Handbuch für Sport und Fitness, Reinbek 1992

Dietmar Kamper/Christoph Wulf (Hg.), DieWiederkehr des Körpers, Frankfurt a. M. 1982

Karin A. E. Volkwein (Hg.), Fitness as cultural phenomenon, Münster 1998

Clemens Wischermann/Stefan Haas (Hg.), Körper mit Geschichte. Der menschliche Körper als Ort der Selbst- und Weltdeutung, Stuttgart 2000

Frau sein

Judith Butler, Gender Trouble, New York 1990

Luce Irigaray, Der Atem von Frauen, Rüsselsheim 1997

Luce Irigaray, I Love To You. Sketch for a Felicity Within History, New York/London 1996

Grace M. Jantzen, Becoming Divine. Towards a Feminist Philosophy of Religion, Bloomington/Indianapolis 1999

Grace M. Jantzen, Contours of a Queer Theology, in: Literature and Theology 15 (2001), S. 276–285

Donate Pahnke/Regina Sommer (Hg.), Göttinnen und Priesterinnen. Facetten feministischer Spiritualität, Gütersloh 1995

Dorothee Sölle, Mystik und Widerstand, München 1999

Sylvia Wetzel, Das Herz des Lotos. Frauen und Buddhismus, Frankfurt a. M. 1999

Freiheit

Anselm Grün, Wege zur Freiheit, Münsterschwarzach 1996

Martin Luther, Vom unfreien Willen, Weimarer Ausgabe Bd. 18, S. 600–787

Ruth Pfau, Verrückter kann man gar nicht leben. Ärztin, Nonne, Powerfrau, Freiburg i. Br. 1995

Ruth Pfau, Das letzte Wort wird Liebe sein. Ein Leben gegen die Gleichgültigkeit, Freiburg i. Br. 1996

Robert Spaemann, Freiheit, in: Joachim Ritter (Hg.), Historisches Wörterbuch der Philosophie, Bd. 2, Basel 1972, Sp. 1088–1098

Freundschaft

Aristoteles, Nikomachische Ethik, hrsg. von Günther Bien, Hamburg 1985 (bes. Buch 8 und 9)

Michel de Montaigne, Über die Freundschaft, in: ders., Die Essays. Ausgewählt und eingeleitet von Arthur Franz, Leipzig 1953

Platon, Lysis, in: ders., Werke (griechisch und deutsch), Bd. 1, hrsg. von Gunther Eigler, Darmstadt 1990

Platon, Phaidros, in: ders., Werke (griechisch und deutsch), Bd. 5, hrsg. von Gunther Eigler, Darmstadt 1990

Gebet

Heinz Demisch, Erhobene Hände. Geschichte einer Gebärde in der bildenden Kunst, Stuttgart 1984

Anselm Grün, Gebet und Selbsterkenntnis, Münsterschwarzach 2002

Willigis Jäger/Beatrice Grimm, Der Himmel in dir. Einübung ins Körpergebet, München 2000

Thomas Keating, Das Gebet der Sammlung, Münsterschwarzach 1987

Meister Eckhart, Deutsche Predigten und Traktate, hrsg. von Josef Quint, Zürich 1979

Thomas Ohm, Die Gebetsgebärden der Völker und das Christentum, Leiden 1948

Maria-Gabriele Wosien, Die Sufis und das Gebet in Bewegung, Kindhausen 1998

Geburt

Hannah Arendt, Vita activa oder Vom tätigen Leben, München 1983

Émile Cioran, Vom Nachteil, geboren zu sein, Frankfurt a. M. 1979

Nancy Fuchs, Sonne für die Kinderseele, Freiburg i. Br. 2000

Stanislaf Grof, Geburt, Tod und Transzendenz, München 1985

Grace M. Jantzen, Becoming Divine. Towards a Feminist Philosophy of Religion, Bloomington/Indianapolis 1999

Zeruya Shalev, Liebesleben, Berlin 2000

Gefühle

Carlos Castaneda, Die Lehren des Don Juan. Ein Yagui-Weg des Wissens, Frankfurt a. M. 1998

Kay Hoffman, Starke Gefühle, München 1996

Jack Kornfield, Frag den Buddha und geh den Weg des Herzens, München 1995

Gelassenheit

Fred von Allmen, Die Freiheit entdecken. Buddhistische Einsichtsmeditation für den Westen, Emmendingen 1999

Fred von Allmen, Mit Buddhas Augen sehen. Buddhistische Meditation und Praxis, Berlin 1997

Joseph Goldstein, Vipassana-Meditation. Buddhistische Achtsamkeitsmeditation, Emmendingen 1998

Hans Gruber, Kursbuch Vipassana. Wege und Lehrer der Einsichtsmeditation, Frankfurt a. M. 1999

Sharon Salzberg (Hg.), Die Flügel der Freiheit. Mit Beiträgen von Jack Kornfield, Joseph Goldstein, Sharon Salzberg, Fred von Allmen u. a., Emmendingen 2002

Gemeinschaft
Dietrich Bonhoeffer, Gemeinsames Leben, München 1970
Jean Vanier, In Gemeinschaft leben, Freiburg i. Br. 1993

Gespräch
Martin Buber, Ich und Du, in: ders., Das dialogische Prinzip, Heidelberg 1984
Reshad Feild, Das Siegel des Derwisch, München 1980
Hans-Georg Gadamer, Die Unfähigkeit zum Gespräch, in: ders., Gesammelte Werke, Bd. 2, Tübingen 1986, S. 207–215

Gesundheit
Jeanne Achterberg/Barbara Dossey/Leslie Kolkmeier, Rituale der Heilung. Die Kraft von Phantasiebildern im Gesundungsprozess, München 1996
Rüdiger Dahlke, Lebenskrisen als Entwicklungschancen. Zeiten des Umbruchs und ihre Krankheitsbilder, München 1999
Anselm Grün/ Meinrad Dufner, Gesundheit als geistliche Aufgabe, Münsterschwarzach 1989
C. Norman Shealy/Carolyne M. Myss, Auch du kannst dich heilen. Die seelischen Grundlagen von Krankheit und Heilung, Hamburg 1998

Gewalt
Hannah Arendt, Macht und Gewalt, München 1969
Francis Kardinal Arinze, Religionen gegen die Gewalt. Eine Allianz für den Frieden, Freiburg i. Br. 2002
Walter Benjamin, Zur Kritik der Gewalt, in: ders., Angelus Novus, Frankfurt a. M. 1988, S. 42–66
René Girard, Das Heilige und die Gewalt, Frankfurt a. M. 1992
Sudhir Kakar, Die Gewalt der Frommen. Zur Psychologie religiöser und ethnischer Konflikte, München 1997

Glaube
Romano Guardini, Christliches Bewusstsein, München 1962
Eberhard Jüngel, Gott als Geheimnis der Welt, Tübingen 2001
Josef Pieper, Über die Schwierigkeit, heute zu glauben. Aufsätze und Reden, München 1974
Paul Tillich, Zum Problem des Glaubens, in: ders.: Offenbarung und Glaube. Schriften zur Theologie II, Gesammelte Werke, Bd. 8, Stuttgart 1970
Heinz Zahrnt, Die Sache mit Gott. Die protestantische Theologie im 20. Jahrhundert, München 1967

Glück
Aristoteles, Nikomachische Ethik, Stuttgart 1969 (bes. Buch 1)
Dalai Lama, Der Weg zum Glück. Sinn im Leben finden, Freiburg i. Br.
2002
Balthasar Gracián, Handorakel und Kunst der Weltklugheit, Stuttgart 1954.
Wilhelm Schmid, Schönes Leben – Einführung in die Lebenskunst, Frankfurt a. M. 2000, S. 163–172

Gottesdienst
Hans-Günther Heimbrock, Gottesdienst. Spielraum des Lebens, Kampen/München 1993
Ernst Lange, Chancen des Alltags. Überlegungen zur Funktion des Gottesdienstes in der Gegenwart, München 1984
Fulbert Steffensky, Der alltägliche Charme des Glaubens, Würzburg 2002

Grenzerfahrung
Michael Albus, Stundenbuch der Wüste, Stuttgart 2001
Michael Albus, Wohnungen der Götter. Heilige Berge, Stuttgart 2002
Bernhard Welte, Die Grenze als göttliches Geheimnis, in: ders., Auf der Spur des Ewigen, Freiburg i. Br. 1965, S. 62–73

Heilige
Christian Feldmann, Gottes sanfte Rebellen, Freiburg i. Br. 1984
Anselm Grün, Fünfzig Helfer in der Not. Die Heiligen fürs Leben entdecken, Freiburg i. Br. 2002
Die Legenda aurea, Heidelberg 1984
Erna Melchers (Hg.), Das Jahr der Heiligen. Geschichte und Legende, München 1965

Heiliger Geist
Dietrich Bonhoeffer, Widerstand und Ergebung, München 1951
Yves Congar, Der Heilige Geist, Freiburg i. Br. 1982
Walter Kasper (Hg.), Gegenwart des Geistes, Freiburg i. Br. 1979
Walter Kasper, Kirche – Ort des Geistes, Freiburg i. Br. 1976
Wolfhart Pannenberg, Glaube und Wirklichkeit, München 1975
Lukas Vischer (Hg.), Geist Gottes – Geist Christi. Beiheft zur ökumenischen Rundschau, Nr. 39, Frankfurt a. M. 1981

Heilige Orte
Adel Theodor Khoury/Georg Girschek, Das religiöse Wissen der Menschheit, Bd. 2, Freiburg i. Br. 2002, S. 257–278
Rudolf Otto, Das Heilige, München 1995
Udo Tworuschka (Hg.), Heilige Stätten, Darmstadt 1994

Heiterkeit
Demokrit, Fragmente zur Ethik, Stuttgart 1996
Plutarch, Von der Heiterkeit der Seele, in: ders., Moralia, Zürich 2000, S. 1–33
Wilhelm Schmid, Schönes Leben – Einführung in die Lebenskunst, Frankfurt a. M. 2000, S. 152–162
Seneca, De tranquillitate animi/Über die Ausgeglichenheit der Seele (lateinisch und deutsch), Stuttgart 1984

Helfen
Ram Dass/Paul Gorman, Wie kann ich helfen? Segen und Prüfung menschlicher Zuwendung, Berlin 1994
Daniil Granin, Die verlorene Barmherzigkeit, Freiburg i. Br. 1998
Allan Luks/Peggy Paine, Der Mehrwert des Guten. Wenn Helfen zur heilenden Kraft wird, Freiburg i. Br. 1998
Karl Rahner, Wer ist dein Bruder?, Freiburg i. Br. 1981
Dorothee Sölle, Leiden, Freiburg i. Br. 1993
Mutter Teresa, Zeiten der Barmherzigkeit, Freiburg i. Br. 1995

Ich
Willigis Jäger, Die Welle ist das Meer, hrsg. von Christoph Quarch, Freiburg i. Br. 2000
Johannes vom Kreuz, Sämtliche Werke, vollständige Neuübersetzung, hrsg., übersetzt und eingeleitet von Ulrich Dobhan, Elisabeth Hense und Elisabeth Peters, Freiburg i. Br. 1995ff
Meister Eckhart, Deutsche Predigten und Traktate, hrsg. von Josef Quint, Zürich 1979
Theresa von Avila, Die Innere Burg, hrsg. und übers. von Fritz Vogelsang, Stuttgart 1966

Imagination
Terry Clifford, Tibetische Heilkunst, Bern/München/Wien 1986
Helmut Hark, Mit den Engeln gehen, München 1993
Johannes Itten, Kunst der Farbe, Ravensburg 1962

Carl Gustav Jung, Symbole der Wandlung, Zürich 1952
Verena Kast, Imagination als Raum der Freiheit, Olten 1988
Hanscarl Leuner, Katathymes Bilderleben, Stuttgart 1981
Siegfried Lorenz, Die Kraft der kreativen Imagination, Berlin 1996
Siegfried Lorenz, Imaginative Meditation, der Schlüssel zum Tor der Selbst-
　erkenntnis, Berlin 1997
Daisetz T. Suzuki, Der westliche und der östliche Weg. Über christliche und
　buddhistische Mystik, Berlin 1980
Frances Vaughan, Heilung aus dem Inneren, Reinbek 1993

Kampf
Robert Bly, Eisenhans. Ein Buch über Männer, München 1991
Paulo Coelho, Auf dem Jakobsweg. Tagebuch einer Pilgerreise nach Santia-
　go de Compostela, Zürich 1999
Adel Th. Khoury, Was sagt der Koran zum Heiligen Krieg. Gütersloh 1991
Sheldon B. Kopp, Triffst du Buddha unterwegs … Psychotherapie und
　Selbsterfahrung, Frankfurt a. M. 1996
Daisetz T. Suzuki, Zen und die Kultur Japans, Bern/München 1994
Peter Schellenbaum, Aggression zwischen Liebenden. Ergriffenheit und
　Abwehr in der erotischen Erfahrung, Hamburg 1994

Kind sein
Albert Biesinger/Barbara Berger/Marlies Mittler-Holzem/Thomas Hessler,
　Abend-Oasen. Ein Gute-Nacht-Buch für junge Eltern, München 2002
Albert Biesinger, Gott mit Kindern wieder finden, Freiburg i. Br. 2003
Albert Biesinger/Thomas Hessler, Gott mit neuen Augen sehen. Das Fami-
　liengeschenkbuch zur Erstkommunion, München 2001
Jon und Myla Kabat-Zinn, Achtsamkeit. Mit den Kindern wachsen, Frei-
　burg i. Br. 2001
Rainer Oberthür, Die Seele ist eine Sonne, München 2000
Rainer Oberthür, Kinder fragen nach Leid und Gott, München 1998
Rainer Oberthür, Kinder und ihre großen Fragen, München 1995
Rainer Oberthür, Neles Buch der großen Fragen, München 2002
Regine Schindler, Himmel und Erde. Ein Elternbuch zur religiösen Erzie-
　hung, Freiburg i. Br. 2000
Marie-Laure Wieacker-Wolff, Mit Kindern philosophieren, Freiburg i. Br.
　2001

Kontemplation

Willigis Jäger, Kontemplation. Gott begegnen heute, Freiburg i. Br. 2002

Thomas Keating, Das Gebet der Sammlung, Münsterschwarzach 1987

Willi Massa (Hg.), Wolke des Nichtwissens und Brief persönlicher Führung, Freiburg i. Br. 1999

Kontemplation und Mystik (Zeitschrift), hrsg. von der „Würzburger Schule der Kontemplation", Petersberg (seit 2000)

Körper

David Boadella, Befreite Lebensenergie. Einführung in die Biosynthese, München 1991

Gerda Boyesen, Über den Körper die Seele heilen. Biodynamische Psychologie und Psychotherapie, München 1987

Karlfried Graf Dürckheim, Hara, die Erdmitte des Menschen, München 1956

Karlfried Graf Dürckheim, Meditieren – wozu und wie? Die Wende zum Initiatischen, Freiburg i. Br. 1976

Pieter Loomans (Hg.), Meditation und Transpersonale Psychotherapie. Der Alltag als Übung, Petersberg 1999

Tilmann Moser, Vorsicht Berührung. Über Sexualisierung, Spaltung, NS-Erbe und Stasi-Angst, Frankfurt a. M. 1992

John Pierrakos, Core-Energetik. Zentrum Deiner Lebenskraft, Essen 1987

Edith Zundel/Pieter Loomans (Hg.), Im Energiekreis des Lebendigen. Körperarbeit und spirituelle Erfahrung, Freiburg i. Br. 1995

Kosmos

Fritjof Capra/Paul Davies/James Lovelock/Rupert Sheldrake, Der wissende Kosmos. Die Entdeckung eines neuen Weltbildes, Freiburg i. Br. 2001

Eugen Drewermann, Im Anfang … Die moderne Kosmologie und die Frage nach Gott, Düsseldorf/Zürich 2002

Jürgen Moltmann, Gott in der Schöpfung. Ökologische Schöpfungslehre, München 1985

Ken Wilber, Naturwissenschaft und Religion. Die Versöhnung von Wissen und Weisheit, Frankfurt a. M. 1998

Frank J. Tipler, Die Physik der Unsterblichkeit. Moderne Kosmologie, Gott und die Auferstehung der Toten, München 2001

Krise

James W. Fowler, Glaubensentwicklung. Perspektiven für Seelsorge und kirchliche Bildungsarbeit, München 1989

Hermann Hesse, Weg nach innen, Frankfurt a. M. 1973

Carl Gustav Jung, Grundwerk in neun Bänden, hrsg. von Helmut Barz u. a., Bd. 9, Olten 1985

Verena Kast, Lebenskrisen werden Lebenschancen. Wendepunkte des Lebens aktiv gestalten, Freiburg i. Br. 2000

Guido Kreppold, Krisen – Wendezeiten im Leben, Münsterschwarzach 2001

Elisabeth Kübler-Ross, Soul Gifts in Disguise, in: Richard Calson/Benjamin Shield, Handbook for the Soul, Boston 1996

Rainer Maria Rilke, Briefe an einen jungen Dichter, Leipzig 1929

Kunst

Francis Fukuyama, Das Ende der Geschichte. Wo stehen wir?, München 1992

Peter Handke, Der Bilderverlust, Frankfurt a. M. 2002

Karl Lehmann/Hans Meier (Hg.), Autonomie und Verantwortung. Religion und Künste am Ende des 20. Jahrhunderts, Regensburg 1995

Friedhelm Mennekes, Künstlerisches Sehen und Spiritualität, Düsseldorf 1995

Jeremy Rifkin, Access – Das Verschwinden des Eigentums. Warum wir weniger besitzen und mehr ausgeben werden, Frankfurt a. M. 2000

Ernst Scheidegger (Hg.), Alberto Giacometti, Zürich 1985

Wieland Schmied, Zeichen des Glaubens, Geist der Avantgarde. Religiöse Tendenzen in der Kunst des 20. Jahrhunderts, Stuttgart 1980

Wieland Schmied (Hg.), Gegenwart, Ewigkeit. Spuren des Transzendenten in der Kunst unserer Zeit, Stuttgart 1992

David Foster Wallace, Kleines Mädchen mit komischen Haaren, Köln 2001

Langeweile

Daniel Hell, Die Sprache der Seele verstehen. Die Wüstenväter als Therapeuten. Freiburg i. Br. 2002

Daniel Hell, Welchen Sinn macht Depression?, Reinbek 2002

Friedrich Nietzsche, Menschliches, Allzumenschliches, Frankfurt a.M. 1981

Lars Svendsen, Kleine Philosophie der Langeweile, Frankfurt a. M. 2002

Lebensmitte

Joan Borysenko, Inner Peace for Busy People. 52 Strategies for Transforming Your Life, Carlsbad 2001

Anselm Grün, Lebensmitte als geistliche Aufgabe, Münsterschwarzach 2001

Wolfgang Schmidbauer, Altern ohne Angst, Reinbek 2001

417

Irmtraud Tarr Krüger, Die magische Kraft der Beachtung. Sehen und gesehen werden, Freiburg i. Br. 2001

Katrin Wiederkehr, Wer loslässt, hat die Hände frei, München 1999

Leiden

Eugen Drewermann, Der sechste Tag. Die Herkunft des Menschen und die Frage nach Gott, Zürich 1998

I. Häberle, Die prophetische Aufgabe des behinderten Menschen, in: Neue Wege 9 (1996), S. 245f.

Hans Kessler, Gott und das Leid seiner Schöpfung. Nachdenkliches zur Theodizeefrage, Würzburg 2000

Hubert Reeves/Joël de Rosmay/Yves Coppens/Dominique Simmonet, La plus belle histoire du monde. Le secret de nos origines, Paris 1996

Horst Eberhard Richter, Der Gotteskomplex. Die Geburt und die Krise des Glaubens an die Allmacht des Menschen, Reinbek 1979

Reinhold Schneider, Winter in Wien. Aus meinen Notizbüchern 1957/58, Freiburg i. Br. 1958

Fridolin Stier, Vielleicht ist irgendwo Tag. Aufzeichnungen, Freiburg i. Br. 1981

Leidenschaft

Shmuley Boteach, Koscherer Sex. Ein Leitfaden für Leidenschaft und Intimität, Freiburg i. Br. 2003

Johannes Bours/Franz Kamphaus, Leidenschaft für Gott, Freiburg i. Br. 1986

Anselm Grün, Buch der Lebenskunst, Freiburg i. Br. 2002

Verena Kast, Lebensleidenschaft, in: dies., Sich einlassen und loslassen. Neue Lebensmöglichkeit bei Trauer und Trennung, Freiburg i. Br. 1994

Verena Kast, Die Nixe im Teich. Gefahr und Chance erotischer Leidenschaft, Stuttgart 1995

B. Ziermann, Die menschlichen Leidenschaften. Kommentar zur deutschen Thomasausgabe Bd. 10, Graz 1955

Lesen

Klaas Huizing, Homo legens. Vom Ursprung der Theologie im Lesen, Berlin 1996

Peter Raab (Hg.), Heilkraft des Lesens, Freiburg i. Br. 1988

Walter Seidel (Hg.), Offenbarung durch Bücher? Impulse zu einer „Theologie des Lesens", Freiburg i. Br. 1987

Liebe

Eugen Drewermann, Zeiten der Liebe, Freiburg 2001

Helmut Kuhn, Liebe. Geschichte eines Begriffs, München 1975

Octavio Paz, Die doppelte Flamme, Frankfurt a. M. 1997

Josef Pieper, Über die Liebe, München 1972

Dorothee Sölle, Es muss doch mehr als alles geben. Nachdenken über Gott, Freiburg i. Br. 2002

Dorothee Sölle, Lieben und arbeiten. Eine Theologie der Schöpfung, Stuttgart 1985

Thich Nhat Hanh, Aus der Tiefe des Verstehens die Liebe berühren, Berlin 1996

Litaneien/Mantras

Joachim Ernst Berendt/Nada Brahma. Die Welt ist Klang, Frankfurt a. M. 1983

Eknath Easwaran, Mantram. Hilfe durch die Kraft des Wortes, Freiburg i. Br. 2000

Christine Stecher, Mantras. Die Sprache der Götter, Darmstadt 2002

Alfred Tomatis, Das Ohr und das Leben. Erforschung der seelischen Klangwelt, Solothurn/Düsseldorf 1995

Peter Wild, Vom aufgeräumten Wesen. Zehn Meditationsübungen, Eschbach 2000

Swami Vishnudevananda, Meditation und Mantras, München 1994

Liturgie

Manfred Josuttis, Der Weg in das Leben. Eine Einführung in den Gottesdienst auf verhaltenswissenschaftlicher Grundlage, München 1991

Konstitution über die heilige Liturgie [II. Vatikanisches Konzil], in: Lexikon für Theologie und Kirche, Bd. 12, Freiburg i. Br. 1986, S. 9–109

Bernhard Lang, Heiliges Spiel. Eine Geschichte des christlichen Gottesdienstes, München 1998

Michael Meyer-Blanck, Inszenierung des Evangeliums, Göttingen 1997

Wolfgang Ratzmann (Hg.), Der Kirchentag und seine Liturgien. Auf der Suche nach dem Gottesdienst von morgen, Leipzig 1999 (Beiträge zu Liturgie und Spiritualität 4)

Hans-Christoph Schmidt-Lauber/Karl-Heinrich Bieritz (Hg.), Handbuch der Liturgik. Liturgiewissenschaft in Theologie und Praxis der Kirche, Leipzig/Göttingen 1995

Loslassen

Verena Kast, Sich einlassen und loslassen, Freiburg i. Br. 1994

Ayya Khema, Was du suchst, ist in deinem Herzen, Freiburg i. Br. 2001

Jack Kornfield, Frag den Buddha und geh den Weg des Herzens, München 1998 (bes. Kap. 5: Atem-Achtsamkeit)

Nyanaponika, Geistestraining durch Achtsamkeit, Konstanz 1976 (bes. S. 57–59: Atmungs-Achtsamkeit; S.169–189: Lehrrede über die Achtsamkeit)

Ridgdzin Shikpo, Meditation und Achtsamkeit, Berlin 1999

Pierre Stutz, Loslassen. Spiritualität im Alltag, Freiburg/Schw. 2000

Sylvia Wetzel, Das Herz des Lotos. Frauen und Buddhismus, Frankfurt a. M. 1999

Sylvia Wetzel, Hoch wie der Himmel, tief wie die Erde. Praktische Meditationen zu Liebe, Beziehungen und Arbeit, Berlin 1999

Sylvia Wetzel, Leichter leben. Praktische Meditationen zum Umgang mit Gefühlen, Berlin 2002

Macht

Klaus Hofmeister/Lothar Bauerochse (Hg.), Machtworte des Zeitgeistes, Würzburg 2001

Paul Tillich, Die Philosophie der Macht, Berlin 1956

Bernhard Welte, Über das Wesen und den rechten Gebrauch der Macht, Freiburg i. Br. 1960

Mann sein

Steve Biddulph, Männer auf der Suche. Sieben Schritte zur Befreiung, München 1997

Robert Bly, Eisenhans. Ein Buch über Männer, München 1991

Richard Rohr, Der wilde Mann. Geistliche Reden zur Männerbefreiung, München 2000

John Updike, Die Rabbit-Romane, Hamburg 1994

Christoph Walser/Peter Wild, Men's Spirit. Spiritualität für Männer, Freiburg i. Br. 2002

Irvin D. Yalom, Und Nietzsche weinte, Hamburg 1996

Paul M. Zulehner/Rainer Volz, Wie Deutschlands Männer sich selbst und wie Frauen sie sehen. Ein Forschungsbericht, hrsg. von der Männerarbeit der Evangelischen Kirche in Deutschland sowie der Gemeinschaft der katholischen Männer Deutschlands, Ostfildern 1998

Meditation
Michael von Brück, Einheit der Wirklichkeit. Gott, Gotteserfahrung und
    Meditation im hinduistisch-christlichen Dialog, München 1987
Jon Kabat-Zinn, Im Alltag Ruhe finden. Das umfassende praktische Medi-
    tationsprogramm, Freiburg i. Br. 1998
Anthony de Mello, Dass ich sehe. Meditation des Lebens, Freiburg i. Br. 1987
Josef Sudbrack, Meditation. Theorie und Praxis, Würzburg 1971
Heinrich Waldenfels, Meditation – Ost und West, Einsiedeln 1975
Peter Wild, Finde die Stille. Spiritualität im Alltag. Ein Übungsbuch, Frei-
    burg i. Br. 2000
Peter Wild, Vom aufgeräumten Wesen. Zehn Meditationsübungen, Esch-
    bach 2000

Metaphysik
Aristoteles, Metaphysik, hrsg. von Horst Seidl, Hamburg 1982
Martin Heidegger, Was ist Metaphysik, in: ders.: Wegmarken, Frankfurt
    a. M. 1978, S. 103–122
Willigis Jäger, Suche nach Wahrheit, Petersberg 1998
Platon, Der Staat, in: ders., Werke (griechisch und deutsch), Bd. 4, hrsg.
    von Gunther Eigler, Darmstadt 1990
Christoph Quarch, Sein und Seele. Platons Metaphysik der Lebendigkeit,
    Münster 1996

Mitgefühl
Leonardo Boff, Prinzip Mitgefühl. Texte für eine bessere Zukunft, Freiburg
    i. Br. 1999
Leonardo Boff, Ethik für eine neue Welt, Düsseldorf 2000
Matthew Fox, A Spirituality named Compassion. Uniting Mystical Aware-
    ness with Social Justice, San Francisco 1990
Daniel Goleman, Emotionale Intelligenz, München 1999
Martin Heidegger, Sein und Zeit, Tübingen 1993 (bes. §§ 39–44)
Ulrich Kronauer (Hg.), Vom Mitleid. Die heilende Kraft, Frankfurt a. M.
    1999
Johann Baptist Metz (Hg.), Compassion – Weltprogramm des Christen-
    tums. Soziale Verantwortung lernen, Freiburg i. Br. 2000
Albert Schweitzer, Die Ethik der Ehrfurcht vor dem Leben, in: ders., Kultur
    und Ethik, München 1955, S. 229–231
Heinz Zahrnt, Der Gnädige und der Barmherzige, in: Rudolf Walter (Hg.),
    Die hundert Namen Gottes. Tore zum letzten Geheimnis, Freiburg i. Br.
    1985, S. 99

Musik

Joachim Ernst Berendt, Klang der Seele. Musik und Spiritualität, Freiburg i. Br. 2000

Michael Fischer (Hg.), Da berühren sich Himmel und Erde. Musik und Spiritualität, Zürich/Düsseldorf 1998

Nikolaus Harnoncourt, Die Macht der Musik, Salzburg/Wien 1993

Bernd Schwarze, Die Religion der Rock- und Popmusik, Stuttgart 1997

Hubert Treml, Spiritualität und Rockmusik, Ostfildern 1997

Meinrad Walter (Hg.), Ein Hauch der Gottheit ist Musik. Gedanken großer Musiker, Zürich/Düsseldorf 1999

Andrew Wilson-Dickson, Geistliche Musik, Gießen 1994

Mut

Karl-Heinz Brodbeck, Mut zur eigenen Kreativität, Freiburg i. Br. 2000

Traugott Giesen, Gott weiß. Zwölf Anregungen für Lebensmut, Stuttgart 2001

Harry Müller, Vertrauen ist alles. Die Kunst, Mut in der Misere zu bewahren, Holzgerlingen 2001

Josef Pieper, Viergespann. Klugheit, Gerechtigkeit, Tapferkeit, Maß, München 1964

Mutter sein

Nancy Fuchs, Sonne für die Kinderseele, Freiburg i. Br. 2000

Myla und Job Kabat-Zinn, Achtsamkeit. Mit den Kindern wachsen, Freiburg i. Br. 2001

Margot Käßmann, Erziehen als Herausforderung, Freiburg i. Br. 2001

Mysterium

Eberhard Jüngel, Gott als Geheimnis der Welt, Tübingen 1978

Karl Rahner, Über den Begriff des Geheimnisses in der katholischen Theologie, in: ders., Schriften zur Theologie, Bd. 4, Einsiedeln 1960, S. 51–99

Karl Rahner, Einheit – Liebe – Geheimnis, in: ders., Schriften zur Theologie, Bd. 7, Einsiedeln 1966, S. 491–508

Walter Kasper, Offenbarung und Geheimnis, in: ders., Theologie und Kirche, Bd. 1, Mainz 1987, S. 137–148

Raimon Panikkar, Das Göttliche in Allem. Der Kern spiritueller Erfahrung, Freiburg i. Br. 2000

Mystik

Peter Dinzelbacher (Hg.), Wörterbuch der Mystik, Stuttgart 1998

Bernard McGinn, Die Mystik im Abendland, Freiburg i. Br. 1999

Kurt Ruh, Geschichte der abendländischen Mystik, München 1999

Annemarie Schimmel, Wie universal ist die Mystik?, Freiburg i. Br. 1999

Georg Schmid, Die Mystik der Weltreligionen, Stuttgart 2000

Dorothee Sölle, Mystik und Widerstand, Hamburg 1997

Jörg Zink, Dornen können Rosen tragen. Mystik – die Zukunft des Christentums, Stuttgart 1999

Mythos

Jeanne Achterberg, Imagery in Healing. Shamanism and Modern Medicine, Boston/London 1985

Erich Auerbach, Mimesis. Dargestellte Wirklichkeit in der abendländischen Literatur, Bern 1959

Virginia M. Axline, Play Therapy, New York 1947

Ernst Cassirer, Idee und Gestalt, Darmstadt 1971 (bes. S. 77ff)

Samuel Laeuchli, Das Spiel vor dem dunklen Gott, Neukirchen-Vluyn 1987

Joachim Scharfenberg/Horst Kämpfer, Mit Symbolen leben. Soziologische, psychologische und religiöse Konfliktbearbeitung, Olten 1980

Natur

Matthew Fox, Schöpfungsspiritualität, Stuttgart 1993

Franz-Theo Gottwald/Andrea Klepsch (Hg.), Tiefenökologie, München 1995

Georg Picht, Das richtige Maß finden. Der Weg des Menschen ins 21. Jahrhundert, Freiburg i. Br. 2000

Albert Schweitzer, Ehrfurcht vor dem Leben – Grundtexte, München 1965

Johannes Thiele, Die mystische Liebe zur Erde, Stuttgart 1989

Carl Friedrich von Weizsäcker, Die Einheit der Natur, München 1971

Nichts

Roland Faber, „Gottesmeer" – Versuch über die Ununterschiedenheit Gottes, in: Thomas Dienberg/Michael Plattig (Hg.), „Leben in Fülle". Skizzen zur christlichen Spiritualität, Münster 2001, S. 64–95

Theobald Kobusch, Nichts, Nichtseiendes, in: Historisches Wörterbuch der Philosophie, Bd. 6, Basel 1984, S. 805–836

Ludger Lütkehaus, Nichts. Abschied vom Sein. Ende der Angst, Zürich 1999

Armin Münch, Dimensionen der Leere. Gott als Nichts und Nichts als
  Gott im christlich-buddhistischen Dialog, Münster 1998
Keiji Nishitani, Was ist Religion?, Frankfurt a. M. 1982
Raimon Panikkar, Gottes Schweigen. Die Antwort des Buddha für unsere
  Zeit, München 1992
David Steindl-Rast, Fülle und Nichts. Von innen her zum Leben erwachen,
  Freiburg i. Br. 1999

Nüchternheit

Hans Urs von Balthasar, Die Eigenart der christlichen Mystik, in: Werner
  Beierwaltes/Hans Urs von Balthasar/Alois M. Haas (Hg.), Grundfragen
  der Mystik, Einsiedeln 1974, S. 57–71
Hans Lewy, Sobria Ebrietas. Untersuchungen zur Geschichte der antiken
  Mystik, Gießen 1929
Evald Lövestam, Über die neutestamentliche Aufforderung zur Nüchtern-
  heit, in: Studia theologica, Bd. 12, Lund 1958, S. 80–102
Katsuki Sekida, Zen-Training. Das große Buch über Praxis, Methoden,
  Hintergründe, Freiburg i. Br. 1993

Ökumene

Ulrich Becker u. a., Projekt Ökumene. Auf dem Weg zur Einen Welt, Düs-
  seldorf 1997
Heinrich Fries/Karl Rahner, Einigung der Kirchen – reale Möglichkeit, Frei-
  burg i. Br. 1983
Hans Küng, Christentum und Weltreligionen, München 1984
Raimon Panikkar, Ökumene, in: Markus Schächter (Hg.), Was kommt.
  Was geht. Was bleibt, Freiburg i. Br. 2001, S. 256–259
Frère Roger, Die Quellen von Taizé, Freiburg i. Br. 2000
Jörg Zink, Die eine Kirche, wann endlich? Freiburg i. Br. 2002

Prophetie

Folker Albrecht/Ingo Baldermann, Propheten/Prophetie VI. Prophetie,
  praktisch-theologisch, in: Theologische Realenzyklopädie, Bd. 27, Ber-
  lin 1997, S. 513–517
Heinrich von Campenhausen, Kirchliches Amt und geistliche Vollmacht in
  den ersten drei Jahrhunderten, Tübingen 1963
Thomas von Celano, Leben und Wunder des heiligen Franziskus von Assisi,
  Werl 1994
Gerhard Dautzenberg, Urchristliche Prophetie. Ihre Erforschung, ihre Vo-

raussetzungen im Judentum und ihre Struktur im ersten Korintherbrief, Stuttgart 1975

Johannes Halkenhäuser, Kirche und Kommunität. Ein Beitrag zur Geschichte und zum Auftrag der kommunitären Bewegung in den Kirchen der Reformation, Paderborn 1985

Gottfried W. Locher, Prophetie in der Reformation. Elemente, Argumente und Bewegungen, in: Trutz Rendtorff (Hg.), Charisma und Institution, Gütersloh 1985, S. 102–109

Kathryn Spink, Taizé – Aufbruch Frère Rogers zur Quelle. Das Lebenswagnis eines Bruders, Berlin 1990

Peter Zimmerling, Die charismatischen Bewegungen. Theologie, Spiritualität, Anstöße zum Gespräch, Göttingen 2001

Reisen

Hajo Bergmann, Auf dem Weg. Begegnungen mit Sufis und Derwischen, München 1999

Julio Cortázar/Carol Dunlop, Die Autonauten auf der Kosmobahn. Frankfurt a. M. 1996

Stephen Greenblatt, Wunderbare Besitztümer. Die Erfindung des Fremden. Reisende und Entdecker, Berlin 1994

René Grousset, Die Reise nach Westen. Oder wie Hsüan Tsang den Buddhismus nach China holte, München 1994

Rezitation

Abdullah F. Bubenheim/Nadeem Elyas, Die Regeln der Qur'an-Rezitation, Aachen 2000

Navid Kermani, Gott ist schön. Das ästhetische Erleben des Koran, München 2000

Rituale

Hans Gerhard Behringer, Die Heilkraft der Feste. Der Jahreskreis als Lebenshilfe, München 2000

Leonardo Boff, Kleine Sakramentenlehre, Düsseldorf 1992

Elisia Diekemper/Uta Reimann-Höhn, Rituale geben Sicherheit. Wie Kinder Vertrauen gewinnen, Freiburg i. Br. 2001

Margarethe Schindler, Heute schon geküsst? Paare brauchen Rituale, Freiburg i. Br. 2001

Pierre Stutz, Alltagsrituale. Wege zur inneren Quelle, München 2000

Pierre Stutz, 50 Rituale für die Seele, Freiburg i. Br. 2002.

Pierre Stutz, Kraftvolle Rituale. Zum Einstieg und Ausklang in Gruppen, Luzern/Stuttgart 2001
Pierre Stutz, Meditationen zum Gelassenwerden, Freiburg i. Br. 2001

Schalom
Isaac Abravanel, Kommentar zu M. Avot
Leo Baeck: Das Wesen des Judentums, Wiesbaden 1995
Martin Buber, Der Weg des Menschen nach der chassidischen Lehre, Gütersloh 2001
Walter Homolka/ Albert H. Friedlander, Von der Sintflut ins Paradies. Der Friede als Schlüsselbegriff jüdischer Theologie, Darmstadt 1993

Schicksal/Karma
Abraham Ayrookuzhiel, The Sacred in Popular Hinduism, Madras 1983
Michael von Brück, Buddhismus. Grundlagen – Geschichte – Praxis, Gütersloh 1998
Michael von Brück, Einheit der Wirklichkeit. Gott, Gotteserfahrung und Meditation im hinduistisch-christlichen Dialog, München 1987
Axel Michaels, Der Hinduismus. Geschichte und Gegenwart, München 1998
Raimon Panikkar, The Law of Karma and the Historical Dimension of Man, in: ders.: Myth, Faith and Hermeneutics, New York 1979, S. 362–388

Schweigen
Stephanie Dietrich, Das schweigende Gebet. Zur Grundlage des Verständnisses vom schweigenden Gebet im ökumenischen Blickwinkel, Leipzig 2000
Anselm Grün, Der Anspruch des Schweigens, Münsterschwarzach 1980
Roland Krusche, Die Übung des Schweigens in der Mystik, Frankfurt a. M. 1996
Claudia Edith Kunz, Schweigen und Geist. Biblische und patristische Studien zu einer Spiritualität des Schweigens, Freiburg i. Br. 1996
Niklas Luhmann/Peter Fuchs, Reden und Schweigen, Frankfurt a. M.1989
Raimon Panikkar, Gottes Schweigen. Die Antwort des Buddha für unsere Zeit, München 1992
George Steiner, Sprache und Schweigen, Frankfurt a. M.1969

Sexualität
Regina Ammicht-Quinn, Körper – Religion – Sexualität. Theologische Reflexionen zur Ethik der Geschlechter, Mainz 2000
Regina Ammicht-Quinn/Elsa Tamez (Hg.), Körper und Religion (Themenheft Concilium 2, 2002)

426

Gottfried Bachl, Der beschädigte Eros. Frau und Mann im Christentum, Freiburg i. Br. 1989

Aliki Brandenberg, Gefühle sind wie Farben, Weinheim 1987

Herbert Haag/Katharina Elliger, Zur Liebe befreit. Sexualität in der Bibel und heute, Düsseldorf 1999

Elisabeth Moltmann-Wendel, Wenn Gott und Körper sich begegnen. Feministische Perspektiven zur Leiblichkeit, Gütersloh 1989

Caroline Walker Bynum, Fragmentierung und Erlösung. Geschlecht und Körper im Glauben des Mittelalters, Frankfurt a. M. 1996

Spiel

Paul Auster, Die Musik des Zufalls, Reinbek 1992

Hans-Georg Gadamer, Die Aktualität des Schönen. Kunst als Spiel, Symbol und Fest, Stuttgart 1977

Johann Huizinga, Homo Ludens. Vom Ursprung der Kultur im Spiel, Reinbek 1956

Willigis Jäger, Geist und Körper – Orte spiritueller Erfahrung, in: Christoph Quarch/Dirk Rademacher, Deutscher Evangelischer Kirchentag Frankfurt a. M. 2001. Gütersloh 2001, Dokumente, S. 444–449

Nikolaus von Kues, Vom Globusspiel, Hamburg 1952

Dirk Schümer, Gott ist rund. Die Kultur des Fußballs, Frankfurt a. M. 1998

Staunen

Martin Buber, Ich und Du, Heidelberg 1983

E. Jain/T. Trappe, Staunen; Bewunderung; Verwunderung, in: Joachim Ritter/Karlfried Gründer (Hg.), Historisches Wörterbuch der Philosophie, Bd. 10, Darmstadt 1998, Sp. 116–126

Heinrich Spaemann, Orientierung am Kinde, Einsiedeln 1989

David Steindl-Rast, Staunen und Dankbarkeit, Freiburg i. Br. 1996

Sterben

Léon Burdin, Der Weg ins Licht. Sterbenden Begleiter sein, Freiburg i. Br. 2001

Michael Kearney, Schritte in ein ungewisses Land. Seelischer Schmerz, Tod und Heilung, Freiburg i. Br. 1997

Heinrich Pera, Sterbende verstehen. Ein praktischer Leitfaden zur Sterbebegleitung. Freiburg i. Br. 1995

Cicely Saunders, Brücke in eine andere Welt. Was hinter der Hospizidee steht, Freiburg i. Br. 1999

Elmar Simma, Hätte aber die Liebe nicht. Gedanken, Impulse, Geschichten für die Caritas-Arbeit heute, Salzburg 2001

Daniela Tausch/Lis Bickel (Hg.), Jeder Tag ist kostbar. Spiritualität der Sterbebegleitung, Freiburg i. Br. 1997

Stille

Silvia Ostertag, Lebendige Stille. Einstimmung und Einübung. Vorwort von Willigis Jäger, Freiburg i. Br. 2002

Taikan Jyoji, Tagebuch eines Zenmeisters, der aus dem Westen kam, Zürich und Düsseldorf 1997

Raimund Sesterhenn (Hg.), Das Schweigen und die Religionen, München 1983

Alan Watts, Leben ist jetzt. Der östliche Weg der Befreiung und die Verwandlung des Selbst, Freiburg i. Br. 1998

Peter Wild, Finde die Stille. Spiritualität im Alltag – Ein Übungsbuch, Freiburg i. Br. 2000

Sünde

Klaus Berger, Wozu ist der Teufel da? Gütersloh 2001

Klaus Berger, Wozu ist Jesus am Kreuz gestorben? Gütersloh 2001

Sigrid Brandt/Marjorie H. Suchocki/Michael Welker, Sünde. Ein unverständlich gewordenes Thema. Neukirchen-Vluyn 1997

Martin Buber, Schuld und Schuldgefühle, Heidelberg 1958

Carl Gustav Jung, Das Gewissen, Zürich/Stuttgart 1958

Karl Rahner, Schuld und Schuldvergebung als Grenzgebiet zwischen Theologie und Psychotherapie, in: ders., Schriften zur Theologie, Bd. 2, Einsiedeln 1955

Heinrich Schlier, Der Römerbrief, Freiburg i. Br. 1977

Symbol

Udo Becker, Lexikon der Symbole, Freiburg i. Br. 1998

Otto Betz, Zur tieferen Wahrnehmung des Lebens, Freiburg i. Br. 1987

Basilius Doppelfeld, Symbole, Münsterschwarzach 1994

Hubertus Halbfas, Das dritte Auge. Religionsdidaktische Anstöße, Düsseldorf 1982

Carl Gustav Jung, Marie-Louise von Franz u. a., Der Mensch und seine Symbole, Olten 1968

Manfred Lurker, Die Botschaft der Symbole. In Mythen, Kulturen und Religionen, München 1990

Corinna Mühlstedt, Die christlichen Ursymbole. Wie sie entstanden, was sie bedeuten und was sie uns heute sagen, Freiburg i. Br. 2000

Tanz

Inge Baxmann, Mythos Gemeinschaft. Körper- und Tanzkulturen in der Moderne, München 2000

Frauke Hofert, Mein Instrument, der Körper. Grundlagenwissen für Fitness und Tanz, Gräfelfing 1994

Horst Koegler, Kleines Wörterbuch des Tanzes, Ditzingen 1999

Curt Sachs, Eine Weltgeschichte des Tanzes, Hildesheim 1992

Otto Schneider, Tanz-Lexikon. Volkstanz – Gesellschaftstanz – Ballett. Von den Anfängen bis zur Gegenwart, Mainz 1985

Tod

Dorothee Sölle, Leiden, Freiburg i. Br. 1998

Dorothee Sölle, Mystik und Widerstand, München 2000

Mechtild Voss-Eiser, „Noch einmal sprechen von der Wärme des Lebens". Texte aus der Erfahrung Trauernder, Freiburg i. Br. 2000

Tradition

Yves M.-J. Congar, Die Tradition und die Traditionen, 2 Bde, Mainz 1965

Walter Kasper, Das Verhältnis von Schrift und Tradition, in: ders., Theologie und Kirche, Bd. 2, Mainz 1999, S. 51–83

Barbara Schoppelseich/Siegfried Wiedenhofer (Hg.), Zur Logik religiöser Traditionen, Frankfurt a. M. 1998

Gerd Theissen/Annette Merz, Der historische Jesus, Göttingen 1996

Siegfried Wiedenhofer, Tradition, Traditionalismus, in: Reinhart Koselleck, Geschichtliche Grundbegriffe, Bd. 6, Stuttgart 1990, S. 607–649

Ansgar Wolff, Der Zeuge als Überlieferungsträger personaler Offenbarung, Frankfurt a. M. 1996

Transzendenzerfahrung

Nikolaus von Kues, Die belehrte Unwissenheit/De docta ignorantia (lateinisch und deutsch), Hamburg 1964

Peter Lipsett, Wege zur Transzendenzerfahrung, Münsterschwarzach 1992

David Loy, Nondualität, Frankfurt a. M.1988

Träume

Agostino Paravicini Baglaini/G. Stabile (Hg.), Träume im Mittelalter, Stuttgart 1989

Gaetando Benedetti, Botschaft der Träume, Göttingen 1998
Eugen Drewermann, Tiefenpsychologie und Exegese, 2 Bde., Olten 1984
Sigmund Freud, Die Traumdeutung, in: ders.: Gesammelte Werke, Bd. 2/3, Frankfurt a. M. 1987
Reinhold Gestrich, Die Seelsorge und das Unbewusste. Stuttgart 1998
Anselm Grün, Träume auf dem geistlichen Weg, Münsterschwarzach 1989
Helmut Hark, Der Traum als Gottes vergessene Sprache, Olten 1982
Helmut Hark, Träume als Ratgeber, Olten 1983
Christoph Morgenthaler, Der religiöse Traum, Stuttgart 1993
Ingrid Riedel, Träume als Wegweiser in neue Lebensphasen, Stuttgart 1998
Ingrid Riedel, Lebensräume-Lebensträume. Stufen inneren Wachstums, Freiburg i. Br. 1999
Klausbernd Vollmar, Das Arbeitsbuch zur Traumdeutung, München 1994

Vater sein
Gernot Candolini, Im Labyrinth sich selbst entdecken, Freiburg i. Br. 2001
Gernot Candolini, Im Labyrinth – Aufbruch zur Mitte, Graz 2002
Paulo Coelho, Handbuch des Kriegers des Lichts, Zürich 2001
Wassilios E. Fthenakis, Väter. Zur Psychologie der Vater-Kind-Beziehung, 2 Bde, München 1988
Dietmar Mieth, Vatersein. Ein Lernprozess, in: Markus Schächter (Hg.), Was kommt. Was geht. Was bleibt, Freiburg i. Br. 2001, S. 342–344
Horst Petri, Das Drama der Vaterentbehrung. Chaos der Gefühle – Kräfte der Heilung, Freiburg i. Br. 2000
Horst Petri, Guter Vater – böser Vater. Psychologie der männlichen Identität, Bern 1997

Vergebung
Anselm Grün, Vergib dir selbst. Versöhnung – Vergebung, Münsterschwarzach 1999
Bert Hellinger, Religion, Psychotherapie, Seelsorge, München 2000
Bert Hellinger, Anerkennen, was ist. Gespräche über Verstrickung und Lösung (mit Gabriele ten Hövel), München 1996

Verlust
Verena Kast, Sich einlassen und loslassen. Neue Lebensmöglichkeiten bei Trauer und Trennung, Freiburg i. Br. 1999
Horst Petri, Verlassen und verlassen werden, Stuttgart 1988

Vertrauen

Wilfried Joest, Dogmatik, Bd. 1: Die Wirklichkeit Gottes, Göttingen 1984
Verena Kast, Aufbrechen und Vertrauen finden. Die kreative Kraft der Hoffnung, Freiburg i. Br. 2001
Jacques Lusseyran, Das wiedergefundene Licht, Frankfurt a. M. 1986
Tilman Moser, Gottesvergiftung, Frankfurt a. M. 1977
Karl Ernst Nipkow, Erwachsenwerden ohne Gott, München 1987

Verwandlung

Walter Y. Evans-Wentz (Hg.), Das Tibetanische Totenbuch oder die Nach-Tod-Erfahrung auf der Bardo-Stufe, Düsseldorf 1997
Anselm Grün, Verwandlung. Eine vergessene Dimension geistlichen Lebens, Mainz 1999
Carl Gustav Jung, Symbole der Wandlung, in: ders.: Gesammelte Werke, Bd. 5, Olten 1973
Rudolf Otto, Das Heilige, München 1963
Peter Schellenbaum, Im Einverständnis mit dem Wunderbaren. Was unser Leben trägt, München 2000

Verzicht

Josef Fellsches, Lebenkönnen. Von Tugendtheorie zur Lebenskunst, Essen 1996
Erich Fromm, Haben oder Sein, Stuttgart 1976
Walter Haug, Johannes Taulers via negationis, in: Walter Haug/Burghart Wachinger (Hg.), Die Passion Christi in Literatur und Kunst des Spätmittelalters, München 1993, S. 76–93
Heinrich Herpius, Spieghel der volcomenheit (mit lateinischer Überssetzung), Antwerpen 1931
Heinrich Tauler, 6. Predigt (Verzicht auf Bilder), 14. und 19. Predigt, in: ders., Predigten, übers. und hrsg. v. Georg Hofmann, Einsiedeln 1979
Rudolf ZurLippe, Neue Betrachtung der Wirklichkeit. Wahnsystem Realität, Hamburg 1997

Yoga

Mircea Eliade, Der Yoga des Patanjali. Der Ursprung östlicher Weisheitslehre, Freiburg i. Br. 1999
Michael Gentschy, Yoga und christliche Spiritualität. Ein Werkbuch, München 1989
Michaëlle, Beten mit Körper, Seele und Geist. Übungen aus dem Hatha Yoga, Mainz 1979

Hans-Harald Niemeyer, Yoga erleben – Gelassenheit im Alltag finden, Freiburg i. Br. 1996

Boris Tatzky/Anna Trökes/Jutta Pinter-Neise, Theorie und Praxis des Hatha-Yoga, Petersberg 1998

Zeit

Karlheinz A. Geißler, Zeit – verweile doch … Lebensform gegen die Hast, Freiburg i. Br. 2000

Gerd Haeffner, In der Gegenwart leben. Auf der Spur des Urphänomens, Stuttgart 1996

Stefan Kiechle, Ignatius von Loyola – Meister der Spiritualität, Freiburg i. Br. 2001

Zen

Heinrich Dumoulin, Zen im 20. Jahrhundert, München 1990

Yamada Koun, Hekiganroku, Stuttgart 2002

Yamada Koun, Mumonkan, Stuttgart 1989

Günter Wohlfart, Zhuangzi, Freiburg i. Br. 2002

Paul Reps, Ohne Worte – ohne Schweigen. 101 Zen-Geschichten und andere Zen-Texte aus vier Jahrtausenden, München 1976

Jean Gebser, Gesamtausgabe, Schaffhausen 1975ff

Jean Gebser, Einbruch der Zeit, Schaffhausen 1995

Thich Nhat Hanh, Schlüssel zum Zen. Der Weg zu einem achtsamen Leben. Mit einer Einführung von Philip Kapleau, Freiburg i. Br. 1997

Benjamin Radcliff/Amy Radcliff, Zen denken. Eine Einführung, Freiburg i. Br. 2002

Katsuki Sekida, Zen-Training. Das große Buch über Praxis, Methoden, Hintergründe, Freiburg i. Br. 1993

Zufall

Marie-Louise von Franz, Psyche und Materie, Einsiedeln 1988

Carl Gustav Jung, Über die Beziehung der Psychotherapie zur Seelsorge, in: ders., Gesammelte Werke, Bd. 11, Olten 1971, S. 355–376

Angela und Theodor Seifert, So ein Zufall! Synchronizität und der Sinn von Zufällen, Freiburg i. Br. 2001

Autorinnen und Autoren

Bekir Alboga, geb. 1963, Imam und Theologischer Bildungsreferent des Islamischen Bundes Mannheim e.V., Geschäftsführer und Islamwissenschaftlicher Leiter des Instituts für deutsch-türkische Integrationsstudien und interreligiöse Arbeit e.V. Mannheim, Vorsitzender des Migrationsbeirats und Mitglied des Integrationsausschusses der Stadt Mannheim, Doktorand an der Universität Heidelberg im Fach Islamwissenschaften, lebt seit 1980 in Deutschland.

Michael Albus, Dr. theol., geb. 1942, Journalist beim ZDF, setzte sich in seiner beruflichen Arbeit vielfach mit Grenzerfahrungen auseinander. Filme über die Straßenkinder von Bogota und über die Heiligen Berge der Weltreligionen. Lehrbeauftragter für Medienpädagogik an den Theologischen Fakultäten der Universitäten Freiburg i. Br. und Frankfurt a. M.

Fred von Allmen widmet sich seit 1970 der buddhistischen Geistesschulung in Asien, Europa und den USA unter Lehrern der Theravada und der Tibetischen Mahayana Tradition. Insgesamt verbrachte er sieben Jahre im Retreat. Er studierte buddhistische Psychologie und Philosophie. Seit 1984 ist er weltweit als Kursleiter tätig. Autor, Mitbegründer des Meditationszentrums Beatenberg in den Schweizer Alpen.

Jean-Christophe Ammann leitete von 1989 bis 2001 das Museum für moderne Kunst in Frankfurt a. M. Von 1978 bis 1988 war er Leiter der Kunsthalle Basel und von 1968 bis 1977 des Kunstmuseums Luzern. Seit 1992 unterrichtet er an den Universitäten Frankfurt a. M. und Gießen, seit 2001 auch in Heidelberg. 2001 Kulturpreis der Wormlandstiftung.

Regina Ammicht-Quinn, Dr. theol., geb. 1957, Studium der Katholischen Theologie und Germanistik. Privatdozentin für Theologische Ethik an der Universität Tübingen und am Zentrum für Ethik in den Wissenschaften.

Christa Baich, Dr. theol., geb. 1963, studierte Musik und Theologie in Graz, Salzburg und Innsbruck. 1987 Eintritt in die Kongregation der Helferinnen, Ausbildung zur Exerzitienleiterin. Derzeit tätig in der Studierenden- und Laientheologenseelsorge mit den Schwerpunkten Spiritualität und Sozialarbeit in Graz.

Klaus Berger, Dr. theol., geb. 1940, nach Promotion und Habilitation 1970 Universitätsdozent in Leiden/NL. Seit 1974 Professor für Neutestamentliche Theologie an der Universität Heidelberg. Zahlreiche wissenschaftliche Veröffentlichungen.

Albert Biesinger, Dr. theol., geb. 1948, verheiratet, vier Kinder, Lehrstuhl für Religionspädagogik, Kerygmatik und Kirchliche Erwachsenenbildung an der Kath.-Theol. Fakultät der Universität Tübingen. Seit 1994 Vizepräsident des Internationalen Diakonatszentrums (IDZ) mit Sitz in Rottenburg, Schriftleiter der internationalen Zeitschrift „Diakonia Christi". Zahlreiche Buchpublikationen.

Leonardo Boff, geb. 1938, war Professor für Systematische Theologie in Petropolis und lehrt als Professor für Ethik und philosophische Ökologie an der Staatsuniversität von Rio de Janeiro. Gilt als bedeutendster Repräsentant einer Theologie der Befreiung.

Johannes B. Brantschen OP, geb. 1935, em. Ordinarius für Fundamentaldogmatik an der theologischen Fakultät der Universität Fribourg (CH). Zahlreiche Veröffentlichungen.

Michael von Brück, Dr. theol., geb. 1949, Professor für Religionswissenschaft an der Universität München. Zahlreiche Schriften zu Buddhismus und Hinduismus. Herausgeber der Zeitschrift „Dialog der Religionen".

Peter Bubmann, Dr. theol., ev. Pfarrer und Kirchenmusiker, Professor für Praktische Theologie an der Theologischen Fakultät der Universität Erlangen-Nürnberg, langjährige Mitarbeit/Leitung bei „Lebendigen Liturgien" der Kirchentage, Mitglied des Ständigen Ausschusses „Abendmahl/Gottesdienst/Fest und Feier" (AGOFF) des Deutschen Evangelischen Kirchentages.

Gernot Candolini, geb. 1959, lebt mit Frau und Kind in Innsbruck. Er hat sich intensiv mit dem Thema Labyrinth auseinandergesetzt, dazu vier Bücher verfasst, hält Vorträge und Seminare und hat einige Labyrinthplätze entworfen und gebaut. Mitbegründer der Montessorischule in Innsbruck und einer ökumenischen Lebensgemeinschaft.

Shay Cullen, irischer Missionspriester, gründete 1972 in Olongapo-City auf den Philippinen die PREDA-Foundation (People's Recovery, Empowerment and Development Assistance): Hilfe für die Ärmsten, besonders misshandelte Kinder und Jugendliche, Prostituierte, Aidskranke, Drogensüchtige. 1983 Einrichtung eines Hauses für Straßenkinder. Bietet heute mit einem Team von 10 Sozialarbeiter/inne/n 160 Menschen Arbeit, rund 800 Menschen Unterstützung. 2001 wurde das Team für den Friedensnobelpreis vorgeschlagen.

Angelika Daiker, Dr. theol., geb. 1955, Studium in Tübingen, München und Wien. Pastoralreferentin in Stuttgart mit Werkstatt-Schwerpunkt, Trauer- und Sterbebegleitung und Supervision von Ehrenamtlichen in der Sterbebegleitung. Buch- und Hörfunk-Autorin.

Eugen Drewermann, Dr. theol., geb. 1940, Theologe und Psychotherapeut, seit der Suspendierung vom Priesteramt durch die römisch-katholische Kirche im Jahre 1992 freier Schriftsteller. Über fünfzig Buchpublikationen.

Ludwig Frambach, Dr. theol., geb. 1954, ev. Theologe und Pfarrer, Leiter des Projekts Spiritualität der ev.-luth. Kirche Nürnberg, Gestalttherapeut, kontemplativer Lehrer. Veröffentlichungen zu den Themen Spiritualität, Psychotherapie, Ökologie.

Michael Frickel, Dr. theol., Prof. em., 1945 Eintritt in die Benediktiner-Abtei Münsterschwarzach, nach der Priesterweihe 20 Jahre lang Studienpräfekt der Theologiestudenten der Abtei Münsterschwarzach, 1976 Exklaustration, seit 1977 Mitglied im Oratorium des Heiligen Philipp Neri in Heidelberg, freiberufliche Kursleitertätigkeit im Bereich themenzentrierter Meditation.

Albert Friedlander, Dr. theol., geb. 1927 in Berlin, 1939 Emigration in die USA. Langjähriger Dekan am Leo Baeck College in London, emeritierter Rabbiner der Westminster Gemeinde; Fellow am Wissenschaftskolleg in Berlin. Zahlreiche Gastprofessuren und Publikationen, Herausgeber der Zeitschrift „European Judaism" (mit John Magonet) und derzeit Hauptherausgeber der Werke Leo Baecks.

Gotthard Fuchs, Dr. theol., geb. 1938 in Halle, langjähriger Direktor der Katholischen Akademie Rabanus Maurus der Bistümer Fulda, Limburg und Mainz. Derzeit Ordinariatsrat für Kultur-Kirche-Wissenschaft in den Bistümern Limburg und Mainz. Zahlreiche Veröffentlichungen zu Grundfra-

435

gen von Theologie und Spiritualität, mit Schwerpunkt zu Geschichte und Gegenwart christlicher Mystik.

Beatrice Grimm, geb. 1946, Lehrerin für Kontemplation, ausgebildet in Schauspiel, Körperarbeit, sakralem Tanz, Kontemplation, Zen und Qigong, lebt in Würzburg.

Anselm Grün OSB, Dr. theol., geb. 1945, verwaltet die Benediktinerabtei Münsterschwarzach. Er ist außerdem geistlicher Berater und als Kursleiter für Meditation, tiefenpsychologische Auslegung von Träumen, Fasten und Kontemplation tätig. Autor zahlreicher spiritueller Publikationen.

Gabriele Hartlieb, geb. 1967, studierte Theologie, Germanistik und Komparatistik und arbeitet als Redakteurin und freie Lektorin. Sie lebt mit ihrem Mann und ihren zwei Kindern in Freiburg.

Daniel Hell, Dr. med., ist ordentlicher Professor für Klinische Psychiatrie und Direktor an der Psychiatrischen Universitätsklinik Zürich. Ein Schwerpunkt seiner Tätigkeit liegt auf der Erforschung und Behandlung von Depressionen. Autor verschiedener Sachbücher.

Bert Hellinger, geb. 1925, ehemaliger Theologe, später Psychoanalytiker. Kam über die Gruppendynamik, Primärtherapie, Transaktionsanalyse und verschiedene hypnotherapeutische Verfahren zu der ihm eigenen System- und Familientherapie.

Klaas Huizing, Dr. phil., Dr. theol., geb. 1958, Autor mehrerer Romane, Mitglied im deutschen P.E.N.-Club; seit 1998 Ordinarius am Lehrstuhl für systematische Theologie und theologische Gegenwartsfragen der Universität Würzburg.

Margrit Irgang, Schriftstellerin, Weiterbildungen in transpersonaler Psychotherapie, praktiziert Zen seit 1984. Mitglied der Gemeinschaft „Intersein" von Thich Nhat Hanh, gibt Seminare zum Thema Achtsamkeit und begleitet Menschen auf dem Zen-Weg. Für ihre Bücher wurde sie mit zahlreichen Literaturpreisen ausgezeichnet.

Willigis Jäger, geb. 1925, seit 1946 Benediktiner, Zen-Meister (Ko-un-Roshi). Gründete und leitete von 1982 bis 2001 das Meditationszentrum Haus St. Benedikt in Würzburg; daneben zahlreiche Kurse in Kontemplation und Zen. Seit 1981 Lehrbeauftragter der Sanbo-Kydan-Schule. Kursleitertätigkeit auch im europäischen Ausland und den USA. Nach Konflikten mit dem Vatikan 2002 Exklaustration (Beurlaubung aus dem Orden) und freie Tätigkeit als Kursleiter.

Stefan Kiechle SJ, geb. 1960, promovierte am Centre Sèvres in Paris mit einer Arbeit über Ignatius von Loyola. Er war Studentenpfarrer in München und arbeitet seit 1998 als Novizenmeister des Jesuitenordens in Nürnberg. Er begleitet Exerzitien und gibt Fortbildungen für Exerzitienleiter.

Joachim Kunstmann, geb. 1961, PD, Dr. theol. habil., nach dem Studium der Evangelischen Theologie jeweils einige Jahre Gemeindepfarrer und Religionslehrer am Gymnasium, dann Wissenschaftlicher Assistent im Fach Religionspädagogik, Habilitation zum Verhältnis von Bildung und Religion heute.

Evelyne Laeuchli, klinische Psychologin, leitete Sozialwerke in New York und Philadelphia. Arbeit in Krankenhäusern, u. a. in der Renfrew Klinik für Essstörungen. Privatpraxis in Yardley PA, entwickelte und leitet das therapeutische Spiel des Mimesis Institute.

Samuel Laeuchli war Professor an der religionsgeschichtlichen Fakultät der Temple University, Philadelphia, Forschung über Mythos, Ritual und Symbol; er entwickelte und leitet mit Evelyne Laeuchli das Mimesis Center in Philadelphia und Münchenstein.

Peter Lengsfeld, geb. 1930 in Breslau. Theologe, seit 1988 Zen-Lehrer, von 1967 bis 1992 Professor für Ökumenische Theologie und Direktor des Katholisch-Ökumenischen Instituts der Universität Münster.

Pieter Loomans, geb. 1954, Dipl. psych., psychologischer Psychotherapeut. Seit 1981 in Todtmoos-Rütte tätig. Seit 1992 Leitung des Rütte-Forums, Zentrum für Psychotherapie, Selbsterfahrung und Weiterbildung in der Transpersonalen Psychologie und Initiatischen Therapie. Seit 1997 Erster Vorsitzender des Spiritual Emergence Network, Deutschland e.V.

Siegfried Lorenz, geb. 1942, Diplom-Pädagoge, Psychotherapeut für Katathymes Bilderleben (PKB), Meditationsleiter und Buchautor. Er hat in Mannheim eine eigene psychotherapeutische Praxis für imaginative Verfahren und für Meditation (PPiVM).

Bernard McGinn, Professor für Kirchengeschichte und Geschichte des Christentums an der Universität Chicago, Autor des Standardwerks „Die Mystik im Abendland" (bisher 3 Bände). Zahlreiche Publikationen.

Gundula Meyer, Pastorin i.R., Zen-Meisterin des Sambo-Kyodan, Ohof-Zendo.

Wunibald Müller, Dr. theol., Dipl. psych., geb. 1950, klinischer Psychothera-peut, Leiter des therapeutisch-spirituellen Zentrums Recollectio-Haus der Abtei Münsterschwarzach. Veröffentlichungen zu Themen der Spirituali-tät, Lebenshilfe und Psychologie.

Doris von Neuenstein, geb. 1956, arbeitet als systemische Familientherapeu-tin in eigener Praxis: Einzel-, Paar- und Familientherapie, Psychotrauma-therapie, Familienaufstellungen. Lebt mit ihrer Familie in Mannheim.

Lukas Niederberger SJ, geb. 1964, 1985 Eintritt in den Jesuitenorden, Studi-en in München und Paris. Seit 1995 Mitarbeit im Lassalle-Haus Bad Schönbrunn, einem Zentrum für Spiritualität und soziales Bewusstsein in Edlibach/Zug (CH). Seit 2001 Direktor des Bildungshauses. Er leitet Kurse im Bereich Spiritualität, Ethik und Entscheidungsfindung.

Klara Obermüller, Dr. phil., hat deutsche und französische Literatur studiert und war ein Leben lang journalistisch tätig: u. a. als Redakteurin bei „du", NZZ und „Weltwoche" und als freie Mitarbeiterin der FAZ; sie hat über-setzt und Jugendbücher sowie Hörspiele geschrieben. Zuletzt Moderatorin der Sendung „Sternstunde Philosophie" des Schweizer Fernsehens. Seit Ende 2001 pensioniert, ist sie weiterhin publizistisch tätig, u. a. für die „NZZ am Sonntag".

Silvia Ostertag, geb. 1942 in Basel. Musikstudium, Konzerttätigkeit. Lehrerin in Atemtherapie nach Dr. Egenolf. Langjährige Ausbildung in Initiatischer Therapie bei Karlfried Graf Dürckheim und Maria Hippius-Dürckheim. Zen-Studium bei Willigis Jäger, Ko-un-Roshi; seit 1994 Lehrbeauftragte für Zen in der Sanbo-Kyodan-Schule. Leiterin der Bildungsstätte Seeg. Be-gründerin des Initiatischen Gebärdenspiels nach Silvia Ostertag.

Raimon Panikkar, geb. 1918 als Sohn eines hinduistischen Vaters und ei-ner katholischen Mutter; promovierter Naturwissenschaftler, Philosoph, Theologe. Priester der Erzdiözese Varanasi/Indien, weltweit bekannter

Vertreter des interreligiösen Dialogs. Lehrte u. a. an den Universitäten in Madrid, Rom, Cambridge, Harvard, Mysore und Varanasi (Benares). 1972–87 Professor für Vergleichende Religionsphilosophie an der University of California, Santa Barbara/USA. Gastprofessor an über 100 Universitäten auf allen fünf Kontinenten. Zahlreiche Publikationen. Lebt in Tavertet bei Barcelona.

Johannes Pausch OSB, Dr. theol., geb. 1949. Seit 1970 Benediktiner. 1993 Gründung des Europaklosters Gut Aich in St. Gilgen. Leitet Ausbildungskurse für Geistliche Begleiter/innen und Meditationsleiter/innen. Psychotherapeutischer Leiter des Hildegardzentrums, Psychotherapeut in freier Praxis (Schwerpunkt Psychosomatik). Kellermeister der Klosterkellerei des Klosters.

Heinrich Pera, geb. 1938, Krankenpfleger und Priester, 1969–1974 Zusammenarbeit mit Hospizgruppen in Krakow (Polen), 1975–2001 Seelsorger in den Universitätskliniken Halle (Saale). Baute auf: 1985 ambulante Hospizdienste, 1993 ein Tageshospiz, 1997 ein stationäres Hospiz.

Ruth Pfau, Dr. med., geb. 1929 in Leipzig, Ärztin, seit 1957 Mitglied des Ordens der Töchter vom Herzen Mariä. 1956 ging sie nach Karatschi, wo sie ein erfolgreiches nationales Leprabekämpfungsprogramm entwickelte und, z.T. illegal, auch im kriegszerrütteten Afghanistan wirkte. 1980 Ernennung zur Nationalen Beraterin für das Lepra- und TB-Kontrollprogramm für Pakistan.

Andrea Pichlmeier, Dr. theol., Referentin im Haus der Begegnung „Heilig Geist", Burghausen.

Christoph Quarch, Dr. phil., geb. 1964, von 1996 bis 2000 Redakteur der Monatszeitschrift „Evangelische Kommentare", seit 2000 Studienleiter beim Deutschen Evangelischen Kirchentag. Lehraufträge zu Themen der antiken Philosophie in Tübingen, Ulm und Fulda; philosophische Veranstaltungen, Buchpublikationen.

Dirk Rademacher, geb. 1962, lernte das Zimmererhandwerk, studierte Theologie und Philosophie und arbeitet beim Deutschen Evangelischen Kirchentag.

Elisabeth Raiser ist ursprünglich Historikerin, hat sich dann aber stärker der Theologie zugewandt und lehrte von 1993 bis 2001 als Dozentin am Atelier Oecuménique de Théologie in Genf. Seit 1997 Co-Direktorin des European Women's College in Zürich und seit Herbst 2001 Präsidentin des Deutschen Evangelischen Kirchentages.

Ingrid Reckziegel, geb. 1941, Gemeindereferentin und Supervisorin, Leiterin des Praxisreferates im Fachbereich Praktische Theologie der Katholischen Fachhochschule Mainz, Ausbildung in Traumarbeit und Beraterin in Lebensprozessen.

John Rodden, Dr. phil., geb. 1956, lehrte als Professor Rhetorik and Speech Communication an der Universtity of Texas in Austin/Texas, gab seine Stelle auf und entschied sich für ein alternatives Leben. Heute lebt der Autor und Herausgeber mehrerer Bücher als freier Publizist und Übersetzer in Austin/Texas, USA.

Peter Schellenbaum, Dr. theol., Studentenpfarrer in München (1971–1975), Ausbildung in Analytischer Psychologie am C.G. Jung-Institut in Zürich, hier bis heute Lehranalytiker und Dozent, Gründer und Leiter des Instituts für Leib-Psychotherapie in Orselina/Locarno, Buchautor.

Bernardin Schellenberger, geb. 1944, 15 Jahre Trappisten-Mönch, 10 Jahre Seelsorger, 8 Jahre Hausmann, seit 1998 freiberuflich als Übersetzer und Schriftsteller vorwiegend spiritueller Literatur, Kursleiter von Besinnungstagen. Lebt in Stuttgart.

Assumpta Schenkl, geb. 1924, nach 1945 Ausbildung zur Volksschullehrerin. 1954 Noviziat in der Zisterzienserinnen-Abtei Seligenthal bei Landshut, 1959 ewige Profess. 1956 bis 1961 Studium der Germanistik und Altphilologie in München. Anschließend 30 Jahre lang Lehrtätigkeit am Gymnasium der Zisterzienserinnen-Abtei Seligenthal. 1987 Wahl zur Äbtissin. Von 1988 bis 2000 Präsidentin der Kommission für die Gleichstellung der Frauen im Orden. Seit August 1999 Äbtissin des Zisterzienserinnenklosters St. Marien zu Helfta.

Bernhard Scherer SJ, geb. 1931, Gründer der Christlichen Meditationsstätte Sonnenhaus Beuron – Eine Welt (in Beuron), die er seit über 20 Jahren leitet, und der Sonnenhaus-Fastenheilstätte St. Hildegard (seit 1987). Buchveröffentlichungen.

Wilhelm Schmid, Dr. phil, geb. 1953, freier Philosoph, lebt in Berlin und lehrt als Privatdozent an der Universität Erfurt und als Gastdozent an der

Staatlichen Universität Tiflis (Georgien). Regelmäßige Tätigkeit als „philosophischer Seelsorger" am Spital Affoltern am Albis bei Zürich. Buchveröffentlichungen.

Angela Seifert, geb. 1938, Psychotherapeutin (Transaktionsanalyse), Autorin, Tätigkeiten in der Erwachsenenbildung. Lebt bei Stuttgart.

Theodor Seifert, Dr. rer. biol. hum., Dipl-Psych., geb. 1931, Psychotherapeut und Lehranalytiker (C. G. Jung), viele wissenschaftliche Publikationen, Autor und Herausgeber.

Dorothee Sölle, geb. 1929 in Köln, studierte Philosophie und alte Sprachen sowie Evangelische Theologie und Germanistik. 1968–1972 „Politische Nachtgebete" in Köln. 1971 Habilitation. 1975–1987 Professorin für Systematische Theologie am Union Theological Seminary in New York. Gastprofessorin in Kassel und Basel. Sie lebt heute als freie Schriftstellerin in Hamburg. Zahlreiche Veröffentlichungen.

Fulbert Steffensky, geb. 1933, emeritierter Professor für Religionspädagogik an der Universität Hamburg, Studium der katholischen und evangelischen Theologie, 13 Jahre Benediktinermönch, zahlreiche Veröffentlichungen.

Theo Steiner, geb. 1945, Lic. phil., Psychotherapeut S.E.N., Zertifikat in Transpersonaler Psychologie und Holotroper Atemtherapie (S.+Ch. Grof). Leitet seit 1985 mit seiner Frau das „Atelier Brambergsteig", ein Zentrum für spirituelle Entfaltung in Luzern/CH.

Franziska Stocker-Schwarz, geb. 1962, Pfarrerin und Mutter von drei Kindern, von 1992 – 2000 gemeinsam mit Ehemann Jürgen Schwarz in Stellenteilung in der Brüdergemeinde Wilhelmsdorf im Dienst, einem Dorf der evangelischen Diakonie. Seit 2000 als Pfarrerin an der Ludwig-Hofacker-Kirche Stuttgart tätig, Referentin bei Frauenfrühstückstreffen oder sogenannten „Anderen Gottesdiensten".

Friederike Stockmann, geb. 1957, Theologiestudium und Promotion an der Universität Halle-Wittenberg, sechs Jahre Studentenpfarrerin an der Humboldt-Universität Berlin, vier Jahre Pädagogische Leiterin an der Kinder-Reha-Klinik Bad Kösen, seit 2001 bei der Geschäftsführung einer privaten Klinikgruppe zuständig für die Einführung von Qualitätsmanagement und Organisationsentwicklung.

Pierre Stutz, geb. 1953, Theologe, Ausbildung im Sozialtherapeutischen Rollenspiel. Von 1992 – 2002 gehörte er zur offenen Klostergemeinschaft Abbaye de Fontaine-André in Neuchâtel/CH, wo er Menschen spirituell begleitete. Redaktionsmitglied der Zeitschrift „ferment". Vorträge und Seminare im deutschsprachigen Raum. Autor zahlreicher Bücher.

Irmtraud Tarr, Theologin, Psychotherapeutin in eigener Praxis und Konzertorganistin mit internationaler Tätigkeit und zahlreichen Aufnahmen für Tonträger, Funk und Fernsehen. Autorin mehrerer Bücher, Lehrbeauftragte und freie Mitarbeiterin im Rundfunk.

Daniela Tausch, Dr. phil., Dipl.-psych., geb. 1961, Initiatorin und langjährige Leiterin des Stuttgarter Hospiz-Dienstes. Autorin, Vorträge, Rundfunk- und Fernsehsendungen zu den Themen Sterben, Tod und Trauer. Seit 1997 arbeitet sie in eigener psychotherapeutischer Praxis; Seminar- und Vortragstätigkeit. Lebt in Bremen.

Doris Thomassen, Dr. theol., Dr. phil., geb. 1944, studierte Theologie und Philosophie, Germanistik und Psychologie. Dozentin an verschiedenen Theologischen Hochschulen, in der Erwachsenenbildung und der Lehrerfortbildung. Die Autorin zahlreicher Veröffentlichungen arbeitet in der Hospizbewegung und leitet Meditationskurse.

Ilija Trojanow, geboren 1965 in Sofia, Autor zahlreicher Reisebücher, floh 1972 mit der Familie über Jugoslawien nach Italien, später erhielt die Familie politisches Asyl in Deutschland. Trojanow lebte zehn Jahre in Kenia. 1989 gründete er den Kyrill & Method Verlag, 1992 den Marino Verlag in München. Trojanow lebt zur Zeit in Bombay, Indien.

Meinrad Walter, Dr. theol., geb. 1959, Studium der Theologie und Musikwissenschaft; Promotion über das geistliche Vokalwerk von Johann Sebastian Bach; bislang tätig in der Wissenschaft (Universität Freiburg), als Journalist und Verlagslektor. Seit 2002 Mitarbeiter im Amt für Kirchenmusik der Erzdiözese Freiburg; zahlreiche Publikationen, Vorträge und Workshops zu theologischen und musikalischen Themen.

Sylvia Wetzel, geb. 1949, ursprünglich Gymnasiallehrerin, befaßt sich seit 1968 mit unterschiedlichen Wegen zur äußeren und inneren Befreiung und seit 1977 mit dem Buddhismus. Ausbildung in der tibetischen Tradition und zwei Jahre Praxis als Nonne. Die Publizistin und Meditationslehrerin lebt auf dem Land bei Berlin und ist mit ihren kulturkritischen und feministischen Ansätzen eine Pionierin des Buddhismus im Westen.

Peter Wild, geb. 1946, wohnt in Wangen an der Aare (Schweiz). Studium der Theologie, Germanistik, Religionswissenschaft. Im Rahmen der Erwachsenenbildung der ev.-ref. Landeskirche Zürich tätig als Spezialist für Spiritualität und Meditation (u. a. verantwortlich für die dreijährige „Ausbildung zum/zur MeditationsleiterIn"), daneben freiberuflich Leiter von Meditations- und Yogakursen, Buchautor.

Friederike Woldt, geb. 1955, aufgewachsen mit drei Geschwistern in einem evangelischen Pfarrhaus, in Neuhausen/Erzgebirge und in Meißen. Studium der Theologie in Leipzig, Jena und Naumburg. 1993 Ordination. Die Mutter von drei Kindern ist seit März 2000 Generalsekretärin des Deutschen Evangelischen Kirchentages.

Uwe Wolff, Dr. phil., geb. 1955, Studium u. a. der Philosophie bei Hans Blumenberg, Reisen u. a. in die Arktis, nach Pakistan und Tadschikistan. Publizist, Autor von Romanen und Sachbüchern, Leitung von Meditationskursen.

Maria-Gabriele Wosien, Tanzpädagogin, Choreografin, Schriftstellerin, studierte Slawistik an den Universitäten London und St. Petersburg und promovierte über russische Volksmärchen. Entwickelte in Zusammenarbeit mit ihrem Vater den Sakralen Tanz (Sacred Dance). Fortbildungslehrgänge, Vorträge und Seminare in Europa und Amerika, in mehrere Sprachen übersetzte Publikationen.

Heinz Zahrnt, Dr. theol., geb. 1915 in Kiel. Studierte Theologie und Geschichte in Kiel, Marburg, Tübingen, Wien (Assistent). 1939 Ordination. 1948 Promotion in Heidelberg, 1946–1951 Studentenpfarrer in Kiel, 1950–1975 Theologischer Chefredakteur des „Deutschen Allgemeinen Sonntagsblatts", 1960–1999 im Präsidium des Deutschen Evangelischen Kirchentags (1971–1973 amtierender Präsident). Lebt als freier Schriftsteller (Mitglied des PEN) in Soest/Westfalen.

Peter Zimmerling, Dr. theol., geb. 1958 in Nidda/Oberhessen, Studium der Evangelischen Theologie in Tübingen und Erlangen, Vikariat, Pfarrer der Kommunität „Offensive Junger Christen", Reichelsheim i. Odw.; 1999 Habilitation an der Universität Heidelberg mit einer Arbeit über die charismatischen Bewegungen der Gegenwart, dort und an der Universität Mannheim seitdem Privatdozent für Praktische Theologie.

Jörg Zink, geb. 1922, Studium der Philosophie und Theologie von 1945 bis 1951. 1955 Promotion. Anschließend bis 1961 Gemeinde- und Jugendpfarrer. Von 1961 bis 1980 Beauftragter der ev. Landeskirche in Württemberg für Fernsehfragen. Produktion von Filmen zu religiösen und kulturhistorischen Themen. Daneben Publikation von zahlreichen Büchern zu religiösen Themen. Seit 1980 Tätigkeit als freier Publizist.

Inhalt